Ley General de Salud y disposiciones complementarias

COMITÉ CIENTÍFICO DE LA EDITORIAL TIRANT LO BLANCH

María José Añón Roig
Catedrática de Filosofía del Derecho de la Universidad de Valencia

Ana Cañizares Laso
Catedrática de Derecho Civil de la Universidad de Málaga

Jorge A. Cerdio Herrán
Catedrático de Teoría y Filosofía del Derecho Instituto Tecnológico Autónomo de México

José Ramón Cossío Díaz
Ministro en retiro de la Suprema Corte de Justicia de la Nación y miembro de El Colegio Nacional

María Luisa Cuerda Arnau
Catedrática de Derecho Penal de la Universidad Jaume I de Castellón

Manuel Díaz Martínez
Catedrático de Derecho Procesal de la UNED

Carmen Domínguez Hidalgo
Catedrática de Derecho Civil de la Pontificia Universidad Católica de Chile

Eduardo Ferrer Mac-Gregor Poisot
Juez de la Corte Interamericana de Derechos Humanos Investigador del Instituto de Investigaciones Jurídicas de la UNAM

Owen Fiss
Catedrático emérito de Teoría del Derecho de la Universidad de Yale (EEUU)

José Antonio García-Cruces González
Catedrático de Derecho Mercantil de la UNED

José Luis González Cussac
Catedrático de Derecho Penal de la Universidad de Valencia

Luis López Guerra
Catedrático de Derecho Constitucional de la Universidad Carlos III de Madrid

Ángel M. López y López
Catedrático de Derecho Civil de la Universidad de Sevilla

Marta Lorente Sariñena
Catedrática de Historia del Derecho de la Universidad Autónoma de Madrid

Javier de Lucas Martín
Catedrático de Filosofía del Derecho y Filosofía Política de la Universidad de Valencia

Víctor Moreno Catena
Catedrático de Derecho Procesal de la Universidad Carlos III de Madrid

Francisco Muñoz Conde
Catedrático de Derecho Penal de la Universidad Pablo de Olavide de Sevilla

Angelika Nussberger
Catedrática de Derecho Constitucional e Internacional en la Universidad de Colonia (Alemania) Miembro de la Comisión de Venecia

Héctor Olasolo Alonso
Catedrático de Derecho Internacional de la Universidad del Rosario (Colombia) y Presidente del Instituto Ibero-Americano de La Haya (Holanda)

Luciano Parejo Alfonso
Catedrático de Derecho Administrativo de la Universidad Carlos III de Madrid

Consuelo Ramón Chornet
Catedrática de Derecho Internacional Público y Relaciones Internacionales de la Universidad de Valencia

Tomás Sala Franco
Catedrático de Derecho del Trabajo y de la Seguridad Social de la Universidad de Valencia

Ignacio Sancho Gargallo
Magistrado de la Sala Primera (Civil) del Tribunal Supremo de España

Elisa Speckman Guerra
Directora del Instituto de Investigaciones Históricas de la UNAM

Ruth Zimmerling
Catedrática de Ciencia Política de la Universidad de Mainz (Alemania)

Fueron miembros de este Comité:
Emilio Beltrán Sánchez, Rosario Valpuesta Fernández y Tomás S. Vives Antón

Procedimiento de selección de originales, ver página web:
www.tirant.net/index.php/editorial/procedimiento-de-seleccion-de-originales

***ACCESO GRATIS** a la Lectura en la Nube + Actualizaciones*

Para visualizar el libro electrónico en la nube de lectura envíe junto a su nombre y apellidos una fotografía del código de barras situado en la contraportada del libro y otra del ticket de compra a la dirección:

ebooktirant@tirant.com

En un máximo de 72 horas laborables le enviaremos el código de acceso con sus instrucciones.

La visualización del libro en **NUBE DE LECTURA** excluye los usos bibliotecarios y públicos que puedan poner el archivo electrónico a disposición de una comunidad de lectores. Se permite tan solo un uso individual y privado.

Ley General de Salud y disposiciones complementarias

7ª Edición

MIGUEL CARBONELL

tirant lo blanch
Ciudad de México, 2026

Copyright ® 2026

Todos los derechos reservados. Ni la totalidad ni parte de este libro puede reproducirse o transmitirse por ningún procedimiento electrónico o mecánico, incluyendo fotocopia, grabación magnética, o cualquier almacenamiento de información y sistema de recuperación sin permiso escrito del autor y del editor.

En caso de erratas y actualizaciones, la Editorial Tirant lo Blanch México publicará la pertinente corrección en la página web www.tirant.com/mex/ incorporada a la ficha del libro.

Este libro será publicado y distribuido internacionalmente en todos los países donde la Editorial Tirant lo Blanch esté presente.

Los textos jurídicos que aparecen se ofrecen con una finalidad informativa o divulgativa. Tirant lo Blanch intentará cuidar por la actualidad, exactitud y veracidad de los mismos, si bien advierte que no son los textos oficiales y declina toda responsabilidad por los daños que puedan causarse debido a las inexactitudes o incorrecciones de los mismos.

Los únicos textos considerados legalmente válidos son los que aparecen en las publicaciones oficiales de los correspondientes organismos autonómicos o nacionales.

© Miguel Carbonell

© EDITA: TIRANT LO BLANCH
DISTRIBUYE: TIRANT LO BLANCH MÉXICO
Av. Tamaulipas 150, Oficina 502
Hipódromo, Cuauhtémoc, 06100, Ciudad de México
Telf: +52 1 55 65502317
infomex@tirant.com
www.tirant.com/mex/
www.tirant.es
ISBN: 979-13-7040-268-6

Si tiene alguna queja o sugerencia, envíenos un mail a: *atencioncliente@tirant.com*. En caso de no ser atendida su sugerencia, por favor, lea en *www.tirant.net/index.php/empresa/politicas-de-empresa* nuestro Procedimiento de quejas.

Responsabilidad Social Corporativa: http://www.tirant.net/Docs/RSCTirant.pdf

Índice

LEY GENERAL DE SALUD

TÍTULO PRIMERO. DISPOSICIONES GENERALES 15
CAPÍTULO ÚNICO 15

TÍTULO SEGUNDO. SISTEMA NACIONAL DE SALUD 21
CAPÍTULO I. DISPOSICIONES COMUNES 21
CAPÍTULO II. DISTRIBUCIÓN DE COMPETENCIAS 28

TÍTULO TERCERO. PRESTACIÓN DE LOS SERVICIOS DE SALUD 40
CAPÍTULO I. DISPOSICIONES COMUNES 40
CAPÍTULO II. ATENCIÓN MÉDICA 44
CAPÍTULO III. PRESTADORES DE SERVICIOS DE SALUD 44
CAPÍTULO IV. USUARIOS DE LOS SERVICIOS DE SALUD Y PARTICIPACIÓN DE LA COMUNIDAD 51
CAPÍTULO IV BIS. DE LA COMISIÓN NACIONAL DE ARBITRAJE MÉDICO .. 56
CAPÍTULO IV TER. DE LA INVERSIÓN Y FORTALECIMIENTO DE LA INFRAESTRUCTURA PARA LA PRESTACIÓN DE SERVICIOS DE SALUD 57
CAPÍTULO V. ATENCIÓN MATERNO-INFANTIL 58
CAPÍTULO VI. SERVICIOS DE PLANIFICACIÓN FAMILIAR 62
CAPÍTULO VI BIS. SALUD DIGITAL 64
CAPÍTULO VII. SALUD MENTAL 67

TÍTULO TERCERO BIS. DE LA PRESTACIÓN GRATUITA DE SERVICIOS DE SALUD, MEDICAMENTOS Y DEMÁS INSUMOS ASOCIADOS PARA LAS PERSONAS SIN SEGURIDAD SOCIAL. 74
CAPÍTULO I. DISPOSICIONES GENERALES 74
CAPÍTULO II. DE LA COBERTURA Y ALCANCE DE LA PRESTACIÓN GRATUITA DE SERVICIOS DE SALUD, MEDICAMENTOS Y DEMÁS INSUMOS ASOCIADOS PARA LAS PERSONAS SIN SEGURIDAD SOCIAL. 82
CAPÍTULO III. DEL FINANCIAMIENTO DE LA PRESTACIÓN GRATUITA DE SERVICIOS DE SALUD, MEDICAMENTOS Y DEMÁS INSUMOS ASOCIADOS 86
CAPÍTULO IV. DEL FONDO DE APORTACIONES PARA LOS SERVICIOS DE SALUD A LA COMUNIDAD 93
CAPÍTULO V. DE LAS CUOTAS FAMILIARES 93
CAPÍTULO VI. DEL FONDO DE SALUD PARA EL BIENESTAR 94
CAPÍTULO VII. DE LA TRANSPARENCIA, SUPERVISIÓN, CONTROL Y FISCALIZACIÓN DEL MANEJO DE LOS RECURSOS DESTINADOS A LA PRES-

TACIÓN GRATUITA DE SERVICIOS DE SALUD, MEDICAMENTOS Y DEMÁS INSUMOS ASOCIADOS PARA LAS PERSONAS SIN SEGURIDAD SOCIAL.. 97
CAPÍTULO VIII. DE LOS SERVICIOS DE SALUD DEL INSTITUTO MEXICANO DEL SEGURO SOCIAL PARA EL BIENESTAR (IMSS-BIENESTAR) 100
CAPÍTULO IX. DERECHOS Y OBLIGACIONES DE LOS BENEFICIARIOS 105
CAPÍTULO X. SUSPENSIÓN DE LOS SERVICIOS GRATUITOS DE SALUD, MEDICAMENTOS Y DEMÁS INSUMOS ASOCIADOS PARA LAS PERSONAS SIN SEGURIDAD SOCIAL........ 107
CAPÍTULO XI. DEL SERVICIO NACIONAL DE SALUD PÚBLICA............... 108

TÍTULO CUARTO. RECURSOS HUMANOS PARA LOS SERVICIOS DE SALUD 110
CAPÍTULO I. PROFESIONALES, TÉCNICOS Y AUXILIARES 110
CAPÍTULO II. SERVICIO SOCIAL DE PASANTES Y PROFESIONALES......... 112
CAPÍTULO III. FORMACIÓN, CAPACITACIÓN Y ACTUALIZACIÓN DEL PERSONAL 113

TÍTULO QUINTO. INVESTIGACIÓN PARA LA SALUD 115
CAPÍTULO ÚNICO 115

TÍTULO QUINTO BIS. EL GENOMA HUMANO 118
CAPÍTULO ÚNICO 118

TÍTULO SEXTO. INFORMACIÓN PARA LA SALUD 120
CAPÍTULO ÚNICO 120

TÍTULO SÉPTIMO. PROMOCIÓN DE LA SALUD 122
CAPÍTULO I. DISPOSICIONES COMUNES 122
CAPÍTULO II. EDUCACIÓN PARA LA SALUD 122
CAPÍTULO III. NUTRICIÓN 124
CAPÍTULO IV. EFECTOS DEL AMBIENTE EN LA SALUD 126
CAPÍTULO V. SALUD OCUPACIONAL 129

TÍTULO OCTAVO. PREVENCIÓN Y CONTROL DE ENFERMEDADES Y ACCIDENTES 131
CAPÍTULO I. DISPOSICIONES COMUNES 131
CAPÍTULO II. ENFERMEDADES TRANSMISIBLES 131
CAPÍTULO II BIS. VACUNACIÓN 138
CAPÍTULO III. ENFERMEDADES NO TRANSMISIBLES 141
CAPÍTULO III BIS. DEL REGISTRO NACIONAL DE CÁNCER 143
CAPÍTULO IV. ACCIDENTES 144

TÍTULO OCTAVO BIS. DE LOS CUIDADOS PALIATIVOS A LOS ENFERMOS EN SITUACIÓN TERMINAL 145
CAPÍTULO I. DISPOSICIONES COMUNES 145

CAPÍTULO II. DE LOS DERECHOS DE LOS ENFERMOS EN SITUACIÓN TERMINAL 147
CAPÍTULO III. DE LAS FACULTADES Y OBLIGACIONES DE LAS INSTITUCIONES DE SALUD 149
CAPÍTULO IV. DE LOS DERECHOS, FACULTADES Y OBLIGACIONES DE LOS MÉDICOS Y PERSONAL SANITARIO 150

TÍTULO NOVENO. ASISTENCIA SOCIAL, PREVENCIÓN DE LA DISCAPACIDAD Y REHABILITACIÓN DE LAS PERSONAS CON DISCAPACIDAD 152
CAPÍTULO ÚNICO 152

TÍTULO DÉCIMO. ACCIÓN EXTRAORDINARIA EN MATERIA DE SALUBRIDAD GENERAL 156
CAPÍTULO ÚNICO 156

TÍTULO DÉCIMO PRIMERO. PROGRAMAS CONTRA LAS ADICCIONES 157
CAPÍTULO I. CONSEJO NACIONAL CONTRA LAS ADICCIONES 157
CAPÍTULO II. PROGRAMA PARA LA PREVENCIÓN, REDUCCIÓN Y TRATAMIENTO DEL USO NOCIVO DEL ALCOHOL, LA ATENCIÓN DEL ALCOHOLISMO Y LA PREVENCIÓN DE ENFERMEDADES DERIVADAS DEL MISMO. 158
CAPÍTULO II BIS. PROTECCIÓN DE LA SALUD DE TERCEROS Y DE LA SOCIEDAD FRENTE AL USO NOCIVO DEL ALCOHOL 161
CAPÍTULO III. PROGRAMA CONTRA EL TABAQUISMO 163
CAPÍTULO IV. PROGRAMA CONTRA LA FARMACODEPENDENCIA 163

TÍTULO DÉCIMO SEGUNDO. CONTROL SANITARIO DE PRODUCTOS Y SERVICIOS DE SU IMPORTACIÓN Y EXPORTACIÓN 168
CAPÍTULO I. DISPOSICIONES COMUNES 168
CAPÍTULO II. ALIMENTOS Y BEBIDAS NO ALCOHÓLICAS 176
CAPÍTULO III. BEBIDAS ALCOHÓLICAS 178
CAPÍTULO IV. MEDICAMENTOS 179
CAPÍTULO V. ESTUPEFACIENTES 186
CAPÍTULO VI. SUBSTANCIAS PSICOTRÓPICAS 196
CAPÍTULO VII. ESTABLECIMIENTOS DESTINADOS AL PROCESO DE MEDICAMENTOS 207
CAPÍTULO VIII. EQUIPOS MÉDICOS, PRÓTESIS, ORTESIS, AYUDAS FUNCIONALES, AGENTES DE DIAGNÓSTICO, INSUMOS DE USO ODONTOLÓGICO, MATERIALES QUIRÚRGICOS, DE CURACIÓN Y PRODUCTOS HIGIÉNICOS 210
CAPÍTULO IX. PRODUCTOS COSMÉTICOS 213
CAPÍTULO IX BIS. EJERCICIO ESPECIALIZADO DE LA CIRUGÍA 216
CAPÍTULO X. PRODUCTOS DE ASEO 217

CAPÍTULO XI. TABACO 218
CAPÍTULO XII. PLAGUICIDAS, NUTRIENTES VEGETALES Y SUBSTANCIAS TÓXICAS O PELIGROSAS 219
CAPÍTULO XII BIS. PRODUCTOS BIOTECNOLÓGICOS 221
CAPÍTULO XII TER. CIGARRILLOS ELECTRÓNICOS, VAPEADORES Y OTROS SISTEMAS O DISPOSITIVOS ANÁLOGOS 221
CAPÍTULO XIII. IMPORTACIÓN Y EXPORTACIÓN 222

TÍTULO DÉCIMO TERCERO. PUBLICIDAD 227
CAPÍTULO ÚNICO 227

TÍTULO DÉCIMO CUARTO. DONACIÓN, TRASPLANTES Y PÉRDIDA DE LA VIDA 232
CAPÍTULO I. DISPOSICIONES COMUNES 232
CAPÍTULO II. DONACIÓN 242
CAPÍTULO III. TRASPLANTE 246
CAPÍTULO III BIS. DISPOSICIÓN DE SANGRE, PRODUCTOS SANGUÍNEOS, HEMODERIVADOS Y CÉLULAS TRONCALES 252
CAPÍTULO IV. PÉRDIDA DE LA VIDA 257
CAPÍTULO V. CADÁVERES 258

TÍTULO DÉCIMO QUINTO. SANIDAD INTERNACIONAL 262
CAPÍTULO I. DISPOSICIONES COMUNES 262
CAPÍTULO II. SANIDAD EN MATERIA DE MIGRACIÓN 264
CAPÍTULO III. SANIDAD MARÍTIMA, AÉREA Y TERRESTRE 265

TÍTULO DÉCIMO SEXTO. AUTORIZACIONES Y CERTIFICADOS 266
CAPÍTULO I. AUTORIZACIONES 266
CAPÍTULO II. REVOCACIÓN DE AUTORIZACIONES SANITARIAS 270
CAPÍTULO III. CERTIFICADOS 273

TÍTULO DÉCIMO SÉPTIMO. VIGILANCIA SANITARIA 276
CAPÍTULO ÚNICO 276

TÍTULO DÉCIMO OCTAVO. MEDIDAS DE SEGURIDAD, SANCIONES Y DELITOS 282
CAPÍTULO I. MEDIDAS DE SEGURIDAD SANITARIA 282
CAPÍTULO II. SANCIONES ADMINISTRATIVAS 287
CAPÍTULO III. PROCEDIMIENTO PARA APLICAR LAS MEDIDAS DE SEGURIDAD Y SANCIONES 291
CAPÍTULO IV. RECURSO DE INCONFORMIDAD 293
CAPÍTULO V. PRESCRIPCIÓN 296
CAPÍTULO VI. DELITOS 296

CAPÍTULO VII. DELITOS CONTRA LA SALUD EN SU MODALIDAD DE NARCOMENUDEO 306

TRANSITORIOS 313

LEY DE LOS INSTITUTOS NACIONALES DE SALUD

TÍTULO PRIMERO. DISPOSICIONES GENERALES 315
CAPÍTULO ÚNICO 315

TÍTULO SEGUNDO. ORGANIZACIÓN DE LOS INSTITUTOS 317
CAPÍTULO I. FUNCIONES 317
CAPÍTULO II. AUTONOMÍA 321
CAPÍTULO III. ÓRGANOS DE ADMINISTRACIÓN 322
CAPÍTULO IV. ÓRGANOS DE APOYO 326
CAPÍTULO V. ÓRGANO DE VIGILANCIA 328
CAPÍTULO VI. RÉGIMEN LABORAL 329

TÍTULO TERCERO. ÁMBITO DE LOS INSTITUTOS 329
CAPÍTULO I. INVESTIGACIÓN 329
CAPÍTULO II. ENSEÑANZA 334
CAPÍTULO III. ATENCIÓN MÉDICA 335

TRANSITORIOS 336

REGLAMENTO DE PROCEDIMIENTOS PARA LA ATENCIÓN DE QUEJAS MÉDICAS Y GESTIÓN PERICIAL DE LA COMISIÓN NACIONAL DE ARBITRAJE MÉDICO

CAPÍTULO PRIMERO. DEL OBJETO Y PRINCIPIOS 339
CAPÍTULO SEGUNDO. DE LOS ACTOS PROCESALES EN GENERAL 342
SECCIÓN PRIMERA. DEL TRÁMITE DE LOS ASUNTOS 342
SECCIÓN SEGUNDA. DE LOS PLAZOS Y NOTIFICACIONES 347
CAPÍTULO TERCERO. DEL PROCESO ARBITRAL 350
SECCIÓN PRIMERA. DISPOSICIONES COMUNES 350
SECCIÓN SEGUNDA. DE LAS QUEJAS 354
SECCIÓN TERCERA. DE LA ETAPA CONCILIATORIA Y LA TRANSACCIÓN. 356
SECCIÓN CUARTA. DEL COMPROMISO ARBITRAL 360
SECCIÓN QUINTA. DEL PROCEDIMIENTO ARBITRAL EN ESTRICTO DERECHO Y EN CONCIENCIA 361
SECCIÓN SEXTA. DE LAS RESOLUCIONES ARBITRALES 365
CAPÍTULO CUARTO. DE LA GESTIÓN PERICIAL 367

TRANSITORIOS 369

REGLAMENTO DE LA LEY GENERAL DE SALUD EN MATERIA DE PROTECCIÓN SOCIAL EN SALUD

TÍTULO PRIMERO. DISPOSICIONES GENERALES 371

TÍTULO SEGUNDO. DE LAS PRESTACIONES DEL SISTEMA 373
CAPÍTULO I. DE LOS SERVICIOS DE SALUD 373
CAPÍTULO II. DE LOS PRESTADORES DE LOS SERVICIOS 377
SECCIÓN PRIMERA. GENERALIDADES 377
SECCIÓN SEGUNDA. DE LA ACREDITACIÓN DE CAPACIDAD, SEGURIDAD Y CALIDAD 379
SECCIÓN TERCERA. DEL PLAN MAESTRO DE INFRAESTRUCTURA 382

TÍTULO TERCERO. DE LA INCORPORACIÓN DE BENEFICIARIOS 385
CAPÍTULO I. GENERALIDADES 385
CAPÍTULO II. DE LOS REQUISITOS Y EL PROCESO DE INCORPORACIÓN ... 386
CAPÍTULO III. DE LA VIGENCIA DE DERECHOS 387
CAPÍTULO IV. DEL PADRÓN DE BENEFICIARIOS 389
CAPÍTULO V. DE LA TUTELA DE LOS DERECHOS DE LOS BENEFICIARIOS .. 390
CAPÍTULO VI. DE LOS SISTEMAS DE INFORMACIÓN 392
CAPÍTULO VII. DE LA EVALUACIÓN INTEGRAL DEL SISTEMA 393

TÍTULO CUARTO. DEL FINANCIAMIENTO DEL SISTEMA 396
CAPÍTULO I. DE LAS APORTACIONES DE LOS GOBIERNOS FEDERAL Y DE LAS ENTIDADES FEDERATIVAS 396
SECCIÓN PRIMERA. GENERALIDADES 396
SECCIÓN SEGUNDA. DE LAS APORTACIONES PARA LOS SERVICIOS DE SALUD A LA PERSONA 399
SECCIÓN TERCERA. DE LAS APORTACIONES PARA LOS SERVICIOS DE SALUD A LA COMUNIDAD 405
CAPÍTULO II. DEL FONDO DE PROTECCIÓN CONTRA GASTOS CATASTRÓFICOS 408
CAPÍTULO III. DE LA PREVISIÓN PRESUPUESTAL 412
SECCIÓN PRIMERA. GENERALIDADES 412
SECCIÓN SEGUNDA. NECESIDADES DE INFRAESTRUCTURA DE ATENCIÓN PRIMARIA Y ESPECIALIDADES BÁSICAS 413
SECCIÓN TERCERA. DIFERENCIAS IMPREVISTAS EN LA DEMANDA DE SERVICIOS 413
SECCIÓN CUARTA. COMPENSACIÓN ECONÓMICA POR ADEUDOS DERIVADOS DE LA PRESTACIÓN DE SERVICIOS 414

CAPÍTULO IV. DE LAS CUOTAS FAMILIARES Y REGULADORAS 416
CAPÍTULO V. DE LA TRANSPARENCIA, CONTROL Y SUPERVISIÓN EN EL MANEJO DE LOS RECURSOS 419

TRANSITORIOS 420

REGLAMENTO DE LA LEY GENERAL DE SALUD EN MATERIA DE PRESTACIÓN DE SERVICIOS DE ATENCIÓN MÉDICA

CAPÍTULO I. DISPOSICIONES GENERALES 426
CAPÍTULO II. DE LOS DERECHOS Y OBLIGACIONES DE LOS USUARIOS Y PARTICIPACIÓN DE LA COMUNIDAD 436
CAPÍTULO III. DISPOSICIONES PARA LA PRESTACIÓN DE SERVICIOS DE CONSULTORIOS 437
CAPÍTULO IV. DISPOSICIONES PARA LA PRESTACIÓN DE SERVICIOS DE HOSPITALES 440
CAPÍTULO IV BIS. DISPOSICIONES PARA LA PRESTACIÓN DE SERVICIOS DE CIRUGÍA ESTÉTICA O COSMÉTICA 447
CAPÍTULO V. DISPOSICIONES PARA LA PRESTACIÓN DE SERVICIOS DE ATENCIÓN MATERNO-INFANTIL 448
CAPÍTULO VI. DISPOSICIONES PARA LA PRESTACIÓN DE SERVICIOS PLANIFICACIÓN FAMILIAR 455
CAPÍTULO VII. DISPOSICIONES PARA LA PRESTACIÓN DE SERVICIOS DE SALUD MENTAL 456
CAPÍTULO VIII. DISPOSICIONES PARA LA PRESTACIÓN DE SERVICIOS DE REHABILITACIÓN 458
CAPÍTULO VIII BIS. DISPOSICIONES PARA LA PRESTACIÓN DE SERVICIOS DE CUIDADOS PALIATIVOS 459
SECCIÓN PRIMERA. DE LOS DERECHOS DE LOS ENFERMOS EN SITUACIÓN TERMINAL 461
SECCIÓN SEGUNDA. DE LAS FACULTADES Y OBLIGACIONES DE LAS INSTITUCIONES DE SALUD 462
SECCIÓN TERCERA. DE LAS DIRECTRICES ANTICIPADAS 466
CAPÍTULO IX. DISPOSICIONES PARA LA PRESTACIÓN DE LOS SERVICIOS AUXILIARES DE DIAGNÓSTICO Y TRATAMIENTO 468
SECCIÓN PRIMERA 468
SECCIÓN SEGUNDA. DE LOS LABORATORIOS 470
SECCIÓN TERCERA. DE LOS GABINETES 474
CAPÍTULO IX BIS. DE LA ATENCIÓN MÉDICA A VÍCTIMAS 481
CAPÍTULO X. DE LAS AUTORIZACIONES Y REVOCACIÓN DE LAS MISMAS.. 483

CAPÍTULO XI. DE LA VIGILANCIA DE LA PRESTACIÓN DE LOS SERVICIOS DE ATENCIÓN MÉDICA 487
CAPÍTULO XII. DE LAS MEDIDAS DE SEGURIDAD Y SANCIONES 488

TRANSITORIOS 493

Ley General de Salud

NUEVA LEY PUBLICADA EN EL DIARIO OFICIAL DE LA FEDERACIÓN EL 7 DE FEBRERO DE 1984

TEXTO VIGENTE

ÚLTIMAS REFORMAS publicadas DOF 15-01-2026

Al margen un sello con el Escudo Nacional que dice: Estados Unidos Mexicanos. Presidencia de la República.

MIGUEL DE LA MADRID HURTADO, Presidente Constitucional de los Estados Unidos Mexicanos, a sus habitantes, sabed:

Que el H. Congreso de la Unión se ha servido dirigirme el siguiente:

D E C R E T O

"El Congreso de los Estados Unidos Mexicanos, decreta:

LEY GENERAL DE SALUD

TÍTULO PRIMERO
DISPOSICIONES GENERALES

CAPÍTULO ÚNICO

Artículo 1o. La presente ley reglamenta el derecho a la protección de la salud que tiene toda persona en los términos del artículo 4o. de la Constitución Política de los Estados Unidos Mexicanos, establece las bases y modalidades para el acceso a los servicios de salud, distribuye competencias y establece los casos de concurrencia entre la Federación y las entidades federativas en materia de salubridad general. Es de aplicación en toda la República y sus disposiciones son de orden público e interés social.

Artículo reformado DOF 29-05-2023

Artículo 1o Bis. Se entiende por salud como un estado de completo bienestar físico, mental y social, y no solamente la ausencia de afecciones o enfermedades.

Artículo adicionado DOF 04-12-2013

Artículo 2o. El derecho a la protección de la salud, tiene las siguientes finalidades:

I. El bienestar físico y mental de la persona, para contribuir al ejercicio pleno de sus capacidades;

Fracción reformada DOF 14-01-2013

II. La prolongación y mejoramiento de la calidad de la vida humana;

III. La protección y el acrecentamiento de los valores que coadyuven a la creación, conservación y disfrute de condiciones de salud que contribuyan al desarrollo social;

IV. La extensión de actitudes solidarias y responsables de la población en la preservación, conservación, mejoramiento y restauración de la salud;

V. El disfrute de servicios de salud y de asistencia social que satisfagan eficaz y oportunamente las necesidades de la población.

Tratándose de personas que carezcan de seguridad social, la prestación gratuita de servicios de salud, medicamentos y demás insumos asociados;

Fracción reformada DOF 29-11-2019

VI. El conocimiento para el adecuado aprovechamiento y utilización de los servicios de salud;

Fracción reformada DOF 08-11-2019

VII. El desarrollo de la enseñanza y la investigación científica y tecnológica para la salud, y

Fracción reformada DOF 08-11-2019

VIII. La promoción de la salud y la prevención de las enfermedades.

Fracción adicionada DOF 08-11-2019

En la observancia del presente artículo, se deberá garantizar el derecho a la protección de la salud con enfoque diferenciado, perspectiva de género e interculturalidad.

Párrafo adicionado DOF 15-01-2026

Artículo 3o. En los términos de esta Ley, es materia de salubridad general:

I. La organización, control y vigilancia de la prestación de servicios y de establecimientos de salud a los que se refiere el artículo 34, fracciones I, III y IV, de esta Ley;

II. La atención médica;

Fracción reformada DOF 29-11-2019

II bis. La prestación gratuita de los servicios de salud, medicamentos y demás insumos asociados para personas sin seguridad social.

Reforma DOF 03-01-2024: Derogó de la fracción el entonces párrafo segundo (antes reformado DOF 29-05-2023)

Fracción adicionada DOF 15-05-2003. Reformada DOF 29-11-2019

III. La coordinación, evaluación y seguimiento de los servicios de salud a los que se refiere el artículo 34, fracción II;

III Bis. La planeación de la creación, la sustitución y la ampliación de infraestructura para la prestación de servicios de salud;

Fracción adicionada DOF 15-01-2026

IV. La atención materno-infantil;

IV Bis. El programa de nutrición materno-infantil en los pueblos y comunidades indígenas y afromexicanas;

Fracción adicionada DOF 19-09-2006. Reformada DOF 01-04-2024

IV Bis 1. La salud visual;

Fracción adicionada DOF 24-02-2005. Reenumerada (antes fracción V) DOF 10-06-2011

IV Bis 2. La salud auditiva;

Fracción adicionada DOF 24-02-2005. Reenumerada (antes fracción VI) DOF 10-06-2011

IV Bis 3. Salud bucodental;

Fracción adicionada DOF 28-11-2016

V. La planificación familiar;

Fracción recorrida DOF 24-02-2005. Recorrida (antes fracción VII) DOF 10-06-2011

VI. La salud mental;

Fracción recorrida DOF 24-02-2005. Recorrida (antes fracción VIII) DOF 10-06-2011

VII. La organización, coordinación y vigilancia del ejercicio de las actividades profesionales, técnicas y auxiliares para la salud;

Fracción recorrida DOF 24-02-2005. Recorrida (antes fracción IX) DOF 10-06-2011

VIII. La promoción de la formación de recursos humanos para la salud;

Fracción recorrida DOF 24-02-2005. Recorrida (antes fracción X) DOF 10-06-2011

IX. La coordinación de la investigación para la salud y el control de ésta en los seres humanos;

Fracción recorrida DOF 24-02-2005. Recorrida (antes fracción XI) DOF 10-06-2011

IX Bis. El genoma humano;

Fracción adicionada DOF 16-11-2011

X. La información relativa a las condiciones, recursos y servicios de salud en el país;

Fracción recorrida DOF 24-02-2005. Recorrida (antes fracción XII) DOF 10-06-2011

XI. La educación para la salud;

Fracción recorrida DOF 24-02-2005. Recorrida (antes fracción XIII) DOF 10-06-2011

XII. La prevención, orientación, control y vigilancia en materia de nutrición, sobrepeso, obesidad y otros trastornos de la conducta alimentaria, enfermedades respiratorias, enfermedades cardiovasculares y aquellas atribuibles al tabaquismo;

Fracción recorrida DOF 24-02-2005. Fracción reformada DOF 30-05-2008. Recorrida (antes fracción XIV) DOF 10-06-2011.

Reformada DOF 14-10-2015

XIII. La prevención y el control de los efectos nocivos de los factores ambientales en la salud de la persona;

Fracción recorrida DOF 24-02-2005. Recorrida (antes fracción XV) DOF 10-06-2011. Reformada DOF 16-03-2022

XIV. La salud ocupacional y el saneamiento básico;

Fracción reformada DOF 14-06-1991. Recorrida DOF 24-02-2005. Recorrida (antes fracción XVI) DOF 10-06-2011

XV. La prevención y el control de enfermedades transmisibles;

Fracción recorrida DOF 24-02-2005. Recorrida (antes fracción XVII) DOF 10-06-2011

XV Bis. El Programa Nacional de Prevención, Atención y Control del VIH/ SIDA e Infecciones de Transmisión Sexual;

Fracción adicionada DOF 15-12-2008. Renumerada (antes fracción XVII Bis) DOF 10-06-2011

XVI. La prevención y el control de enfermedades no transmisibles, sindemias y accidentes;

Fracción recorrida DOF 24-02-2005. Recorrida (antes fracción XVIII) DOF 10-06-2011. Reformada DOF 29-03-2022

XVI Bis. El diseño, la organización, coordinación y vigilancia del Registro Nacional de Cáncer.

Fracción adicionada DOF 22-06-2017

XVII. La prevención de la discapacidad y la rehabilitación de las personas con discapacidad;

Fracción recorrida DOF 24-02-2005. Recorrida (antes fracción XIX) DOF 10-06-2011. Reformada DOF 08-04-2013

XVIII. La asistencia social;

Fracción recorrida DOF 24-02-2005. Recorrida (antes fracción XX) DOF 10-06-2011

XIX. El programa para la prevención, reducción y tratamiento del uso nocivo del alcohol, la atención del alcoholismo y la prevención de enfermedades derivadas del mismo, así como la protección de la salud de terceros y de la sociedad frente al uso nocivo del alcohol;

Fracción recorrida DOF 24-02-2005. Recorrida (antes fracción XXI) DOF 10-06-2011. Reformada DOF 20-04-2015

XX. El programa contra el tabaquismo;

Fracción recorrida DOF 24-02-2005. Recorrida (antes fracción XXII) DOF 10-06-2011

XXI. La prevención del consumo de estupefacientes y psicotrópicos y el programa contra la farmacodependencia;

Fracción recorrida DOF 24-02-2005. Reformada DOF 20-08-2009. Recorrida (antes fracción XXIII) DOF 10-06-2011

XXII. El control sanitario de productos y servicios y de su importación y exportación;

Fracción recorrida DOF 24-02-2005. Recorrida (antes fracción XXIV) DOF 10-06-2011

XXIII. El control sanitario del proceso, uso, mantenimiento, importación, exportación y disposición final de equipos médicos, prótesis, órtesis, ayudas funcionales, agentes de diagnóstico, insumos de uso odontológico, materiales quirúrgicos, de curación y productos higiénicos;

Fracción recorrida DOF 24-02-2005. Recorrida (antes fracción XXV) DOF 10-06-2011

XXIV. El control sanitario de los establecimientos dedicados al proceso de los productos incluidos en las fracciones XXII y XXIII;

Fracción recorrida DOF 24-02-2005. Recorrida (antes fracción XXVI) DOF 10-06-2011

XXV. El control sanitario de la publicidad de las actividades, productos y servicios a que se refiere esta Ley;

Fracción recorrida DOF 24-02-2005. Recorrida (antes fracción XXVII) DOF 10-06-2011

XXVI. El control sanitario de la disposición de órganos, tejidos y sus componentes y células;

Fracción reformada DOF 14-06-1991, 07-05-1997. Recorrida DOF 24-02-2005. Reformada DOF 14-07-2008. Recorrida (antes fracción XXVIII) DOF 10-06-2011

XXVI Bis. El control sanitario de cadáveres de seres humanos;

Fracción adicionada DOF 14-07-2008. Reenumerada (antes fracción XXVIII Bis) DOF 10-06-2011

XXVII. La sanidad internacional;

Fracción recorrida DOF 24-02-2005. Reformada DOF 05-01-2009. Recorrida (antes fracción XXIX) DOF 10-06-2011

XXVII Bis. El tratamiento integral del dolor;

Fracción adicionada DOF 05-01-2009. Reenumerada (antes fracción XXX) DOF 10-06-2011. Reformada DOF 15-01-2026

XXVIII. La salud digital, y

Fracción adicionada DOF 15-01-2026

XXIX. Las demás materias que establezca esta Ley y otros ordenamientos legales, de conformidad con el párrafo tercero del artículo 4o. Constitucional.

Fracción recorrida DOF 24-02-2005, 05-01-2009. Recorrida (antes fracción XXXI) DOF 10-06-2011. Reformada y recorrida DOF 15-01-2026

Artículo 4o. Son autoridades sanitarias:

I. El Presidente de la República;
II. El Consejo de Salubridad General;
III. La Secretaría de Salud, y

Fracción reformada DOF 27-05-1987

IV. Los gobiernos de las entidades federativas, incluyendo el Gobierno de la Ciudad de México.

Fracción reformada DOF 09-04-2012, 29-05-2023

TÍTULO SEGUNDO
SISTEMA NACIONAL DE SALUD

CAPÍTULO I
DISPOSICIONES COMUNES

Artículo 5o. El Sistema Nacional de Salud está constituido por las dependencias y entidades de la Administración Pública, tanto federal como local, y las personas físicas o morales de los sectores social y privado, que presten servicios de salud, así como por los mecanismos de coordinación de acciones, y tiene por objeto dar cumplimiento al derecho a la protección de la salud.

Artículo 6o. El Sistema Nacional de Salud tiene los siguientes objetivos:

Párrafo reformado DOF 19-09-2006, 13-01-2014

I. Proporcionar servicios de salud a toda la población y mejorar la calidad de los mismos, atendiendo a los problemas sanitarios prioritarios y a los factores que condicionen y causen daños a la salud, con especial interés en la promoción, implementación e impulso de acciones de atención integrada de carácter preventivo, acorde con la edad, sexo y factores de riesgo de las personas;

Fracción reformada DOF 13-01-2014

II. Contribuir al desarrollo demográfico armónico del país;
III. Colaborar al bienestar social de la población mediante servicios de asistencia social, principalmente a menores en estado de abandono, ancianos desamparados y personas con discapacidad, para fomentar su bienestar y propiciar su incorporación a una vida equilibrada en lo económico y social;

Fracción reformada DOF 08-04-2013

IV. Dar impulso al desarrollo de la familia y de la comunidad, así como a la integración social y al crecimiento físico y mental de la niñez;

IV BIS. Impulsar el bienestar y el desarrollo de las familias y pueblos y comunidades indígenas y afromexicanas que propicien el desarrollo de sus potencialidades político sociales y culturales; con su participación y tomando en cuenta sus valores y organización social;

Fracción adicionada DOF 19-09-2006. Reformada DOF 01-04-2024

V. Apoyar el mejoramiento de las condiciones sanitarias del medio ambiente que propicien el desarrollo satisfactorio de la vida;

VI. Impulsar un sistema racional de administración y desarrollo de los recursos humanos para mejorar la salud;

Fracción reformada DOF 27-05-1987

VI Bis. Promover el respeto, conocimiento y desarrollo de la medicina tradicional indígena y su práctica en condiciones dignas, incluida la partería tradicional;

Fracción adicionada DOF 19-09-2006. Reformada DOF 26-03-2024

VII. Coadyuvar a la adopción de hábitos, costumbres y actitudes relacionados con la salud y con el uso de los servicios que presten para su protección;

Fracción reformada DOF 27-05-1987, 15-01-2013, 26-03-2024

VIII. Promover un sistema de fomento sanitario que coadyuve al desarrollo de productos y servicios que no sean nocivos para la salud;

Fracción adicionada DOF 27-05-1987. Reformada DOF 15-01-2013, 14-10-2015

IX. Promover el desarrollo de los servicios de salud con base en la integración de las Tecnologías de la Información y las Comunicaciones para ampliar la cobertura y mejorar la calidad de atención a la salud;

Fracción adicionada DOF 15-01-2013. Reformada DOF 14-10-2015

X. Proporcionar orientación a la población respecto de la importancia de la alimentación nutritiva, suficiente y de calidad y su relación con los beneficios a la salud;

Fracción adicionada DOF 14-10-2015. Reformada DOF 01-06-2016

XI. Diseñar y ejecutar políticas públicas que propicien la alimentación nutritiva, suficiente y de calidad, que contrarreste eficientemente la desnutrición, el sobrepeso, la obesidad y otros trastornos de la conducta alimentaria;

Fracción adicionada DOF 14-10-2015. Reformada DOF 01-06-2016, 15-01-2026

XII. Promover la creación de programas de atención integral para la atención de las víctimas y victimarios de acoso y violencia escolar, en coordinación con las autoridades educativas y de conformidad con otras disposiciones legales aplicables, y

Fracción adicionada DOF 01-06-2016. Reformada DOF 15-01-2026, 15-01-2026

XIII. Impulsar el acceso universal a la atención médica a través del intercambio de servicios entre instituciones públicas de salud, para garantizar el acceso efectivo a la atención oportuna y de calidad, para todas las personas.

Fracción adicionada DOF 15-01-2026

Artículo 7o. La coordinación del Sistema Nacional de Salud estará a cargo de la Secretaría de Salud, correspondiéndole a ésta:

Párrafo reformado DOF 27-05-1987

I. Establecer y conducir la política nacional en materia de salud, en los términos de las leyes aplicables y de conformidad con lo dispuesto por el Ejecutivo Federal;

II. Coordinar los programas de servicios de salud de las dependencias y entidades de la Administración Pública Federal, así como los agrupamientos por funciones y programas afines que, en su caso, se determinen;

Para efectos de lo previsto en el párrafo anterior, Servicios de Salud del Instituto Mexicano del Seguro Social para el Bienestar (IMSS-BIENESTAR) colaborará con la Secretaría de Salud en lo que respecta a la prestación gratuita de los servicios de salud, medicamentos y demás insumos asociados que requieran las personas sin seguridad social, en el marco del Sistema de Salud para el Bienestar a que se refiere el Título Tercero Bis de esta Ley, para los fines que se precisan en esta Ley.

Párrafo adicionado DOF 29-11-2019. Reformado DOF 29-05-2023

Reforma DOF 15-01-2026: Derogó de la fracción el entonces párrafo tercero (antes adicionado DOF 29-05-2023)

II Bis. Promover e impulsar que las instituciones del Sistema Nacional de Salud implementen programas cuyo objeto consista en brindar atención médica integrada de carácter preventivo, acorde con la edad, sexo y factores de riesgo de las personas;

Fracción adicionada DOF 13-01-2014

II Ter. Planear e integrar la demanda de medicamentos, equipo médico de alta tecnología que haya determinado y demás insumos para la salud, así como dar seguimiento y, asesoría durante los procedimientos de contratación consolidada y su ejecución, en los que intervengan las dependencias y entidades de la Administración Pública Federal que presten servicios de atención médica, salud pública y asistencia social, de conformidad con la Ley de Adquisiciones, Arrendamientos y Servicios del Sector Público y demás disposiciones aplicables;

Fracción adicionada DOF 15-01-2026

III. Se deroga.

Fracción derogada DOF 03-01-2024

IV. Promover, coordinar y realizar la evaluación de programas y servicios de salud que le sea solicitada por el Ejecutivo Federal;

V. Determinar la periodicidad y características de la información que deberán proporcionar las dependencias y entidades del sector salud, con sujeción a las disposiciones generales aplicables;

VI. Coordinar el proceso de programación de las actividades del sector salud, con sujeción a las leyes que regulen a las entidades participantes;

VII. Formular recomendaciones a las dependencias competentes sobre la asignación de los recursos que requieran los programas de salud;

VIII. Impulsar las actividades científicas y tecnológicas en el campo de la salud;

VIII Bis. Promover la incorporación, uso y aprovechamiento de las tecnologías de la información y de las comunicaciones en los servicios de salud, como es el caso, entre otros, de la telesalud, la telemedicina, la salud móvil, los registros médicos o de salud electrónicos y dispositivos portátiles;

Fracción adicionada DOF 15-01-2013. Reformada DOF 15-01-2026

IX. Coadyuvar con las dependencias competentes a la regulación y control de la transferencia de tecnología en el área de salud;

IX Bis. Promover el establecimiento del Sistema Nacional de Información Básica en Materia de Salud y el Sistema Nacional de Información en Salud como mecanismos de reporte y acopio de información estadística y nominal generada por los integrantes del Sistema Nacional de Salud, para la consolidación de la base nacional a que se refiere la fracción X de este artículo;

Fracción reformada y renumerada (antes fracción X) DOF 15-01-2026

X. Integrar y administrar una base nacional de información en salud con información de la prestación de los servicios, la infraestructura y el equipo médico, que permita la evaluación del desempeño de los integrantes del Sistema Nacional de Salud, el intercambio de servicios y la planeación estratégica de las políticas, los criterios y las directrices en materia de salud;

Fracción adicionada DOF 15-01-2026

X Bis. Establecer, promover y coordinar el Registro Nacional de Cáncer.

Fracción adicionada DOF 22-06-2017

XI. Apoyar la coordinación entre las instituciones de salud y las educativas, para formar y capacitar recursos humanos para la salud;

XII. Coadyuvar a que la formación y distribución de los recursos humanos para la salud sea congruente con las prioridades del Sistema Nacional de Salud;

XIII. Promover e impulsar la participación de la comunidad en el cuidado de su salud;

XIII Bis. Promover e impulsar programas y campañas de información sobre los buenos hábitos alimenticios, una buena nutrición y la activación física para contrarrestar el sobrepeso, la obesidad y los trastornos de la conducta alimentaria;

Fracción adicionada DOF 14-10-2015. Reformada DOF 22-12-2020

XIV. Impulsar la permanente actualización de las disposiciones legales en materia de salud;

Fracción reformada DOF 30-03-2022

XIV Bis. Promover e incorporar enfoques con perspectiva de género a las estrategias, las campañas de información, y demás programas en el marco de sus atribuciones para contribuir a la igualdad entre mujeres y hombres en el acceso al derecho a la protección de la salud, incluidas las neoplasias que afectan la salud sexual y reproductiva del hombre y de la mujer;

Fracción adicionada DOF 30-03-2022. Reformada DOF 15-01-2026, 15-01-2026

XIV Ter. Coordinar la planeación de la creación, la sustitución y la ampliación de unidades médicas, así como para el equipamiento médico de alta tecnología, mediante la implementación del Plan Maestro Nacional de Infraestructura en Salud y Equipamiento Médico de Alta Tecnología;

Fracción adicionada DOF 15-01-2026

XV. Coordinar la elaboración del diagnóstico de necesidades de medicamentos, equipo médico de alta tecnología y demás insumos para la salud que se requieran para la prestación de los servicios de salud, con base en la información que le proporcionen las unidades médicas del sector salud;

Fracción adicionada DOF 15-01-2026. Reformada DOF 15-01-2026

XVI. Llevar a cabo el control respecto de la preparación, aplicación, posesión, uso, suministro, importación, exportación y distribución de medicamentos, productos biológicos, vacunas, insumos y dispositivos médicos, a excepción de los de uso veterinario, y

Fracción adicionada DOF 15-01-2026

XVII. Las demás atribuciones que se requieran para el cumplimiento de los objetivos del Sistema Nacional de Salud, y las que determinen las disposiciones jurídicas aplicables.

Fracción recorrida DOF 15-01-2026. Reformada y recorrida DOF 15-01-2026

Artículo 8o. Con propósitos de complemento y de apoyo recíproco, se delimitarán los universos de usuarios y las instituciones de salud podrán llevar a cabo acciones de subrogación de servicios.

Artículo 9o. Los gobiernos de las entidades federativas coadyuvarán, en el ámbito de sus respectivas competencias y, en su caso, en los términos de los acuerdos de coordinación que celebren con la Secretaría de Salud, en la operación, funcionamiento y fortalecimiento del Sistema Nacional de Salud. Para lo cual, planearán, organizarán y desarrollarán en sus respectivas circunscripciones territoriales, sistemas estatales de salud, procurando su participación programática en el Sistema Nacional de Salud.

La Secretaría de Salud coordinará la concordancia de los programas federales en la materia con el de las entidades federativas, promoviendo que la planeación sea congruente, objetiva y participativa.

Artículo reformado DOF 27-05-1987, 29-05-2023

Artículo 9o. Bis. El Sistema Federal Sanitario se constituye por la Comisión Federal para la Protección contra Riesgos Sanitarios y las autoridades de protección sanitaria de las entidades federativas con las que se haya suscrito un acuerdo de coordinación para el ejercicio de atribuciones en materia de regulación, control, vigilancia y fomento sanitarios, así como por los laboratorios de las entidades federativas en su componente de regulación sanitaria.

Artículo adicionado DOF 15-01-2026

Artículo 10. La Secretaría de Salud promoverá la participación, en el Sistema Nacional de Salud, de los prestadores de servicios de salud, de los sectores público, social y privado, de sus trabajadores y de las personas usuarias de dichos servicios, así como de las autoridades o representantes de los pueblos y comunidades indígenas y afromexicanas, en los términos de las disposiciones que al efecto se expidan.

Con base en la información sobre la planeación y los procedimientos de contratación consolidada de medicamentos, equipo médico de alta tecnología y demás insumos para la salud, la Secretaría de Salud definirá planes, proyectos y mecanismos que permitan optimizar de manera oportuna y con calidad el abasto de medicamentos, equipo médico de alta tecnología y demás insumos para la salud en las instituciones públicas del Sistema Nacional de Salud, sin perjuicio de las atribuciones que en la materia correspondan a las Secretarías de Hacienda y Crédito Público y Anticorrupción y Buen Gobierno.

Asimismo, fomentará la coordinación con las personas proveedoras de medicamentos, equipo médico de alta tecnología y demás insumos para la salud, a fin de racionalizar y procurar la disponibilidad de éstos.

En los procedimientos de contratación consolidada de medicamentos, dispositivos médicos y demás insumos para la salud, en términos de las disposiciones jurídicas aplicables, incluidos los instrumentos internacionales, la Secretaría de Salud deberá promover la participación de personas físicas o morales que acrediten contar, en territorio nacional, con inversión en la cadena de producción de medicamentos, dispositivos médicos y demás insumos para la salud, o con el inicio de instalación de fábricas, laboratorios o almacenes que formen parte de dicha cadena, o bien, de aquellas que desarrollen investigación científica, o cuando se trate de adquisiciones de productos innovadores en materia de salud. Lo anterior sin perjuicio de lo previsto en los capítulos de compras públicas de los tratados comerciales celebrados por el Estado Mexicano.

Artículo reformado DOF 27-05-1987, 19-09-2006, 01-04-2024, 15-01-2026

Artículo 10 Bis. [El Personal médico y de enfermería que forme parte del Sistema Nacional de Salud, podrán ejercer la objeción de conciencia y excusarse de participar en la prestación de servicios que establece esta Ley.

Cuando se ponga en riesgo la vida del paciente o se trate de una urgencia médica, no podrá invocarse la objeción de conciencia, en caso contrario se incurrirá en la causal de responsabilidad profesional.

El ejercicio de la objeción de conciencia no derivará en ningún tipo de discriminación laboral.]

Artículo adicionado DOF 11-05-2018

Artículo declarado inválido por sentencia de la SCJN a Acción de Inconstitucionalidad notificada para efectos legales 22-09-2021 y publicada DOF 21-12-2021

Artículo 11. La concertación de acciones entre la Secretaría de Salud y las autoridades de los pueblos y comunidades indígenas y afromexicanas, los integrantes de los sectores social y privado, se realizará mediante convenios y contratos, los cuales se ajustarán a las siguientes bases:

Párrafo reformado DOF 27-05-1987, 19-09-2006, 01-04-2024

I. Definición de las responsabilidades que asuman las partes;

Fracción reformada DOF 19-09-2006

II. Determinación de las acciones de orientación, estímulo y apoyo que llevará a cabo la Secretaría de Salud;

Fracción reformada DOF 27-05-1987

III. Especificación del carácter operativo de la concertación de acciones, con reserva de las funciones de autoridad de la Secretaría de Salud, y

Fracción reformada DOF 27-05-1987

IV. Expresión de las demás estipulaciones que de común acuerdo establezcan las partes.

Artículo 12. La competencia de las autoridades sanitarias en la planeación, regulación, organización y funcionamiento del sistema Nacional de Salud, se regirá por las disposiciones de esta Ley y demás normas generales aplicables.

CAPÍTULO II
DISTRIBUCIÓN DE COMPETENCIAS

Artículo 13. La competencia entre la Federación y las entidades federativas en materia de salubridad general quedará distribuida conforme a lo siguiente:

A. Corresponde al Ejecutivo Federal, por conducto de la Secretaría de Salud:

Párrafo reformado DOF 27-05-1987

I. Dictar las normas oficiales mexicanas a que quedará sujeta la prestación, en todo el territorio nacional, de servicios de salud en las materias de salubridad general y verificar su cumplimiento;

Fracción reformada DOF 07-05-1997

II. En las materias enumeradas en las fracciones I, III, XV Bis, XXI, XXII, XXIII, XXIV, XXV, XXVI y XXVII del artículo 3o. de esta Ley, así como respecto de aquéllas que se acuerden con los gobiernos de las entidades federativas, organizar y operar los servicios respectivos y vigilar su funcionamiento por sí o en coordinación con las entidades de su sector;

Fracción reformada DOF 24-02-2005, 15-12-2008, 10-06-2011, 29-11-2019

III. Organizar y operar, por sí o en coordinación con las entidades de su sector coordinado, los servicios de salud a su cargo y, en todas las materias de salubridad general, desarrollar temporalmente acciones en las entidades federativas, cuando éstas se lo soliciten, de conformidad con los acuerdos de coordinación que se celebren al efecto;

Fracción reformada DOF 29-11-2019

III Bis. La coordinación de las acciones de planeación de la creación, la sustitución y la ampliación de la infraestructura para la prestación de servicios de salud;

Fracción adicionada DOF 15-01-2026

IV. Promover, orientar, fomentar y apoyar las acciones en materia de salubridad general a cargo de los gobiernos de las entidades federativas, con sujeción a las políticas nacionales en la materia;

V. Ejercer la acción extraordinaria en materia de salubridad general;

VI. Promover y programar el alcance y las modalidades del Sistema Nacional de Salud y desarrollar las acciones necesarias para su consolidación y funcionamiento;

VII. Coordinar el Sistema Nacional de Salud;

VII bis. Se deroga.

Fracción adicionada DOF 15-05-2003. Derogada DOF 29-11-2019

VIII. Realizar la evaluación general de la prestación de servicios de salud en materia de salubridad general en todo el territorio nacional;

IX. Ejercer la coordinación y la vigilancia general del cumplimiento de las disposiciones de esta Ley y demás normas aplicables en materia de salubridad general, y

X. Las demás que sean necesarias para hacer efectivas las facultades anteriores y las que se establezcan en esta Ley y en otras disposiciones generales aplicables.

B. Corresponde a los gobiernos de las entidades federativas, en materia de salubridad general, como autoridades locales y dentro de sus respectivas jurisdicciones territoriales:

Párrafo reformado DOF 14-07-2008

I. Organizar, operar, supervisar y evaluar la prestación de los servicios de salubridad general a que se refieren las fracciones II, II Bis, IV, IV Bis, IV Bis 1, IV Bis 2, IV Bis 3, V, VI, VII, VIII, IX, X, XI, XII, XIII, XIV, XV, XVI, XVII, XVIII, XIX, XX, XXVI Bis y XXVII Bis, del artículo 3o. de esta Ley, de conformidad con las disposiciones aplicables;

Fracción reformada DOF 15-05-2003, 24-02-2005, 14-07-2008, 05-01-2009, 10-06-2011, 28-11-2016

I Bis. Acordar con la Secretaría de Salud o con las entidades de su sector coordinado o bien con cualquier otra entidad, por sí o en coordinación con otras entidades, se hagan cargo de organizar, operar, supervisar y evaluar la prestación de los servicios de salubridad general a que se refiere la fracción anterior, en los términos que se estipulen en los convenios de coordinación y demás instrumentos jurídicos que al efecto se celebren;

Fracción adicionada DOF 29-11-2019. Reformada DOF 29-05-2023

II. Coadyuvar a la consolidación y funcionamiento del Sistema Nacional de Salud, y planear, organizar y desarrollar sistemas estatales de salud, procurando su participación programática en el primero;

III. Formular y desarrollar programas locales de salud, en el marco de los sistemas estatales de salud y de acuerdo con los principios y objetivos del Plan Nacional de Desarrollo;

IV. Llevar a cabo los programas y acciones que en materia de salubridad local les competan;

V. Integrar una base de datos con información estadística local alimentada por los prestadores de servicios de atención a la salud, tanto públicos como privados, con información nominal de la prestación de sus servicios, que permita la evaluación del desempeño de los integrantes del Sistema Nacional de Salud, el intercambio de servicios y la planeación estratégica de las políticas, los criterios y las directrices en materia de salud;

Fracción reformada DOF 15-01-2026

VI. Vigilar, en la esfera de su competencia, el cumplimiento de esta Ley y demás disposiciones aplicables;

Fracción reformada DOF 15-01-2026

VII. Promover la implementación y operación del intercambio de servicios de atención médica en sus entidades federativas, y

Fracción adicionada DOF 15-01-2026

VIII. Las demás atribuciones específicas que se establezcan en esta Ley y demás disposiciones jurídicas aplicables.

Fracción reformada y recorrida DOF 15-01-2026

C. Corresponde a la Federación y a las entidades federativas la prevención del consumo de narcóticos, atención a las adicciones y persecución de los delitos contra la salud, en los términos del artículo 474 de esta Ley.

Apartado adicionado DOF 20-08-2009

Artículo 14. (Se deroga).

Artículo reformado DOF 27-05-1987. Derogado DOF 07-05-1997

Artículo 15. El Consejo de Salubridad General es un órgano que depende directamente de la persona titular de la Presidencia de la República en los términos del artículo 73, fracción XVI, base 1a. de la Constitución Política de los Estados Unidos Mexicanos.

El Consejo de Salubridad General está integrado por la persona titular de la Secretaría de Salud quien lo presidirá, la persona titular de la Secretaría de dicho Consejo y las personas integrantes titulares que su reglamento interior determine, dos de los cuáles serán las personas titulares de la Academia Nacional de Medicina y de la Academia Mexicana de Cirugía. Las personas integrantes del Consejo contarán con derecho a voz y voto y ejercerán sus cargos a título honorífico.

La persona titular de la Presidencia del Consejo, podrá invitar a las sesiones, cuando así lo requiera la naturaleza de los asuntos a tratar, por iniciativa propia o a sugerencia de alguna persona integrante del Consejo, a las personas servidoras públicas de los tres órdenes de gobierno o de cualquier otro organismo público o privado, quienes participarán en las sesiones con voz, pero sin voto.

Artículo reformado DOF 27-05-1987, 14-06-1991, 11-05-2022, 29-05-2023

Artículo 16. La organización y funcionamiento del Consejo de Salubridad General se regirá por su reglamento interior, que formulará el propio Consejo y someterá a la aprobación del Presidente de la República para su expedición.

Artículo 17. Compete al Consejo de Salubridad General:

I. Dictar medidas contra el alcoholismo, venta y producción de substancias tóxicas, así como las que tengan por objeto prevenir y combatir los efectos nocivos de la contaminación ambiental en la salud, las que serán revisadas después por el Congreso de la Unión, en los casos que le competan;

II. Adicionar las listas de establecimientos destinados al proceso de medicamentos y las de enfermedades transmisibles prioritarias, no transmisibles más frecuentes, sindemias, así como las de fuentes de radiaciones ionizantes y de naturaleza análoga, así como determinar aquellos actos relacionados con el proceso de Insumos, que tengan fines de política sanitaria por razones de eficacia terapéutica y de beneficio colectivo;

Fracción reformada DOF 29-03-2022, 29-05-2023

III. Aprobar y publicar en el Diario Oficial de la Federación, la declaratoria de emergencia y demás acuerdos que coadyuven con la Secretaría de Salud a instrumentar las acciones necesarias para enfrentar circunstancias epidemiológicas extraordinarias en el país o emergencia causada por deterioro súbito del ambiente que ponga en peligro inminente a la población;

Fracción adicionada DOF 29-05-2023

IV. Aprobar y publicar en el Diario Oficial de la Federación, la declaratoria en los casos de enfermedades graves que sean causa de emergencia o atenten contra la seguridad nacional, en la que se justifique la necesidad de atención prioritaria;

Fracción adicionada DOF 29-05-2023

V. Aprobar los acuerdos necesarios y demás disposiciones generales de observancia obligatoria en el país en materia de salubridad general, dentro del ámbito de su competencia;

Fracción adicionada DOF 29-05-2023

VI. Certificar la calidad de los establecimientos de atención médica y determinar los instrumentos y criterios para tal efecto;

Fracción adicionada DOF 29-05-2023

VII. Determinar las demás enfermedades transmisibles que requieren actividades de vigilancia epidemiológica, no transmisibles, emergentes y reemergentes y neoplasias malignas, de prevención y control, a que se refiere el artículo 134, fracción XIV de esta Ley;

Fracción adicionada DOF 29-05-2023

VIII. Opinar, a través de la persona titular de la Secretaría del Consejo, sobre programas y proyectos de investigación científica y de formación de recursos humanos para la salud, a solicitud de las instituciones públicas o privadas que así lo soliciten;

Fracción reformada y recorrida DOF 29-05-2023

IX. Opinar, a través de la persona titular de la Secretaría del Consejo, sobre el establecimiento de nuevos estudios profesionales, técnicos, auxiliares y especialidades que requiera el desarrollo nacional en materia de salud, a solicitud de las instituciones públicas que así lo soliciten;

Fracción reformada y recorrida DOF 29-05-2023

X. Elaborar, actualizar y difundir en el Diario Oficial de la Federación el Compendio Nacional de Insumos para la Salud, en términos de lo establecido en esta Ley y las demás disposiciones aplicables;

Fracción reformada DOF 29-11-2019. Reformada y recorrida DOF 29-05-2023

XI. Determinar las demás substancias que deban considerarse como estupefacientes o psicotrópicas y publicar la lista correspondiente en el Diario Oficial de la Federación, en términos de lo establecido en los artículos 234, último párrafo y 244 de esta Ley;

Fracción adicionada DOF 29-05-2023

XII. Participar, en el ámbito de su competencia, en la consolidación de la operación del Sistema Nacional de Salud;

Fracción reformada y recorrida DOF 29-05-2023

XIII. Rendir opiniones y formular sugerencias al Ejecutivo Federal tendientes al mejoramiento de la eficiencia del Sistema Nacional de Salud y al mejor cumplimiento del programa sectorial de salud;

Fracción reformada y recorrida DOF 29-05-2023

XIV. Proponer a las autoridades sanitarias el otorgamiento de reconocimientos y estímulos para las instituciones y personas que se distingan por sus méritos a favor de la salud;

Fracción adicionada DOF 07-05-1997. Reformada y renumerada (antes fracción VII bis) DOF 29-05-2023

XV. Coordinar, a través de la persona titular de la Secretaría del Consejo, la entrega de condecoraciones, reconocimiento, premios y estímulos, que determinen las autoridades sanitarias, con sujeción a las disposiciones jurídicas aplicables;

Fracción adicionada DOF 29-05-2023

XVI. Analizar, a través de la persona titular de la Secretaría del Consejo, las disposiciones legales en materia de salud y formular propuestas de reformas o adiciones a las mismas, y

Fracción reformada y recorrida DOF 29-05-2023

XVII. Las demás que le correspondan conforme a esta Ley y demás disposiciones aplicables.

Fracción reformada DOF 15-05-2003. Reformada y recorrida DOF 29-05-2023

Artículo 17 Bis. La Secretaría de Salud ejercerá las atribuciones de regulación, control, vigilancia y fomento sanitarios que conforme a la presente Ley, a la Ley Orgánica de la Administración Pública Federal y demás ordenamientos aplicables le corresponden a dicha dependencia en las materias a que se refiere el artículo 3o. de esta Ley, en sus fracciones I, en lo relativo al control y vigilancia de los establecimientos de salud a los que se refieren los artículos 34 y 35 de esta Ley, XIII, XIV, XXII, XXIII, XXIV, XXV, XXVI, salvo por lo que se refiere a cadáveres, y XXVII, salvo por lo que se refiere a personas, a través de un órgano administrativo desconcentrado que se denominará Comisión Federal para la Protección contra Riesgos Sanitarios.

Párrafo reformado DOF 15-01-2026

Para efectos de lo dispuesto en el párrafo anterior compete a la Comisión Federal para la Protección contra Riesgos Sanitarios:

I. Efectuar la evaluación de riesgos a la salud en las materias de su competencia, así como identificar y evaluar los riesgos para la salud humana que generen los sitios en donde se manejen residuos peligrosos;

II. Proponer a la persona titular de la Secretaría de Salud la política nacional de protección contra riesgos sanitarios, así como su instrumentación en materia de: establecimientos de salud; insumos para la salud, incluso de aquellos que contienen estupefacientes y psicotrópicos; disposición de órganos, tejidos, células de seres humanos y sus componentes; embriones, células germinales; alimentos y bebidas; productos cosméticos; productos de aseo; tabaco; plaguicidas, nutrientes vegetales, sustancias tóxicas o peligrosas para la salud; productos biotecnológicos; suplementos alimenticios, materias primas, aditivos que intervengan en la elaboración de los productos anteriores o cualquier producto de uso y consumo humano que represente un riesgo para la salud, así como de prevención y control de los efectos nocivos de los factores ambientales en la salud de la persona, salud ocupacional, saneamiento básico y terceros autorizados;

Fracción reformada DOF 07-06-2011, 16-03-2022, 10-05-2023, 15-01-2026

III. Elaborar y expedir las normas oficiales mexicanas relativas a los productos, actividades, servicios y establecimientos materia de su competencia, salvo en las materias a que se refieren las fracciones I y XXVI del artículo 3o. de esta Ley;

IV. Evaluar, expedir o revocar las autorizaciones que en las materias de su competencia se requieran, así como aquellos actos de autoridad que para la regulación, el control y el fomento sanitario se establecen o deriven de esta Ley, sus reglamentos, las normas oficiales mexicanas y los demás ordenamientos aplicables;

V. Expedir certificados oficiales de condición sanitaria de procesos, productos, métodos, instalaciones, servicios o actividades relacionadas con las materias de su competencia;

VI. Ejercer el control y vigilancia sanitaria de los productos, sustancias y productos que los contienen, respecto de los señalados en la fracción II de este artículo, de las actividades relacionadas con los primeros, de su importación y exportación, así como de los establecimientos destinados al proceso de dichos productos y sustancias y los establecimientos de salud, con independencia de las facultades que en materia de procesos y prácticas aplicables en los establecimientos dedicados al sacrificio de animales y procesamiento primario de bienes de origen animal para consumo humano, tenga la Secretaría de Agricultura y Desarrollo Rural en términos de la Ley Federal de Sanidad Animal;

Fracción reformada DOF 07-06-2012, 15-01-2026

VII. Ejercer el control y vigilancia sanitarios de la publicidad de las actividades, productos y servicios a los que se refiere esta Ley y sus reglamentos;

VIII. Ejercer el control y la vigilancia sanitarios de la disposición y trasplantes de órganos y tejidos y células de seres humanos, salvo lo dispuesto por los artículos 329, 332, 338 y 339 de esta Ley;

Fracción reformada DOF 11-06-2009

IX. Ejercer las atribuciones que esta Ley y sus reglamentos le confieren a la Secretaría de Salud en materia de sanidad internacional, con excepción de lo relativo a personas;

X. Imponer sanciones, aplicar y retirar medidas de seguridad en el ámbito de su competencia;

Fracción reformada DOF 15-01-2026

XI. Ejercer las atribuciones que la presente Ley, la Ley Orgánica de la Administración Pública Federal y demás ordenamientos aplicables le confieren a la Secretaría de Salud en materia de efectos del ambiente en la salud, salud ocupacional, residuos peligrosos, saneamiento básico, plaguicidas, nutrientes vegetales y sustancias tóxicas, peligrosas o radiaciones;

Fracción reformada DOF 15-01-2026

XII. Participar, en coordinación con las unidades administrativas competentes de la Secretaría de Salud, en la instrumentación de las acciones de prevención y control de enfermedades, así como de vigilancia epidemiológica, especialmente cuando estas se relacionen con los riesgos sanitarios derivados de los productos, actividades o establecimientos materia de su competencia;

Fracción reformada DOF 15-01-2026

XII Bis. Proponer a la persona titular de la Secretaría de Salud la regulación de protección contra riesgos sanitarios en los casos de emergencia sanitaria para instrumentar, supervisar y garantizar la calidad, seguridad y eficacia de los insumos para la salud;

Fracción adicionada DOF 15-01-2026

XII Ter. Emitir autorizaciones temporales del uso de insumos para la salud durante emergencias de salud pública;

Fracción adicionada DOF 15-01-2026

XII Quater. Coordinar el Sistema Federal Sanitario, en colaboración con los gobiernos de las entidades federativas, de conformidad con las disposiciones aplicables y en los términos de los acuerdos de coordinación o colaboración que se celebren;

Fracción adicionada DOF 15-01-2026

XII Quinquies. Coordinar y reportar las actividades de farmacovigilancia y tecnovigilancia en el país, a través de su Centro Nacional de Farmacovigilancia y Tecnovigilancia, con base en la normativa aplicable, y

Fracción adicionada DOF 15-01-2026

XIII. Las demás facultades que otras disposiciones legales le confieren a la Secretaría de Salud en las materias que conforme a lo dispuesto en este artículo sean competencia de la Comisión.

Artículo adicionado DOF 30-06-2003

Artículo 17 bis 1. El órgano desconcentrado a que se refiere el artículo 17 bis tendrá, únicamente, autonomía administrativa, técnica y operativa y su presupuesto estará constituido por:

I. Las asignaciones que establezca la Ley de Ingresos y el Presupuesto de Egresos de la Federación, y

II. Los recursos financieros que le sean asignados, así como aquellos que, en lo sucesivo, se destinen a su servicio.

Los ingresos que la Comisión Federal para la Protección contra Riesgos Sanitarios obtenga por concepto de donativos nacionales e internacionales, rescate de seguros y otros ingresos de carácter excepcional podrán ser recuperados por dicha Comisión y destinados a su gasto de operación conforme a lo que establezca el Presupuesto de Egresos de la Federación para el ejercicio fiscal correspondiente.

Artículo adicionado DOF 30-06-2003

Artículo 17 bis 2. Al frente de la Comisión Federal para la Protección contra Riesgos Sanitarios estará una persona Comisionada Federal, quien será nombrada por la persona titular de la Presidencia de la República, a propuesta de la persona titular de la Secretaría de Salud; siendo la Secretaría de Salud a quien corresponderá la supervisión de este órgano desconcentrado, su conformación será conforme al principio de paridad.

Artículo adicionado DOF 30-06-2003. Reformado DOF 11-05-2022

Artículo 18. Las bases y modalidades de ejercicio coordinado de las atribuciones de la Federación y de las entidades federativas en la prestación de servicios de salubridad general, así como para el ejercicio de atribuciones de control, vigilancia y fomento sanitarios, deberán sujetarse al contenido de la presente Ley, acuerdos y convenios de coordinación que en su caso se suscriban, así como de las demás disposiciones aplicables.

Párrafo reformado DOF 29-05-2023, 15-01-2026

La Secretaría de Salud propondrá la celebración de acuerdos de coordinación con los gobiernos de las entidades federativas para la participación de éstos en la prestación de los servicios a que se refieren las fracciones I, III, XXI, XXII, XXIII, XXIV, XXV, XXVI y XXVII del artículo 3o. de esta Ley.

Párrafo reformado DOF 26-05-2000

La Federación a través de los Servicios de Salud del Instituto Mexicano del Seguro Social para el Bienestar (IMSS-BIENESTAR) y de conformidad con las disposiciones jurídicas aplicables propondrá la celebración de convenios de coordinación con los gobiernos de las entidades federativas en materia de prestación de los servicios a que se refieren las fracciones II y II Bis del artículo 3o. de esta Ley.

Párrafo adicionado DOF 29-05-2023

Artículo reformado DOF 27-05-1987

Artículo 19. La Federación y los gobiernos de las entidades federativas, de conformidad con las disposiciones legales aplicables, aportarán los recursos materiales, humanos y financieros que sean necesarios para la operación de los servicios de salubridad general, así como para el ejercicio de atribuciones de control, vigilancia y fomento sanitarios, que queden comprendidos en los acuerdos y convenios de coordinación que al efecto se celebren, de conformidad con el artículo anterior.

Párrafo reformado DOF 15-01-2026

Los recursos que aporten las partes quedarán expresamente afectos a los fines del acuerdo o convenio respectivo y sujetos al régimen legal que les corresponda. La gestión de los mismos será definida en el instrumento legal al que refiere este artículo.

Artículo reformado DOF 29-05-2023

Artículo 20. Se deroga.

Artículo reformado DOF 27-05-1987, 07-05-1997. Derogado DOF 29-05-2023

Artículo 21. Los acuerdos de coordinación que se celebren se sujetarán a las siguientes bases:

I. Establecerán el tipo y características operativas de los servicios de salubridad general que constituyan el objeto de la coordinación;

II. Determinarán las funciones que corresponda desarrollar a las partes, con indicación de las obligaciones que por el acuerdo asuman;

III. Describirán los bienes y recursos que aporten las partes, con la especificación del régimen a que quedarán sujetos;

IV. Establecerán las obligaciones que adquiere la entidad federativa responsable de la ejecución del objeto de la coordinación;

Fracción reformada DOF 29-05-2023

V. Desarrollarán el procedimiento para la elaboración de los proyectos de programas y presupuestos anuales y determinarán los programas de actividades que vayan a desarrollarse;

VI. Definirán, en su caso, las directrices de la descentralización de los gobiernos de los estados a los municipios;

VII. Establecerán que los ingresos que se obtengan por la prestación de servicios, se ajustarán a lo que dispongan la legislación fiscal y los acuerdos que celebren en la materia el Ejecutivo Federal y los gobiernos de las entidades federativas, salvo que se trate de servicios de salud, medicamentos y demás insumos asociados a personas sin seguridad social, los cuales serán gratuitos;

Fracción reformada DOF 29-05-2023

VIII. Indicarán las medidas legales o administrativas que las partes se obliguen a adoptar o promover, para el mejor cumplimiento del acuerdo;

IX. Establecerán las normas y procedimientos de control que corresponderán a la Secretaría de Salud;

Fracción reformada DOF 27-05-1987

X. Establecerán la duración del Acuerdo y las causas de terminación anticipada del mismo;

XI. Indicarán el procedimiento para la resolución de las controversias y responsabilidad civil que, en su caso, se susciten con relación al cumplimiento y ejecución del acuerdo, con sujeción a las disposiciones legales aplicables, y

Fracción reformada DOF 29-05-2023

XII. Contendrán las demás estipulaciones que las partes consideren necesarias para la mejor prestación de los servicios.

Artículo 22. Los ingresos que se obtengan por los servicios de salubridad general que se presten en los términos de los acuerdos de coordinación a que se refieren los artículos anteriores, se afectarán al mismo concepto, en la forma que establezca la legislación fiscal aplicable.

TÍTULO TERCERO
PRESTACIÓN DE LOS SERVICIOS DE SALUD

CAPÍTULO I
DISPOSICIONES COMUNES

Artículo 23. Para los efectos de esta Ley, se entiende por servicios de salud todas aquellas acciones realizadas en beneficio del individuo y de la sociedad en general, dirigidas a proteger, promover y restaurar la salud de la persona y de la colectividad.

Artículo 24. Los servicios de salud se clasifican en tres tipos:

I. De atención médica;

II. De salud pública, y

III. De asistencia social.

Artículo 25. Conforme a las prioridades del Sistema Nacional de Salud, se garantizará la extensión progresiva, cuantitativa y cualitativa de los servicios de salud, particularmente para la atención integral de la población que se encuentra en el país que no cuenta con seguridad social.

Artículo reformado DOF 29-11-2019

Artículo 26. Para la organización y administración de los servicios de salud, se definirán criterios de regionalización y de escalonamiento de los servicios para lograr progresivamente la universalización del acceso a servicios de salud integrales.

Artículo reformado DOF 29-11-2019

Artículo 27. Para los efectos del derecho a la protección de la salud, se consideran servicios básicos de salud los referentes a:

I. La educación para la salud, la promoción del saneamiento básico y el mejoramiento de las condiciones sanitarias del ambiente;

II. La prevención y el control de las enfermedades transmisibles de atención prioritaria, de las no transmisibles más frecuentes, sindemias y de los accidentes;

Fracción reformada DOF 29-03-2022

III. La atención médica integral, que comprende la atención médica integrada de carácter preventivo, acciones curativas, paliativas y de rehabilitación, incluyendo la atención de urgencias.

Para efectos del párrafo anterior, la atención médica integrada de carácter preventivo consiste en realizar todas las acciones de prevención y promoción para la protección de la salud, de acuerdo con la edad, sexo y los determinantes físicos, psíquicos y sociales de las personas, realizadas preferentemente en una sola consulta.

Párrafo reformado DOF 29-11-2019

En el caso de las personas sin seguridad social, deberá garantizarse la prestación gratuita de servicios de salud, medicamentos y demás insumos asociados;

Párrafo adicionado DOF 29-11-2019
Fracción reformada DOF 05-01-2009, 13-01-2014

IV. La atención materno-infantil;

V. La salud sexual y reproductiva;

Fracción reformada DOF 29-11-2019

VI. La salud mental;

VII. La prevención y el control de las enfermedades bucodentales;

VIII. La disponibilidad de medicamentos, dispositivos médicos y otros insumos esenciales para la salud;

Fracción reformada DOF 10-05-2023

IX. La promoción de un estilo de vida saludable;

Fracción reformada DOF 30-01-2012, 14-10-2015

X. La asistencia social a los grupos más vulnerables y, de éstos, de manera especial, a los pertenecientes a las comunidades indígenas, y

Fracción reformada DOF 19-09-2006, 30-01-2012

XI. La atención médica a las personas adultas mayores en áreas de salud geriátrica.

Fracción adicionada DOF 30-01-2012. Reformada DOF 29-11-2019

Artículo 28. Para los efectos del artículo anterior, habrá un Compendio Nacional de Insumos para la Salud, elaborado por el Consejo de Salubridad General, al cual se ajustarán las instituciones públicas del Sistema Nacional de Salud, y en el que se agruparán, caracterizarán y codificarán los insumos para la salud, que hayan aprobado su seguridad, calidad y eficacia terapéutica, en términos de lo dispuesto en esta Ley y demás disposiciones aplicables.

Participarán en la elaboración del Compendio Nacional de Insumos para la Salud, las secretarías de Salud, de la Defensa Nacional y de Marina; las instituciones públicas de seguridad social; Petróleos Mexicanos; y los Servicios de Salud del Instituto Mexicano del Seguro Social para el Bienestar (IMSS-BIENESTAR), así como las demás que señale el Ejecutivo Federal.

Las actualizaciones del Compendio Nacional de Insumos para la Salud tendrán como objetivo la introducción de insumos para la salud y tecnologías innovadoras que contribuyan a mejorar la calidad en la prestación de los servicios a la población y optimicen los recursos para la detección, prevención y atención de las enfermedades que afectan a la población.

Artículo reformado DOF 27-05-1987, 07-05-1997, 15-05-2003, 29-11-2019, 29-05-2023

Artículo 28 Bis. Los profesionales que podrán prescribir medicamentos son:

1. Médicos;

2. Médicos Homeópatas;

Numeral reformado DOF 29-11-2019

3. Cirujanos Dentistas;

4. Médicos Veterinarios en el área de su competencia, y

5. Licenciados en Enfermería, quienes podrán prescribir aquellos medicamentos del Compendio Nacional de Insumos para la Salud que determine la Secretaría de Salud.

Numeral reformado DOF 29-11-2019

Los profesionales a que se refiere el presente artículo deberán contar con cédula profesional expedida por las autoridades educativas competentes. Los pasantes en servicio social, de cualquiera de las carreras antes mencionadas y los enfermeros podrán prescribir ajustándose a las especificaciones que determine la Secretaría.

Artículo adicionado DOF 05-03-2012

Artículo 29. Del Compendio Nacional de Insumos para la Salud, las instituciones públicas del Sistema Nacional de Salud, determinarán la lista de medicamentos y otros insumos esenciales para la salud, para otorgar, en el ámbito de su competencia, la prestación de servicios de salud a la población.

Artículo reformado DOF 27-05-1987, 29-11-2019, 10-05-2023, 29-05-2023

Artículo 30. La Secretaría de Salud apoyará a las dependencias competentes en la vigilancia de los establecimientos de los sectores público, social y privado dedicados al expendio de medicamentos y a la provisión de insumos para su elaboración, a fin de que adecúen a lo establecido en el artículo anterior.

Artículo reformado DOF 27-05-1987

Artículo 31. La Secretaría de Economía, oyendo la opinión de la Secretaría de Salud, asegurará la adecuada distribución y comercialización y fijará los precios máximos de venta al público de los medicamentos e insumos. La Secretaría de Hacienda y Crédito Público tendrá la intervención que le corresponda en la determinación de precios, cuando tales bienes sean producidos por el sector público.

La Secretaría de Salud proporcionará los elementos técnicos a la Secretaría de Economía, acerca de la importación de insumos para la salud.

Artículo reformado DOF 27-05-1987, 09-04-2012

CAPÍTULO II
ATENCIÓN MÉDICA

Artículo 32. Se entiende por atención médica el conjunto de servicios que se proporcionan al individuo, con el fin de proteger, promover y restaurar su salud.

Para efectos del párrafo anterior, los prestadores de servicios de salud podrán apoyarse de las herramientas metodológicas generadas con medicina basada en evidencia, como son las Guías de Práctica Clínica, Protocolos y los medios electrónicos de acuerdo con las normas oficiales mexicanas que al efecto emita la Secretaría de Salud.

Párrafo reformado DOF 15-01-2026

Artículo reformado DOF 28-05-2012, 01-06-2016

Artículo 33. Las actividades de atención médica son:

I. Preventivas, que incluyen las de promoción general y las de protección específica;

II. Curativas, que tienen como fin efectuar un diagnóstico temprano y proporcionar tratamiento oportuno;

Fracción reformada DOF 05-01-2009

III. De rehabilitación, que incluyen acciones tendientes a optimizar las capacidades y funciones de las personas con discapacidad, y

Fracción reformada DOF 05-01-2009, 08-04-2013

IV. Paliativas, que incluyen el cuidado integral para preservar la calidad de vida del paciente, a través de la prevención, tratamiento y control del dolor, y otros síntomas físicos y emocionales por parte de un equipo profesional multidisciplinario.

Fracción adicionada DOF 05-01-2009

CAPÍTULO III
PRESTADORES DE SERVICIOS DE SALUD

Artículo 34. Para los efectos de esta Ley, los servicios de salud, atendiendo a los prestadores de los mismos, se clasifican en:

I. Servicios públicos a la población en general;

II. Servicios a derechohabientes de instituciones públicas de seguridad social o los que con sus propios recursos o por encargo del Poder Ejecutivo Federal, presten las mismas instituciones a otros grupos de usuarios;

III. Servicios sociales y privados, sea cual fuere la forma en que se contraten, y

IV. Otros que se presten de conformidad con lo que establezca la autoridad sanitaria.

Artículo 35. Son servicios públicos a la población en general los que se presten en establecimientos públicos de salud a las personas que se encuentren en el país que así lo requieran, regidos por criterios de universalidad, igualdad sustantiva e inclusión y de gratuidad al momento de requerir los servicios de salud, medicamentos y demás insumos asociados.

Párrafo reformado DOF 27-01-2017, 29-11-2019, 15-01-2026

Los derechohabientes de las instituciones de seguridad social podrán acceder a los servicios a que se refiere el párrafo anterior en los términos de los convenios que al efecto se suscriban con dichas instituciones, de conformidad con las disposiciones aplicables.

Artículo reformado DOF 15-05-2003

Artículo 35 Bis. Todo proyecto para la creación, la sustitución o la ampliación de unidades médicas, que planeen llevar a cabo las instituciones públicas que conforman el Sistema Nacional de Salud, así como la adquisición de equipo médico de alta tecnología, deberán contar con un folio de registro en el Plan Maestro Nacional de Infraestructura en Salud y Equipamiento Médico de Alta Tecnología, mediante el cual se dará constancia de su necesidad y justificación, y permitirá el seguimiento desde su inicio hasta su puesta en operación, independientemente de la fuente de financiamiento.

Artículo adicionado DOF 15-01-2026

Artículo 36. Las cuotas de recuperación que en su caso se recauden por la prestación de servicios de salud, se ajustarán a lo que disponga la legislación fiscal y a los convenios de coordinación que celebren en la materia el Ejecutivo Federal y los gobiernos de las entidades federativas.

Queda prohibido el cobro de cuotas de recuperación por la prestación de servicios de salud, medicamentos y demás insumos asociados a las personas sin seguridad social.

Párrafo adicionado DOF 29-05-2023

Para la determinación de las cuotas de recuperación se tomará en cuenta el costo de los servicios y las condiciones socioeconómicas del usuario.

Las cuotas de recuperación se fundarán en principios de solidaridad social y guardarán relación con los ingresos de los usuarios, debiéndose eximir del pago cuando el usuario carezca de recursos para cubrirlas, o cuando residan en las zonas de menor desarrollo económico y social, con énfasis en mujeres, adolescentes, niñas y niños en situación de pobreza, conforme a las disposiciones de la Secretaría de Salud y demás leyes aplicables.

Párrafo reformado DOF 27-05-1987, 15-01-2026

A los extranjeros que ingresen al país con el propósito predominante de hacer uso de los servicios de salud, se cobrará íntegramente el costo de los mismos, excepto en los casos de urgencias.

Se eximirá del cobro de las cuotas de recuperación por concepto de atención médica y medicamentos, a todo menor a partir de su nacimiento hasta cinco años cumplidos, que no sea beneficiario o derechohabiente de alguna institución del sector salud. Para el cumplimiento de esta disposición, será requisito indispensable que la familia solicitante se encuentre en un nivel de ingreso correspondiente a los tres últimos deciles establecidos por la Secretaría de Salud.

Párrafo adicionado DOF 18-01-2005

Artículo 37. Son servicios a derechohabientes de instituciones públicas de seguridad social los prestados por éstas a las personas que cotizan o a las que hubieren cotizado en las mismas conforme a sus leyes y a sus beneficiarios, los que con sus propios recursos o por encargo del Ejecutivo Federal presten tales instituciones a otros grupos de usuarios.

Estos servicios se regirán por lo establecido en las disposiciones legales que regulan la organización y funcionamiento de las instituciones prestadoras y por las contenidas en esta Ley, en sus respectivos ámbitos de aplicación. Tratándose de las instituciones de seguridad social de la Administración Pública Federal, éstas deberán, por cuanto hace a la prestación de servicios de salud, mantener una coordinación permanente con la Secretaría de Salud, a efecto de implementar de manera efectiva la política nacional a que hace referencia la fracción I del artículo 7o. de esta Ley.

Párrafo reformado DOF 29-11-2019

Dichos servicios, en los términos de esta Ley y sin perjuicio de lo que prevengan las leyes a las que se refiere el párrafo anterior, comprenderán la atención médica, la atención materno-infantil, la planificación familiar, la salud mental, la promoción de la formación de recursos humanos, la salud ocupacional y la prevención y control de enfermedades no transmisibles, sindemias y accidentes.

Párrafo reformado DOF 29-03-2022

Artículo 38. Son servicios de salud privados los que presten personas físicas o morales en las condiciones que convengan con los usuarios, y sujetas a los ordenamientos legales, civiles y mercantiles. En materia de tarifas, se aplicará lo dispuesto en el artículo 43 de esta Ley.

Estos servicios pueden ser contratados directamente por los usuarios o a través de sistemas de seguros, individuales o colectivos.

Artículo 39. Son servicios de salud de carácter social los que presten, directamente o mediante la contratación de seguros individuales o colectivos, los grupos y organizaciones sociales a sus miembros y a los beneficiarios de los mismos.

Artículo 40. Las modalidades de acceso a los servicios de salud privados y sociales se regirán por lo que convengan prestadores y usuarios, sin perjuicio de los requisitos y obligaciones que establezca esta Ley y demás disposiciones aplicables.

Artículo 41. Los servicios de salud que presten las entidades públicas o empresas privadas a sus empleados y a los beneficiarios de los mismos, con recursos propios o mediante la contratación de seguros individuales o colectivos, se regirán por las convenciones entre prestadores y usuarios, sin perjuicio de lo que establezcan las disposiciones de esta Ley y demás normas aplicables a las instituciones de salud respectivas.

Artículo 41 Bis. Los establecimientos para la atención médica del sector público, social o privado del Sistema Nacional de Salud, de acuerdo con sus funciones, grado de complejidad y nivel de resolución, contarán con los siguientes comités:

I. Un Comité de Bioética para la Atención de la Salud, el cual le corresponde la resolución de los problemas derivados de la atención médica a que se refiere el artículo 33 de esta Ley, así como el análisis, discusión y apoyo en la toma de decisiones respecto de los problemas bioéticos que se presenten en la práctica clínica o en la docencia que se imparte en el área de salud y la promoción para elaborar lineamientos y guías éticas institucionales para la atención y la docencia médica. Asimismo, la promoción de la educación bioética permanentemente de sus integrantes y del personal del establecimiento.

El Comité de Bioética para la Atención de la Salud será multidisciplinario e interdisciplinario, y deberá estar integrado por profesionales de la salud y otras profesiones afines que cuenten con capacitación en bioética, siendo imprescindible contar con personas representantes no científicas, hasta el número convenido de sus integrantes, guardando equilibrio de género y edad;

II. Un Comité de Ética e Investigación cuando los establecimientos para la atención médica que lleven a cabo actividades de investigación para la salud con participantes humanos, o utilicen datos o muestras biológicas provenientes de seres humanos, o en modelos animales no humanos, con la responsabilidad de registrar, evaluar y dictaminar los protocolos de investigación para la salud en cuanto a su contenido científico-metodológico, ético y regulatorio. Asimismo, le corresponde formular las recomendaciones que correspondan; supervisar la conducción de los protocolos de investigación aprobados hasta su conclusión, y elaborar lineamientos, guías éticas y técnicas institucionales para el desarrollo de la investigación para la salud.

Este Comité será responsable, además, en conjunto con el Comité de Bioseguridad, de revisar los aspectos de bioseguridad e impacto ambiental de los protocolos sometidos.

El Comité de Ética e Investigación será interdisciplinario y multidisciplinario, el cual deberá estar integrado por profesionales de la salud y otras profesiones afines que demuestren experiencia y capacitación en bioética, metodología de la investigación, ética de la investigación, y atención médica clínica según la disciplina, especialidad o área de la investigación que evalúan, así como de los aspectos de bioseguridad e impacto ambiental en la medida del caso, siendo imprescindible contar con personas representantes no científicas, hasta el número convenido de sus integrantes, guardando equilibrio de género y edad;

III. Un Comité de Bioseguridad, encargado de determinar y normar al interior del establecimiento el uso de radiaciones ionizantes o de técnicas de ingeniería genética, con base en las disposiciones jurídicas aplicables, así como de dictaminar sobre la bioseguridad y el impacto ambiental de protocolos de investigación para la salud en conjunto con el Comité de Ética e Investigación, o

IV. Los comités a que se refiere el artículo 316 de esta Ley.

El Comité de Bioética para la Atención de la Salud y el Comité de Ética e Investigación se sujetarán a la legislación aplicable, a los criterios para su integración y a los requisitos para su acreditación que establezca la Comisión Nacional de Bioética.

La Comisión Nacional de Bioética definirá la clasificación de los Comités de Ética e Investigación con base en el nivel de riesgo de la investigación, el tipo de investigación para la salud que evalúan, así como el nivel de complejidad y poder de resolución de la institución que solicita su acreditación.

Artículo adicionado DOF 14-12-2011. Reformado DOF 15-01-2026

Artículo 42. La Secretaría de Salud proporcionará a la Secretaría de Hacienda y Crédito Público las normas oficiales mexicanas de salud para los seguros personales de gastos médicos y hospitalización.

Artículo reformado DOF 27-05-1987, 07-05-1997

Artículo 43. Los servicios de salud de carácter social y privado, con excepción del servicio personal independiente, estarán sujetos a las tarifas que establezca la Secretaría de Economía, oyendo la opinión de la Secretaría de Salud.

Artículo reformado DOF 27-05-1987, 09-04-2012

Artículo 44. Los establecimientos particulares para el internamiento de enfermos, prestarán sus servicios en forma gratuita a personas de escasos recursos, en la proporción y términos que señalen los reglamentos.

Artículo 45. Corresponde a la Secretaría de Salud vigilar y controlar la creación y funcionamiento de todo tipo de establecimientos de servicios de salud, así como fijar las normas oficiales mexicanas a las que deberán sujetarse.

Artículo reformado DOF 27-05-1987, 07-05-1997

Artículo 46. La construcción, mantenimiento, operación y equipamiento de los establecimientos dedicados a la prestación de servicios de salud, en cualquiera de sus modalidades podrán aplicar las tecnologías factibles y ambientalmente adecuadas para promover mayor autosuficiencia, sustentabilidad y salud ambiental además, se sujetará a las normas oficiales mexicanas que, con fundamento en esta Ley y demás disposiciones generales aplicables, expida la Secretaría de Salud, sin perjuicio de la intervención que corresponda a otras autoridades.

Artículo reformado DOF 27-05-1987, 07-05-1997, 04-06-2015

Artículo 47. Los establecimientos de servicios de salud deberán presentar aviso de funcionamiento a la Secretaría de Salud, en el supuesto previsto en el primer párrafo del artículo 200 bis de esta ley. En el aviso se expresarán las características y tipo de servicios a que estén destinados y, en el caso de establecimientos particulares, se señalará también al responsable sanitario.

El aviso a que se refiere el párrafo anterior deberá presentarse por lo menos treinta días anteriores a aquel en que se pretendan iniciar operaciones y contener los requisitos establecidos en el artículo 200 Bis de esta Ley.

Párrafo reformado DOF 03-06-2014

En la operación y funcionamiento de los establecimientos de servicios de salud se deberán satisfacer los requisitos que establezcan los reglamentos y normas oficiales mexicanas correspondientes.

Artículo reformado DOF 07-05-1997

Artículo 48. Corresponde a la Secretaría de Salud y a los gobiernos de las entidades federativas, en el ámbito de sus respectivas competencias y en coordinación con las autoridades educativas, vigilar el ejercicio de los profesionales, técnicos y auxiliares de la salud en la prestación de los servicios respectivos.

Artículo reformado DOF 27-05-1987

Artículo 49. La Secretaría de Salud y los gobiernos de las entidades federativas, en el ámbito de sus respectivas competencias, coadyuvarán con las autoridades educativas competentes para la promoción y fomento de la constitución de colegios, asociaciones y organizaciones de profesionales, técnicos y auxiliares de la salud, y estimularán su participación en el Sistema Nacional de Salud, como instancias éticas del ejercicio de las profesiones, promotoras de la superación permanente de sus miembros, así como consultoras de las autoridades sanitarias, cuando éstas lo requieran.

Artículo reformado DOF 27-05-1987

CAPÍTULO IV
USUARIOS DE LOS SERVICIOS DE SALUD Y PARTICIPACIÓN DE LA COMUNIDAD

Artículo 50. Para los efectos de esta Ley, se considera usuario de servicios de salud a toda persona que requiera y obtenga los que presten los sectores público, social y privado, en las condiciones y conforme a las bases que para cada modalidad se establezcan en esta Ley y demás disposiciones aplicables.

Artículo 51. Los usuarios tendrán derecho a obtener prestaciones de salud oportunas y de calidad idónea y a recibir atención profesional y éticamente responsable, así como trato respetuoso y digno de los profesionales, técnicos y auxiliares.

Los usuarios tendrán el derecho de elegir, de manera libre y voluntaria, al médico que los atienda de entre los médicos de la unidad del primer nivel de atención que les corresponda por domicilio, en función del horario de labores y de la disponibilidad de espacios del médico elegido y con base en las reglas generales que determine cada institución. En el caso de las instituciones de seguridad social, sólo los asegurados podrán ejercer este derecho, a favor suyo y de sus beneficiarios.

Artículo reformado DOF 17-04-2009

Artículo 51 Bis 1. Los usuarios tendrán derecho a recibir información suficiente, clara, oportuna, y veraz, así como la orientación que sea necesaria respecto de su salud y sobre los riesgos y alternativas de los procedimientos, diagnósticos terapéuticos y quirúrgicos que se le indiquen o apliquen.

Cuando se trate de la atención a los usuarios originarios de pueblos y comunidades indígenas y afromexicanas, estos tendrán derecho a obtener información necesaria en su lengua.

Párrafo adicionado DOF 05-03-2012. Reformado DOF 01-04-2024

Artículo adicionado DOF 17-04-2009

Artículo 51 Bis 2. Los usuarios tienen derecho a decidir libremente sobre la aplicación de los procedimientos diagnósticos y terapéuticos ofrecidos. En caso de urgencia o que el usuario se encuentre en estado de incapacidad transitoria o permanente, la autorización para proceder será otorgada por el familiar que lo acompañe o su representante legal; en caso de no ser posible lo anterior, el prestador de servicios de salud procederá de inmediato para preservar la vida y salud del usuario, dejando constancia en el expediente clínico.

Los usuarios de los servicios públicos de salud en general, contarán con facilidades para acceder a una segunda opinión.

El consentimiento informado, que constituye el núcleo del derecho a la salud, tanto desde la perspectiva de la libertad individual como de las salvaguardas para el disfrute del mayor estándar de salud.

Párrafo adicionado DOF 16-05-2022

El consentimiento informado es la conformidad expresa de una persona, manifestada por escrito, para la realización de un diagnóstico o tratamiento de salud.

Párrafo adicionado DOF 16-05-2022

Todos los prestadores de servicios de salud, públicos o privados, están obligados a comunicar a la persona, de manera accesible, oportuna y en lenguaje comprensible, la información veraz y completa, incluyendo los objetivos, los posibles beneficios y riesgos esperados, y las alternativas de tratamiento, para asegurar que los servicios se proporcionen sobre la base del consentimiento libre e informado.

Párrafo adicionado DOF 16-05-2022

Una vez garantizada la comprensión de la información a través de los medios y apoyos necesarios, la población usuaria de los servicios de salud tiene el derecho de aceptarlos o rechazarlos.

Párrafo adicionado DOF 16-05-2022

En situaciones en las que una persona no pueda dar su consentimiento para un tratamiento en un momento específico por ningún medio, no exista un documento de voluntad anticipada, y su salud se encuentre en tal estado que, si el tratamiento no se administra de inmediato, su vida estaría expuesta a un riesgo inminente o su integridad física a un daño irreversible, el prestador de servicios de salud procederá de inmediato para preservar la vida y salud del usuario, dejando constancia en el expediente clínico, otorgando informe justificado a los Comités de Ética y a la autoridad judicial competente.

Párrafo adicionado DOF 16-05-2022

En el caso de las niñas, niños y adolescentes constituye una obligación por parte de los prestadores de servicios de atención a la salud implementar los apoyos y ajustes razonables, adecuados a su edad para que su voluntad y preferencias sean tomadas en cuenta en la determinación del tipo de intervenciones encaminadas a garantizar su recuperación y bienestar.

Párrafo adicionado DOF 16-05-2022

Se entenderá como ajustes razonables a las modificaciones y adaptaciones necesarias y adecuadas que no impongan una carga desproporcionada o indebida, cuando se requieran en un caso particular, para garantizar a las personas con discapacidad el goce o ejercicio, en igualdad de condiciones con las demás, de todos los derechos humanos y libertades fundamentales.

Párrafo adicionado DOF 16-05-2022

No se entenderá que la persona no puede dar su consentimiento cuando se estime que está en un error o que no tiene conciencia de lo que hace.

Párrafo adicionado DOF 16-05-2022

Artículo adicionado DOF 17-04-2009

Artículo 51 Bis 3. Las quejas que las personas usuarias presenten por la atención médica recibida deberán ser atendidas y resueltas en forma oportuna y efectiva por:

I. Los prestadores de servicios de salud;

II. La Comisión Nacional de Arbitraje Médico, o

III. Las instancias que las instituciones de salud de las entidades federativas tengan definidas para tal fin, cuando la solución corresponda a su ámbito de competencia.

Artículo adicionado DOF 17-04-2009. Reformado DOF 15-01-2026

Artículo 52. Los usuarios deberán ajustarse a las reglamentaciones internas de las instituciones prestadoras de servicios de salud, y dispensar cuidado y diligencia en el uso y conservación de los materiales y equipos médicos que se pongan a su disposición.

Artículo 53. La Secretaría de Salud y los gobiernos de las entidades federativas, en el ámbito de sus respectivas competencias, establecerán los procedimientos para regular las modalidades de acceso a los servicios públicos a la población en general y a los servicios sociales y privados.

Artículo reformado DOF 27-05-1987

Artículo 53 Bis. Los prestadores de servicios de salud, para efectos de identificación de usuarios de los servicios de salud, incluyendo los derechohabientes de los organismos de seguridad social, podrán implementar registros biométricos y otros medios de identificación electrónica.

Artículo adicionado DOF 10-05-2016

Artículo 54. Las autoridades sanitarias competentes y las propias instituciones de salud, establecerán procedimientos de orientación y asesoría a los usuarios sobre el uso de los servicios de salud que requieran, así como mecanismos para que los usuarios o solicitantes presenten sus quejas, reclamaciones y sugerencias respecto de la prestación de los servicios de salud y en relación a la falta de probidad, en su caso, de los servidores públicos. En el caso de los pueblos y comunidades indígenas y afromexicanas, las autoridades sanitarias brindarán la asesoría y en su caso la orientación en español y en la lengua o lenguas en uso en la región o comunidad.

Artículo reformado DOF 19-09-2006, 01-04-2024

Artículo 55. Las personas o instituciones públicas o privadas que tengan conocimiento de accidentes o que alguna persona requiera de la prestación urgente de servicios de salud, cuidarán, por los medios a su alcance, que los mismos sean trasladados a los establecimientos de salud más cercanos, en los que puedan recibir atención inmediata, sin perjuicio de su posterior remisión a otras instituciones.

Artículo 56. De conformidad con lo que señalen las disposiciones generales aplicables, los agentes del Ministerio Público que reciban informes o denuncias sobre personas que requieran de servicios de salud de urgencia, deberán disponer que las mismas sean trasladadas de inmediato al establecimiento de salud más cercano.

Artículo 57. La participación de la comunidad en los programas de protección de la salud y en la prestación de los servicios respectivos, tiene por objeto fortalecer la estructura y funcionamiento de los sistemas de salud e incrementar el mejoramiento del nivel de salud de la población.

Artículo 58. La comunidad podrá participar en los servicios de salud de los sectores público, social y privado a través de las siguientes acciones:

I. Promoción de hábitos de conducta que contribuyan a proteger la salud o a solucionar problemas de salud, e intervención en programas de promoción y mejoramiento de la salud y de prevención de enfermedades y accidentes;

II. Colaboración en la prevención o tratamiento de problemas ambientales vinculados a la salud;

III. Incorporación, como auxiliares voluntarios, en la realización de tareas simples de atención médica y asistencia social, y participación en determinadas actividades de operación de los servicios de salud, bajo la dirección y control de las autoridades correspondientes;

IV. Notificación de la existencia de personas que requieran de servicios de salud, cuando éstas se encuentren impedidas de solicitar auxilio por sí mismas;

V. Formulación de sugerencias para mejorar los servicios de salud;

V Bis. Información a las autoridades sanitarias acerca de efectos secundarios y reacciones adversas por el uso de medicamentos, incidentes adversos por el uso de dispositivos médicos y otros insumos para la salud o por el uso, desvío o disposición final de substancias tóxicas o peligrosas y sus desechos;

Fracción adicionada DOF 07-05-1997. Reformada DOF 10-05-2023

VI. Información a las autoridades competentes de las irregularidades o deficiencias que se adviertan en la prestación de servicios de salud, y

VII. Otras actividades que coadyuven a la protección de la salud.

Artículo 59. Las dependencias y entidades del sector salud y los gobiernos de las entidades federativas, promoverán y apoyarán la constitución de grupos, asociaciones y demás instituciones que tengan por objeto participar organizadamente en los programas de promoción y mejoramiento de la salud individual o colectiva, así como en los de prevención de enfermedades y accidentes, y de prevención de la discapacidad y de rehabilitación de personas con discapacidad, así como en los cuidados paliativos.

Artículo reformado DOF 05-01-2009, 08-04-2013

Artículo 60. Se concede acción popular para denunciar ante las autoridades sanitarias todo hecho, acto u omisión que represente un riesgo o provoque un daño a la salud de la población.

La acción popular podrá ejercitarse por cualquier persona, bastando para darle curso el señalamiento de los datos que permitan localizar la causa del riesgo.

CAPÍTULO IV BIS
DE LA COMISIÓN NACIONAL DE ARBITRAJE MÉDICO

Capítulo adicionado DOF 15-01-2026

Artículo 60 Bis. La Comisión Nacional de Arbitraje Médico es el órgano administrativo desconcentrado de la Secretaría de Salud, con plena autonomía técnica, operativa, administrativa y de gestión, con atribuciones para emitir opiniones, recomendaciones, acuerdos, dictámenes y laudos arbitrales, en el ámbito de su competencia, de conformidad con la normativa aplicable.

Tiene por objeto contribuir a resolver los conflictos suscitados entre las personas usuarias y los prestadores de servicios de salud, a través de los mecanismos alternativos de solución de controversias en materia de servicios de salud establecidos en esta Ley.

Artículo adicionado DOF 15-01-2026

Artículo 60 Ter. Son mecanismos alternativos de solución de controversias en materia de servicios de salud, entre otros, los siguientes:

I. Gestión inmediata;

II. Conciliación;

III. Mediación, y

IV. Arbitraje.

Artículo adicionado DOF 15-01-2026

Artículo 60 Quater. Los mecanismos alternativos de solución de controversias en materia de servicios de salud contemplados en el presente Capítulo, se rigen de manera supletoria por los principios establecidos en la Ley General de Mecanismos Alternativos de Solución de Controversias y demás normativa aplicable.

Artículo adicionado DOF 15-01-2026

Artículo 60 Quinquies. Los integrantes del Sistema Nacional de Salud podrán suscribir los instrumentos jurídicos que permitan reconocer la competencia, procedimientos y determinaciones emitidas por la Comisión Nacional de Arbitraje Médico.

Artículo adicionado DOF 15-01-2026

Artículo 60 Sexies. La Comisión Nacional de Arbitraje Médico tendrá la facultad de convenir con instituciones, organismos y organizaciones públicas y privadas, acciones de coordinación y concertación que le permitan cumplir con sus funciones.

Asimismo, podrá celebrar instrumentos de coordinación con los gobiernos de las entidades federativas, las comisiones estatales de arbitraje médico y con el organismo de Servicios de Salud del Instituto Mexicano del Seguro Social para el Bienestar (IMSS-BIENESTAR), con el objeto de establecer los lineamientos, criterios y acciones bajo los cuales se atenderán las quejas médicas interpuestas en contra de los servicios de salud que preste dicho organismo.

Artículo adicionado DOF 15-01-2026

CAPÍTULO IV TER
DE LA INVERSIÓN Y FORTALECIMIENTO DE LA INFRAESTRUCTURA PARA LA PRESTACIÓN DE SERVICIOS DE SALUD

Capítulo adicionado DOF 15-01-2026

Artículo 60 Septies. La Secretaría de Salud y los gobiernos de las entidades federativas, en el ámbito de sus competencias y en coordinación con sus respectivas instituciones públicas del Sistema Nacional de Salud, llevarán a cabo las acciones necesarias para que sus unidades médicas cuenten con infraestructura adecuada, a fin de fortalecer la prestación de servicios de atención médica, mediante la planeación, la proyección y la programación de los recursos que les sean asignados para el desarrollo y equipamiento de la infraestructura para la prestación de servicios de salud, con independencia de la fuente de financiamiento, conforme a las prioridades que se determinen, y en congruencia con el Plan Maestro Nacional de Infraestructura en Salud y Equipamiento Médico de Alta Tecnología.

Artículo adicionado DOF 15-01-2026

Artículo 60 Octies. Las instituciones públicas federales del Sistema Nacional de Salud llevarán a cabo las acciones necesarias para solicitar a la Secretaría de Salud el registro de sus proyectos de creación, sustitución o ampliación de unidades médicas, o de adquisición de equipo médico de alta tecnología, en el Plan Maestro Nacional de Infraestructura en Salud y Equipamiento Médico de Alta Tecnología, de conformidad con los lineamientos que emita la Secretaría de Salud, quien deberá resolver respecto de dicho registro en un plazo de dos días hábiles.

El registro en el Plan Maestro Nacional de Infraestructura en Salud y Equipamiento Médico de Alta Tecnología tendrá una vigencia máxima de seis años contados a partir de que la Secretaría de Salud otorgue el folio de registro correspondiente, el cual podrá ser renovado conforme a los lineamientos que emita la citada Secretaría.

Artículo adicionado DOF 15-01-2026

Artículo 60 Nonies. El Plan Maestro Nacional de Infraestructura en Salud y Equipamiento Médico de Alta Tecnología estará disponible para su consulta de manera permanente, para las verificaciones que se requieran por las autoridades competentes sobre los folios de registro otorgados por la Secretaría de Salud.

Artículo adicionado DOF 15-01-2026

Artículo 60 Decies. La Secretaría de Salud en la planeación de la creación, la sustitución y la ampliación de unidades médicas, así como el equipamiento médico de alta tecnología, promoverá el incremento de la cobertura de los servicios de salud de manera sistemática y ordenada.

Las instituciones públicas federales del Sistema Nacional de Salud deberán identificar las necesidades sobre infraestructura para la prestación de servicios de salud a que se refiere el párrafo anterior tomando en consideración los programas y proyectos de inversión en proceso de realización, así como aquellos susceptibles de ejecutarse en el corto, mediano y largo plazo, con la finalidad de que dichos proyectos se integren al mecanismo de planeación correspondiente.

Artículo adicionado DOF 15-01-2026

CAPÍTULO V
ATENCIÓN MATERNO-INFANTIL

Artículo 61. El objeto del presente Capítulo es la protección materno-infantil y la promoción de la salud materna, que abarca el período que va del embarazo, parto, post-parto y puerperio, en razón de la condición de vulnerabilidad en que se encuentra la mujer y el producto.

Párrafo adicionado DOF 07-06-2012

La atención materno-infantil tiene carácter prioritario y comprende, entre otras, las siguientes acciones:

Párrafo reformado DOF 07-06-2012

I. La atención integral de la mujer durante el embarazo, el parto y el puerperio, incluyendo la atención psicológica que requiera;

Fracción reformada DOF 07-06-2012

I Bis. La atención de la transmisión del VIH/Sida y otras Infecciones de Transmisión Sexual, en mujeres embarazadas a fin de evitar la transmisión perinatal;

Fracción adicionada DOF 15-01-2014

II. La atención del niño y la vigilancia de su crecimiento, desarrollo integral, incluyendo la promoción de la vacunación oportuna, atención prenatal, así como la prevención y detección de las condiciones y enfermedades hereditarias y congénitas, y en su caso atención, que incluya la aplicación de la prueba del tamiz ampliado, y su salud visual;

Fracción reformada DOF 24-02-2005, 25-01-2013

II Bis. La aplicación del tamiz neonatal para la detección de cardiopatías congénitas graves o críticas, se realizará antes del alta hospitalaria;

Fracción adicionada DOF 01-06-2021

III. La revisión de retina y tamiz auditivo al prematuro;

Fracción reformada DOF 25-01-2013

IV. La aplicación del tamiz oftalmológico neonatal, a la cuarta semana del nacimiento, para la detección temprana de malformaciones que puedan causar ceguera, y su tratamiento, en todos sus grados;

Fracción adicionada DOF 24-02-2005. Reformada DOF 25-01-2013, 16-12-2016

V. El diagnóstico oportuno y atención temprana de la displasia en el desarrollo de la cadera, a través del examen clínico en la primera semana del nacimiento, en el primer mes de edad y a los dos, cuatro, seis, nueve y doce meses de edad; así como la toma de ultrasonido de cadera o radiografía anteposterior de pelvis, entre el primer y cuarto mes de vida, y

Fracción adicionada DOF 16-12-2016

VI. La atención del niño y su vigilancia durante el crecimiento y desarrollo, y promoción de la integración y del bienestar familiar.

Fracción adicionada DOF 24-02-2005. Reformada DOF 25-01-2013. Recorrida DOF 16-12-2016

Artículo publicado completo DOF 16-12-2016

Artículo 61 Bis. Toda mujer embarazada, tiene derecho a obtener servicios de salud en los términos a que se refiere el Capítulo IV del Título Tercero de esta Ley y con estricto respeto de sus derechos humanos.

Artículo adicionado DOF 07-06-2012

Artículo 62. En los servicios de salud se promoverá la organización institucional de comités de prevención de la mortalidad materna e infantil, a efecto de conocer, sistematizar y evaluar el problema y adoptar las medidas conducentes.

Artículo 63. La protección de la salud física y mental de los menores es una responsabilidad que comparten los padres, tutores o quienes ejerzan la patria potestad sobre ellos, el Estado y la sociedad en general.

Artículo 64. En la organización y operación de los servicios de salud destinados a la atención materno-infantil, las autoridades sanitarias competentes establecerán:

I. Procedimientos que permitan la participación activa de la familia en la prevención y atención oportuna de los padecimientos de los usuarios;

II. Acciones de orientación y vigilancia institucional, capacitación y fomento para la lactancia materna y amamantamiento, incentivando a que la leche materna sea alimento exclusivo durante seis meses y complementario hasta avanzado el segundo año de vida y, en su caso, la ayuda alimentaria directa tendiente a mejorar el estado nutricional del grupo materno infantil, además de impulsar, la instalación de lactarios en los centros de trabajo de los sectores público y privado;

Fracción reformada DOF 31-05-2009, 07-06-2012, 02-04-2014, 19-12-2014

II Bis. Al menos un banco de leche humana por cada entidad federativa en alguno de sus establecimientos de salud que cuente con servicios neonatales;

Fracción adicionada DOF 07-06-2012. Reformada DOF 10-05-2016

III. Acciones para controlar las enfermedades prevenibles por vacunación, los procesos diarreicos y las infecciones respiratorias agudas de los menores de 5 años, y

Fracción reformada DOF 31-05-2009

III Bis. Acciones de diagnóstico y atención temprana de la displasia en el desarrollo de cadera, durante el crecimiento y desarrollo de los menores de 5 años, y

Fracción adicionada DOF 16-12-2016

IV. Acciones para respetar, garantizar y proteger el ejercicio de las parteras tradicionales, en condiciones de dignidad y acorde con sus métodos y prácticas curativas, así como el uso de sus recursos bioculturales. Para lo anterior, se les brindarán los apoyos necesarios sin condicionamientos o certificaciones, siendo suficiente el reconocimiento comunitario.

Fracción adicionada DOF 31-05-2009. Reformada DOF 26-03-2024

Artículo reformado DOF 14-06-1991

Artículo publicado completo DOF 16-12-2016

Artículo 64 Bis. La Secretaría de Salud impulsará la participación de los sectores social y privado, así como de la sociedad en general, para el fortalecimiento de los servicios de salud en materia de atención materno-infantil. Para tal efecto, promoverá la creación de Redes de Apoyo a la Salud Materno-Infantil, tanto en el ámbito federal, como en las entidades federativas, con la finalidad de facilitar el acceso a las mujeres embarazadas a información relativa a la prestación de servicios de atención médica en esta materia, y en su caso, brindarles apoyo para el acceso a ellos.

Artículo adicionado DOF 07-06-2012

Artículo 64 Bis 1. Los servicios de salud a que hace referencia el artículo 34 de la presente Ley, prestarán atención expedita a las mujeres embarazadas que presenten una urgencia obstétrica, solicitada de manera directa o a través de la referencia de otra unidad médica, en las unidades con capacidad para la atención de urgencias obstétricas, independientemente de su derechohabiencia o afiliación a cualquier esquema de aseguramiento.

Artículo adicionado DOF 12-11-2015

Artículo 65. Las autoridades sanitarias, educativas y laborales, en sus respectivos ámbitos de competencia, apoyarán y fomentarán:

I. Los programas para padres destinados a promover la atención materno-infantil;

II. Las actividades recreativas, de esparcimiento y culturales destinadas a fortalecer el núcleo familiar y promover la salud física y mental de sus integrantes;

III. La vigilancia de actividades ocupacionales que puedan poner en peligro la salud física y mental de los menores y de las mujeres embarazadas, y

IV. Acciones relacionadas con educación básica, alfabetización de adultos, acceso al agua potable y medios sanitarios de eliminación de excreta.

Fracción reformada DOF 14-06-1991. Fe de erratas a la fracción DOF 12-07-1991

Artículo 66. En materia de higiene escolar, corresponde a las autoridades sanitarias establecer las normas oficiales mexicanas para proteger la salud del educando y de la comunidad escolar, así como establecer acciones que promuevan una alimentación nutritiva y la realización de actividad física. Las autoridades educativas y sanitarias se coordinarán para la aplicación de las mismas.

Párrafo reformado DOF 07-05-1997, 08-11-2019

La prestación de servicios de salud a los escolares se efectuará de conformidad con las bases de coordinación que se establezcan entre las autoridades sanitarias y educativas competentes.

En el diseño de las Normas Oficiales Mexicanas señaladas en el primer párrafo del presente artículo, las autoridades sanitarias podrán promover mecanismos de atención a las víctimas y victimarios del acoso o violencia escolar.

Párrafo adicionado DOF 01-06-2016

CAPÍTULO VI
SERVICIOS DE PLANIFICACIÓN FAMILIAR

Artículo 67. La planificación familiar tiene carácter prioritario. En sus actividades se debe incluir la información y orientación educativa para los adolescentes y jóvenes. Asimismo, para disminuir el riesgo reproductivo, se debe informar a la mujer y al hombre sobre la inconveniencia del embarazo antes de los 20 años o bien después de los 35, así como la conveniencia de espaciar los embarazos y reducir su número; todo ello, mediante una correcta información anticonceptiva, la cual debe ser oportuna, eficaz y completa a la pareja.

Los servicios que se presten en la materia constituyen un medio para el ejercicio del derecho de toda persona a decidir de manera libre, responsable e informada sobre el número y espaciamiento de los hijos, con pleno respeto a su dignidad.

Quienes practiquen esterilización sin la voluntad del paciente o ejerzan presión para que éste la admita serán sancionados conforme a las disposiciones de esta Ley, independientemente de la responsabilidad penal en que incurran.

En materia de planificación familiar, las acciones de información y orientación educativa en las comunidades indígenas deberán llevarse a cabo en español y en la lengua o lenguas indígenas en uso en la región o comunidad de que se trate.

Párrafo adicionado DOF 19-09-2006

Artículo reformado DOF 27-05-1987, 14-06-1991

Artículo 68. Los servicios de planificación familiar comprenden:

I. La promoción del desarrollo de programas de comunicación educativa en materia de servicios de planificación familiar y educación sexual, con base en los contenidos y estrategias que establezca el Consejo nacional de Población;

II. La atención y vigilancia de los aceptantes y usuarios de servicios de planificación familiar;

III. La asesoría para la prestación de servicios de planificación familiar a cargo de los sectores público, social y privado y la supervisión y evaluación en su ejecución, de acuerdo con las políticas establecidas por el Consejo Nacional de Población.

IV. El apoyo y fomento de la investigación en materia de anticoncepción, infertilidad humana, planificación familiar y biología de la reproducción humana;

V. La participación en el establecimiento de mecanismos idóneos para la determinación, elaboración, adquisición, almacenamiento y distribución de medicamentos y otros insumos destinados a los servicios de planificación familiar.

VI. La recopilación, sistematización y actualización de la información necesaria para el adecuado seguimiento de las actividades desarrolladas.

Artículo 69. La Secretaría de Salud, con base en las políticas establecidas por el Consejo Nacional de Población para la prestación de servicios de planificación familiar y de educación sexual, definirá las bases para evaluar las prácticas de métodos anticonceptivos, por lo que toca a su prevalecencia y a sus efectos sobre la salud.

Artículo reformado DOF 27-05-1987

Artículo 70. La Secretaría de Salud coordinará las actividades de las dependencias y entidades del sector salud para instrumentar y operar las acciones del programa nacional de planificación familiar que formule el Consejo Nacional de Población, de conformidad con las disposiciones de la Ley General de Población y de su Reglamento, y cuidará que se incorporen al programa sectorial.

Para efectos del párrafo anterior, la Secretaría de Salud en coordinación con los gobiernos de las entidades federativas, en sus respectivos ámbitos de competencia, impulsarán, entre otras, acciones en materia de educación sexual, planificación familiar y promoción de los derechos sexuales y reproductivos dirigidas a la población en general, con énfasis en la población adolescente, con el objetivo de prevenir el embarazo adolescente.

Párrafo adicionado DOF 01-06-2016. Reformado DOF 15-01-2026

Artículo reformado DOF 27-05-1987

Artículo 71. La Secretaría de Salud prestará, a través del Consejo Nacional de Población, el asesoramiento que para la elaboración de programas educativos en materia de planificación familiar y educación sexual le requiera el sistema educativo nacional.

Artículo reformado DOF 27-05-1987

CAPÍTULO VI BIS
SALUD DIGITAL

Capítulo adicionado DOF 15-01-2026

Artículo 71 Bis. La salud digital se refiere a la aplicación de las tecnologías de la información y la comunicación en los servicios de salud, como es el caso, entre otros, de la telesalud, la telemedicina, la salud móvil, los registros médicos o de salud electrónicos y dispositivos portátiles.

Artículo adicionado DOF 15-01-2026

Artículo 71 Ter. La salud digital tiene como finalidades:

I. Facilitar la prestación de servicios médicos a distancia, para permitir la atención de la población sin necesidad de desplazamiento;

II. Optimizar el uso de recursos humanos y tecnológicos en la atención sanitaria;

III. Ampliar la cobertura de los servicios de salud, especialmente en comunidades con acceso limitado a la infraestructura médica;

IV. Brindar apoyo y asesoría a profesionales de la salud mediante interconsultas con especialistas;

V. Implementar programas de educación mediante herramientas digitales dirigidos a personal de salud y población en general para la prevención de enfermedades;

VI. Digitalizar la información médica del paciente para facilitar el acceso, la actualización y el intercambio seguro de datos entre profesionales y establecimientos de salud, para dar continuidad a la atención médica, y

VII. Analizar grandes volúmenes de datos para identificar patrones, optimizar diagnósticos, personalizar tratamientos y mejorar la gestión hospitalaria.

Artículo adicionado DOF 15-01-2026

Artículo 71 Quater. La Secretaría de Salud será la responsable de emitir las disposiciones para la implementación, supervisión y mejora continua de los servicios de salud digital en todas las instituciones públicas del Sistema Nacional de Salud. Para efectos de lo anterior, se deberá considerar los siguientes aspectos:

I. Asesoría para integrar la infraestructura tecnológica, según las necesidades, condiciones e infraestructura existente;

II. Formación continua a los profesionales de salud en el uso adecuado de las herramientas de salud digital;

III. Elaboración de guías y criterios de atención médica mediante sistemas de salud digital, incluida la telemedicina, para garantizar la seguridad y calidad de la atención;

IV. Elaboración de protocolos de seguridad para la confidencialidad de la información y protección de datos personales de los pacientes, y

V. Implementación de mecanismos de seguimiento y evaluación para medir el impacto y eficacia de los servicios de salud digital.

Artículo adicionado DOF 15-01-2026

Artículo 71 Quinquies. Las instituciones públicas prestadoras de servicios de salud, para garantizar una implementación efectiva de la salud digital, deberán considerar los siguientes aspectos:

I. Evaluación de la infraestructura tecnológica disponible para la correcta operación de los servicios;

II. Capacitación continua del personal de salud en herramientas digitales y protocolos de atención a distancia;

III. Coordinación entre instituciones del sector salud para la integración de sistemas y plataformas de telesalud;

IV. Medición y evaluación de indicadores de desempeño para la mejora continua de los servicios de telesalud, y

V. Promoción de la inclusión digital para reducir la brecha tecnológica en la población.

Artículo adicionado DOF 15-01-2026

Artículo 71 Sexies. La telesalud se refiere al uso de tecnologías de la información para ofrecer servicios de salud a distancia centrados en la persona, lo cual puede incluir, entre otros, orientación médica, atención médica, educación en salud o investigación para la salud.

Artículo adicionado DOF 15-01-2026

Artículo 71 Septies. Los servicios de telesalud deberán cumplir con las siguientes condiciones:

I. Ser proporcionados por personal designado y capacitado para este fin;

II. Utilizar sistemas seguros y confiables que garanticen la confidencialidad, la protección de datos personales, integridad y disponibilidad de la información médica por el personal autorizado para ello, en términos de las disposiciones jurídicas aplicables en materia de transparencia, acceso a la información y protección de datos personales;

III. Incorporar mecanismos para la obtención del consentimiento informado en la prestación de servicios de salud a distancia, garantizando comprensión y voluntariedad, y

IV. Asegurar la adecuada documentación y registro de las atenciones médicas brindadas mediante plataformas digitales.

Artículo adicionado DOF 15-01-2026

Artículo 71 Octies. La Secretaría de Salud, en coordinación con las instituciones del sector público, social y privado, promoverá el desarrollo, la investigación y la adopción de tecnologías emergentes en salud digital.

Artículo adicionado DOF 15-01-2026

CAPÍTULO VII
SALUD MENTAL

Artículo 72. La salud mental y la prevención de las adicciones tendrán carácter prioritario dentro de las políticas de salud y deberán brindarse conforme a lo establecido en la Constitución y en los tratados internacionales en materia de derechos humanos. El Estado garantizará el acceso universal, igualitario y equitativo a la atención de la salud mental y de las adicciones a las personas en el territorio nacional.

Toda persona tiene derecho a gozar del más alto nivel posible de salud mental, sin discriminación por motivos de origen étnico o nacional, el color de piel, la cultura, el sexo, el género, la edad, las discapacidades, la condición social, económica, de salud o jurídica, la religión, la apariencia física, las características genéticas, la situación migratoria, el embarazo, la lengua, las opiniones, las preferencias sexuales, la identidad, la expresión de género, la filiación política, el estado civil, el idioma, los antecedentes penales o cualquier otra que atente contra la dignidad humana y tenga por objeto anular o menoscabar los derechos y libertades de las personas.

Para los efectos de esta Ley, se entiende por salud mental un estado de bienestar físico, mental, emocional y social determinado por la interacción del individuo con la sociedad y vinculado al ejercicio pleno de los derechos humanos; y por adicción a la enfermedad física y psico-emocional que crea una dependencia o necesidad hacia una sustancia, actividad o relación.

Artículo reformado DOF 05-08-2011, 15-01-2013, 16-05-2022

Artículo 72 Bis. El propósito último de los servicios de salud mental es la recuperación y el bienestar, el despliegue óptimo de sus potencialidades individuales para la convivencia, el trabajo y la recreación.

La recuperación varía de persona a persona, de acuerdo con las preferencias individuales, significa el empoderamiento de la persona para poder tener una vida autónoma, superando o manejando el trauma.

La atención a la salud mental deberá brindarse con un enfoque comunitario, de recuperación y con estricto respeto a los derechos humanos de los usuarios de estos servicios, en apego a los principios de interculturalidad, interdisciplinariedad, integralidad, intersectorialidad, perspectiva de género y participación social.

Artículo adicionado DOF 16-05-2022

Artículo 72 Ter. La atención de la salud mental y las adicciones del comportamiento comprende todas las acciones a las que se refiere el artículo 33 de esta Ley.

Artículo adicionado DOF 16-05-2022

Artículo 73. Los servicios y programas en materia de salud mental y adicciones, deberán privilegiar la atención comunitaria, integral, interdisciplinaria, intercultural, participativa, intersectorial, libre de violencias y con perspectivas de género y de derechos humanos desde el primer nivel de atención y los hospitales generales.

Párrafo adicionado DOF 16-05-2022. Reformado DOF 15-01-2026

La Secretaría de Salud, las instituciones de salud y los gobiernos de las entidades federativas, en coordinación con las autoridades competentes en cada materia, fomentarán y apoyarán:

Párrafo reformado DOF 15-01-2013, 16-05-2022

I. El desarrollo de actividades educativas, socioculturales y recreativas con carácter permanente que contribuyan a la salud mental y a la prevención de adicciones, preferentemente a grupos en situación de vulnerabilidad;

Fracción reformada DOF 15-01-2013, 04-11-2015, 16-05-2022

II. La difusión de las orientaciones para la promoción de la salud mental, así como el conocimiento y prevención de los trastornos mentales y por consumo de sustancias psicoactivas, y de adicciones;

Fracción reformada DOF 16-05-2022

III. La realización de programas para la prevención y control del uso de sustancias psicoactivas y de adicciones;

Fracción reformada DOF 16-05-2022

IV. Las acciones y campañas de promoción de los derechos de la población, sobre salud mental y adicciones, así como de sensibilización para reducir el estigma y la discriminación, a fin de favorecer el acceso oportuno de la atención;

Fracción reformada DOF 15-01-2013, 16-05-2022

V. La implementación estratégica de servicios de atención de salud mental y adicciones en establecimientos de la red integral de servicios de salud del Sistema Nacional de Salud, que permita abatir la brecha de atención;

Fracción adicionada DOF 15-01-2013. Reformada DOF 04-06-2015, 16-05-2022

V Bis. Se deroga.

Fracción adicionada DOF 04-06-2015. Derogada DOF 16-05-2022

VI. La investigación multidisciplinaria en materia de salud mental;

Fracción adicionada DOF 15-01-2013

VII. La participación de observadores externos en derechos humanos y la implementación de un mecanismo de supervisión y el desarrollo de programas que promuevan, protejan y garanticen los derechos humanos en cualquier establecimiento de salud;

Fracción adicionada DOF 15-01-2013. Reformada DOF 04-11-2015, 16-05-2022

VIII. La detección de los grupos poblacionales en riesgo de presentar trastornos mentales y por consumo de sustancias psicoactivas, y de adicciones, preferentemente niñas, niños y adolescentes y miembros de grupos vulnerables;

Fracción adicionada DOF 04-11-2015. Reformada DOF 16-05-2022

IX. El desarrollo de equipos de respuesta inmediata para situaciones de crisis, capacitados en técnicas para atenuar el escalamiento de crisis;

Fracción adicionada DOF 16-05-2022

X. La capacitación y educación en salud mental al personal de salud en el Sistema Nacional de Salud;

Fracción adicionada DOF 16-05-2022

XI. El desarrollo de acciones y programas para detectar, atender y prevenir el suicidio, y

Fracción adicionada DOF 16-05-2022

XII. Las demás acciones que directa o indirectamente contribuyan a la prevención, atención, recuperación y fomento de la salud mental de la población.

Fracción reformada y recorrida DOF 15-01-2013. Recorrida DOF 04-11-2015. Reformada y recorrida DOF 16-05-2022

Artículo reformado DOF 27-05-1987, 05-08-2011

Artículo 73 Bis. Las instituciones públicas del Sistema Nacional de Salud deberán brindar acceso a los servicios de atención de salud mental y por consumo de sustancias psicoactivas, y de adicciones en cumplimiento con los principios siguientes:

I. Cercanía al lugar de residencia de la población usuaria de los servicios de salud mental y las personas con consumo de sustancias psicoactivas, y de adicciones;

II. Respeto a la dignidad y a los derechos humanos de las personas, con un enfoque de género, equidad, interseccionalidad e interculturalidad, poniendo énfasis en la prevención, detección temprana y promoción de la salud mental, incluyendo acciones enfocadas a la prevención de trastornos por el consumo de sustancias psicoactivas y de adicciones;

III. Promover y desarrollar medidas para la toma de conciencia sobre la salud mental, la erradicación de estigmas y estereotipos, para la concientización de la sociedad y el personal de salud, a fin de disminuir todo tipo de discriminación hacia la población usuaria de los servicios de salud mental y las personas con consumo de sustancias psicoactivas, y de adicciones;

IV. Reducción del daño de los diversos factores de riesgo que vive la población usuaria de los servicios de salud mental y las personas con consumo de sustancias psicoactivas, y de adicciones;

V. Atención prioritaria a la población en situación de vulnerabilidad como las niñas, niños, adolescentes, mujeres, personas adultas mayores, personas con discapacidad, indígenas, afromexicanas, personas en situación de calle y pobreza, migrantes, víctimas de violencia y personas discriminadas por su orientación sexual o su identidad de género;

VI. Atención primaria a la salud como el eje principal sobre el que se estructure la atención comunitaria de la salud mental y de adicciones, en el marco del modelo de atención de la salud;

VII. Acceso y atención integral continua e interdisciplinaria que requiera la población usuaria de los servicios de salud mental y las personas con consumo de sustancias psicoactivas, y de adicciones, y

VIII. Participación de los familiares y de las organizaciones de usuarios de ayuda mutua para la atención.

Artículo adicionado DOF 16-05-2022

Artículo 73 Ter. Para combatir los estereotipos u otras ideas o imágenes ampliamente difundidas, sobresimplificadas y con frecuencia equivocadas sobre la población que requiere de los servicios de salud mental y adicciones, las autoridades de salud mental y proveedores de servicios llevarán a cabo:

I. Programas de capacitación para profesionales de la salud mental, profesorado y autoridades educativas;

II. Difusión de campañas de comunicación social en lenguaje claro, formatos accesibles y con pertinencia lingüística en los diferentes medios de comunicación, tanto convencionales, como otras tecnologías de la información, dirigidas hacia la población en general para enfatizar una imagen respetuosa de la dignidad y los derechos humanos de la población que requiere de los servicios de salud mental y adicciones, con protección a la confidencialidad y el derecho a no identificarse como persona con discapacidad psicosocial;

III. Programas educativos en salud mental con enfoque de derechos humanos y perspectiva de género para familias, escuelas y centros de trabajo, y

IV. Programas en los medios de comunicación masiva en lenguaje claro, formatos accesibles y con pertinencia lingüística.

Artículo adicionado DOF 16-05-2022

Artículo 74. Para garantizar el acceso y continuidad de la atención de la salud mental y adicciones, se deberá de disponer de establecimientos ambulatorios de atención primaria y servicios de psiquiatría en hospitales generales, hospitales regionales de alta especialidad e institutos nacionales de salud.

Asimismo, para eliminar el modelo psiquiátrico asilar, no se deberán construir más hospitales monoespecializados en psiquiatría; y los actuales hospitales psiquiátricos deberán, progresivamente, convertirse en centros ambulatorios o en hospitales generales dentro de la red integrada de servicios de salud.

Artículo reformado DOF 05-08-2011, 15-01-2013, 16-05-2022

Artículo 74 Bis. La Secretaría de Salud, de acuerdo con el enfoque de derechos humanos, deberá hacer explícitas las intervenciones prioritarias de salud mental y adicciones que permita garantizar el acceso a las acciones de prevención y atención en la materia.

Artículo adicionado DOF 05-08-2011. Reformado DOF 15-01-2013, 16-05-2022

Artículo 74 Ter. La población usuaria de los servicios de salud mental tendrán los derechos siguientes:

I. Derecho a la mejor atención disponible en materia de salud mental con perspectiva intercultural, pertinencia lingüística y perspectiva de género, lo que incluye el trato sin discriminación y con respeto a la dignidad de la persona, en establecimientos de la red del Sistema Nacional de Salud;

II. Derecho a contar con mecanismos de apoyo en la toma de decisiones y a directrices de voluntad anticipada sobre el consentimiento informado;

III. Derecho al consentimiento informado de la persona con relación al tratamiento a recibir;

IV. Derecho a no ser sometido a medidas de aislamiento, contención coercitiva o cualquier práctica que constituya tratos crueles, inhumanos o degradantes y, en su caso, ser sujeto a medios para atenuar el escalamiento de crisis;

V. Derecho a un diagnóstico integral e interdisciplinario y a un tratamiento basado en un plan prescrito individualmente con historial clínico, revisado periódicamente y modificado de acuerdo con la evolución del paciente, que garantice el respeto a su dignidad de persona humana y sus derechos humanos;

VI. Derecho a no ser sometido a tratamientos irreversibles o que modifiquen la integridad de la persona;

VII. Derecho a ser tratado y atendido en su comunidad o lo más cerca posible al lugar en donde habiten sus familiares o amigos;

VIII. Derecho a la confidencialidad de la información sobre su salud;

IX. Derecho a tener acceso y disponibilidad a servicios de salud mental y adicciones, y

X. Los derechos establecidos en la legislación nacional y los tratados y convenciones internacionales, vinculantes, de los que México forma parte.

Artículo adicionado DOF 16-05-2022

Artículo 75. El internamiento de la población usuaria de los servicios de salud mental y las personas con consumo de sustancias psicoactivas, y de adicciones, como último recurso terapéutico, se ajustará a principios éticos, sociales, de respeto a los derechos humanos, la dignidad de la persona, así como los requisitos que determine la Secretaría de Salud y demás disposiciones jurídicas aplicables.

El internamiento sólo podrá llevarse a cabo de manera voluntaria y cuando aporte mayores beneficios terapéuticos para la persona que el resto de las intervenciones posibles; se realizará por el tiempo estrictamente necesario y en el Hospital General o de pediatría más cercano al domicilio del usuario.

Por ningún motivo el internamiento puede ser indicado o prolongado, si tiene el fin de resolver problemas familiares, sociales, laborales o de vivienda y de cuidado del paciente.

En el caso de niñas, niños o adolescentes se privilegiarán alternativas comunitarias; en caso de que exista la justificación clínica para el internamiento, este se llevará a cabo en hospitales generales o en hospitales de pediatría, asimismo se recabará la opinión de niñas, niños o adolescentes y se dejará registro en la historia clínica. En caso de no estar de acuerdo con el internamiento la institución, junto con la madre, el padre o tutor, deberán valorar otras alternativas de atención.

Artículo reformado DOF 27-05-1987, 05-08-2011, 15-01-2013, 16-05-2022

Artículo 75 Bis. Todo tratamiento e internamiento de la población usuaria de los servicios de salud mental y las personas con consumo de sustancias psicoactivas, y de adicciones, deberá prescribirse previo consentimiento informado.

Los prestadores de servicios de salud mental, públicos o privados, están obligados a comunicar a la persona, de manera accesible, oportuna y en lenguaje comprensible, la información veraz y completa, incluyendo los objetivos, los beneficios, los posibles riesgos, y las alternativas de un determinado tratamiento, para asegurar que los servicios se proporcionen sobre la base del consentimiento libre e informado. Una vez garantizada la comprensión de la información a través de los medios y apoyos necesarios, la población usuaria de los servicios de salud mental tiene el derecho de aceptarlos o rechazarlos.

La persona con trastornos mentales y por consumo de sustancias psicoactivas, y de adicciones, es quien ostenta el derecho a consentir o denegar el permiso para cualquier tratamiento o internamiento, por lo que deberá presumirse que todos los pacientes tienen capacidad de discernir y deberán agotarse los esfuerzos para permitir que una persona acepte voluntariamente el tratamiento o el internamiento.

Artículo adicionado DOF 16-05-2022

Artículo 75 Ter. En previsión de requerir en el futuro servicios de atención médica, las personas tienen derecho a elaborar su voluntad anticipada en la que podrán determinar el tipo de acciones que desean sean tomadas para su tratamiento, o su negativa a recibir un tratamiento. En dicha manifestación de voluntad anticipada se establecerá, en su caso, la forma, alcance, duración y directrices de dicho apoyo, así como el momento o circunstancias en que su designación de apoyos a futuro surtirá eficacia. La persona podrá revocar en cualquier tiempo el contenido de la voluntad anticipada previamente adoptada.

Artículo adicionado DOF 16-05-2022

Artículo 76. La Secretaría de Salud establecerá las normas oficiales mexicanas para los establecimientos que prestan atención a la población usuaria de los servicios de salud mental y con consumo de sustancias psicoactivas, y de adicciones, de la red del Sistema Nacional de Salud de conformidad con los principios establecidos en esta ley.

Párrafo reformado DOF 07-05-1997, 15-01-2013, 16-05-2022

A estos efectos, se establecerá la coordinación necesaria entre las autoridades sanitarias, judiciales, administrativas y otras, según corresponda.

Artículo reformado DOF 27-05-1987, 05-08-2011

Artículo 77. Los establecimientos del Sistema Nacional de Salud elaborarán programas para la atención de los familiares y el círculo social cercano de las personas que experimentan dificultades psicoemocionales o condiciones de salud mental, sin que puedan traducirse en la afectación de la voluntad y preferencias de estas últimas. Los programas podrán versar sobre canalizaciones a servicios, psicoterapias breves, promoción de apoyos grupales, entre otros.

Artículo reformado DOF 05-08-2011, 15-01-2013, 04-06-2015, 22-11-2021, 16-05-2022

TÍTULO TERCERO BIS
DE LA PRESTACIÓN GRATUITA DE SERVICIOS DE SALUD, MEDICAMENTOS Y DEMÁS INSUMOS ASOCIADOS PARA LAS PERSONAS SIN SEGURIDAD SOCIAL.

Título adicionado DOF 15-05-2003. Denominación reformada DOF 29-11-2019

CAPÍTULO I
DISPOSICIONES GENERALES

Capítulo adicionado DOF 15-05-2003

Artículo 77 bis 1. Todas las personas que se encuentren en el país que no cuenten con seguridad social tienen derecho a recibir de forma gratuita la prestación de servicios públicos de salud, medicamentos y demás insumos asociados, al momento de requerir la atención, sin discriminación alguna y sin importar su condición social, de conformidad con los artículos 1o. y 4o. de la Constitución Política de los Estados Unidos Mexicanos.

La protección a la salud a que se refiere este Título será garantizada por las entidades federativas y, en su caso, de manera concurrente con la Federación a través del Sistema de Salud para el Bienestar bajo los principios de universalidad e igualdad, deberá generar las condiciones que permitan brindar el acceso gratuito, progresivo, efectivo, oportuno, de calidad y sin discriminación alguna a todas las personas, a los servicios médicos, incluidas intervenciones quirúrgicas, farmacéuticos y hospitalarios que satisfagan de manera integral las necesidades de salud, mediante la combinación de acciones de salud pública, intervenciones de promoción de la salud, prevención, diagnóstico, tratamiento y de rehabilitación, seleccionadas en forma prioritaria según criterios de seguridad, eficacia, efectividad, adherencia a normas éticas profesionales y aceptabilidad social. Se deberán contemplar los servicios de consulta externa y hospitalización, así como a los medicamentos y demás insumos del Compendio Nacional de Insumos para la Salud.

La organización, seguimiento, alcances y progresividad de la prestación gratuita de los servicios de salud, medicamentos y demás insumos asociados a que se refiere este Título, se regirán a través de los criterios que establezcan las disposiciones reglamentarias, de conformidad con la normatividad aplicable en la materia.

Artículo adicionado DOF 15-05-2003. Reformado DOF 29-11-2019, 29-05-2023

Artículo 77 bis 2. Para los efectos de este Título, se entenderá por prestación gratuita de servicios de salud, medicamentos y demás insumos asociados a las personas sin seguridad social, al conjunto de acciones que en esta materia provean las entidades federativas y, en su caso, de manera concurrente con la Federación a través del Sistema de Salud para el Bienestar.

La Secretaría de Salud, en coordinación con las dependencias y entidades que conforman el Sistema de Salud para el Bienestar, planeará, organizará y orientará las acciones para la prestación gratuita de los servicios de salud, medicamentos y demás insumos asociados que requieran las personas sin seguridad social, cuando así lo haya pactado con las entidades federativas mediante la celebración de los convenios de coordinación a que se refiere este Título.

Servicios de Salud del Instituto Mexicano del Seguro Social para el Bienestar (IMSS-BIENESTAR) coadyuvará con las entidades federativas en la consolidación de la operación de la prestación gratuita de los servicios de salud, medicamentos y demás insumos asociados a que se refiere este Título, a través de la implementación de acciones para ampliar la cobertura de la prestación gratuita de los servicios de salud, mediante la coordinación eficiente, oportuna y sistemática de la prestación de estos servicios.

Artículo adicionado DOF 15-05-2003. Reformado DOF 04-06-2014, 29-11-2019, 29-05-2023

Artículo 77 bis 3. El Sistema de Salud para el Bienestar se compone por la Secretaría de Salud, Servicios de Salud del Instituto Mexicano del Seguro Social para el Bienestar (IMSS-BIENESTAR), así como las instituciones y organismos que participan en el mismo y, en su caso, de manera concurrente por las entidades federativas en términos de este Título.

El Sistema de Salud para el Bienestar tendrá un enfoque solidario y social, en favor de las personas que no cuenten con afiliación a las instituciones de seguridad social, mediante el Modelo de Atención a la Salud para el Bienestar que vincula los servicios de salud y la acción comunitaria, en un marco de respeto a los derechos humanos, con perspectiva de género y con enfoque intercultural en salud.

Artículo adicionado DOF 15-05-2003. Derogado DOF 29-11-2019. Adicionado DOF 29-05-2023

Artículo 77 bis 4. Se deroga.

Artículo adicionado DOF 15-05-2003. Derogado DOF 29-11-2019

Artículo 77 bis 5. La competencia entre la Federación y las entidades federativas en la ejecución de la prestación gratuita de servicios de salud, medicamentos y demás insumos asociados, para las personas sin seguridad social quedará distribuida conforme a lo siguiente:

Párrafo reformado DOF 29-11-2019

A) Corresponde al Ejecutivo Federal, por conducto de la Secretaría de Salud:

I. Establecer y conducir la política nacional en materia de salud para el bienestar, bajo los principios de universalidad, progresividad y calidad en la cobertura, para garantizar la prestación gratuita de servicios de salud, medicamentos y demás insumos asociados, para las personas sin seguridad social, para lo cual formulará por sí o por conducto de Servicios de Salud del Instituto Mexicano del Seguro Social para el Bienestar (IMSS-BIENESTAR), un programa estratégico en el que se defina la progresividad y la cobertura de servicios, así como el Modelo de Atención a la Salud para el Bienestar, de conformidad con las disposiciones reglamentarias;

Fracción reformada DOF 04-06-2014, 29-11-2019, 29-05-2023

II. En coordinación con Servicios de Salud del Instituto Mexicano del Seguro Social para el Bienestar (IMSS-BIENESTAR), establecer, desarrollar, coordinar y supervisar las bases, estrategias, programas y acciones conforme a las cuales se llevará a cabo la prestación gratuita de los servicios de salud, medicamentos y demás insumos asociados para las personas sin seguridad social;

Fracción reformada DOF 29-11-2019, 29-05-2023

III. Garantizar la continuidad de la prestación de los servicios de atención médica y farmacéutica en las instituciones públicas del Sistema Nacional de Salud a favor de las personas beneficiarias del Sistema de Salud para el Bienestar que así lo requieran, a través de la implementación de redes integradas de servicios de salud en las que participen todas las instituciones públicas de salud, bajo los principios de accesibilidad, aceptabilidad, calidad, oportunidad, integralidad y continuidad;

Fracción derogada DOF 29-11-2019. Adicionada DOF 29-05-2023

IV. Conocer y evaluar la prestación gratuita de los servicios de salud, medicamentos y demás insumos asociados para las personas sin seguridad social en todos los niveles de atención, que se brinden por las entidades agrupadas en su sector e impulsar el alcance de este tipo de servicios tanto a nivel federal como local;

Fracción reformada DOF 04-06-2014. Derogada DOF 29-11-2019. Adicionada DOF 29-05-2023

V. Impulsar el marco jurídico en el que se defina la progresividad y la cobertura de la prestación gratuita de los servicios de salud, medicamentos y demás insumos asociados para las personas sin seguridad social, con enfoque de género, interculturalidad e interseccionalidad y de derechos humanos, que contribuya a la igualdad en el acceso al derecho a la protección de la salud;

Fracción reformada DOF 29-11-2019, 29-05-2023

VI. Impulsar la suscripción de acuerdos o convenios que contribuyan en la implementación efectiva de la operación del Sistema de Salud para el Bienestar, así como en el intercambio de bienes y servicios, a fin de ampliar la cobertura de la prestación gratuita de los servicios de salud, medicamentos y demás insumos para la salud asociados y la unificación de redes integradas de servicios entre los diferentes prestadores de servicios;

Fracción derogada DOF 29-11-2019. Adicionada DOF 29-05-2023. Reformada DOF 15-01-2026

VII. Diseñar y elaborar los materiales de sensibilización, difusión, promoción y metodología de la capacitación en materias de salud pública que se utilicen en el Sistema de Salud para el Bienestar;

Fracción reformada DOF 29-11-2019, 29-05-2023

VIII. Integrar la información que le proporcione Servicios de Salud del Instituto Mexicano del Seguro Social para el Bienestar relativa al padrón de personas beneficiarias del Sistema de Salud para el Bienestar, con la finalidad de contrastar, complementar y verificar la información con la que cuentan las diversas instituciones del Sistema Nacional de Salud en sus respectivos registros de afiliación;

Fracción reformada DOF 04-06-2014. Derogada DOF 29-11-2019. Adicionada DOF 29-05-2023

IX. Evaluar el desempeño de la prestación gratuita de servicios de salud, medicamentos y demás insumos asociados para las personas sin seguridad social, en los aspectos de accesibilidad, aceptabilidad, calidad, oportunidad e integralidad de los servicios prestados, y

Fracción reformada DOF 04-06-2014. Derogada DOF 29-11-2019. Adicionada DOF 29-05-2023

X. Emitir recomendaciones respecto a la prestación gratuita de servicios de salud, medicamentos y demás insumos asociados para las personas sin seguridad social, en todo el territorio nacional.

Fracción derogada DOF 29-11-2019. Adicionada DOF 29-05-2023

XI. Se deroga.

Fracción reformada DOF 29-11-2019. Derogada DOF 29-05-2023

XII. Se deroga.

Fracción reformada DOF 04-06-2014. Derogada DOF 29-05-2023

XIII. Se deroga.

Fracción derogada DOF 29-11-2019

XIV. Se deroga.

Fracción reformada DOF 29-11-2019. Derogada DOF 29-05-2023

XV. Se deroga.

Fracción reformada DOF 04-06-2014. Derogada DOF 29-11-2019

XVI. Se deroga.

Fracción reformada DOF 04-06-2014. Derogada DOF 29-11-2019

XVII. Se deroga.

Fracción reformada DOF 04-06-2014, 29-11-2019. Derogada DOF 29-05-2023

B) Corresponde a los gobiernos de las entidades federativas, dentro de sus respectivas circunscripciones territoriales:

Párrafo reformado DOF 04-06-2014

I. Proveer los servicios de salud a que se refiere este Título en los términos previstos en la presente Ley, los reglamentos aplicables y las disposiciones que al efecto emita la Secretaría de Salud, garantizando la prestación gratuita de servicios públicos de salud, medicamentos y demás insumos asociados, al momento de requerir la atención, sin discriminación alguna, así como la infraestructura, personal, insumos y medicamentos necesarios para su oferta oportuna y de calidad;

Fracción reformada DOF 04-06-2014, 29-11-2019, 29-05-2023

II. Dar cumplimiento y seguimiento en el ámbito de sus competencias, a las acciones mandatadas por las autoridades que conforman el Sistema de Salud para el Bienestar, en términos de la normatividad aplicable;

Fracción reformada DOF 04-06-2014. Derogada DOF 29-11-2019. Adicionada DOF 29-05-2023

III. Identificar a las personas beneficiarias del Sistema de Salud Para el Bienestar a través de actividades de difusión y promoción, así como las correspondientes al proceso de incorporación, incluyendo la integración, administración y actualización del padrón de beneficiarios en su entidad, conforme a los lineamientos establecidos para tal efecto por Servicios de Salud del Instituto Mexicano del Seguro Social para el Bienestar (IMSS-BIENESTAR).

La información recabada en el párrafo anterior se entregará bimestralmente a Servicios de Salud del Instituto Mexicano del Seguro Social para el Bienestar (IMSS-BIENESTAR) con la finalidad de que dicha entidad la integre al padrón de personas beneficiarias referido en el artículo 77 bis 41 de esta Ley;

Fracción reformada DOF 04-06-2014, 29-11-2019, 29-05-2023

IV. Aplicar, de manera racional, transparente y oportuna, los recursos que sean transferidos por la Federación y los recursos que aporten, para la ejecución de las acciones de prestación gratuita de servicios de salud, medicamentos y demás insumos asociados, en los términos de este Título, las demás disposiciones aplicables y los acuerdos de coordinación que para el efecto se celebren.

Para tal efecto, las entidades federativas estarán a lo dispuesto en la Ley General de Contabilidad Gubernamental y demás disposiciones jurídicas aplicables.

Una vez transferidos por la Federación los recursos que corresponda entregar directamente a la entidad federativa de que se trate en los términos del artículo 77 bis 15, fracción I de esta Ley, los mismos deberán ser ministrados íntegramente, junto con los rendimientos financieros que se generen a los servicios estatales de salud, o dependencia o entidad estatal que corresponda dentro de los cinco días hábiles siguientes, debiendo estos últimos informar a la Secretaría de Salud o Servicios de Salud del Instituto Mexicano del Seguro Social para el Bienestar (IMSS-BIENESTAR) según corresponda, dentro de los tres días hábiles siguientes, el monto, la fecha y el importe de los rendimientos generados que le hayan sido entregados por la tesorería de la entidad federativa;

Fracción reformada DOF 29-05-2023

V. Programar, de los recursos a que se refiere el Capítulo III de este Título, aquellos que sean necesarios para el mantenimiento, desarrollo de infraestructura y equipamiento conforme a las prioridades que se determinen en cada entidad federativa y, en su caso, en congruencia con el Plan Maestro Nacional de Infraestructura en Salud y Equipamiento Médico de Alta Tecnología;

Fracción derogada DOF 29-11-2019. Adicionada DOF 29-05-2023. Reformada DOF 15-01-2026

VI. Adoptar esquemas de operación que mejoren la atención médica, modernicen la administración de los servicios de salud y los registros clínicos, promuevan la certificación de su personal y la certificación de establecimientos de atención médica. Para tal efecto, se podrán celebrar convenios entre sí y con instituciones públicas del Sistema Nacional de Salud con la finalidad de optimizar la utilización de sus instalaciones y compartir la prestación de servicios, en términos de los lineamientos y demás disposiciones aplicables;

Fracción derogada DOF 29-11-2019. Adicionada DOF 29-05-2023. Reformada DOF 15-01-2026

VII. Recabar, custodiar y conservar la documentación justificante y comprobatoria original de las erogaciones de los recursos en numerario que le sean transferidos, en términos del presente Título, la Ley General de Contabilidad Gubernamental y demás disposiciones aplicables, y proporcionar a la Secretaría de Salud, a Servicios de Salud del Instituto Mexicano del Seguro Social para el Bienestar (IMSS-BIENESTAR) según corresponda, y a los órganos de fiscalización competentes, la información que les sea solicitada, incluyendo los montos y conceptos de gasto;

Fracción reformada DOF 29-11-2019, 29-05-2023

VIII. Recabar la información que la Federación le solicite en relación al presente Título, y

Fracción reformada DOF 04-06-2014, 29-11-2019, 29-05-2023

IX. Transferir a la Federación los recursos a los que se refieren los artículos 77 bis 13 y 77 bis 14 en los términos que se establezcan en los acuerdos de coordinación a que se refiere el artículo 77 bis 16 A.

Fracción derogada DOF 29-11-2019. Adicionada DOF 29-05-2023

X. Se deroga.

Fracción adicionada DOF 29-11-2019. Derogada DOF 29-05-2023

Artículo adicionado DOF 15-05-2003

Artículo 77 bis 6. Servicios de Salud del Instituto Mexicano del Seguro Social para el Bienestar (IMSS-BIENESTAR) y las entidades federativas podrán celebrar convenios de coordinación para la ejecución de la prestación gratuita de servicios de salud, medicamentos y demás insumos asociados para las personas sin seguridad social.

Párrafo reformado DOF 29-11-2019, 29-05-2023

En dichos convenios se estipulará, entre otros aspectos, lo siguiente:

Párrafo reformado DOF 29-05-2023

I. Las modalidades orgánicas y funcionales de la prestación gratuita de los servicios de salud, medicamentos y demás insumos asociados;

Fracción reformada DOF 29-11-2019

II. Los conceptos de gasto;

III. El destino de los recursos, y

Fracción reformada DOF 29-11-2019

IV. Los indicadores de seguimiento a la operación y los términos de la evaluación integral de la prestación gratuita de servicios de salud, medicamentos y demás insumos asociados.

Fracción reformada DOF 29-11-2019

V. La estructura administrativa en la entidad federativa responsable de coordinarse con Servicios de Salud del Instituto Mexicano del Seguro Social para el Bienestar (IMSS-BIENESTAR) para la prestación de los servicios de atención médica dirigidos a las personas beneficiarias del Sistema de Salud para el Bienestar;

Fracción derogada DOF 29-11-2019. Adicionada DOF 29-05-2023

VI. Establecerán los derechos, bienes y obligaciones que se transferirán a Servicios de Salud del Instituto Mexicano del Seguro Social para el Bienestar (IMSS-BIENESTAR);

Fracción adicionada DOF 29-05-2023

VII. Establecerán que se realizarán las gestiones para llevar a cabo las acciones tendientes a la transferencia del personal en los casos en que lo permita la normatividad aplicable, así como su respectiva fuente de financiamiento;

Fracción adicionada DOF 29-05-2023

VIII. La obligación de las entidades federativas de no realizar nuevas contrataciones en referencia a los servicios de salud que presta Servicios de Salud del Instituto Mexicano del Seguro Social para el Bienestar (IMSS-BIENESTAR), y

Fracción adicionada DOF 29-05-2023

IX. Cualquier otra necesaria para la prestación de los servicios objeto de dichos convenios.

Fracción adicionada DOF 29-05-2023

Artículo adicionado DOF 15-05-2003. Reformado DOF 04-06-2014

CAPÍTULO II
DE LA COBERTURA Y ALCANCE DE LA PRESTACIÓN GRATUITA DE SERVICIOS DE SALUD, MEDICAMENTOS Y DEMÁS INSUMOS ASOCIADOS PARA LAS PERSONAS SIN SEGURIDAD SOCIAL.

Capítulo adicionado DOF 15-05-2003. Denominación reformada DOF 29-11-2019

Artículo 77 bis 7. Para que las personas puedan acceder a la prestación gratuita de los servicios de salud, medicamentos y demás insumos asociados a que se refiere el presente Título, se deberán reunir los siguientes requisitos:

Párrafo reformado DOF 29-11-2019, 29-05-2023

I. Encontrarse en territorio nacional;

Fracción reformada DOF 29-11-2019, 29-05-2023

II. No ser derechohabiente de las instituciones de seguridad social;

Fracción reformada DOF 29-11-2019, 29-05-2023

III. Contar con Clave Única de Registro de Población.

En caso de no contar con dicha clave, podrá presentarse acta de nacimiento, certificado de nacimiento o los documentos que se establezcan en las disposiciones reglamentarias, y

Párrafo reformado DOF 29-05-2023

Fracción reformada DOF 29-11-2019

IV. Servicios de Salud del Instituto Mexicano del Seguro Social para el Bienestar (IMSS-BIENESTAR) podrá establecer, a través de campañas, universos de personas beneficiarias en atención a las necesidades de cada grupo.

Fracción derogada DOF 29-11-2019. Adicionada DOF 29-05-2023

V. Se deroga.

Fracción derogada DOF 29-11-2019

Artículo adicionado DOF 15-05-2003

Artículo 77 bis 8. Todas las personas con o sin afiliación a instituciones de seguridad social, podrán acceder a los servicios de salud prestados por cualquier institución del sector público acorde al padecimiento de que se trate por accesibilidad geográfica o por urgencia médica, conforme a la operación de los convenios para el intercambio de servicios de salud, en cuyo caso la institución a la que pertenece la persona que recibe el servicio médico deberá compensar los gastos correspondientes a la institución que lo otorga.

Los convenios de intercambio de servicios de salud a que se refiere el párrafo anterior garantizarán la continuidad de la prestación de los servicios de atención médica y el otorgamiento de medicamentos y demás insumos para la salud para las personas en instituciones públicas que suscriban los referidos convenios a cambio de las contraprestaciones que se acuerden bajo un principio de reciprocidad.

Artículo adicionado DOF 15-05-2003. Derogado DOF 29-11-2019. Adicionado DOF 29-05-2023. Reformado DOF 15-01-2026

Artículo 77 bis 9. Para incrementar la calidad de los servicios de salud, medicamentos y demás insumos asociados a que se refiere el presente Título, el Sistema de Salud para el Bienestar contará con un Modelo de Atención a la Salud para el Bienestar, el cual establecerá la base para la atención de las personas beneficiarias de la prestación gratuita de servicios de salud, medicamentos y demás insumos asociados, cumpliendo en todo momento con las obligaciones establecidas en la presente Ley, y las demás disposiciones jurídicas aplicables en la materia.

Servicios de Salud del Instituto Mexicano del Seguro Social para el Bienestar (IMSS-BIENESTAR) podrá llevar a cabo las acciones necesarias para que sus unidades médicas obtengan la certificación correspondiente del Consejo de Salubridad General y para que provean de forma integral, obligatoria y con calidad, los servicios de consulta externa y hospitalización para las especialidades básicas de medicina interna, cirugía general, ginecoobstetricia, pediatría y geriatría, de acuerdo con el nivel de atención, mismos que deberán operar como sistema de redes integradas de atención de acuerdo con las necesidades en salud de las personas beneficiarias. El acceso de las personas beneficiarias a los servicios de salud se ampliará en forma progresiva en función de las necesidades de aquellos, de conformidad con las disposiciones reglamentarias de este Título.

Párrafo reformado DOF 15-01-2026

La Secretaría de Salud promoverá que las unidades médicas de las dependencias y entidades de la administración pública federal y local que provean servicios de atención médica a las personas sin seguridad social se apeguen a los mismos criterios.

Artículo adicionado DOF 15-05-2003. Reformado DOF 04-06-2014. Reformado con fracciones I a VIII suprimidas DOF 29-11-2019. Reformado DOF 29-05-2023

Artículo 77 bis 10. Los gobiernos de las entidades federativas prestarán servicios de atención médica en los siguientes supuestos:

Párrafo reformado DOF 29-11-2019, 29-05-2023

I. Tendrán a su cargo la administración y gestión de los recursos que la Federación aporte para la prestación gratuita de servicios de salud, medicamentos y demás insumos asociados. En el caso de los recursos financieros que se les transfieran de conformidad con el artículo 77 bis 15, fracción I de esta Ley, deberán abrir cuentas bancarias productivas específicas para su manejo;

Fracción reformada DOF 29-11-2019

II. Garantizarán y verificarán que se provean de manera integral los servicios de salud, medicamentos y demás insumos para la salud asociados;

Fracción reformada DOF 29-11-2019

III. Fortalecerán el desarrollo de la infraestructura para la prestación de servicios de salud y ejecutarán las acciones de conservación y mantenimiento, a partir de los recursos que reciban en los términos de este Título, destinando los recursos necesarios para la inversión en infraestructura y equipamiento, de conformidad con el Plan Maestro Nacional de Infraestructura en Salud y Equipamiento Médico de Alta Tecnología;

Fracción reformada DOF 15-01-2026

IV. Deberán rendir cuentas y proporcionar la información establecida respecto a los recursos que reciban, en los términos de esta Ley y las demás aplicables;

Fracción reformada DOF 15-01-2026

IV Bis. Darán prioridad a las acciones de mantenimiento sobre la creación, la sustitución y la ampliación de unidades médicas, a partir de los recursos que reciban en los términos de este Título, destinando los recursos necesarios para la inversión en acciones de infraestructura para la prestación de servicios de salud, de conformidad con el Plan Maestro Nacional de Infraestructura en Salud y Equipamiento Médico de Alta Tecnología, y

Fracción adicionada DOF 15-01-2026

V. Las demás que se incluyan en los acuerdos de coordinación que se celebren.

Artículo adicionado DOF 15-05-2003. Reformado DOF 04-06-2014

CAPÍTULO III
DEL FINANCIAMIENTO DE LA PRESTACIÓN GRATUITA DE SERVICIOS DE SALUD, MEDICAMENTOS Y DEMÁS INSUMOS ASOCIADOS

Capítulo adicionado DOF 15-05-2003. Denominación reformada DOF 29-11-2019

Artículo 77 bis 11. La prestación gratuita de servicios públicos de salud, medicamentos y demás insumos asociados para la atención integral de las personas que no cuenten con afiliación a las instituciones de seguridad social, será financiada de manera solidaria por la federación y por las entidades federativas en términos de la presente Ley y sus disposiciones reglamentarias y demás disposiciones aplicables.

Artículo adicionado DOF 15-05-2003. Reformado DOF 04-06-2014, 29-11-2019, 29-05-2023

Artículo 77 bis 12. El Gobierno Federal, conforme a lo que se establezca en el Presupuesto de Egresos de la Federación, destinará anualmente, a través de Servicios de Salud del Instituto Mexicano del Seguro Social para el Bienestar (IMSS-BIENESTAR), recursos para la prestación gratuita de servicios de salud, medicamentos y demás insumos asociados, así como para personal, equipamiento e infraestructura, cuyo monto no deberá ser inferior al del ejercicio fiscal inmediato anterior, en términos de lo que se establezca en las disposiciones presupuestarias aplicables y sujeto a la disponibilidad presupuestaria.

Los recursos a que se refiere el párrafo anterior se entregarán a las entidades federativas, cuando no haya una concurrencia con Servicios de Salud del Instituto Mexicano del Seguro Social para el Bienestar (IMSS-BIENESTAR) en la prestación gratuita de servicios de salud, medicamentos y demás insumos asociados a las personas sin seguridad social.

Artículo adicionado DOF 15-05-2003. Reformado DOF 30-12-2009, 04-06-2014, 29-11-2019, 29-05-2023

Artículo 77 bis 13. Para sustentar la prestación gratuita de servicios de salud, medicamentos y demás insumos asociados, los gobiernos de las entidades federativas aportarán recursos sobre la base de lo que se establezca en los instrumentos o acuerdos de coordinación que se celebren, los cuales deberán prever las sanciones que aplicarán en caso de incumplimiento a lo previsto en este artículo.

Párrafo reformado DOF 29-05-2023

Los recursos referidos en el párrafo anterior deberán incrementarse en la misma proporción en que lo hagan los referidos en el artículo 77 bis 12 de esta Ley.

Artículo adicionado DOF 15-05-2003. Reformado DOF 30-12-2009, 04-06-2014, 29-11-2019

Artículo 77 bis 14. Cualquier aportación adicional a la establecida en el artículo anterior de los gobiernos de las entidades federativas para la prestación gratuita de servicios de salud, medicamentos y demás insumos asociados, tendrán que canalizarse de conformidad con lo previsto en los acuerdos de coordinación a que se refieren los artículos 77 bis 6 o 77 bis 16 A.

Artículo adicionado DOF 15-05-2003. Reformado DOF 04-06-2014, 29-11-2019

Artículo 77 bis 15. El acceso de las entidades federativas a cualquier recurso federal a que se refiere este Título estará condicionado a la cobertura previa y puntual de la aportación correspondiente a la respectiva entidad federativa de conformidad con lo establecido en los instrumentos o acuerdos de coordinación que al efecto se celebren.

Párrafo reformado DOF 29-11-2019, 29-05-2023

En los casos en que la entidad federativa concurra con Servicios de Salud del Instituto Mexicano del Seguro Social para el Bienestar (IMSS-BIENESTAR), éste deberá solicitar a la Secretaría de Hacienda y Crédito Público, en términos de los convenios de coordinación que al efecto se celebren, la autorización de un adelanto de participaciones en ingresos federales a su favor, correspondientes al ejercicio fiscal en curso, por el monto que se establezca en dichos convenios.

Párrafo adicionado DOF 29-05-2023

En el supuesto a que se refiere el párrafo anterior, Servicios de Salud del Instituto Mexicano del Seguro Social para el Bienestar (IMSS-BIENESTAR) ejercerá los recursos públicos para la prestación gratuita de servicios de salud, medicamento y demás insumos asociados para las personas sin seguridad social, conforme a los convenios de coordinación a que se refiere este Título.

Párrafo adicionado DOF 29-05-2023

En los casos en que la entidad federativa no concurra con Servicios de Salud del Instituto Mexicano del Seguro Social para el Bienestar (IMSS-BIENES-

TAR), la transferencia de recursos a que se refiere el primer párrafo de éste artículo, podrá realizarse en numerario directamente a las entidades federativas; en numerario mediante depósitos en las cuentas que para tal fin constituyan los gobiernos de las entidades federativas en la Tesorería de la Federación; o en especie, conforme a los lineamientos que para tal efecto emitan la Secretaría de Salud y la Secretaría de Hacienda y Crédito Público, en el ámbito de sus respectivas competencias, y se sujetará a lo siguiente:

Párrafo reformado DOF 29-05-2023

I. La transferencia de los recursos en numerario que se realice directamente a las entidades federativas, se hará por conducto de sus respectivas tesorerías, en los términos que determinen las disposiciones reglamentarias de esta Ley y demás disposiciones aplicables;

II. La Tesorería de la Federación, con cargo a los depósitos a la vista o a plazos a que se refiere este artículo, podrá realizar pagos a terceros por cuenta y orden de los gobiernos de las entidades federativas, quedando éstas obligadas a dar aviso de las disposiciones que realicen con cargo a estos depósitos a la tesorería de su entidad para los efectos contables y presupuestarios correspondientes, y

III. Los recursos en especie serán pactados anualmente con los gobiernos de las entidades federativas y entregados a las mismas, por conducto de sus servicios estatales de salud, quedando estos últimos obligados a dar aviso de dicha entrega a la tesorería de su entidad para los efectos contables y presupuestarios correspondientes.

Párrafo con fracciones reformado DOF 29-11-2019

La Secretaría de Salud establecerá precios de referencia a los que se deberán sujetar las entidades federativas que reciban los recursos en numerario para la adquisición de medicamentos.

El control y la fiscalización del manejo de los recursos a que se refiere este Capítulo se realizará conforme a los términos establecidos en el Capítulo VII de este Título y demás disposiciones aplicables.

Párrafo adicionado DOF 29-05-2023

Cuando un beneficiario de la prestación gratuita de servicios de salud, medicamentos y demás insumos asociados, sea atendido en cualquier establecimiento de salud del sector público de carácter federal, la Secretaría de Salud canalizará directamente a dicho establecimiento el monto correspondiente a las intervenciones prestadas, sujetándose para ello a los lineamientos que para tal efecto emita la propia Secretaría.

Párrafo reformado DOF 29-11-2019

Reforma DOF 29-11-2019: Derogó del artículo el entonces párrafo tercero

Artículo adicionado DOF 15-05-2003. Reformado DOF 04-06-2014

Artículo 77 bis 16. Los recursos en numerario o en especie de carácter federal a que se refiere el presente Título, que se transfieran o entreguen, según sea el caso, a las entidades federativas, no serán embargables, ni los gobiernos de las mismas podrán, bajo ninguna circunstancia, gravarlos, afectarlos en garantía, ni destinarlos a fines distintos a los expresamente previstos en el mismo.

Dichos recursos se administrarán y ejercerán por las entidades federativas, conforme a esta Ley y, en lo que no se oponga a la misma, de acuerdo con sus respectivas leyes, así como con base en los acuerdos de coordinación que se celebren para el efecto. Los gobiernos de las entidades federativas deberán incluir en sus respectivas leyes de ingresos y presupuestos de egresos u ordenamientos equivalentes, los recursos destinados específicamente a los fines establecidos en el presente Título.

En caso de que alguna entidad federativa no haya comprobado que los recursos a que se refiere este artículo se destinaron a los fines específicos para los que le fueron transferidos o entregados, las autoridades que tengan conocimiento de esta situación tendrán la obligación de informarlo a las autoridades competentes para que procedan a su investigación y sanción correspondiente. Lo anterior, sin perjuicio de que la entidad federativa reintegre los recursos a la Tesorería de la Federación, sin que se suspendan, parcial o totalmente, los servicios de salud a la persona.

El control y la fiscalización del manejo de los recursos a que se refiere este Capítulo se realizará conforme a los términos establecidos en el Capítulo VII de este Título y demás disposiciones aplicables.

Las entidades federativas llevarán la contabilidad y presentarán la información financiera respecto a los recursos a que se refiere este Título, conforme a lo dispuesto en la Ley General de Contabilidad Gubernamental.

Artículo adicionado DOF 15-05-2003. Reformado DOF 04-06-2014

Artículo 77 bis 16 A. En el caso de que las entidades federativas concurran con los Servicios de Salud del Instituto Mexicano del Seguro Social para el Bienestar (IMSS-BIENESTAR) para garantizar la prestación de los servicios de salud a que se refiere este Título, mediante convenios de coordinación acordarán la forma de colaboración en materia de personal, infraestructura, equipamiento, medicamentos y demás insumos asociados.

Párrafo reformado DOF 29-05-2023

En el caso a que se refiere el presente artículo, las entidades federativas deberán entregar al fideicomiso público sin estructura orgánica a que hace mención el artículo 77 bis 29 de la presente Ley, los recursos señalados en los artículos 77 bis 13 y 77 bis 14 de esta Ley, así como sus recursos propios o de libre disposición que cubren el pago de servicios personales y de operación de atención a la salud, en términos de lo señalado en los respectivos convenios de coordinación.

Párrafo reformado DOF 29-05-2023, 03-01-2024

El Presupuesto de Egresos de la Federación preverá cada año para Servicios de Salud del Instituto Mexicano del Seguro Social para el Bienestar (IMSS-BIENESTAR), el monto que le corresponda en términos de lo establecido en los convenios de coordinación a que se refiere este artículo.

Párrafo adicionado DOF 03-01-2024

Los recursos que correspondan a las entidades federativas en términos de lo previsto en el artículo 25, fracción II, y último párrafo, de la Ley de Coordinación Fiscal y que de acuerdo con los convenios de coordinación a que se refiere este artículo se destinen para complementar el pago de servicios personales de atención a la salud, éstas los deberán transferir junto con los rendimientos financieros que se hayan generado, al fideicomiso público sin estructura orgánica a que hace mención el artículo 77 bis 29 de la presente Ley dentro de los cinco días hábiles contados a partir del día hábil siguiente al que los reciban por parte de la Secretaría de Hacienda y Crédito Público, lo anterior para efectos de lo previsto en el artículo 49, segundo párrafo, de la Ley de Coordinación Fiscal. Dichos recursos deberán encontrarse identificados en el Fondo referido en subcuentas individuales correspondientes a cada entidad federativa.

Párrafo reformado DOF 29-05-2023, 03-01-2024

En los convenios se establecerán disposiciones que regulen el traspaso a Servicios de Salud del Instituto Mexicano del Seguro Social para el Bienestar

(IMSS-BIENESTAR), de las plazas en las que complementa el pago de los servicios, en términos de las disposiciones jurídicas aplicables.

Párrafo adicionado DOF 03-01-2024

Las entidades federativas comprobarán el ejercicio de los recursos del Fondo de Aportaciones para los Servicios de Salud y de los intereses respectivos que sean entregados en términos del párrafo cuarto del presente artículo, con la documentación que acredite la aportación de los mismos al fideicomiso antes referido, lo anterior, para efectos de lo establecido en la Ley de Coordinación Fiscal, en la Ley General de Contabilidad Gubernamental, y en las demás disposiciones aplicables.

Párrafo adicionado DOF 29-05-2023. Reformado DOF 03-01-2024

Los convenios de coordinación mediante los cuales se formalice lo relativo al presente artículo serán celebrados con base en el análisis técnico que elabore Servicios de Salud del Instituto Mexicano del Seguro Social para el Bienestar (IMSS-BIENESTAR); y en los términos de las disposiciones reglamentarias deberán contemplar cuando menos:

Párrafo reformado DOF 29-05-2023

I. Criterios relativos a la transferencia de los recursos humanos, materiales y financieros objeto de los convenios de coordinación;

Fracción reformada DOF 29-05-2023, 03-01-2024

II. Régimen laboral, incluyendo, entre otros, lo relativo a las remuneraciones que observará el personal objeto de los convenios de coordinación;

Fracción reformada DOF 03-01-2024

III. Régimen inmobiliario;

IV. La obligación de las entidades federativas de participar subsidiariamente en términos de esta Ley;

V. Obligaciones de transparencia, y

VI. El porcentaje o monto de recursos que la entidad federativa deberá aportar.

Para efecto de la formalización de los convenios de coordinación a que se refiere este artículo, las entidades federativas deberán proporcionar previamente a Servicios de Salud del Instituto Mexicano del Seguro Social para el Bienestar (IMSS-BIENESTAR) la información que les requiera.

Párrafo reformado DOF 29-05-2023

Las entidades federativas serán responsables de llevar a cabo todos los actos necesarios a fin de que los recursos humanos, financieros y materiales, así como los inmuebles, objeto de los convenios de coordinación, se encuentren libres de cargas, gravámenes u obligaciones pendientes de cualquier naturaleza. En ningún caso Servicios de Salud del Instituto Mexicano del Seguro Social para el Bienestar (IMSS-BIENESTAR) podrá asumir el cumplimiento de obligaciones adquiridas por las entidades federativas previo a la celebración de dichos convenios.

Párrafo reformado DOF 29-05-2023, 03-01-2024

Reforma DOF 29-05-2023: Derogó del artículo el entonces párrafo séptimo

Artículo adicionado DOF 29-11-2019

Artículo 77 bis 17. Servicios de Salud del Instituto Mexicano del Seguro Social para el Bienestar (IMSS-BIENESTAR) con cargo a los recursos a que se refiere el artículo 77 bis 12 de esta Ley, canalizará anualmente al Fondo a que hace referencia el Capítulo VI de este Título, el equivalente al 11% de la suma de los recursos señalados en los artículos 77 bis 12 y 77 bis 13 de esta Ley, Servicios de Salud del Instituto Mexicano del Seguro Social para el Bienestar (IMSS-BIENESTAR) asignará estos recursos a los conceptos que señalan las fracciones I, II y III del artículo 77 bis 29, previa aprobación del Comité Técnico del Fondo de Salud para el Bienestar.

Cuando el Fondo acumule recursos en un monto superior a dos veces la suma aprobada en el Presupuesto de Egresos de la Federación para el ejercicio fiscal 2020 como aportaciones al Fideicomiso del Fondo de Salud para el Bienestar, el remanente podrá destinarse a fortalecer acciones en materia de salud a través del reintegro de recursos correspondiente a la Tesorería de la Federación o mediante el Fondo de Salud para el Bienestar. Los recursos acumulados en el Fondo seguirán destinándose al cumplimiento de lo establecido en las fracciones I, II y III del artículo 77 bis 29 de esta Ley.

Artículo adicionado DOF 15-05-2003. Reformado DOF 29-11-2019, 04-12-2020, 29-05-2023, 15-01-2026

Artículo 77 bis 18. Se deroga.

Artículo adicionado DOF 15-05-2003. Reformado DOF 04-06-2014. Derogado DOF 29-11-2019

Artículo 77 bis 19. Será causa de responsabilidad administrativa el incumplimiento en tiempo y forma de las obligaciones establecidas en el presente Título.

Artículo adicionado DOF 15-05-2003. Reformado DOF 04-06-2014

CAPÍTULO IV
DEL FONDO DE APORTACIONES PARA LOS SERVICIOS DE SALUD A LA COMUNIDAD

Capítulo adicionado DOF 15-05-2003

Artículo 77 bis 20. El gobierno federal establecerá un Fondo de Aportaciones para los Servicios de Salud a la Comunidad, mediante el cual se aportarán recursos que serán ejercidos, en los términos que disponga el Reglamento, por la Secretaría de Salud y las entidades federativas para llevar a cabo las acciones relativas a las funciones de rectoría y la prestación de servicios de salud a la comunidad, conforme a los objetivos estratégicos establecidos en el Plan Nacional de Desarrollo y el Programa Sectorial de Salud, y de conformidad con los acuerdos de coordinación que para el efecto se suscriban.

Párrafo reformado DOF 04-06-2014

La Secretaría de Salud determinará el monto anual de este fondo, así como la distribución del mismo con base en la fórmula establecida para tal efecto en las disposiciones reglamentarias de esta Ley. Dicha fórmula deberá tomar en cuenta la población total de cada entidad federativa y un factor de ajuste por necesidades de salud asociadas a riesgos sanitarios y a otros factores relacionados con la prestación de servicios de salud a la comunidad.

Párrafo reformado DOF 04-06-2014

La Secretaría de Salud definirá las variables que serán utilizadas en la fórmula de distribución de los recursos del fondo y proporcionará la información utilizada para el cálculo, así como de la utilización de los mismos, al Congreso de la Unión.

Artículo adicionado DOF 15-05-2003

CAPÍTULO V
DE LAS CUOTAS FAMILIARES

Se deroga.

Capítulo adicionado DOF 15-05-2003. Derogado DOF 29-11-2019

Artículo 77 bis 21. Se deroga.

Artículo adicionado DOF 15-05-2003. Derogado DOF 29-11-2019

Artículo 77 bis 22. Se deroga.

Artículo adicionado DOF 15-05-2003. Reformado DOF 04-06-2014. Derogado DOF 29-11-2019

Artículo 77 bis 23. Se deroga.

Artículo adicionado DOF 15-05-2003. Reformado DOF 04-06-2014. Derogado DOF 29-11-2019

Artículo 77 bis 24. Se deroga.

Artículo adicionado DOF 15-05-2003. Reformado DOF 04-06-2014. Derogado DOF 29-11-2019

Artículo 77 bis 25. Se deroga.

Artículo adicionado DOF 15-05-2003. Derogado DOF 29-11-2019

Artículo 77 bis 26. Se deroga.

Artículo adicionado DOF 15-05-2003. Derogado DOF 29-11-2019

Artículo 77 bis 27. Se deroga.

Artículo adicionado DOF 15-05-2003. Derogado DOF 29-11-2019

Artículo 77 bis 28. Se deroga.

Artículo adicionado DOF 15-05-2003. Derogado DOF 29-11-2019

CAPÍTULO VI
DEL FONDO DE SALUD PARA EL BIENESTAR

Capítulo adicionado DOF 15-05-2003. Denominación reformada DOF 29-11-2019

Artículo 77 bis 29. El Fondo de Salud para el Bienestar, es un fideicomiso público sin estructura orgánica, constituido en términos de la Ley Federal de Presupuesto y Responsabilidad Hacendaria en una institución de banca de desarrollo, en el que Servicios de Salud del Instituto Mexicano del Seguro Social para el Bienestar (IMSS-BIENESTAR) funge como fideicomitente, y que tiene como fin destinar los recursos que integran su patrimonio a:

Párrafo reformado DOF 29-05-2023

I. La atención de enfermedades que impliquen un alto costo en los tratamientos y medicamentos asociados;

Fracción reformada DOF 29-05-2023

II. La atención de necesidades de infraestructura y equipamiento, inclusive de acciones de mantenimiento urgente y conservación, preferentemente en las entidades federativas con mayor marginación social, y

Fracción reformada DOF 15-01-2026

III. Complementar los recursos destinados al abasto y distribución de medicamentos y demás insumos, así como del acceso a exámenes clínicos, asociados a personas sin seguridad social.

Asimismo, formarán parte del patrimonio del Fideicomiso los recursos que reciba en términos del artículo 77 bis 16 A de esta Ley, los cuales se destinarán en términos de lo que se establezca en los convenios de coordinación referidos en ese artículo. Estos recursos y sus rendimientos financieros no formarán parte del remanente a que se refiere el artículo 77 bis 17, por lo que deberán permanecer afectos al Fideicomiso hasta el cumplimiento de sus fines.

Párrafo reformado DOF 04-12-2020, 29-05-2023

Para efectos de lo anterior y mayor transparencia de los recursos, el Fideicomiso contará con una subcuenta para cada uno de los fines señalados.

Para efectos de este Título, se considerará alto costo al que se deriva de aquellos tratamientos y medicamentos asociados, definidos por el Consejo de Salubridad General, que satisfagan las necesidades de salud mediante la combinación de intervenciones de tipo preventivo, diagnóstico, terapéutico, paliativo y de rehabilitación, con criterios explícitos de carácter clínico y epidemiológico, seleccionadas con base en su seguridad, eficacia, pago, efectividad, adherencia a normas éticas profesionales y aceptabilidad social, en virtud de su grado de complejidad o especialidad y el nivel o frecuencia con la que ocurren.

Párrafo reformado DOF 15-01-2026

Para efectos de la fracción I del presente artículo, la subcuenta de atención de enfermedades que impliquen un alto costo en los tratamientos y medicamentos asociados deberán ser determinadas en las reglas de operación del Fondo en virtud de su grado de complejidad o especialidad y el nivel o frecuencia con la que ocurren.

Párrafo adicionado DOF 29-05-2023

Las reglas de operación del Fondo serán emitidas previa opinión de la Secretaría de Hacienda y Crédito Público, y establecerán la forma en que se ejercerán los recursos del mismo.

Artículo adicionado DOF 15-05-2003. Reformado DOF 29-11-2019

Artículo 77 bis 30. Los recursos para financiar las necesidades de infraestructura médica se sujetarán a lo previsto en las disposiciones reglamentarias y en las reglas de operación del fondo a que se refiere el presente Título. Tratándose de alta especialidad, la Secretaría de Salud, mediante un estudio técnico, determinará aquellas unidades médicas de las dependencias y entidades de la administración pública, tanto federal como local, que por sus características y ubicación puedan ser reconocidas como centros regionales de alta especialidad o la construcción, con recursos públicos, de nueva infraestructura con el mismo propósito, que provean sus servicios en las zonas que determine la propia dependencia.

Párrafo reformado DOF 04-06-2014, 29-11-2019

Para la determinación a que se refiere el párrafo anterior, la Secretaría de Salud tomará en cuenta los patrones observados de referencia y contrarreferencia que deriven de las redes integradas de servicios de salud, así como la información que, sobre las necesidades de atención de alta especialidad, le reporten de manera anual los sistemas de información básica que otorguen los servicios estatales de salud o, en su caso, las dependencias o entidades de la Administración Pública Federal que asuman la responsabilidad de la prestación de los servicios a que se refiere el presente Título.

Párrafo reformado DOF 29-11-2019

Los centros regionales y demás prestadores públicos de servicios de salud de alta especialidad podrán recibir recursos del fondo a que se refiere este Capítulo para el fortalecimiento de su infraestructura, de conformidad con los lineamientos que establezca la Secretaría de Salud, en los que se incluirán pautas para operar un sistema de compensación y los elementos necesarios que permitan precisar la forma de sufragar las intervenciones que provean los centros regionales.

Párrafo reformado DOF 04-06-2014

Con la finalidad de racionalizar la inversión en infraestructura para la prestación de servicios de salud y garantizar la disponibilidad de recursos para la operación sustentable de los servicios, la Secretaría de Salud integrará el Plan Maestro Nacional de Infraestructura en Salud y Equipamiento de Alta Tecnología, que considere tanto obra como equipamiento médico de alta tecnología en términos de lo previsto en el artículo 35 Bis de esta Ley, al cual se sujetarán las instituciones públicas del Sistema Nacional de Salud para garantizar el acceso oportuno a los servicios de salud, independientemente de la fuente de financiamiento.

Párrafo reformado DOF 29-11-2019, 29-05-2023, 15-01-2026

No se considerarán elegibles para la participación en los recursos del fondo que se establezca en los términos del presente Capítulo los establecimientos de salud que no guarden congruencia con el Plan Maestro Nacional de Infraestructura en Salud y Equipamiento de Alta Especialidad.

Párrafo reformado DOF 04-06-2014, 29-11-2019, 29-05-2023, 15-01-2026

Artículo adicionado DOF 15-05-2003

CAPÍTULO VII
DE LA TRANSPARENCIA, SUPERVISIÓN, CONTROL Y FISCALIZACIÓN DEL MANEJO DE LOS RECURSOS DESTINADOS A LA PRESTACIÓN GRATUITA DE SERVICIOS DE SALUD, MEDICAMENTOS Y DEMÁS INSUMOS ASOCIADOS PARA LAS PERSONAS SIN SEGURIDAD SOCIAL.

Capítulo adicionado DOF 15-05-2003. Denominación reformada DOF 04-06-2014, 29-11-2019

Artículo 77 bis 31. Los recursos destinados a la prestación gratuita de servicios de salud, medicamentos y demás insumos asociados en los términos del presente Título estarán sujetos a lo siguiente:

A) Las entidades federativas y, en su caso, la Secretaría de Salud y Servicios de Salud del Instituto Mexicano del Seguro Social para el Bienestar (IMSS-BIENESTAR), cuando este último asuma la responsabilidad de la prestación de los servicios, en el ámbito de sus respectivas competencias, dispondrán lo necesario para transparentar su gestión de conformidad con las normas aplicables en materia de acceso y transparencia a la información pública.

Párrafo reformado DOF 29-05-2023

Para estos efectos, tanto la Federación, a través de la Secretaría de Salud y Servicios de Salud del Instituto Mexicano del Seguro Social para el Bienestar (IMSS-BIENESTAR), como los gobiernos de las entidades federativas, a través de los servicios estatales de salud, difundirán toda la información que tengan disponible respecto de universos, coberturas, servicios ofrecidos, así como del manejo financiero de los recursos destinados para el acceso gratuito a los servicios de salud, medicamentos y demás insumos asociados, entre otros aspectos, con la finalidad de favorecer la rendición de cuentas a los ciudadanos.

Párrafo reformado DOF 29-05-2023

Asimismo, los gobiernos de las entidades federativas dispondrán lo necesario para recibir y evaluar las propuestas que le formulen los beneficiarios y tendrán la obligación de difundir, con toda oportunidad, la información que sea necesaria respecto del manejo de los recursos correspondientes.

B) Para efectos del presente Título, la supervisión tendrá por objeto verificar el cumplimiento de las acciones que se provean para el cumplimiento de la presente Ley, así como solicitar en su caso, la aclaración o corrección de la acción en el momento en que se verifican, para lo cual se podrá solicitar la información que corresponda. Estas actividades quedan bajo la responsabilidad en el ámbito federal, de la Secretaría de Salud y, en su caso, de Servicios de Salud del Instituto Mexicano del Seguro Social para el Bienestar (IMSS-BIENESTAR), y en el local, de los gobiernos de las entidades federativas, sin que ello pueda implicar limitaciones, ni restricciones, de cualquier índole, en la administración y ejercicio de dichos recursos.

Apartado reformado DOF 29-05-2023

C) Además de lo dispuesto en esta Ley y en otros ordenamientos, las entidades federativas y, en su caso, la Secretaría de Salud y Servicios de Salud del Instituto Mexicano del Seguro Social para el Bienestar (IMSS-BIENESTAR), en el ámbito de sus respectivas competencias, deberán presentar la información a que se refiere el artículo 74 de la Ley General de Contabilidad Gubernamental.

Párrafo reformado DOF 29-05-2023

En el supuesto a que se refiere el artículo 77 bis 16 A, la información a que se refiere el artículo 74 de la Ley General de Contabilidad Gubernamental será presentada por Servicios de Salud del Instituto Mexicano del Seguro Social para el Bienestar (IMSS-BIENESTAR).

Párrafo adicionado DOF 29-05-2023

La Secretaría de Salud dará a conocer al Congreso de la Unión semestralmente, de manera pormenorizada, la información y las acciones que se desarrollen con base en este artículo.

Artículo adicionado DOF 15-05-2003. Reformado DOF 04-06-2014, 29-11-2019

Artículo 77 bis 32. El control y la fiscalización del manejo de los recursos federales que sean transferidos para la realización de las acciones a que se refiere este Título quedarán a cargo de las autoridades siguientes, en las etapas que se indican:

Párrafo reformado DOF 04-06-2014, 29-11-2019

I. Desde el inicio del proceso de presupuestación, en términos de la legislación presupuestaria federal y hasta la entrega de los recursos correspondientes a las entidades federativas y, en su caso, a la Secretaría de Salud o a la entidad de su sector coordinado respectiva, o a cualquiera otra entidad que preste los servicios a que se refiere el Título Tercero Bis de esta Ley, corresponderá a la Secretaría de la Función Pública;

Fracción reformada DOF 04-06-2014, 29-11-2019, 29-05-2023

II. Recibidos los recursos federales por las entidades federativas, hasta su erogación total, corresponderá a las autoridades competentes de control, supervisión y fiscalización, sean de carácter federal o local.

Párrafo reformado DOF 04-06-2014

La supervisión y vigilancia no podrán implicar limitaciones, ni restricciones, de cualquier índole, en la administración y ejercicio de dichos recursos.

En el caso de que la prestación de los servicios a que se refiere el presente Título sea realizada por la Secretaría de Salud o alguna entidad de su sector coordinado, o bien, por cualquiera otra entidad, corresponderá a la Secretaría de la Función Pública;

Párrafo adicionado DOF 29-11-2019. Reformado DOF 29-05-2023

III. La fiscalización de las cuentas públicas de las entidades federativas, será efectuada por el Congreso Local que corresponda, por conducto de su órgano de fiscalización conforme a sus propias leyes, a fin de verificar que las dependencias y entidades del Ejecutivo Local aplicaron dichos recursos para los fines previstos en esta Ley, y

Fracción reformada DOF 04-06-2014

IV. La Auditoría Superior de la Federación, al fiscalizar la Cuenta Pública Federal, verificará que las dependencias del Ejecutivo Federal y, en su caso, las entidades de su sector coordinado o cualquiera otra entidad, cumplieron con las disposiciones legales y administrativas federales y, por lo que hace a la ejecución de los recursos a que se refiere este Título, la misma se realizará en términos de la Ley de Fiscalización y Rendición de Cuentas de la Federación.

Fracción reformada DOF 04-06-2014, 29-11-2019, 29-05-2023

Cuando las autoridades federales o locales que en el ejercicio de sus atribuciones de control y supervisión, conozcan que los recursos federales señalados no han sido aplicados a los fines que señala la Ley, deberán hacerlo del conocimiento de la Auditoría Superior de la Federación y de la Secretaría de la Función Pública en forma inmediata y, en su caso, del Ministerio Público de la Federación.

Párrafo reformado DOF 04-06-2014

Por su parte, cuando el órgano de fiscalización de un Congreso Local detecte que los recursos federales señalados no se han destinado a los fines establecidos en esta Ley, deberá hacerlo del conocimiento inmediato de las autoridades a que se refiere el párrafo anterior.

Párrafo reformado DOF 04-06-2014

Las responsabilidades administrativas, civiles y penales que deriven de afectaciones a la Hacienda Pública Federal o a la de las entidades federativas en que, en su caso, incurran las autoridades locales exclusivamente por motivo de la desviación de los recursos para fines distintos a los previstos en esta Ley, serán sancionadas en los términos de la legislación federal, por las autoridades federales, en tanto que en los demás casos dichas responsabilidades serán sancionadas y aplicadas por las autoridades locales con base en sus propias leyes.

Párrafo reformado DOF 29-11-2019

Artículo adicionado DOF 15-05-2003

CAPÍTULO VIII
DE LOS SERVICIOS DE SALUD DEL INSTITUTO MEXICANO DEL SEGURO SOCIAL PARA EL BIENESTAR (IMSS-BIENESTAR)

Capítulo adicionado DOF 15-05-2003. Denominación reformada DOF 04-06-2014, 29-11-2019, 29-05-2023

Artículo 77 bis 33. Se deroga.

Artículo adicionado DOF 15-05-2003. Derogado DOF 04-06-2014

Artículo 77 bis 34. Se deroga.

Artículo adicionado DOF 15-05-2003. Derogado DOF 04-06-2014

Artículo 77 bis 35. El organismo público descentralizado Servicios de Salud del Instituto Mexicano del Seguro Social para el Bienestar (IMSS-BIENESTAR) es la institución de salud del Estado Mexicano encargada de la prestación gratuita de servicios de salud, medicamentos y demás insumos asociados para la atención integral de las personas que no cuenten con afiliación a las instituciones de seguridad social, en el supuesto de concurrencia con las entidades federativas, con independencia de los servicios de salud que prestan otras instituciones públicas o privadas.

Párrafo reformado DOF 29-05-2023

Los Servicios de Salud del Instituto Mexicano del Seguro Social para el Bienestar (IMSS-BIENESTAR) se regirá por esta Ley, su Decreto de Creación y demás normatividad aplicable.

Párrafo reformado DOF 29-05-2023

Para el cumplimiento de su objeto, Servicios de Salud del Instituto Mexicano del Seguro Social para el Bienestar (IMSS-BIENESTAR) tendrá, entre otras, las funciones siguientes:

Párrafo reformado DOF 29-05-2023

I. Prestar de manera gratuita servicios de salud y asegurar el suministro de medicamentos e insumos asociados y demás elementos necesarios para la atención a las personas sin seguridad social, de conformidad con los instrumentos jurídicos que al efecto suscriba con las instituciones integrantes del Sistema Nacional de Salud;

II. Celebrar y proponer convenios y demás instrumentos jurídicos de coordinación y colaboración con las instituciones de salud públicas, entidades federativas y municipios, para asegurar el cumplimiento de su objeto;

III. Coordinar las acciones para ejecutar, dar seguimiento y evaluar el cumplimiento de los instrumentos jurídicos a que se refiere la fracción anterior, de conformidad con las disposiciones generales que para tal efecto emita la Secretaría de Salud;

IV. Proponer, en su caso, a la Secretaría de Salud, adecuaciones a la normatividad reglamentaria que resulten necesarias en materia de prestación gratuita de servicios de salud, medicamentos y demás insumos asociados;

Fracción reformada DOF 29-05-2023

V. Impulsar, en coordinación con la Secretaría de Salud, la implementación de redes integradas de servicios de salud en las que participen todas las instituciones públicas de salud, federales o locales, que confluyan en una zona, a fin de garantizar la prestación gratuita de servicios de salud, medicamentos y demás insumos asociados, así como la continuidad de la misma;

VI. Contribuir con la Secretaría de Salud y con la participación que, en su caso, corresponda a las entidades federativas, en la planeación estratégica de esquemas que permitan privilegiar el uso racional de los recursos humanos debidamente capacitados, del equipo médico y de la infraestructura médica. Dicha planeación se hará tomando en cuenta las redes integradas de servicios de salud;

VII. Supervisar que en las unidades médicas a su cargo, se cuente de manera permanente con el personal profesional, auxiliar y técnico para la salud necesario para la prestación de los servicios, con especial énfasis en las comunidades marginadas.

Dicho personal deberá ser acorde al nivel resolutivo de la unidad médica de que se trate;

VIII. Impulsar, en términos de las disposiciones presupuestarias aplicables, el establecimiento de estímulos como parte de la remuneración correspondiente, para el personal profesional, técnico y auxiliar para la salud, que preste sus servicios en comunidades marginadas o de difícil acceso;

Fracción reformada DOF 29-05-2023

IX. Colaborar con la Secretaría de Salud en la promoción de actividades tendientes a la formación, capacitación y actualización de los recursos humanos que se requieran para la satisfacción de las necesidades del país en materia de salud;

X. Se deroga.

Fracción derogada DOF 29-05-2023

XI. Formular y mantener actualizada la plantilla ocupada de los trabajadores que participan en la prestación de los servicios a que se refiere el presente Título, y operar, conforme a lo que se establezca en las disposiciones reglamentarias, un sistema de administración de nómina, en el cual se deberá identificar al menos el tipo, nivel, clave de la plaza y del centro de trabajo correspondiente. El sistema de administración de nómina deberá observar los criterios de control presupuestario de servicios personales, así como los principios de transparencia, publicidad y de rendición de cuentas;

Fracción reformada DOF 29-05-2023

XII. Participar, en los procedimientos de contratación consolidada que la Secretaría de Salud planee y que tengan por objeto la adquisición y distribución de los medicamentos, equipo médico de alta tecnología que dicha Secretaría haya determinado y demás insumos para la salud en los que intervengan las dependencias y entidades de la Administración Pública Federal que presten servicios de salud, de conformidad con la Ley de Adquisiciones, Arrendamientos y Servicios del Sector Público y demás disposiciones aplicables;

Fracción reformada DOF 29-05-2023, 15-01-2026

XIII. En los casos en que no haya concurrencia con los gobiernos de las entidades federativas, transferirá a las entidades federativas correspondientes con oportunidad y cuando así sea procedente, los recursos que les correspondan para la prestación gratuita de servicios de salud, medicamentos y demás insumos asociados para las personas sin seguridad social, de conformidad con los lineamientos o las reglas de operación que para el efecto se expidan;

Fracción reformada DOF 29-05-2023

XIV. Establecer el mecanismo conforme al cual las unidades médicas que presten los servicios a que se refiere este Título efectúen el registro de las personas atendidas por las mismas;

XV. Operar, de conformidad con las disposiciones jurídicas aplicables, centros de mezcla que provean a las unidades médicas a su cargo, las mezclas parenterales, nutricionales y medicamentosas que se requieran para la atención de los beneficiarios de los servicios a que se refiere el presente Título, así como impulsar que las unidades médicas de las entidades federativas que prestan los referidos servicios constituyan y operen dichos centros;

XVI. Definir las bases para la compensación económica entre entidades federativas, instituciones y establecimientos del Sistema Nacional de Salud por concepto de la prestación de los servicios a que se refiere el presente Título, previa opinión de la Secretaría de Hacienda y Crédito Público.

Asimismo, para el caso en que proceda una compensación económica por incumplimiento a las obligaciones de pago entre entidades federativas, destinar a la que tenga el carácter de acreedora, el monto del pago que resulte por la prestación de servicios de salud que correspondan, con cargo a los recursos que en términos del presente Título deben transferirse directamente a las entidades federativas, y

XVII. Las demás que le otorguen esta Ley, sus reglamentos y demás disposiciones jurídicas aplicables.

Artículo adicionado DOF 15-05-2003. Reformado DOF 04-06-2014, 29-11-2019

Artículo 77 bis 35 A. Se deroga.

Artículo adicionado DOF 29-11-2019. Derogado DOF 29-05-2023

Artículo 77 bis 35 B. Se deroga.

Artículo adicionado DOF 29-11-2019. Derogado DOF 29-05-2023

Artículo 77 bis 35 C. Se deroga.

Artículo adicionado DOF 29-11-2019. Derogado DOF 29-05-2023

Artículo 77 bis 35 D. Se deroga.

Artículo adicionado DOF 29-11-2019. Derogado DOF 29-05-2023

Artículo 77 bis 35 E. Se deroga.

Artículo adicionado DOF 29-11-2019. Derogado DOF 29-05-2023

Artículo 77 bis 35 F. Se deroga.

Artículo adicionado DOF 29-11-2019. Derogado DOF 29-05-2023

Artículo 77 bis 35 G. Se deroga.

Artículo adicionado DOF 29-11-2019. Derogado DOF 29-05-2023

Artículo 77 bis 35 H. Se deroga.

Artículo adicionado DOF 29-11-2019. Derogado DOF 29-05-2023

Artículo 77 bis 35 I. Se deroga.

Artículo adicionado DOF 29-11-2019. Derogado DOF 29-05-2023

Artículo 77 bis 35 J. Se deroga.

Artículo adicionado DOF 29-11-2019. Derogado DOF 29-05-2023

CAPÍTULO IX
DERECHOS Y OBLIGACIONES DE LOS BENEFICIARIOS

Capítulo adicionado DOF 15-05-2003

Artículo 77 bis 36. Se deroga.

Artículo adicionado DOF 15-05-2003. Derogado DOF 29-11-2019

Artículo 77 bis 37. Los beneficiarios tendrán los siguientes derechos:

Párrafo reformado DOF 29-11-2019

I. Recibir en igualdad y sin discriminación los servicios de salud a que se refiere el presente Título. El nivel de ingreso o la carencia de éste, no podrán ser limitantes para el acceso a la prestación de los servicios de salud, medicamentos y demás insumos asociados;

Fracción reformada DOF 29-11-2019

II. Recibir servicios integrales de salud;

Fracción reformada DOF 29-11-2019

III. Trato digno, respetuoso y atención de calidad;

IV. Recibir gratuitamente los medicamentos y demás insumos asociados, que sean necesarios y que correspondan a los servicios de salud;

Fracción reformada DOF 29-11-2019

V. Recibir información suficiente, clara, oportuna y veraz, así como la orientación que sea necesaria respecto de la atención de su salud y sobre los riesgos y alternativas de los procedimientos diagnósticos, terapéuticos y quirúrgicos que se le indiquen o apliquen;

VI. Se deroga.

Fracción derogada DOF 29-11-2019

VII. Contar con su expediente clínico;

VIII. Decidir libremente sobre su atención;

IX. Otorgar o no su consentimiento válidamente informado y a rechazar tratamientos o procedimientos;

X. Ser tratado con confidencialidad;

XI. Contar con facilidades para obtener una segunda opinión;

XII. Recibir atención médica en urgencias;

XIII. Recibir información sobre los procedimientos que rigen el funcionamiento de los establecimientos para el acceso y obtención de servicios de atención médica;

XIV. No cubrir ningún tipo de cuotas de recuperación o cualquier otro costo por los servicios de salud, medicamentos y demás insumos asociados que reciban conforme al presente Título, y

Fracción reformada DOF 29-11-2019

XV. Presentar quejas ante los servicios estatales de salud y, en su caso, ante Servicios de Salud del Instituto Mexicano del Seguro Social para el Bienestar (IMSS-BIENESTAR), por la falta o inadecuada prestación de servicios establecidos en este Título, así como recibir información acerca de los procedimientos, plazos y formas en que se atenderán las quejas y consultas.

Fracción reformada DOF 29-11-2019, 29-05-2023

XVI. Se deroga.

Fracción derogada DOF 29-11-2019

Artículo adicionado DOF 15-05-2003

Artículo 77 bis 38. Los beneficiarios de la prestación gratuita de servicios de salud, medicamentos y demás insumos asociados tendrán las siguientes obligaciones:

Párrafo reformado DOF 29-11-2019

I. Participar en acciones de educación para la salud, promoción de la salud y prevención de enfermedades;

Fracción reformada DOF 29-11-2019

II. Empadronarse en el registro de personas beneficiarias del Sistema de Salud para el Bienestar;

Fracción derogada DOF 29-11-2019. Adicionada DOF 29-05-2023

III. Informarse sobre los procedimientos que rigen el funcionamiento de los establecimientos para el acceso y servicios de atención médica;

IV. Colaborar con el equipo de salud, informando verazmente y con exactitud sobre sus antecedentes, necesidades y problemas de salud;

V. Cumplir las recomendaciones, prescripciones, tratamiento o procedimiento general al que haya aceptado someterse;

VI. Informarse acerca de los riesgos y alternativas de los procedimientos terapéuticos y quirúrgicos que se le indiquen o apliquen, así como de los procedimientos de consultas y quejas;

VII. Participar en las actividades de acción comunitaria correspondientes a la unidad médica de su adscripción;

Fracción derogada DOF 29-11-2019. Adicionada DOF 29-05-2023

VIII. Dar un trato respetuoso al personal médico, auxiliar y administrativo de los servicios de salud, así como a los otros usuarios y sus acompañantes;

IX. Cuidar las instalaciones de los establecimientos de salud y colaborar en su mantenimiento;

X. Hacer uso responsable de los servicios de salud, y

XI. Proporcionar de manera fidedigna la información necesaria para documentar su incorporación a los servicios gratuitos de salud, medicamentos y demás insumos asociados para las personas sin seguridad social.

Fracción reformada DOF 29-11-2019

Artículo adicionado DOF 15-05-2003

CAPÍTULO X
SUSPENSIÓN DE LOS SERVICIOS GRATUITOS DE SALUD, MEDICAMENTOS Y DEMÁS INSUMOS ASOCIADOS PARA LAS PERSONAS SIN SEGURIDAD SOCIAL.

Capítulo adicionado DOF 15-05-2003. Denominación reformada DOF 29-11-2019

Artículo 77 bis 39. El acceso gratuito a los servicios de salud, medicamentos y demás insumos asociados para las personas sin seguridad social, será suspendido de manera temporal a cualquier beneficiario cuando por sí mismo o indirectamente se incorpore a alguna institución de seguridad social, federal o local.

Artículo adicionado DOF 15-05-2003. Reformado DOF 29-11-2019

Artículo 77 bis 40. Se cancelará el acceso a los servicios gratuitos de salud, medicamentos y demás insumos asociados para las personas que no gocen de seguridad social, a quien:

Párrafo reformado DOF 29-11-2019

I. Realice acciones en perjuicio del acceso a los servicios gratuitos de salud, medicamentos y demás insumos asociados para las personas sin seguridad social, o afecte los intereses de terceros;

Fracción reformada DOF 29-11-2019

II. Haga mal uso de la identificación que se le haya expedido como beneficiario, y

Fracción derogada DOF 29-11-2019. Adicionada DOF 29-05-2023

III. Proporcione información falsa para determinar su condición laboral o de beneficiario de la seguridad social.

Fracción reformada DOF 29-11-2019

En la aplicación de este artículo la Secretaría de Salud tomará como base la Ley Federal de Procedimiento Administrativo y demás disposiciones aplicables.

Párrafo publicado íntegro DOF 29-11-2019

Artículo adicionado DOF 15-05-2003

Artículo 77 bis 41. Para fortalecer la cobertura en favor de las personas beneficiarias del Sistema de Salud Para el Bienestar, Servicios de Salud del Instituto Mexicano del Seguro Social para el Bienestar (IMSS-BIENESTAR) integrará la información relativa al padrón de personas beneficiarias y la hará del conocimiento de la Secretaría de Salud, con la finalidad de que ésta la contraste, complemente y verifique con la información que cuentan las diversas instituciones del Sistema Nacional de Salud en sus respectivos registros de afiliación.

Artículo adicionado DOF 15-05-2003. Derogado DOF 29-11-2019. Adicionado DOF 29-05-2023

CAPÍTULO XI
DEL SERVICIO NACIONAL DE SALUD PÚBLICA

Capítulo adicionado DOF 29-05-2023

Artículo 77 bis 42. La Secretaría de Salud a través del Servicio Nacional de Salud Pública realizará acciones que permiten garantizar el derecho a la protección de la salud en su dimensión colectiva o social, con el objeto de promover, proteger, conservar y mejorar, hasta el más alto grado posible, el bienestar físico, mental y social de la población en su conjunto.

Artículo adicionado DOF 29-05-2023

Artículo 77 bis 43. Las acciones de salud pública comprenden el desarrollo de políticas públicas; la evaluación y monitoreo del estado de salud de la población; la promoción de la salud, fomento de la participación comunitaria y de la sociedad civil organizada; la identificación, prevención, atención y recuperación de los problemas que afecten la salud de la población en general, y la atención de sus determinantes o causas estructurales.

Artículo adicionado DOF 29-05-2023

Artículo 77 bis 44. La Secretaría de Salud a través del Servicio Nacional de Salud Pública coordinará las acciones referidas en el artículo anterior con las dependencias y entidades de la administración pública federal y local, en el ámbito de sus competencias.

Artículo adicionado DOF 29-05-2023

Artículo 77 bis 45. Ante urgencias epidemiológicas, desastres o riesgos a la salud poblacional, la Secretaría de Salud a través del Servicio Nacional de Salud Pública ejecutará las acciones de salud pública que en su momento dicten las autoridades sanitarias en su respectivo ámbito de competencia, en términos de las disposiciones que emita la Secretaría de Salud.

Artículo adicionado DOF 29-05-2023

Artículo 77 bis 46. Para el cumplimiento de sus funciones, el Servicio Nacional de Salud Pública operará de manera conjunta y en un esquema cooperativo con las autoridades sanitarias locales, de acuerdo a la estructura operativa de las entidades federativas. Esta coordinación se realizará en tres niveles al interior de cada entidad federativa:

I. Coordinación estratégica. Se realiza con la persona titular de la Secretaría de Salud estatal y las personas representantes de las distintas instituciones prestadoras de servicios de atención médica en la entidad federativa;

II. Coordinación táctica. Se lleva a cabo a nivel del Distrito de Salud para el Bienestar y considera a todos los actores involucrados en este nivel funcional, y

III. Operación territorial. La realización de acciones a implementar y desplegar en las comunidades según las estrategias y tácticas definidas.

Artículo adicionado DOF 29-05-2023

TÍTULO CUARTO
RECURSOS HUMANOS PARA LOS SERVICIOS DE SALUD

CAPÍTULO I
PROFESIONALES, TÉCNICOS Y AUXILIARES

Artículo 78. El ejercicio de las profesiones, de las actividades técnicas y auxiliares y de las especialidades para la salud, estará sujeto a:

I. La Ley Reglamentaria del artículo 5o. Constitucional, relativo al ejercicio de las profesiones en la Ciudad de México;

Fracción reformada DOF 29-05-2023

II. Las bases de coordinación que, conforme a la ley, se definan entre las autoridades educativas y las autoridades sanitarias;

III. Las disposiciones de esta Ley y demás normas jurídicas aplicables, y

IV. Las leyes que expidan los estados, con fundamento en los artículos 5o. y 121, fracción V, de la Constitución Política de los Estados Unidos Mexicanos.

Artículo 79. Para el ejercicio de actividades profesionales en el campo de la medicina, farmacia, odontología, veterinaria, biología, bacteriología, enfermería, partería profesional, terapia física, trabajo social, química, psicología, optometría, ingeniería sanitaria, nutrición, dietología, patología y sus ramas, y las demás que establezcan otras disposiciones legales aplicables, se requiere que los títulos profesionales o certificados de especialización hayan sido legalmente expedidos y registrados por las autoridades educativas competentes.

Párrafo reformado DOF 08-12-2017, 24-01-2020, 26-03-2024

Para el ejercicio de actividades técnicas y auxiliares que requieran conocimientos específicos en el campo de la atención médica prehospitalaria, medicina, odontología, veterinaria, enfermería, laboratorio clínico, radiología, optometría, terapia física, terapia ocupacional, terapia del lenguaje, prótesis y órtesis, trabajo social, nutrición, citotecnología, patología, bioestadística, codificación clínica, bioterios, farmacia, saneamiento, histopatología y embalsamiento y sus ramas, se requiere que los diplomas correspondientes hayan sido legalmente expedidos y registrados por las autoridades educativas competentes.

Artículo reformado DOF 09-05-2007, 17-03-2015

Artículo 80. Para el registro de diplomas de las actividades técnicas y auxiliares, la Secretaría de Salud, a petición de las autoridades educativas competentes, emitirá la opinión técnica correspondiente.

Artículo reformado DOF 27-05-1987

Artículo 81. La emisión de los diplomas de especialidades médicas corresponde a las instituciones de educación superior y de salud oficialmente reconocidas ante las autoridades correspondientes.

Para la realización de los procedimientos médicos quirúrgicos de especialidad se requiere que el especialista haya sido entrenado para la realización de los mismos en instituciones de salud oficialmente reconocidas ante las autoridades correspondientes.

El Comité Normativo Nacional de Consejos de Especialidades Médicas tendrá la naturaleza de organismo auxiliar de la Administración Pública Federal a efecto de supervisar el entrenamiento, habilidades, destrezas y calificación de la pericia que se requiere para la certificación y recertificación de la misma en las diferentes especialidades de la medicina reconocidas por el Comité y en las instituciones de salud oficialmente reconocidas ante las autoridades correspondientes.

Los Consejos de Especialidades Médicas que tengan la declaratoria de idoneidad y que estén reconocidos por el Comité Normativo Nacional de Consejos de Especialidades Médicas, constituido por la Academia Nacional de Medicina de México, la Academia Mexicana de Cirugía y los Consejos de Especialidad miembros, están facultados para expedir certificados de su respectiva especialidad médica.

Para la expedición de la cédula de médico especialista las autoridades educativas competentes solicitarán la opinión del Comité Normativo Nacional de Consejos de Especialidades Médicas.

Artículo reformado DOF 27-05-1987, 12-01-2006, 01-09-2011

Artículo 82. Las autoridades educativas competentes proporcionarán a las autoridades sanitarias la relación de títulos, diplomas y certificados del área de la salud que hayan registrado y la de cédulas profesionales expedidas, así como la información complementaria sobre la materia que sea necesaria.

Artículo 83. Quienes ejerzan las actividades profesionales, técnicas y auxiliares y las especialidades médicas, deberán poner a la vista del público un anuncio que indique la institución que les expidió el Título, Diploma, número de su correspondiente cédula profesional y, en su caso, el Certificado de Especialidad vigente. Iguales menciones deberán consignarse en los documentos y papelería que utilicen en el ejercicio de tales actividades y en la publicidad que realicen al respecto.

Artículo reformado DOF 01-09-2011

CAPÍTULO II
SERVICIO SOCIAL DE PASANTES Y PROFESIONALES

Artículo 84. Todos los pasantes de las profesiones para la salud y sus ramas deberán prestar el servicio social en los términos de las disposiciones legales aplicables en materia educativa y de las de esta Ley.

Artículo 85. Los aspectos docentes de la prestación del servicio social se regirán por lo que establezcan las instituciones de educación superior, de conformidad con las atribuciones que les otorgan las disposiciones que rigen su organización y funcionamiento y lo que determinen las autoridades educativas competentes.

La operación de los programas en los establecimientos de salud se llevará a cabo de acuerdo a los lineamientos establecidos por cada una de las instituciones de salud y lo que determinen las autoridades sanitarias competentes.

Artículo 86. Para los efectos de la eficaz prestación del servicio social de pasantes de las profesiones para la salud, se establecerán mecanismos de coordinación entre las autoridades de salud y las educativas, con la participación que corresponda a otras dependencias competentes.

Artículo 87. La prestación del servicio social de los pasantes de las profesiones para la salud, se llevará a cabo mediante la participación de los mismos en las unidades aplicativas del primer nivel de atención, prioritariamente en áreas de menor desarrollo económico y social.

Artículo 88. La Secretaría de Salud y los gobiernos de las entidades federativas, en sus respectivos ámbitos de competencia, con la participación de las instituciones de educación superior, elaborarán programas de carácter social para los profesionales de la salud, en beneficio de la colectividad, de conformidad con las disposiciones legales aplicables al ejercicio profesional.

Artículo reformado DOF 27-05-1987

CAPÍTULO III
FORMACIÓN, CAPACITACIÓN Y ACTUALIZACIÓN DEL PERSONAL

Artículo 89. Las autoridades educativas, en coordinación con las autoridades sanitarias y con la participación de las instituciones de educación superior, recomendarán normas y criterios para la formación de recursos humanos para la salud.

Las autoridades sanitarias, sin perjuicio de la competencia que sobre la materia corresponda a las autoridades educativas y en coordinación con ellas, así como con la participación de las instituciones de salud, establecerán las normas y criterios para la capacitación y actualización de los recursos humanos para la salud.

Artículo 90. Corresponde a la Secretaría de Salud y a los gobiernos de las entidades federativas, en sus respectivos ámbitos de competencia, sin perjuicio de las atribuciones de las autoridades educativas en la materia y en coordinación con éstas:

Párrafo reformado DOF 27-05-1987

I. Promover actividades tendientes a la formación, capacitación y actualización de los recursos humanos que se requieran para la satisfacción de las necesidades del país en materia de salud;

II. Apoyar la creación de centros de capacitación y actualización de los recursos humanos para la salud;

III. Otorgar facilidades para la enseñanza y adiestramiento en servicio dentro de los establecimientos de salud, a las instituciones que tengan por objeto la formación, capacitación o actualización de profesionales, técnicos y auxiliares de la salud, de conformidad con las normas que rijan el funcionamiento de los primeros, y

IV. Promover la participación voluntaria de profesionales, técnicos y auxiliares de la salud en actividades docentes o técnicas.

Artículo 91. La Secretaría de Salud y los gobiernos de las entidades federativas, en sus respectivos ámbitos de competencia, coadyuvarán con las autoridades e instituciones educativas, cuando éstas lo soliciten, en:

Párrafo reformado DOF 27-05-1987

I. El señalamiento de los requisitos para la apertura y funcionamiento de instituciones dedicadas a la formación de recursos humanos para la salud, en los diferentes niveles académicos y técnicos, y

II. En la definición del perfil de los profesionales para la salud en sus etapas de formación.

Artículo 92. Las Secretarías de Salud y de Educación Pública y los gobiernos de las entidades federativas, en sus respectivos ámbitos de competencia, impulsarán y fomentarán la formación, capacitación y actualización de los recursos humanos para los servicios de salud, de conformidad con los objetivos y prioridades del Sistema Nacional de Salud, de los sistemas estatales de salud y de los programas educativos.

Artículo reformado DOF 27-05-1987

Artículo 93. La Secretaría de Educación Pública, en coordinación con la Secretaría de Salud, promoverá el establecimiento de un sistema de enseñanza continua en materia de salud.

De la misma manera reconocerá, respetará y promoverá el desarrollo de la medicina tradicional indígena. Los programas de prestación de la salud, de atención primaria que se desarrollan en comunidades indígenas, deberán adaptarse a su estructura social y administrativa, así como su concepción de la salud y de la relación del paciente con el médico, respetando siempre sus derechos humanos.

Párrafo adicionado DOF 19-09-2006

Artículo reformado DOF 27-05-1987

Artículo 94. Cada institución de salud, con base en las normas oficiales mexicanas que emita la Secretaría de Salud establecerá las bases para la utilización de sus instalaciones y servicios en la formación de recursos humanos para la salud.

Artículo reformado DOF 27-05-1987, 07-05-1997

Artículo 95. Los aspectos docentes del internado de pregrado y de las residencias de especialización, se regirán por lo que establezcan las instituciones de educación superior, de conformidad con las atribuciones que les otorguen las disposiciones que rigen su organización y funcionamiento y lo que determinen las autoridades educativas competentes.

La operación de los programas correspondientes en los establecimientos de salud, se llevará a cabo de acuerdo a los lineamientos establecidos por cada una de las instituciones de salud y lo que determinen las autoridades sanitarias competentes.

TÍTULO QUINTO
INVESTIGACIÓN PARA LA SALUD

CAPÍTULO ÚNICO

Artículo 96. La investigación para la salud comprende el desarrollo de acciones que contribuyan:

I. Al conocimiento de los procesos biológicos y psicológicos en los seres humanos;

II. Al conocimiento de los vínculos entre las causas de enfermedad, la práctica médica y la estructura social;

III. A la prevención y control de los problemas de salud que se consideren prioritarios para la población;

IV. Al conocimiento y control de los efectos nocivos del ambiente en la salud;

V. Al estudio de las técnicas y métodos que se recomienden o empleen para la prestación de servicios de salud, y

VI. A la producción nacional de insumos para la salud.

Artículo 97. La Secretaría de Educación Pública, en coordinación con la Secretaría de Salud y con la participación que corresponda al Consejo Nacional de Ciencia y Tecnología orientará al desarrollo de la investigación científica y tecnológica destinada a la salud.

La Secretaría de Salud y los gobiernos de las entidades federativas, en el ámbito de sus respectivas competencias, apoyarán y estimularán el funcionamiento de establecimientos públicos destinados a la investigación para la salud.

Artículo reformado DOF 27-05-1987

Artículo 98. Las personas titulares de las direcciones de los hospitales e instituciones de salud son responsables, de conformidad con las disposiciones legales aplicables, de constituir, de acuerdo con su grado de complejidad y nivel de resolución, los siguientes comités:

I. Un Comité de Ética e Investigación, que cumpla con lo establecido en el artículo 41 Bis de la presente Ley, y

II. Un Comité de Bioseguridad a que se refiere el artículo 41 Bis, fracción III, de la presente Ley.

El Consejo de Salubridad General emitirá las disposiciones complementarias sobre áreas o modalidades de la investigación en las que considere que es necesario.

Las instituciones de educación superior y centros públicos de investigación, así como instituciones de salud que cuenten con servicios de atención primaria de la salud y salud pública, que realicen investigaciones para la salud podrán integrar y acreditar un Comité de Ética e Investigación ante la Comisión Nacional de Bioética, de conformidad con el artículo 41 Bis de esta Ley y demás disposiciones jurídicas aplicables.

Artículo reformado DOF 14-12-2011, 15-01-2026

Artículo 99. La Secretaría de Salud, en coordinación con la Secretaría de Educación Pública, y con la colaboración del Consejo Nacional de Ciencia y Tecnología y de las instituciones de educación superior, realizará y mantendrá actualizando un inventario de la investigación en el área de salud del país.

Artículo reformado DOF 27-05-1987

Artículo 100. La investigación en seres humanos se desarrollará conforme a las siguientes bases:

I. Deberá adaptarse a los principios científicos y éticos que justifican la investigación médica, especialmente en lo que se refiere a su posible contribución a la solución de problemas de salud y al desarrollo de nuevos campos de la ciencia médica;

II. Podrá realizarse sólo cuando el conocimiento que se pretenda producir no pueda obtenerse por otro método idóneo;

III. Podrá efectuarse sólo cuando exista una razonable seguridad de que no expone a riesgos ni daños innecesarios al sujeto en experimentación;

IV. Se deberá contar con el consentimiento informado por escrito del sujeto en quien se realizará la investigación, o de su representante legal en caso de incapacidad legal de aquél, una vez enterado de los objetivos de la experimentación y de las posibles consecuencias positivas o negativas para su salud;

Fracción reformada DOF 30-01-2012

V. Sólo podrá realizarse por profesionales de la salud en instituciones médicas que actúen bajo la vigilancia de las autoridades sanitarias competentes.

La realización de estudios genómicos poblacionales deberá formar parte de un proyecto de investigación;

Fracción reformada DOF 14-07-2008

VI. El profesional responsable suspenderá la investigación en cualquier momento, si sobreviene el riesgo de lesiones graves, discapacidad, muerte del sujeto en quien se realice la investigación;

Fracción reformada DOF 14-12-2011, 08-04-2013

VII. Es responsabilidad de la institución de atención a la salud proporcionar atención médica al sujeto que sufra algún daño, si estuviere relacionado directamente con la investigación, sin perjuicio de la indemnización que legalmente corresponda, y

Fracción adicionada DOF 14-12-2011

VIII. Las demás que establezca la correspondiente reglamentación.

Fracción recorrida DOF 14-12-2011

Artículo 101. Quien realice investigación en seres humanos en contravención a lo dispuesto en esta Ley y demás disposiciones aplicables, se hará acreedor de las sanciones correspondientes.

Artículo 102. La Secretaría de Salud podrá autorizar con fines preventivos, terapéuticos, rehabilitatorios o de investigación, el empleo en seres humanos de medicamentos o materiales respecto de los cuales aún no se tenga evidencia científica suficiente de su eficacia terapéutica o se pretenda la modificación de las indicaciones terapéuticas de productos ya conocidos. Al efecto, los interesados deberán presentar la documentación siguiente:

Párrafo reformado DOF 27-05-1987, 07-05-1997

I. Solicitud por escrito;

II. Información básica farmacológica y preclínica del producto;

III. Estudios previos de investigación clínica, cuando los hubiere;

IV. Protocolo de investigación, y

V. Carta de aceptación de la institución donde se efectúe la investigación y del responsable de la misma.

Los interesados podrán presentar con su solicitud, dictamen emitido por tercero autorizado para tal efecto por la Secretaría de Salud, el cual deberá contener el informe técnico correspondiente, relativo a la seguridad y validez científica del protocolo de investigación de que se trate, de conformidad con las disposiciones aplicables, en cuyo caso, la Secretaría de Salud deberá resolver lo conducente, en un plazo máximo de treinta días hábiles, contados a partir del día siguiente al de la presentación de la solicitud y del dictamen emitido por el tercero autorizado.

Párrafo adicionado DOF 30-01-2012

Para los efectos del párrafo anterior, el Ejecutivo a través de la Secretaría, mediante disposiciones de carácter general, establecerá los requisitos, pruebas y demás requerimientos que deberán cumplir aquellas personas interesadas en ser reconocidos como terceros autorizados.

Párrafo adicionado DOF 30-01-2012

Artículo 102 Bis. La Secretaría de Salud podrá habilitar como terceros autorizados para lo dispuesto en este Capítulo, a instituciones destinadas a la investigación para la salud, que cumplan con los requisitos establecidos en el artículo 391 Bis de esta Ley y las demás disposiciones que establezcan las disposiciones reglamentarias.

Artículo adicionado DOF 30-01-2012

Artículo 103. En el tratamiento de una persona enferma, el médico podrá utilizar recursos terapéuticos o de diagnóstico bajo investigación cuando exista posibilidad fundada de salvar la vida, restablecer la salud o disminuir el sufrimiento del paciente, siempre que cuente con el consentimiento informado por escrito de éste, de su representante legal, en su caso, o del familiar más cercano en vínculo, y sin perjuicio de cumplir con los demás requisitos que determine esta ley y otras disposiciones aplicables.

Artículo reformado DOF 30-01-2012

TÍTULO QUINTO BIS
EL GENOMA HUMANO

Título adicionado DOF 16-11-2011

CAPÍTULO ÚNICO

Capítulo adicionado DOF 16-11-2011

Artículo 103 Bis. El genoma humano es el material genético que caracteriza a la especie humana y que contiene toda la información genética del individuo, considerándosele como la base de la unidad biológica fundamental del ser humano y su diversidad.

Artículo adicionado DOF 16-11-2011

Artículo 103 Bis 1. El genoma humano y el conocimiento sobre éste son patrimonio de la humanidad. El genoma individual de cada ser humano pertenece a cada individuo.

Artículo adicionado DOF 16-11-2011. Reformado DOF 04-12-2013

Artículo 103 Bis 2. Nadie podrá ser objeto de discriminación, conculcación de derechos, libertades o dignidad con motivo de sus caracteres genéticos.

Artículo adicionado DOF 16-11-2011

Artículo 103 Bis 3. Todo estudio sobre el genoma humano deberá contar con la aceptación expresa de la persona sujeta al mismo o de su representante legal en términos de la legislación aplicable.

Párrafo reformado DOF 04-12-2013

En el manejo de la información deberá salvaguardarse la confidencialidad de los datos genéticos de todo grupo o individuo, obtenidos o conservados con fines de diagnóstico y prevención, investigación, terapéuticos o cualquier otro propósito, salvo en los casos que exista orden judicial.

Artículo adicionado DOF 16-11-2011

Artículo 103 Bis 4. Se debe respetar el derecho de toda persona a decidir, incluso por tercera persona legalmente autorizada, que se le informe o no de los resultados de su examen genético y sus consecuencias.

Artículo adicionado DOF 16-11-2011

Artículo 103 Bis 5. La investigación científica, innovación, desarrollo tecnológico y aplicaciones del genoma humano, estarán orientadas a la protección de la salud, prevaleciendo el respeto a los derechos humanos, la libertad y la dignidad del individuo; quedando sujetos al marco normativo respectivo.

Artículo adicionado DOF 16-11-2011

Artículo 103 Bis 6. A efecto de preservar el interés público y sentido ético, en el estudio, investigación y desarrollo del genoma humano como materia de salubridad general la Secretaría de Salud establecerá aquellos casos en los que se requiera control en la materia, asegurándose de no limitar la libertad en la investigación correspondiente de conformidad con el artículo 3o. constitucional.

Artículo adicionado DOF 16-11-2011

Artículo 103 Bis 7. Quien infrinja los preceptos de este Capítulo, se hará acreedor a las sanciones que establezca la Ley.

Artículo adicionado DOF 16-11-2011

TÍTULO SEXTO
INFORMACIÓN PARA LA SALUD

CAPÍTULO ÚNICO

Artículo 104. La Secretaría de Salud y los gobiernos de las entidades federativas, en el ámbito de sus respectivas competencias, y en términos de las disposiciones jurídicas aplicables, captarán, producirán y procesarán la información necesaria para el proceso de planeación, programación, presupuestación y control del Sistema Nacional de Salud, así como sobre el estado y evolución de la salud pública.

Párrafo reformado DOF 27-05-1987, 09-04-2012, 15-01-2026

La información se referirá, fundamentalmente, a los siguientes aspectos:

I. Estadísticas de natalidad, mortalidad, morbilidad y discapacidad;

Fracción reformada DOF 08-04-2013

II. Factores demográficos, económicos, sociales y ambientales vinculados a la salud, y

III. Recursos físicos, humanos y financieros disponibles para la protección de la salud de la población, y su utilización.

Artículo 105. La Secretaría de Salud integrará la información a que se refiere el artículo 104 de la presente Ley, para elaborar las estadísticas nacionales en salud que contribuyan a la consolidación de un Sistema Nacional de Información en Salud, para la generación de productos de inteligencia en salud y que sirvan de insumo para mejorar la atención médica, la gestión de los servicios de salud y la toma de decisiones en salud pública, así como para la orientación y creación de políticas públicas en salud.

Artículo reformado DOF 27-05-1987, 09-04-2012, 15-01-2026

Artículo 106. Las dependencias y entidades de la Administración Pública Federal, los gobiernos de las entidades federativas, los municipios y las autoridades de los pueblos y comunidades indígenas y afromexicanas cuando proceda, así como las personas físicas y morales de los sectores social y privado, que generen y manejen la información a que se refiere el artículo 104 de esta ley, deberán suministrarla a la Secretaría de Salud, con la periodicidad y en los términos que esta señale, para la elaboración de las estadísticas nacionales para la salud.

Artículo reformado DOF 27-05-1987, 19-09-2006, 01-04-2024

Artículo 107. Los establecimientos que presten servicios de salud, los profesionales, técnicos y auxiliares de la salud, así como los establecimientos dedicados al proceso, uso, aplicación o disposición final de los productos o que realicen las actividades a que se refieren los títulos décimo segundo y décimo cuarto de esta ley, llevarán las estadísticas que les señale la Secretaría de Salud y proporcionarán a ésta y a los gobiernos de las entidades federativas, en sus respectivos ámbitos de competencia, la información correspondiente, sin perjuicio de las obligaciones de suministrar la información que les señalen otras disposiciones legales.

Artículo reformado DOF 27-05-1987, 07-05-1997

Artículo 108. Derogado

Artículo reformado DOF 27-05-1987, 09-04-2012. Derogado DOF 15-01-2026

Artículo 109. La Secretaría de Salud proporcionará a la Secretaría de Hacienda y Crédito Público los datos que integren las estadísticas nacionales para la salud que elabore, para su incorporación al Sistema Nacional Estadístico, y formará parte de las instancias de participación y consulta que para esos fines se instituyan.

Artículo reformado DOF 27-05-1987, 09-04-2012

Artículo 109 Bis. Corresponde a la Secretaría de Salud emitir la normatividad a que deberán sujetarse los sistemas de información de registro electrónico que utilicen las instituciones del Sistema Nacional de Salud, a fin de garantizar la interoperabilidad, procesamiento, interpretación y seguridad de la información contenida en los expedientes clínicos electrónicos.

Artículo adicionado DOF 16-01-2012

TÍTULO SÉPTIMO
PROMOCIÓN DE LA SALUD

CAPÍTULO I
DISPOSICIONES COMUNES

Artículo 110. La promoción de la salud tiene por objeto crear, conservar y mejorar las condiciones deseables de salud para toda la población y propiciar en el individuo las actitudes, valores y conductas adecuadas para motivar su participación en beneficio de la salud individual y colectiva.

Artículo 111. La promoción de la salud comprende:

I. Educación para la salud;

II. Alimentación nutritiva, actividad física y nutrición;

Fracción reformada DOF 14-10-2015, 08-11-2019

III. Control de los efectos nocivos del ambiente en la salud, adoptando medidas y promoviendo estrategias de mitigación y de adaptación a los efectos del cambio climático;

Fracción reformada DOF 27-05-1987, 08-04-2013

IV. Salud ocupacional, y

Fracción reformada DOF 27-05-1987

V. Fomento Sanitario

Fracción adicionada DOF 27-05-1987

CAPÍTULO II
EDUCACIÓN PARA LA SALUD

Artículo 112. La educación para la salud tiene por objeto:

I. Fomentar en la población el desarrollo de actitudes y conductas que le permitan participar en la prevención de enfermedades individuales, colectivas y accidentes, y protegerse de los riesgos que pongan en peligro su salud;

II. Proporcionar a la población los conocimientos sobre las causas de las enfermedades y de los daños provocados por los efectos nocivos del ambiente en la salud, y

III. Orientar y capacitar a la población preferentemente en materia de nutrición, alimentación nutritiva, suficiente y de calidad, activación física para la salud, salud mental, salud bucal, educación sexual, planificación familiar, cuidados paliativos, riesgos de automedicación, prevención de farmacodependencia, salud ocupacional, salud visual, salud auditiva, uso adecuado de los servicios de salud, prevención de accidentes, donación de órganos, tejidos y células con fines terapéuticos, prevención de la discapacidad y rehabilitación de las personas con discapacidad y detección oportuna de enfermedades, así como la prevención, diagnóstico y control de las enfermedades cardiovasculares.

Fracción reformada DOF 24-02-2005, 05-01-2009, 08-04-2013, 20-04-2015, 14-10-2015, 01-06-2016

Artículo 113. La Secretaría de Salud, en coordinación con la Secretaría de Educación Pública y los gobiernos de las entidades federativas, y con la colaboración de las dependencias y entidades del sector salud, formulará, propondrá y desarrollará programas de educación para la salud, entre otros, aquellos orientados a la alimentación nutritiva, suficiente y de calidad y a la activación física, procurando optimizar los recursos y alcanzar una cobertura total de la población. Así como, llevar a cabo la detección y seguimiento de peso, talla e índice de masa corporal, en los centros escolares de educación básica.

Párrafo reformado DOF 14-10-2015

Tratándose de las comunidades indígenas, los programas a los que se refiere el párrafo anterior, deberán difundirse en español y la lengua o lenguas indígenas que correspondan.

Párrafo adicionado DOF 19-09-2006

Artículo reformado DOF 27-05-1987

CAPÍTULO III
NUTRICIÓN

Artículo 114. Para la atención y mejoramiento de la nutrición de la población, la Secretaría de Salud participará, de manera permanente, en los programas de alimentación del Gobierno Federal.

La Secretaría de Salud, las entidades del sector salud y los gobiernos de las entidades federativas, en sus respectivos ámbitos de competencia, formularán y desarrollarán programas de nutrición, promoviendo la participación en los mismos de los organismos nacionales e internacionales cuyas actividades se relacionen con la nutrición, alimentos, y su disponibilidad, así como de los sectores sociales y privado.

Párrafo reformado DOF 19-06-2003

Los programas de nutrición promoverán la alimentación nutritiva y deberán considerar las necesidades nutricionales de la población. Por lo que, propondrán acciones para reducir la malnutrición y promover el consumo de alimentos adecuados a las necesidades nutricionales de la población; y evitar otros elementos que representen un riesgo potencial para la salud.

Párrafo adicionado DOF 08-11-2019

Artículo reformado DOF 27-05-1987

Artículo 115. La Secretaría de Salud tendrá a su cargo:

Párrafo reformado DOF 27-05-1987, 04-06-2002

I. Establecer un sistema permanente de vigilancia epidemiológica de los trastornos de la conducta alimentaria;

Fracción reformada DOF 14-10-2015

II. Normar el desarrollo de los programas y actividades de educación en materia de nutrición, prevención, tratamiento y control de la desnutrición y obesidad, encaminados a promover hábitos alimentarios adecuados, preferentemente en los grupos sociales más vulnerables.

Fracción reformada DOF 02-06-2004

III. Normar el establecimiento, operación y evaluación de servicios de nutrición en las zonas que se determinen, en función de las mayores carencias y problemas de salud;

IV. Normar el valor nutritivo y características de la alimentación en establecimientos de servicios colectivos y en alimentos y bebidas no alcohólicas.

Fracción reformada DOF 19-06-2003

V. Promover investigaciones químicas, biológicas, sociales y económicas, encaminadas a conocer las condiciones de nutrición que prevalecen en la población y establecer las necesidades mínimas de nutrimentos, para el mantenimiento de las buenas condiciones de salud de la población;

VI. Recomendar las dietas y los procedimientos que conduzcan al consumo efectivo de los mínimos de nutrimentos por la población en general, y proveer en la esfera de su competencia a dicho consumo;

VII. Establecer las necesidades nutrimentales que deban satisfacer los cuadros básicos de alimentos evitando los altos contenidos en azúcares, grasas saturadas, grasas trans y sodio. Tratándose de las harinas industrializadas de trigo y de maíz, se exigirá la fortificación obligatoria de éstas, indicándose los nutrimentos y las cantidades que deberán incluirse;

Fracción reformada DOF 04-06-2002, 08-11-2019

VIII. Proporcionar a la Secretaría de Economía los elementos técnicos en materia nutricional, para los efectos de la expedición de las normas oficiales mexicanas.

Fracción reformada DOF 09-04-2012

IX. Impulsar, en coordinación con las entidades federativas, la prevención y el control del sobrepeso, obesidad y otros trastornos de la conducta alimentaria y, en coordinación con la Secretaría de Educación Pública, la detección y seguimiento de peso, talla e índice de masa corporal, en los centros escolares de educación básica;

Fracción adicionada DOF 14-10-2015

X. Difundir en los entornos familiar, escolar, laboral y comunitario la alimentación nutritiva, suficiente y de calidad, y

Fracción adicionada DOF 14-10-2015

XI. Expedir, en coordinación con la Secretaría de Educación Pública, los lineamientos generales para el expendio y distribución de alimentos y bebidas preparadas y procesadas en las escuelas del Sistema Educativo Nacional, a fin de eliminar dentro de estos centros escolares el consumo y expendio de aquellos que no cumplan con los criterios nutrimentales que al efecto determine la

Secretaría de Salud y, en consecuencia, no favorezcan la salud de los educandos y la pongan en riesgo.

Fracción adicionada DOF 14-10-2015

CAPÍTULO IV
EFECTOS DEL AMBIENTE EN LA SALUD

Artículo 116. Las autoridades sanitarias establecerán las normas, tomarán las medidas y realizarán las actividades a que se refiere esta Ley tendientes a la protección de la salud humana ante los riesgos y daños dependientes de las condiciones del ambiente.

Artículo 117. La formulación y conducción de la política de saneamiento ambiental corresponde a la Secretaría de Medio Ambiente y Recursos Naturales en coordinación con la Secretaría de Salud, en lo referente a la salud humana.

Artículo reformado DOF 27-05-1987, 09-04-2012

Artículo 118. Corresponde a la Secretaría de Salud:

Párrafo reformado DOF 27-05-1987

I. Determinar los valores de concentración máxima permisible para el ser humano de contaminantes en el ambiente;

II. Emitir las normas oficiales mexicanas a que deberá sujetarse el tratamiento del agua para uso y consumo humano;

Fracción reformada DOF 07-05-1997

III. Establecer criterios sanitarios para la fijación de las condiciones particulares de descarga, el tratamiento y uso de aguas residuales o en su caso, para la elaboración de normas oficiales mexicanas ecológicas en la materia;

Fracción reformada DOF 14-06-1991, 07-05-1997

III Bis. Determinar y evaluar los riesgos sanitarios a los que se encuentra expuesta la población en caso de eventos provocados por fenómenos naturales originados por cambio climático;

Fracción adicionada DOF 08-04-2013

IV. Promover y apoyar el saneamiento básico;

Fracción reformada DOF 14-06-1991

V. Asesorar en criterios de ingeniería sanitaria de obras públicas y privadas para cualquier uso;

VI. Ejercer el control sanitario de las vías generales de comunicación, incluyendo los servicios auxiliares, obras, construcciones, demás dependencias y accesorios de las mismas, y de las embarcaciones, ferrocarriles, aeronaves y vehículos terrestres destinados al transporte de carga y pasajeros, y

VII. En general, ejercer actividades similares a las anteriores ante situaciones que causen o puedan causar riesgos o daños a la salud de las personas.

Artículo 119. Corresponde a la Secretaría de Salud y a los gobiernos de las entidades federativas, en sus respectivos ámbitos de competencia:

Párrafo reformado DOF 27-05-1987

I. Desarrollar investigación permanente y sistemática de los riesgos y daños que para la salud de la población origine la contaminación del ambiente;

I Bis. Formular programas para la atención y control de los efectos nocivos del ambiente en la salud que consideren, entre otros, aspectos del cambio climático;

Fracción adicionada DOF 08-04-2013

II. Vigilar y certificar la calidad del agua para uso y consumo humano, y

Fracción reformada DOF 14-06-1991

III. Vigilar la seguridad radiológica para el uso y aprovechamiento de las fuentes de radiación para uso médico sin perjuicio de la intervención que corresponda a otras autoridades competentes.

Fracción reformada DOF 14-06-1991

IV. Disponer y verificar que se cuente con información toxicológica actualizada, en la que se establezcan las medidas de respuesta al impacto en la salud originado por el uso de sustancias tóxicas o peligrosas.

Fracción adicionada DOF 07-05-1997

Artículo 120. La Secretaría de Salud y los gobiernos de las entidades federativas, en sus respectivos ámbitos de competencia, se coordinarán con las dependencias y entidades competentes del sector público para la prestación de los servicios a que se refiere este Capítulo.

Artículo reformado DOF 27-05-1987

Artículo 121. Las personas que intervengan en el abastecimiento de agua no podrán suprimir la dotación de servicios de agua potable y avenamiento de los edificios habitados, excepto en los casos que determinen las disposiciones generales aplicables.

Artículo 122. Queda prohibida la descarga de aguas residuales sin el tratamiento para satisfacer los criterios sanitarios emitidos de acuerdo con la fracción III del artículo 118, así como de residuos peligrosos que conlleven riesgos para la salud pública, a cuerpos de agua que se destinan para uso o consumo humano.

Artículo reformado DOF 14-06-1991

Artículo 123. La Secretaría de Salud proporcionará a la Secretaría de Economía y, en general, a las demás autoridades competentes, los requisitos técnicos sanitarios para que el almacenamiento, distribución, uso y manejo del gas natural, del gas licuado de petróleo y otros productos industriales gaseosos que sean de alta peligrosidad, no afecten la salud de las personas, los que serán de observancia obligatoria, y en su caso, deberán incorporarse a las normas oficiales mexicanas.

Artículo reformado DOF 27-05-1987, 09-04-2012

Artículo 124. Para los efectos de esta ley se entiende por fuentes de radiación cualquier dispositivo o substancia que emita radiación ionizante en forma cuantificable. Estas fuentes pueden ser de dos clases: aquellas que contienen material radiactivo como elemento generador de la radiación y las que la generan con base en un sistema electromecánico adecuado.

Artículo reformado DOF 27-05-1987, 14-06-1991

Artículo 125. Requiere de autorización sanitaria, la posesión, comercio, importación, exportación, distribución, transporte y utilización de fuentes de radiación de uso médico; así como la eliminación y desmantelamiento de las mismas y la disposición final de sus desechos, debiendo sujetarse en lo que se refiere a las condiciones sanitarias, a lo que establece esta ley y otras disposiciones aplicables.

En lo que se refiere a unidades de rayos X de uso odontológico, bastará que el propietario notifique por escrito su adquisición, uso, venta o disposición final, a la autoridad sanitaria dentro de los diez días siguientes. Su uso se sujetará a las normas de seguridad radiológica que al efecto se emitan.

La Secretaría de Salud en coordinación con las demás dependencias involucradas, expedirá las normas a que deberán sujetarse los responsables del proceso de las fuentes de radiación ionizante destinados a uso diferente del tratamiento médico.

En el caso de las fuentes de radiación de uso médico o de diagnóstico, la Secretaría de Salud expedirá las autorizaciones en forma coordinada con la Comisión Nacional de Seguridad Nuclear y Salvaguardias.

Párrafo adicionado DOF 07-05-1997

Artículo reformado DOF 14-06-1991

Artículo 126. La construcción de obras o instalaciones, así como la operación o el funcionamiento de las existentes, donde se usen fuentes de radiación para fines médicos, industriales, de investigación u otros deberán observar las normas oficiales mexicanas de seguridad radiológica que al efecto se emitan.

Párrafo reformado DOF 07-05-1997

La Secretaría de Salud y las autoridades federales, estatales y municipales en sus respectivos ámbitos de competencia, se coordinarán para evitar que se instalen o edifiquen comercios, servicios y casas habitación en las áreas aledañas en donde funcione cualquier establecimiento que implique un riesgo grave para la salud de la población.

Artículo reformado DOF 27-05-1987, 14-06-1991

Artículo 127. Sin perjuicio de lo que establecen la ley Federal del Trabajo y sus reglamentos, en relación con labores peligrosas e insalubres, el cuerpo humano sólo podrá ser expuesto a radiaciones dentro de los máximos permisibles que establezca la Secretaría de Salud, incluyendo sus aplicaciones para la investigación médica, de diagnóstico y terapéutica.

Artículo reformado DOF 27-05-1987

CAPÍTULO V
SALUD OCUPACIONAL

Artículo 128. El trabajo o las actividades sean comerciales, industriales, profesionales o de otra índole, se ajustarán, por lo que a la protección de la salud se refiere, a las normas que al efecto dicten las autoridades sanitarias, de conformidad con esta Ley y demás disposiciones legales sobre salud ocupacional.

Cuando dicho trabajo y actividades se realicen en centros de trabajo cuyas relaciones laborales estén sujetas al apartado "A" del artículo 123 constitucional, las autoridades sanitarias se coordinarán con las laborales para la expedición de las normas respectivas.

Artículo 129. Para los efectos del artículo anterior, la Secretaría de Salud tendrá a su cargo:

Párrafo reformado DOF 27-05-1987

I. Establecer los criterios para el uso y manejo de substancias, maquinaria, equipos y aparatos, con objeto de reducir los riesgos a la salud del personal ocupacionalmente expuesto, poniendo particular énfasis en el manejo de substancias radiactivas y fuentes de radiación.

Fracción reformada DOF 14-06-1991

II. Determinar los límites máximos permisibles de exposición de un trabajador a contaminantes, y coordinar y realizar estudios de toxicología al respecto, y

III. Ejercer junto con los gobiernos de las entidades federativas, el control sanitario sobre los establecimientos en los que se desarrollen actividades ocupacionales, para el cumplimiento de los requisitos que en cada caso deban reunir, de conformidad con lo que establezcan los reglamentos respectivos.

Artículo 130. La Secretaría de Salud, en coordinación con las autoridades laborales y las instituciones públicas de seguridad social, y los gobiernos de las entidades federativas, en sus respectivos ámbitos de competencia, promoverán, desarrollarán y difundirán investigación multidisciplinaria que permita prevenir y controlar las enfermedades y accidentes ocupacionales, y estudios para adecuar los instrumentos y equipos de trabajo a las características de la persona.

Artículo reformado DOF 27-05-1987, 16-03-2022

Artículo 131. La Secretaría de Salud llevará a cabo programas tendientes a prevenir accidentes y enfermedades de trabajo. Tratándose del trabajo sujeto al régimen del Apartado "A" del Artículo 123 Constitucional lo hará en forma coordinada con la Secretaría del Trabajo y Previsión Social.

Artículo reformado DOF 27-05-1987, 14-06-1991

Artículo 132. Para los efectos de esta ley se consideran bajo la denominación de establecimientos, los locales y sus instalaciones, dependencias y anexos, estén cubiertos o descubiertos, sean fijos o móviles, sean de producción, transformación, almacenamiento, distribución de bienes o prestación de servicios, en los que se desarrolle una actividad ocupacional.

Artículo reformado DOF 27-05-1987

TÍTULO OCTAVO
PREVENCIÓN Y CONTROL DE ENFERMEDADES Y ACCIDENTES

CAPÍTULO I
DISPOSICIONES COMUNES

Artículo 133. En materia de prevención y control de enfermedades y accidentes, y sin perjuicio de lo que dispongan las leyes laborales y de seguridad social en materia de riesgos de trabajo, corresponde a la Secretaría de Salud:

Párrafo reformado DOF 27-05-1987

I. Dictar las normas oficiales mexicanas para la prevención y el control de enfermedades y accidentes;

Fracción reformada DOF 07-05-1997

II. Establecer y operar el Sistema Nacional de Vigilancia Epidemiológica, de conformidad con esta Ley y las disposiciones que al efecto se expidan;

III. Realizar los programas y actividades que estime necesario para la prevención y control de enfermedades y accidentes, y

IV. Promover la colaboración de las instituciones de los sectores público, social y privado, así como de los profesionales, técnicos y auxiliares para la salud y de la población en general, para el óptimo desarrollo de los programas y actividades a que se refieren las fracciones II y III.

CAPÍTULO II
ENFERMEDADES TRANSMISIBLES

Artículo 134. La Secretaría de Salud y los gobiernos de las entidades federativas, en sus respectivos ámbitos de competencia, realizarán actividades de vigilancia epidemiológica, de prevención y control de las siguientes enfermedades transmisibles:

Párrafo reformado DOF 27-05-1987

I. Cólera, fiebre tifoidea, paratifoidea, shigelosis, amibiasis, hepatitis virales y otras enfermedades infecciosas del aparato digestivo;

II. Influenza epidémica, otras infecciones agudas del aparato respiratorio, infecciones meningocóccicas y enfermedades causadas por estreptococos;

III. Tuberculosis;

IV. Difteria, tosferina, tétanos, sarampión, poliomielitis, rubeóla y parotiditis infecciosa;

V. Rabia, peste, brucelosis y otras zoonosis. En estos casos la Secretaría de Salud coordinará sus actividades con la de Agricultura y Recursos Hidráulicos;

Fracción reformada DOF 27-05-1987

VI. Fiebre amarilla, dengue y otras enfermedades virales transmitidas por artrópodos;

VII. Paludismo, tifo, fiebre recurrente transmitida por piojo, otras rickettsiosis, leishamaniasis, tripanosomiasis, y oncocercosis;

VIII. Sífilis, infecciones gonocóccicas, virus del papiloma humano y otras enfermedades de transmisión sexual;

Fracción reformada DOF 01-06-2016

IX. Lepra y mal del pinto;

X. Micosis profundas;

XI. Helmintiasis intestinales y extraintestinales;

XII. Toxoplasmosis;

Fracción reformada DOF 27-05-1987

XIII. Síndrome de inmunodeficiencia adquirida (SIDA), y

Fracción adicionada DOF 27-05-1987

XIV. Las demás que determinen el Consejo de Salubridad General y los tratados y convenciones internacionales en los que los Estados Unidos Mexicanos sean parte y que se hubieren celebrado con arreglo a las disposiciones de la Constitución Política de los Estados Unidos Mexicanos.

Fracción reformada y recorrida DOF 27-05-1987

Artículo 135. La Secretaría de Salud elaborará y llevará a cabo, en coordinación con las instituciones del sector salud y con los gobiernos de las entidades federativas, programas o campañas temporales o permanentes, para el control o erradicación de aquellas enfermedades transmisibles que constituyan un problema real o potencial para la salubridad general de la República.

Artículo reformado DOF 27-05-1987

Artículo 136. Es obligatoria la notificación a la Secretaría de Salud o a la autoridad sanitaria más cercana, de las siguientes enfermedades y en los términos que a continuación se especifican:

Párrafo reformado DOF 27-05-1987

I. Inmediatamente, en los casos individuales de enfermedades objeto del Reglamento Sanitario Internacional fiebre amarilla, peste y cólera;

II. Inmediatamente, en los casos de cualquier enfermedad que se presente en forma de brote o epidemia;

III. En un plazo no mayor de veinticuatro horas en los casos individuales de enfermedades objeto de vigilancia internacional: poliomielitis, meningitis meningocóccica, tifo epidémico, fiebre recurrente transmitida por piojo, influenza viral, paludismo, sarampión, tosferina, así como los de difteria y los casos humanos de encefalitis equina venezolana, y

IV. En un plazo no mayor de veinticuatro horas, de los primeros casos individuales de las demás enfermedades transmisibles que se presenten en un área no infectada.

Asimismo, será obligatoria la notificación inmediata a la autoridad sanitaria más cercana, de los casos en que se detecte la presencia del virus de la inmunodeficiencia humana (VIH) o de anticuerpos a dicho virus, en alguna personal.

Párrafo adicionado DOF 27-05-1987

Artículo 137. Las personas que ejerzan la medicina o que realicen actividades afines, están obligadas a dar aviso a las autoridades sanitarias de los casos de enfermedades transmisibles; posteriormente a su diagnóstico o sospecha diagnóstica.

Artículo 138. Están obligados a dar aviso, en los términos del artículo 136 de esta Ley, los jefes o encargados de laboratorios, los directores de unidades médicas, escuelas, fábricas, talleres, asilos, los jefes de oficinas, establecimientos comerciales o de cualquier otra índole y, en general, toda persona que por circunstancias ordinarias o accidentales tenga conocimiento de alguno de los casos de enfermedades a que se refiere esta Ley.

Artículo 139. Las medidas que se requieran para la prevención y el control de las enfermedades que enumera el artículo 134 de esta Ley, deberán ser observadas por los particulares. El ejercicio de esta acción comprenderá una o más de las siguientes medidas, según el caso de que se trate:

I. La confirmación de la enfermedad por los medios clínicos disponibles;

II. El aislamiento, por el tiempo estrictamente necesario, de los enfermos, de los sospechosos de padecer la enfermedad y de los portadores de gérmenes de la misma, así como la limitación de sus actividades cuando así se amerite por razones epidemiológicas;

III. La observación, en el grado que se requiera, de los contactos humanos y animales;

IV. La aplicación de sueros, vacunas y otros recursos preventivos y terapéuticos;

V. La descontaminación microbiana o parasitaria, desinfección y desinsectación de zonas, habitaciones, ropas, utensilios y otros objetos expuestos a la contaminación;

VI. La destrucción o control de vectores y reservorios y de fuentes de infección naturales o artificiales, cuando representen peligro para la salud;

VII. La inspección de pasajeros que puedan ser portadores de gérmenes, así como la de equipajes, medios de transporte, mercancías y otros objetos que puedan ser fuentes o vehículos de agentes patógenos, y

VIII. Las demás que determine esta Ley, sus reglamentos y la Secretaría de Salud.

Fracción reformada DOF 27-05-1987

Artículo 140. Las autoridades no sanitarias cooperarán en el ejercicio de la acción para combatir las enfermedades transmisibles, estableciendo las medidas que estimen necesarias, sin contravenir las disposiciones de esta Ley, las que expida el Consejo de Salubridad General y las normas oficiales mexicanas que dicte la Secretaría de Salud.

Artículo reformado DOF 27-05-1987, 07-05-1997

Artículo 141. La Secretaría de Salud coordinará sus actividades con otras dependencias y entidades públicas y con los gobiernos de las entidades federativas, para la investigación, prevención y control de las enfermedades transmisibles.

Artículo reformado DOF 27-05-1987

Artículo 142. Los profesionales, técnicos y auxiliares de la salud, al tener conocimiento de un caso de enfermedad transmisible, están obligados a tomar las medidas necesarias, de acuerdo con la naturaleza y características del padecimiento, aplicando los recursos a su alcance para proteger la salud individual y colectiva.

Artículo 143. Los trabajadores de la salud de la Secretaría de Salud y de los gobiernos de las entidades federativas, y los de otras instituciones autorizadas por las autoridades sanitarias mencionadas, por necesidades técnicas de los programas específicos de prevención y control de enfermedades y por situaciones que pongan en peligro la salud de la población, podrán acceder al interior de todo tipo de local o casa habitación para el cumplimiento de actividades encomendadas a su responsabilidad, para cuyo fin deberán estar debidamente acreditados por alguna de las autoridades sanitarias competentes, en los términos de las disposiciones aplicables.

Artículo reformado DOF 27-05-1987

Artículo 144. La vacunación contra enfermedades transmisibles, prevenibles por ese medio de inmunización, que estime necesaria la Secretaría de Salud, será obligatoria en los términos que fije dicha dependencia y de acuerdo con lo previsto en la presente Ley.

Artículo reformado DOF 27-05-1987, 19-06-2017

Artículo 145. La Secretaría de Salud establecerá las normas oficiales mexicanas para el control de las personas que se dediquen a trabajos o actividades, mediante los cuales se pueda propagar alguna de las enfermedades transmisibles a que se refiere esta Ley.

Artículo reformado DOF 27-05-1987, 07-05-1997

Artículo 146. Los laboratorios que manejen agentes patógenos estarán sujetos a control por parte de las autoridades sanitarias competentes, de conformidad con las normas oficiales mexicanas que expida la Secretaría de Salud, en lo relativo a las precauciones higiénicas que deban observar, para evitar la propagación de las enfermedades transmisibles al ser humano. Cuando esto represente peligro para la salud animal, se oirá la opinión de las autoridades competentes en la materia.

Artículo reformado DOF 27-05-1987, 07-05-1997, 16-03-2022

Artículo 147. En los lugares del territorio nacional en que cualquier enfermedad transmisible adquiera características epidémicas graves, a juicio de la Secretaría de Salud, así como en los lugares colindantes expuestos a la propagación, las autoridades civiles, militares y los particulares estarán obligados a colaborar con las autoridades sanitarias en la lucha contra dicha enfermedad.

Artículo reformado DOF 27-05-1987

Artículo 148. Quedan facultadas las autoridades sanitarias competentes para utilizar como elementos auxiliares en la lucha contra las epidemias, todos los recursos médicos y de asistencia social de los sectores público, social y privado existentes en las regiones afectadas y en las colindantes, de acuerdo con las disposiciones de esta Ley y los reglamentos aplicables.

Artículo 149. Sólo con autorización de la Secretaría de Salud se permitirá la internación en el territorio nacional de personas que padezcan enfermedades infecciosas en periodo de transmisibilidad, que sean portadoras de agentes infecciosos o se sospeche que estén en periodo de incubación por provenir de lugares infectados.

Artículo reformado DOF 27-05-1987

Artículo 150. Las autoridades sanitarias señalarán el tipo de enfermos o portadores de gérmenes que podrán ser excluidos de los sitios de reunión, tales como hoteles, restaurantes, fábricas, talleres, cárceles, oficinas, escuelas, dormitorios, habitaciones colectivas, centros de espectáculos y deportivos.

Artículo 151. El aislamiento de las personas que padezcan enfermedades transmisibles se llevarán a cabo en sitios adecuados, a juicio de la autoridad sanitaria.

Artículo 152. Las autoridades sanitarias podrán ordenar, por causas de epidemia, la clausura temporal de los locales o centros de reunión de cualquier índole.

Artículo 153. El transporte de enfermos de afecciones transmisibles deberá efectuarse en vehículos acondicionados al efecto; a falta de éstos, podrán utilizarse los que autorice la autoridad sanitaria. Los mismos podrán usarse posteriormente para otros fines, previa la aplicación de las medidas que procedan.

Artículo 154. Las autoridades sanitarias determinarán los casos en que se deba proceder a la descontaminación microbiana o parasitaria, desinfección, desinsectación, desinfestación u otras medidas de saneamiento de lugares, edificios, vehículos y objetos.

Artículo 155. La Secretaría de Salud determinará la forma de disponer de los productos, subproductos, desechos y cadáveres de animales, cuando constituyan un riesgo de transmisión de enfermedades al ser humano o produzcan contaminación del ambiente con riesgo para la salud.

Artículo reformado DOF 27-05-1987, 16-03-2022

Artículo 156. Se considera peligroso para la salubridad general de la República la tenencia, uso o aprovechamiento de animales de cualquier tipo, cuando sean:

I. Fuente de infección, en el caso zoonosis;

II. Huésped intermediario de vehículos que puedan contribuir a la diseminación de enfermedades transmisibles al ser humano, y

Fracción reformada DOF 16-03-2022

III. Vehículo de enfermedades transmisibles al ser humano, a través de sus productos.

Fracción reformada DOF 16-03-2022

Artículo 157. Se prohíbe la introducción o el transporte por el territorio nacional de animales que padezcan una enfermedad transmisible al ser humano, de cadáveres de aquéllos, así como el comercio con sus productos. Asimismo, se prohíbe la introducción o el transporte de animales que provengan de áreas que la autoridad sanitaria considere infectadas.

Artículo reformado DOF 16-03-2022

Artículo 157 Bis. La Secretaría de Salud y los gobiernos de las entidades federativas, en el ámbito de sus respectivas competencias, se coordinarán para la promoción del uso del condón, priorizando a las poblaciones de mayor vulnerabilidad y riesgo de contraer la infección del VIH/SIDA y demás enfermedades de transmisión sexual.

Artículo adicionado DOF 15-12-2008. Reformado DOF 17-03-2015

CAPÍTULO II BIS
VACUNACIÓN

Capítulo adicionado DOF 19-06-2017

Artículo 157 Bis 1. Toda persona residente en el territorio nacional tiene derecho a recibir de manera universal y gratuita en cualquiera de las dependencias y entidades de la Administración Pública, tanto federal como local, del Sistema Nacional de Salud, las vacunas contenidas en el Programa de Vacunación Universal, de conformidad con esta Ley, independientemente del régimen de seguridad social o protección social al que pertenezca.

Las personas que ejerzan la patria potestad, tutela, guarda o, en términos generales, sean responsables de menores o incapaces, estarán obligados a tomar todas las medidas necesarias para que éstos reciban las vacunas contenidas en el Programa de Vacunación Universal.

Artículo adicionado DOF 19-06-2017

Artículo 157 Bis 2. Las dependencias y entidades de la Administración Pública, tanto federal como local, que forman parte del Sistema Nacional de Salud, deberán instrumentar mecanismos necesarios para garantizar la vacunación de las personas que forman parte de los grupos de población cautiva.

Para efectos de esta Ley, por grupo de población cautiva se entiende al conjunto de personas que se encuentran bajo custodia en instituciones del Estado cuyo servicio es de cuidado, capacitación, control o que comparten de manera, tanto temporal como permanente, un área geográfica específica.

Los responsables de las instituciones a que se refiere este artículo darán todas las facilidades y colaborarán en el desarrollo de las actividades de vacunación y control de las enfermedades prevenibles por vacunación.

Artículo adicionado DOF 19-06-2017

Artículo 157 Bis 3. Las dependencias y entidades de la Administración Pública, tanto federal como local, y las personas físicas o morales de los sectores social y privado que constituyen el Sistema Nacional de Salud, en el ámbito de sus respectivas competencias, y de acuerdo con los lineamientos que al respecto establezca la Secretaría de Salud, deberán llevar a cabo campañas de comunicación permanentes, con el fin de informar a la población en general sobre los beneficios de las vacunas y el riesgo que representa tanto para la persona, como para la comunidad la falta de inmunización oportuna.

Artículo adicionado DOF 19-06-2017

Artículo 157 Bis 4. Para efectos de este Capítulo, corresponde a la Secretaría de Salud:

I. Definir, con la opinión del Consejo Nacional de Vacunación, los criterios y procedimientos para lograr el control, la eliminación o la erradicación de enfermedades prevenibles por vacunación;

II. Emitir normas oficiales mexicanas relativas a la prestación de los servicios de vacunación, aplicación, manejo y conservación de las vacunas que se apliquen en territorio nacional;

III. Dirigir el Programa de Vacunación Universal y coordinar las campañas y operativos de vacunación, tanto ordinarios como extraordinarios;

IV. Implementar y coordinar el sistema de información en materia de vacunación y definir los lineamientos para su operación;

V. Vigilar y evaluar las actividades de vacunación en todo el territorio nacional y aplicar las medidas necesarias para su adecuado desarrollo, y

VI. Las demás que le señalen esta Ley y otras disposiciones jurídicas aplicables.

Artículo adicionado DOF 19-06-2017

Artículo 157 Bis 5. En el Programa de Vacunación Universal se integrarán aquellas vacunas que determine la Secretaría de Salud, con la opinión del Consejo Nacional de Vacunación.

Artículo adicionado DOF 19-06-2017

Artículo 157 Bis 6. Las dependencias y entidades de la Administración Pública, tanto federal como local, deberán participar con recursos humanos, materiales y financieros suficientes para la atención de los operativos y campañas de vacunación, tanto ordinarias como extraordinarias, cuando alguna de las autoridades sanitarias del país así lo requiera.

Artículo adicionado DOF 19-06-2017

Artículo 157 Bis 7. El Consejo se regirá por las disposiciones contenidas en esta Ley, su reglamento interno y demás normativa aplicable, basando su actuación en la evidencia científica, así como en los criterios de racionalidad y objetividad.

Artículo adicionado DOF 19-06-2017

Artículo 157 Bis 8. Las vacunas deberán ser aplicadas por personal de salud capacitado para tal efecto.

Artículo adicionado DOF 19-06-2017

Artículo 157 Bis 9. La Cartilla Nacional de Vacunación es un documento gratuito, único, individual e intransferible, a través del cual se lleva el registro y el control de las vacunas que sean aplicadas a las personas.

La Secretaría de Salud determinará las características y el formato único de la Cartilla Nacional de Vacunación, misma que deberá ser utilizada en todos los establecimientos de salud de los sectores público, social y privado, en todo el territorio nacional.

Artículo adicionado DOF 19-06-2017

Artículo 157 Bis 10. Los establecimientos y el personal de salud de los sectores público, social y privado deberán registrar y notificar a la Secretaría de Salud la presencia de casos de enfermedades prevenibles por vacunación y eventos supuestamente atribuibles a dicha inmunización, de conformidad con lo que señale esta Ley y demás disposiciones aplicables.

Artículo adicionado DOF 19-06-2017

Artículo 157 Bis 11. Todas las vacunas e insumos para su aplicación en seres humanos, que se utilicen en el país deberán ser de la mayor calidad disponible y cumplir con los requisitos sanitarios necesarios establecidos en esta Ley y las demás disposiciones jurídicas aplicables, a efecto de salvaguardar la seguridad en la administración de las vacunas.

Los procedimientos para la autorización del registro, importación y liberación de vacunas serán considerados como prioritarios en razón de su importancia para la salud pública y la seguridad nacional. En casos de emergencia, dichos procedimientos se atenderán de manera inmediata.

Artículo adicionado DOF 19-06-2017

Artículo 157 Bis 12. El Estado mexicano procurará el abasto y la distribución oportuna y gratuita, así como la disponibilidad de los insumos necesarios para las acciones de vacunación.

Artículo adicionado DOF 19-06-2017

Artículo 157 Bis 13. Con base en lo establecido en el artículo anterior, la Cámara de Diputados asignará en cada ejercicio fiscal, los recursos presupuestarios suficientes para ese fin.

Artículo adicionado DOF 19-06-2017

Artículo 157 Bis 14. La operación del Programa de Vacunación Universal en el ámbito local, corresponde a los gobiernos de las entidades federativas, quienes deberán contar con los recursos físicos, materiales y humanos necesarios.

Artículo adicionado DOF 19-06-2017

Artículo 157 Bis 15. La Secretaría de Salud supervisará el cumplimiento de los indicadores de desempeño del Programa de Vacunación Universal que servirán como elemento para la vigilancia del uso eficiente de los recursos que se destinen a las acciones de inmunización.

Artículo adicionado DOF 19-06-2017

Artículo 157 Bis 16. La Secretaría de Salud promoverá la investigación, desarrollo y producción de vacunas en el territorio nacional, en coordinación con las instancias competentes.

Artículo adicionado DOF 19-06-2017

CAPÍTULO III
ENFERMEDADES NO TRANSMISIBLES

Artículo 158. La Secretaría de Salud y los gobiernos de las entidades federativas, en sus respectivos ámbitos de competencia, realizarán actividades de prevención y control de las enfermedades no transmisibles y sindemias que las propias autoridades sanitarias determinen.

Artículo reformado DOF 27-05-1987, 29-03-2022

Artículo 159. El ejercicio de la acción de prevención y control de las enfermedades no transmisibles y sindemias comprenderá una o más de las siguientes medidas, según el caso de que se trate:

Párrafo reformado DOF 29-03-2022

I. La detección oportuna de las enfermedades no transmisibles, sindemias y la evaluación del riesgo de contraerlas;

Fracción reformada DOF 29-03-2022

II. La divulgación de medidas higiénicas para el control de los padecimientos;

III. La prevención específica en cada caso y la vigilancia de su cumplimiento;

IV. La realización de estudios epidemiológicos, y

V. La difusión permanente de las dietas, hábitos alimenticios y procedimientos que conduzcan al consumo efectivo de los mínimos de nutrimentos por la población general y no exceder los máximos de azúcares, grasas saturadas, grasas trans y sodio, con base en lo recomendado por la propia Secretaría, y

Fracción adicionada DOF 26-12-2005. Reformada DOF 08-11-2019

VI. Las demás que sean necesarias para la prevención, tratamiento y control de los padecimientos que se presenten en la población.

Fracción recorrida DOF 26-12-2005

Artículo 159 Bis. Las autoridades sanitarias y las instituciones públicas de salud deben diferenciar el diagnóstico y la atención de los tipos de diabetes, considerando al menos, la siguiente clasificación:

I. Diabetes Tipo 1;

II. Diabetes Tipo 2, y

III. Diabetes Gestacional.

La Norma Oficial Mexicana de la materia deberá diferenciar y atender, al menos, cada uno de los tipos de diabetes a que se refiere el presente artículo.

Artículo adicionado DOF 10-05-2023

Artículo 160. La Secretaría de Salud coordinará sus actividades con otras dependencias y entidades públicas y con los gobiernos de las entidades federativas, para la investigación, prevención y control de las enfermedades no transmisibles y sindemias.

Artículo reformado DOF 27-05-1987, 29-03-2022

Artículo 161. Los profesionales, técnicos y auxiliares de la salud deberán rendir los informes que la autoridad sanitaria requiera acerca de las enfermedades no transmisibles y sindemias, en los términos de los reglamentos que al efecto se expidan.

Artículo reformado DOF 29-03-2022

CAPÍTULO III BIS
DEL REGISTRO NACIONAL DE CÁNCER

Capítulo adicionado DOF 22-06-2017

Artículo 161 Bis. El Registro Nacional de Cáncer tendrá una base poblacional, se integrará de la información proveniente del Sistema Nacional de Información Básica en Materia de Salud y contará con la siguiente información:

I. Información del paciente, que se agrupa en los siguientes rubros:

a) Datos relacionados con la identidad, historial ocupacional y laboral, observando las disposiciones relativas a la protección de datos personales de los pacientes.

b) Información demográfica.

II. Información del tumor: Incluye la fecha de diagnóstico de cáncer; la localización anatómica; de ser el caso, la lateralidad; la incidencia y el estado de la enfermedad; la histología del tumor primario y su comportamiento.

III. Información respecto al tratamiento que se ha aplicado al paciente y el seguimiento que se ha dado al mismo de parte de los médicos. Además, se incluirá información de curación y supervivencia.

IV. La fuente de información utilizada para cada modalidad de diagnóstico y de tratamiento.

V. Toda aquella información adicional que determine la Secretaría.

VI. El Registro contará adicionalmente, con un rubro específico para la información a que se refiere el Capítulo II del Título Tercero de la Ley General para la Detención Oportuna del Cáncer en la Infancia y la Adolescencia.

Fracción adicionada DOF 07-01-2021

La Secretaría integrará la información demográfica del Registro Nacional de Cáncer de todo el territorio nacional dividido en regiones norte, centro y sur.

Artículo adicionado DOF 22-06-2017

CAPÍTULO IV
ACCIDENTES

Artículo 162. Para los efectos de esta Ley, se entiende por accidente el hecho súbito que ocasione daños a la salud, y que se produzca por la concurrencia de condiciones potencialmente prevenibles.

Artículo 163. La acción en materia de prevención y control de accidentes comprende:

I. El conocimiento de las causas más usuales que generan accidentes;

II. La adopción de medidas para prevenir accidentes;

III. El desarrollo de investigación para la prevención de los mismos;

IV. El fomento, dentro de los programas de educación para la salud, de la orientación a la población para la prevención de accidentes;

V. La atención de los padecimientos que se produzcan como consecuencia de ellos, y

VI. La promoción de la participación y capacitación de la comunidad en la prevención y primeros auxilios de accidentes.

Fracción reformada DOF 08-04-2013

Para la mayor eficacia de las acciones a las que se refiere este artículo, se creará el Consejo Nacional para la Prevención de Accidentes del que formarán parte representantes de los sectores público, social y privado.

Artículo 164. La Secretaría de Salud coordinará sus actividades con la Secretaría del Trabajo y Previsión Social, así como con la Secretaría de Infraestructura Comunicaciones y Transportes y en general, con las dependencias y entidades públicas y con los gobiernos de las entidades federativas, para la investigación, prevención y control de los accidentes.

Párrafo reformado DOF 29-05-2023

La Secretaría de Salud deberá realizar convenios con los gobiernos de las entidades federativas para determinar los exámenes psicofísicos integrales que se practicarán como requisito previo para la emisión o revalidación de licencias de conducir, así como para establecer otras medidas de prevención de accidentes.

Artículo reformado DOF 27-05-1987, 09-05-2007

Artículo 165. La Secretaría de Salud dictará, en el ámbito de su competencia, y sin perjuicio de las facultades de la Secretaría del Trabajo y Previsión Social, de conformidad con las leyes que rijan los riesgos de trabajo, las normas oficiales mexicanas para la prevención de accidentes, y promoverá la coordinación con el sector público y la concertación e inducción, en su caso, con los sectores social y privado para su aplicación.

Artículo reformado DOF 27-05-1987, 07-05-1997

Artículo 166. Los servicios de salud que proporcionen las instituciones de seguridad social con motivo de riesgos de trabajo, se regirán por sus propias leyes y las demás disposiciones legales aplicables y se ajustarán a las normas oficiales mexicanas en materia de salud. En este caso, las autoridades sanitarias propiciarán con dichas instituciones la coordinación de acciones en materia de higiene y prevención de accidentes.

Artículo reformado DOF 07-05-1997

TÍTULO OCTAVO BIS
DE LOS CUIDADOS PALIATIVOS A LOS ENFERMOS EN SITUACIÓN TERMINAL

Título adicionado DOF 05-01-2009

CAPÍTULO I
DISPOSICIONES COMUNES

Capítulo adicionado DOF 05-01-2009

Artículo 166 Bis. El presente título tiene por objeto:

I. Salvaguardar la dignidad de los enfermos en situación terminal, para garantizar una vida de calidad a través de los cuidados y atenciones médicas, necesarios para ello;

II. Garantizar una muerte natural en condiciones dignas a los enfermos en situación terminal;

III. Establecer y garantizar los derechos del enfermo en situación terminal en relación con su tratamiento;

IV. Dar a conocer los límites entre el tratamiento curativo y el paliativo;

V. Determinar los medios ordinarios y extraordinarios en los tratamientos; y

VI. Establecer los límites entre la defensa de la vida del enfermo en situación terminal y la obstinación terapéutica.

Artículo adicionado DOF 05-01-2009

Artículo 166 Bis 1. Para los efectos de este Título, se entenderá por:

I. Enfermedad en estado terminal. A todo padecimiento reconocido, irreversible, progresivo e incurable que se encuentra en estado avanzado y cuyo pronóstico de vida para el paciente sea menor a 6 meses;

II. Cuidados básicos. La higiene, alimentación e hidratación, y en su caso el manejo de la vía aérea permeable;

III. Cuidados Paliativos. Es el cuidado activo y total de aquéllas enfermedades que no responden a tratamiento curativo. El control del dolor, y de otros síntomas, así como la atención de aspectos psicológicos, sociales y espirituales;

IV. Enfermo en situación terminal. Es la persona que tiene una enfermedad incurable e irreversible y que tiene un pronóstico de vida inferior a seis meses;

V. Obstinación terapéutica. La adopción de medidas desproporcionadas o inútiles con el objeto de alargar la vida en situación de agonía;

VI. Medios extraordinarios. Los que constituyen una carga demasiado grave para el enfermo y cuyo perjuicio es mayor que los beneficios; en cuyo caso, se podrán valorar estos medios en comparación al tipo de terapia, el grado de dificultad y de riesgo que comporta, los gastos necesarios y las posibilidades de aplicación respecto del resultado que se puede esperar de todo ello;

VII. Medios ordinarios. Los que son útiles para conservar la vida del enfermo en situación terminal o para curarlo y que no constituyen, para él una carga grave o desproporcionada a los beneficios que se pueden obtener;

VIII. Muerte natural. El proceso de fallecimiento natural de un enfermo en situación terminal, contando con asistencia física, psicológica y en su caso, espiritual; y

IX. Tratamiento del dolor. Todas aquellas medidas proporcionadas por profesionales de la salud, orientadas a reducir los sufrimientos físico y emocional producto de una enfermedad terminal, destinadas a mejorar la calidad de vida.

Artículo adicionado DOF 05-01-2009

Artículo 166 Bis 2. Corresponde al Sistema Nacional de Salud garantizar el pleno, libre e informado ejercicio de los derechos que señalan esta Ley y demás ordenamientos aplicables, a los enfermos en situación terminal.

Artículo adicionado DOF 05-01-2009

CAPÍTULO II
DE LOS DERECHOS DE LOS ENFERMOS EN SITUACIÓN TERMINAL

Capítulo adicionado DOF 05-01-2009

Artículo 166 Bis 3. Los pacientes enfermos en situación terminal tienen los siguientes derechos:

I. Recibir atención médica integral;

II. Ingresar a las instituciones de salud cuando requiera atención médica;

III. Dejar voluntariamente la institución de salud en que esté hospitalizado, de conformidad a las disposiciones aplicables;

IV. Recibir un trato digno, respetuoso y profesional procurando preservar su calidad de vida;

V. Recibir información clara, oportuna y suficiente sobre las condiciones y efectos de su enfermedad y los tipos de tratamientos por los cuales puede optar según la enfermedad que padezca;

VI. Dar su consentimiento informado por escrito para la aplicación o no de tratamientos, medicamentos y cuidados paliativos adecuados a su enfermedad, necesidades y calidad de vida;

VII. Solicitar al médico que le administre medicamentos que mitiguen el dolor;

VIII. Renunciar, abandonar o negarse en cualquier momento a recibir o continuar el tratamiento que considere extraordinario;

IX. Optar por recibir los cuidados paliativos en un domicilio particular;

X. Designar, a algún familiar, representante legal o a una persona de su confianza, para el caso de que, con el avance de la enfermedad, esté impedido a expresar su voluntad, lo haga en su representación;

XI. A recibir los servicios espirituales, cuando lo solicite él, su familia, representante legal o persona de su confianza; y

XII. Los demás que las leyes señalen.

Artículo adicionado DOF 05-01-2009

Artículo 166 Bis 4. Toda persona mayor de edad, en pleno uso de sus facultades mentales, puede, en cualquier momento e independientemente de su estado de salud, expresar su voluntad por escrito ante dos testigos, de recibir o no cualquier tratamiento, en caso de que llegase a padecer una enfermedad y estar en situación terminal y no le sea posible manifestar dicha voluntad. Dicho documento podrá ser revocado en cualquier momento.

Para que sea válida la disposición de voluntad referida en el párrafo anterior, deberá apegarse a lo dispuesto en la presente Ley y demás disposiciones aplicables.

Artículo adicionado DOF 05-01-2009

Artículo 166 Bis 5. El paciente en situación terminal, mayor de edad y en pleno uso de sus facultades mentales, tiene derecho a la suspensión voluntaria del tratamiento curativo y como consecuencia al inicio de tratamiento estrictamente paliativo en la forma y términos previstos en esta Ley.

Artículo adicionado DOF 05-01-2009

Artículo 166 Bis 6. La suspensión voluntaria del tratamiento curativo supone la cancelación de todo medicamento que busque contrarrestar la enfermedad terminal del paciente y el inicio de tratamientos enfocados de manera exclusiva a la disminución del dolor o malestar del paciente.

En este caso, el médico especialista en el padecimiento del paciente terminal interrumpe, suspende o no inicia el tratamiento, la administración de medicamentos, el uso de instrumentos o cualquier procedimiento que contribuya a la prolongación de la vida del paciente en situación terminal dejando que su padecimiento evolucione naturalmente.

Artículo adicionado DOF 05-01-2009

Artículo 166 Bis 7. El paciente en situación terminal que esté recibiendo los cuidados paliativos, podrá solicitar recibir nuevamente el tratamiento curativo, ratificando su decisión por escrito ante el personal médico correspondiente.

Artículo adicionado DOF 05-01-2009

Artículo 166 Bis 8. Si el enfermo en situación terminal es menor de edad, o se encuentra incapacitado para expresar su voluntad, las decisiones derivadas de los derechos señalados en este título, serán asumidos por los padres o el tutor y a falta de estos por su representante legal, persona de su confianza mayor de edad o juez de conformidad con las disposiciones aplicables.

Artículo adicionado DOF 05-01-2009

Artículo 166 Bis 9. Los cuidados paliativos se proporcionarán desde el momento en que se diagnostica el estado terminal de la enfermedad, por el médico especialista.

Artículo adicionado DOF 05-01-2009

Artículo 166 Bis 10. Los familiares del enfermo en situación terminal tienen la obligación de respetar la decisión que de manera voluntaria tome el enfermo en los términos de este título.

Artículo adicionado DOF 05-01-2009

Artículo 166 Bis 11. En casos de urgencia médica, y que exista incapacidad del enfermo en situación terminal para expresar su consentimiento, y en ausencia de familiares, representante legal, tutor o persona de confianza, la decisión de aplicar un procedimiento médico quirúrgico o tratamiento necesario, será tomada por el médico especialista y/o por el Comité de Bioética de la institución.

Artículo adicionado DOF 05-01-2009

Artículo 166 Bis 12. Todos los documentos a que se refiere este título se regirán de acuerdo a lo que se establezca en el reglamento y demás disposiciones aplicables.

Artículo adicionado DOF 05-01-2009

CAPÍTULO III
DE LAS FACULTADES Y OBLIGACIONES DE LAS INSTITUCIONES DE SALUD

Capítulo adicionado DOF 05-01-2009

Artículo 166 Bis 13. Las Instituciones del Sistema Nacional de Salud:

I. Ofrecerán el servicio para la atención debida a los enfermos en situación terminal;

II. Proporcionarán los servicios de orientación, asesoría y seguimiento al enfermo en situación terminal y o sus familiares o persona de confianza en el caso de que los cuidados paliativos se realicen en el domicilio particular;

III. De igual manera, en el caso de que los cuidados paliativos se realicen en el domicilio particular, la Secretaría pondrá en operación una línea telefónica de acceso gratuito para que se le oriente, asesore y dé seguimiento al enfermo en situación terminal o a sus familiares o persona de su confianza;

IV. Proporcionarán los cuidados paliativos correspondientes al tipo y grado de enfermedad, desde el momento del diagnóstico de la enfermedad terminal hasta el último momento;

V. Fomentarán la creación de áreas especializadas que presten atención a los enfermos en situación terminal; y

VI. Garantizarán la capacitación y actualización permanente de los recursos humanos para la salud, en materia de cuidados paliativos y atención a enfermos en situación terminal.

Artículo adicionado DOF 05-01-2009

CAPÍTULO IV
DE LOS DERECHOS, FACULTADES Y OBLIGACIONES DE LOS MÉDICOS Y PERSONAL SANITARIO

Capítulo adicionado DOF 05-01-2009

Artículo 166 Bis 14. Los médicos tratantes y el equipo sanitario que preste los cuidados paliativos, para el mejor desempeño de sus servicios, deberán estar debidamente capacitados humana y técnicamente, por instituciones autorizadas para ello.

Artículo adicionado DOF 05-01-2009

Artículo 166 Bis 15. Los médicos especialistas en las instituciones de segundo y tercer nivel, tendrán las siguientes obligaciones:

I. Proporcionar toda la información que el paciente requiera, así como la que el médico considere necesaria para que el enfermo en situación terminal pueda tomar una decisión libre e informada sobre su atención, tratamiento y cuidados;

II. Pedir el consentimiento informado del enfermo en situación terminal, por escrito ante dos testigos, para los tratamientos o medidas a tomar respecto de la enfermedad terminal;

III. Informar oportunamente al enfermo en situación terminal, cuando el tratamiento curativo no dé resultados;

IV. Informar al enfermo en situación terminal, sobre las opciones que existan de cuidados paliativos;

V. Respetar la decisión del enfermo en situación terminal en cuanto al tratamiento curativo y cuidados paliativos, una vez que se le haya explicado en términos sencillos las consecuencias de su decisión;

VI. Garantizar que se brinden los cuidados básicos o tratamiento al paciente en todo momento;

VII. Procurar las medidas mínimas necesaria para preservar la calidad de vida de los enfermos en situación terminal;

VIII. Respetar y aplicar todas y cada una de las medidas y procedimientos para los casos que señala esta ley;

IX. Hacer saber al enfermo, de inmediato y antes de su aplicación, si el tratamiento a seguir para aliviar el dolor y los síntomas de su enfermedad tenga como posibles efectos secundarios disminuir el tiempo de vida;

X. Solicitar una segunda opinión a otro médico especialista, cuando su diagnóstico sea una enfermedad terminal; y

XI. Las demás que le señalen ésta y otras leyes.

Artículo adicionado DOF 05-01-2009

Artículo 166 Bis 16. Los médicos tratantes podrán suministrar fármacos paliativos a un enfermo en situación terminal, aún cuando con ello se pierda estado de alerta o se acorte la vida del paciente, siempre y cuando se suministren dichos fármacos paliativos con el objeto de aliviar el dolor del paciente.

Podrán hacer uso, de ser necesario de acuerdo con lo estipulado en la presente Ley de analgésicos del grupo de los opioides. En estos casos será necesario el consentimiento del enfermo.

En ningún caso se suministrarán tales fármacos con la finalidad de acortar o terminar la vida del paciente, en tal caso se estará sujeto a las disposiciones penales aplicables.

Artículo adicionado DOF 05-01-2009

Articulo 166 Bis 17. Los médicos tratantes, en ningún caso y por ningún motivo implementaran medios extraordinarios al enfermo en situación terminal, sin su consentimiento.

Artículo adicionado DOF 05-01-2009

Artículo 166 Bis 18. Para garantizar una vida de calidad y el respeto a la dignidad del enfermo en situación terminal, el personal médico no deberá aplicar tratamientos o medidas consideradas como obstinación terapéutica ni medios extraordinarios.

Artículo adicionado DOF 05-01-2009

Artículo 166 Bis 19. El personal médico que deje de proporcionar los cuidados básicos a los enfermos en situación terminal, será sancionado conforme lo establecido por las leyes aplicables.

Artículo adicionado DOF 05-01-2009

Artículo 166 Bis 20. El personal médico que, por decisión propia, deje de proporcionar cualquier tratamiento o cuidado sin el consentimiento del enfermo en situación terminal, o en caso que esté impedido para expresar su voluntad, el de su familia o persona de confianza, será sancionado conforme lo establecido por las leyes aplicables.

Artículo adicionado DOF 05-01-2009

Artículo 166 Bis 21. Queda prohibida, la práctica de la eutanasia, entendida como homicidio por piedad así como el suicidio asistido conforme lo señala el Código Penal Federal, bajo el amparo de esta ley. En tal caso se estará a lo que señalan las disposiciones penales aplicables.

Artículo adicionado DOF 05-01-2009

TÍTULO NOVENO
ASISTENCIA SOCIAL, PREVENCIÓN DE LA DISCAPACIDAD Y REHABILITACIÓN DE LAS PERSONAS CON DISCAPACIDAD

Denominación del Título reformada DOF 08-04-2013

CAPÍTULO ÚNICO

Artículo 167. Para los efectos de esta Ley, se entiende por Asistencia Social el conjunto de acciones tendientes a modificar y mejorar las circunstancias de carácter social que impidan al individuo su desarrollo integral, así como la protección física, mental y social de personas en estado de necesidad, desprotección o desventaja física y mental, hasta lograr su incorporación a una vida plena y productiva.

Artículo 168. Son actividades básicas de Asistencia Social:

I. La atención a personas que, por sus carencias socio-económicas o por su condición de discapacidad se vean impedidas para satisfacer sus requerimientos básicos de subsistencia y desarrollo;

Fracción reformada DOF 08-04-2013

II. La atención en establecimientos especializados a menores y ancianos en estado de abandono o desamparo y personas con discapacidad sin recursos;

Fracción reformada DOF 08-04-2013

III. La promoción del bienestar del senescente y el desarrollo de acciones de preparación para la senectud;

IV. El ejercicio de la tutela de los menores, en los términos de las disposiciones legales aplicables;

V. La prestación de servicios de asistencia jurídica y de orientación social, especialmente a menores, ancianos y personas con discapacidad sin recursos;

Fracción reformada DOF 08-04-2013

VI. La realización de investigaciones sobre las causas y efectos de los problemas prioritarios de asistencia social;

VII. La promoción de la participación consciente y organizada de la población con carencias en las acciones de promoción, asistencia y desarrollo social que se lleven a cabo en su propio beneficio;

VIII. El apoyo a la educación y capacitación para el trabajo de personas con carencias socioeconómicas, y

IX. La prestación de servicios funerarios.

Artículo 169. Para fomentar el desarrollo de programas públicos de asistencia social, la Secretaría de Salud, con la intervención que corresponda al organismo a que se refiere el artículo 172 de esta Ley, en coordinación con las dependencias y entidades del sector salud y con los gobiernos de las entidades federativas, promoverá la canalización de recursos y apoyo técnico.

Párrafo reformado DOF 27-05-1987

Asimismo, procurará destinar los apoyos necesarios a los programas de asistencia social, para fomentar la ampliación de los beneficios de su actividad, dando las normas para los mismos.

Artículo 170. Los menores en estado de desprotección social, tienen derecho a recibir los servicios asistenciales que necesiten en cualquier establecimiento público al que sean remitidos para su atención, sin perjuicio de la intervención que corresponda a otras autoridades competentes.

Artículo 171. Los integrantes del Sistema Nacional de Salud, deberán dar atención preferente e inmediata a menores y ancianos sometidos a cualquier forma de maltrato que ponga en peligro su salud física y mental. Asimismo, darán esa atención a quienes hayan sido sujetos pasivos de la comisión de delitos que atenten contra la integridad física o mental o el normal desarrollo psico-somático de los individuos.

En estos casos, las instituciones de salud podrán tomar las medidas inmediatas que sean necesarias para la protección de la salud de los menores y ancianos, sin perjuicio de dar intervención a las autoridades competentes.

Artículo 172. El Gobierno Federal contará con un organismo que tendrá entre sus objetivos la promoción de la asistencia social, prestación de servicios en ese campo y la realización de las demás acciones que establezcan las disposiciones legales aplicables. Dicho organismo promoverá la interrelación sistemática de acciones que en el campo de la asistencia social lleven a cabo las instituciones públicas.

Artículo 173. Para los efectos de esta Ley, se entiende por discapacidad a la o las deficiencias de carácter físico, mental, intelectual o sensorial, ya sea permanente o temporal que por razón congénita o adquirida, presenta una persona, que al interactuar con las barreras que le impone el entorno social, pueda impedir su inclusión plena y efectiva, en igualdad de condiciones con los demás.

Artículo reformado DOF 08-04-2013

Artículo 174. La atención en materia de prevención de la discapacidad y rehabilitación de las personas con discapacidad comprende:

Párrafo reformado DOF 08-04-2013

I. La investigación de las causas de la discapacidad y de los factores que la condicionan;

Fracción reformada DOF 08-04-2013

II. La promoción de la participación de la comunidad en la prevención y control de las causas y factores condicionantes de la discapacidad;

Fracción reformada DOF 08-04-2013

III. La identificación temprana y la atención oportuna de procesos físicos, mentales y sociales que puedan causar discapacidad;

Fracción reformada DOF 08-04-2013

IV. La orientación educativa en materia de rehabilitación a la colectividad en general, y en particular a las familias que cuenten con alguna persona con discapacidad, promoviendo al efecto la solidaridad social;

Fracción reformada DOF 08-04-2013

V. La atención integral de las personas con discapacidad, incluyendo la adaptación de las prótesis, órtesis y ayudas funcionales que requieran;

Fracción reformada DOF 08-04-2013

VI. La promoción para adecuar facilidades urbanísticas y arquitectónicas a las necesidades de las personas con discapacidad, y

Fracción reformada DOF 08-04-2013

VII. La promoción de la educación y la capacitación para el trabajo, así como la promoción del empleo de las personas en proceso de rehabilitación.

Artículo 175. La Secretaría de Salud establecerá las normas oficiales mexicanas de carácter nacional en materia de prevención de la discapacidad y rehabilitación de las personas con discapacidad, y coordinará, supervisará y evaluará su cumplimiento por parte de las instituciones públicas, sociales privadas que persigan estos fines.

Artículo reformado DOF 27-05-1987, 07-05-1997, 08-04-2013

Artículo 176. Los servicios de rehabilitación que proporcionen los establecimientos del sector salud estarán vinculados sistemáticamente a los de rehabilitación y asistencia social que preste el organismo a que se refiere el artículo 172.

Artículo 177. La Secretaría de Salud a través del organismo a que alude el Artículo 172 de esta Ley, y los gobiernos de las entidades federativas, coordinadamente y en sus respectivos ámbitos de competencia, promoverán el establecimiento de centros y servicios de rehabilitación somática, psicológica, social y ocupacional para las personas que cuenten con cualquier tipo de discapacidad, así como acciones que faciliten la disponibilidad y adaptación de prótesis, órtesis y ayudas funcionales.

Artículo reformado DOF 27-05-1987, 08-04-2013

Artículo 178. El Organismo del Gobierno Federal previsto en el Artículo 172, tendrá entre sus objetivos operar establecimientos de rehabilitación, realizar estudios e investigaciones en materia de discapacidad y participar en programas de rehabilitación y educación especial.

Artículo reformado DOF 08-04-2013

Artículo 179. Las autoridades sanitarias y las educativas, en el ámbito de sus respectivas competencias, colaborarán para proporcionar atención rehabilitatoria, cuando así se requiera.

Articulo 180. La Secretaría de Salud y los gobiernos de las entidades federativas, en coordinación con otras instituciones públicas, promoverán que en los lugares en que se presten servicios públicos, se dispongan facilidades para las personas con discapacidad.

Artículo reformado DOF 27-05-1987, 08-04-2013

TÍTULO DÉCIMO
ACCIÓN EXTRAORDINARIA EN MATERIA DE SALUBRIDAD GENERAL

CAPÍTULO ÚNICO

Artículo 181. En caso de epidemia de carácter grave, peligro de invasión de enfermedades transmisibles, situaciones de emergencia o catástrofe que afecten al país, la Secretaría de Salud dictará inmediatamente las medidas indispensables para prevenir y combatir los daños a la salud, a reserva de que tales medidas sean después sancionadas por el Presidente de la República.

Artículo reformado DOF 27-05-1987

Artículo 182. En caso de emergencia causada por deterioro súbito del ambiente que ponga en peligro inminente a la población, la Secretaría de Salud adoptará las medidas de prevención y control indispensable para la protección de la salud; sin perjuicio de la intervención que corresponda al Consejo de Salubridad General y a la Secretaría de Medio Ambiente y Recursos Naturales.

Artículo reformado DOF 27-05-1987, 09-04-2012

Artículo 183. En los casos que se refieren los artículos anteriores, el Ejecutivo Federal podrá declarar, mediante decreto, la región o regiones amenazadas que quedan sujetas, durante el tiempo necesario, a la acción extraordinaria en materia de salubridad general.

Cuando hubieren desaparecido las causas que hayan originado la declaración de quedar sujeta una región a la acción extraordinaria en materia de salubridad general, el Ejecutivo Federal expedirá un decreto que declare terminada dicha acción.

Artículo 184. La acción extraordinaria en materia de salubridad general será ejercida por la Secretaría de Salud, la que deberá integrar y mantener permanentemente capacitadas y actualizadas brigadas especiales que actuarán bajo su dirección y responsabilidad y tendrán las atribuciones siguientes:

Párrafo reformado DOF 27-05-1987, 05-01-2009

I. Encomendar a las autoridades federales, estatales y municipales, así como a los profesionales, técnicos y auxiliares de las disciplinas para la salud, el desempeño de las actividades que estime necesarias y obtener para ese fin la participación de los particulares;

II. Dictar medidas sanitarias relacionadas con reuniones de personas, entrada y salida de ellas en las poblaciones y con los regímenes higiénicos especiales que deban implantarse, según el caso;

III. Regular el tránsito terrestre, marítimo y aéreo, así como disponer libremente de todos los medios de transporte de propiedad del estado y de servicio público, cualquiera que sea el régimen legal a que estén sujetos éstos últimos:

IV. Utilizar libre y prioritariamente los servicios telefónicos, telegráficos y de correos, así como las transmisiones de radio y televisión, y

V. Las demás que determine la propia Secretaría.

TÍTULO DÉCIMO PRIMERO
PROGRAMAS CONTRA LAS ADICCIONES

CAPÍTULO I
CONSEJO NACIONAL CONTRA LAS ADICCIONES

Se deroga

Capítulo adicionado DOF 27-05-1987. Derogado DOF 16-05-2022

Artículo 184 Bis. Se deroga

Artículo adicionado DOF 27-05-1987. Reformado DOF 20-04-2015. Derogado DOF 16-05-2022

CAPÍTULO II
PROGRAMA PARA LA PREVENCIÓN, REDUCCIÓN Y TRATAMIENTO DEL USO NOCIVO DEL ALCOHOL, LA ATENCIÓN DEL ALCOHOLISMO Y LA PREVENCIÓN DE ENFERMEDADES DERIVADAS DEL MISMO

Capítulo recorrido (antes Capítulo I) DOF 27-05-1987.
Denominación del Capítulo reformada DOF 20-04-2015

Artículo 185. La Secretaría de Salud, los gobiernos de las entidades federativas y el Consejo de Salubridad General, en el ámbito de sus respectivas competencias, se coordinarán para la ejecución del programa para la prevención, reducción y tratamiento del uso nocivo del alcohol, la atención del alcoholismo y la prevención de enfermedades derivadas del mismo que comprenderá, entre otras, las siguientes acciones:

Párrafo reformado DOF 27-05-1987, 20-04-2015

I. La prevención y el tratamiento del alcoholismo y, en su caso, la rehabilitación de los alcohólicos;

II. La educación sobre los efectos del alcohol en la salud y en las relaciones sociales, dirigida especialmente a menores de edad y grupos vulnerables, a través de métodos individuales, sociales o de comunicación masiva;

Fracción reformada DOF 20-04-2015

III. El fomento de actividades cívicas, deportivas y culturales que coadyuven en la lucha contra el alcoholismo, especialmente en zonas rurales y en los grupos de población considerados de alto riesgo;

Fracción reformada DOF 20-04-2015

IV. La promoción de los servicios de prevención, detección temprana, orientación, atención, derivación y tratamiento a personas y grupos con uso nocivo del alcohol; y

Fracción adicionada DOF 20-04-2015

V. El fomento de la protección de la salud considerando la educación, promoción de actitudes, factores de protección, habilidades y conductas que favorezcan estilos de vida activa y saludable en los individuos, la familia, la escuela, el trabajo y la comunidad.

Fracción adicionada DOF 20-04-2015

Artículo 185 Bis. Para efectos de esta Ley, se entenderá por uso nocivo del alcohol:

I. El consumo de bebidas alcohólicas en cualquier cantidad por menores de edad;

II. El consumo en exceso de bebidas alcohólicas por mujeres embarazadas;

III. El consumo en cualquier cantidad de alcohol en personas que van a manejar vehículos de transporte público de pasajeros, así como automotores, maquinaria o que se van a desempeñar en tareas que requieren habilidades y destrezas, especialmente las asociadas con el cuidado de la salud o la integridad de terceros;

IV. El consumo de alcohol en exceso, definido por la Secretaría de Salud en el programa para la prevención, reducción y tratamiento del uso nocivo del alcohol, la atención del alcoholismo y la prevención de enfermedades derivadas del mismo;

V. El consumo en personas con alguna enfermedad crónica como hipertensión, diabetes, enfermedades hepáticas, cáncer y otras, siempre y cuando haya sido indicado por prescripción médica, y

VI. Aquel que sea determinado por la Secretaría de Salud.

Artículo adicionado DOF 20-04-2015

Artículo 185 Bis 1. Las acciones que se desarrollen en la ejecución del programa para la prevención, reducción y tratamiento del uso nocivo del alcohol, la atención del alcoholismo y la prevención de enfermedades derivadas del mismo tendrán las siguientes finalidades:

I. Proteger la salud y el bienestar de la población frente al uso nocivo del alcohol y prevenir los riesgos a la salud que éste genera;

II. Promover medidas para evitar el consumo de bebidas alcohólicas por menores de edad o por personas incapaces, en términos del Código Civil Federal;

III. Promover la detección temprana, la atención oportuna y el tratamiento efectivo en los casos de uso nocivo del alcohol y de su dependencia;

IV. Fomentar las acciones de promoción y de educación para conservar y proteger la salud, así como la difusión de la información sobre daños, riesgos y costos atribuibles al uso nocivo del alcohol, con base en evidencia científica;

V. Fomentar el establecimiento de medidas para prevenir el uso nocivo del alcohol en grupos vulnerables; y

VI. Establecer los lineamientos generales para el diseño y evaluación de programas y políticas públicas contra el uso nocivo del alcohol, basadas en evidencia y en experiencia aplicada.

Artículo adicionado DOF 20-04-2015

Artículo 185 Bis 2. Para la ejecución del Programa para la prevención, reducción y tratamiento del uso nocivo del alcohol, la atención del alcoholismo y la prevención de enfermedades derivadas del mismo, la Secretaría de Salud promoverá que en los establecimientos públicos, privados y sociales del Sistema Nacional de Salud, en los que se presten servicios de prevención y atención contra el uso nocivo del alcohol, se realicen las siguientes acciones:

I. La promoción de la salud y de estilos de vida activa y saludable, para prevenir y combatir el uso nocivo del alcohol;

II. La prevención, detección temprana, diagnóstico oportuno, derivación, tratamiento efectivo y rehabilitación del individuo, a causa del uso nocivo del alcohol y de los padecimientos originados por él, evitando toda forma de estigmatización y discriminación;

III. El fomento de la creación de redes de apoyo de la sociedad civil, para miembros de la familia y otros miembros de la comunidad que pudieran resultar afectados directa o indirectamente por dicho uso nocivo;

IV. La educación que promueva el conocimiento sobre los efectos del uso nocivo del alcohol en la salud y en las relaciones sociales, dirigida a la población en general, especialmente a la familia, niñas, niños, adolescentes, jóvenes, mujeres embarazadas, pueblos y comunidades indígenas y afromexicanas y otros grupos vulnerables;

Fracción reformada DOF 01-04-2024

V. El establecimiento de un sistema de monitoreo interno y un programa de seguimiento y evaluación de metas y logros internos del Programa para la prevención y reducción del uso nocivo del alcohol que incluya al menos el uso nocivo del alcohol, las conductas relacionadas al uso nocivo del alcohol y su impacto en la salud; y

VI. El fomento a la aplicación de intervenciones breves; de servicios de cesación y otras opciones terapéuticas que ayuden a dejar de beber alcohol en forma nociva, combinadas con consejería, grupos de ayuda mutua y apoyo terapéutico a familiares.

Artículo adicionado DOF 20-04-2015

Artículo 186. La Secretaría de Salud fomentará las actividades de investigación que permitan obtener la información que oriente las acciones contra el alcoholismo y el uso nocivo del alcohol, en los siguientes aspectos:

Párrafo reformado DOF 20-04-2015

I. Causas del alcoholismo y acciones para controlarlas.

II. Efectos de la publicidad en la incidencia del alcoholismo y en los problemas relacionados con el consumo de bebidas alcohólicas;

III. Hábitos de consumo de alcohol en los diferentes grupos de población y

IV. Efectos del abuso de bebidas alcohólicas en los ámbitos familiar social, deportivo, de los espectáculos, laboral y educativo.

Artículo 186 Bis. Para poner en práctica las acciones del programa para la prevención, reducción y tratamiento del uso nocivo del alcohol, la atención del alcoholismo y la prevención de enfermedades derivadas del mismo, se tendrán en cuenta los siguientes aspectos:

I. El uso de la evidencia científica acumulada a nivel internacional y nacional y la generación del conocimiento sobre las causas y las consecuencias del uso nocivo del alcohol, intervenciones efectivas y evaluación de programas o estrategias;

II. La vulnerabilidad de los diferentes grupos de población, por género, edad y etnicidad; y

III. La vigilancia e intercambio de información y cumplimiento de normas y acuerdos entre los sectores y niveles de gobierno involucrados.

Artículo adicionado DOF 20-04-2015

Artículo 187. En el marco del Sistema Nacional de Salud, la Secretaría de Salud coordinará las acciones que se desarrollen contra el alcoholismo y el abuso de bebidas alcohólicas. La coordinación en la adopción de medidas, en los ámbitos federal y local, se llevará a cabo a través de los acuerdos de coordinación que celebre la Secretaría de Salud con los gobiernos de las entidades federativas.

Artículo reformado DOF 27-05-1987

CAPÍTULO II BIS
PROTECCIÓN DE LA SALUD DE TERCEROS Y DE LA SOCIEDAD FRENTE AL USO NOCIVO DEL ALCOHOL

Capítulo adicionado DOF 20-04-2015

Artículo 187 Bis. Son facultades de la Secretaría de Salud en el marco de la protección de la salud de terceros y de la sociedad frente al uso nocivo del alcohol:

I. Establecer los límites de alcohol en sangre y en aire expirado para conducir vehículos automotores, los cuales deberán ser tomados en cuenta por las autoridades federales y por las de las entidades federativas, en sus respectivos ámbitos de competencia. Tratándose de vehículos que presten un servicio público, personas que hagan uso de mecanismos, instrumentos, aparatos o substancias peligrosas por sí mismos, por la velocidad que desarrollen, por su naturaleza explosiva o inflamable, por la energía de la corriente eléctrica que conduzcan o por otras causas análogas, así como los profesionales, técnicos y auxiliares de la salud que participen en la atención médico-quirúrgica de un usuario, los límites de alcohol en sangre y aire expirado serán cero;

II. Promover la participación de la sociedad civil en la ejecución del programa para la prevención, reducción y tratamiento del uso nocivo del alcohol, la atención del alcoholismo y la prevención de enfermedades derivadas del mismo, con base en las disposiciones que para tales efectos establezca la Secretaría de Salud;

III. Proponer al Ejecutivo Federal las políticas públicas y fiscales para la prevención y disminución del uso nocivo del alcohol; y

IV. Promover ante las autoridades competentes federales y de las entidades federativas, la implementación de medidas y acciones que favorezcan la disminución del uso nocivo del alcohol y de los efectos de éste en terceros, tales como:

a) Limitar los horarios para consumo del alcohol, y

b) Otras que sirvan o prevengan los fines a que se refiere este artículo.

Artículo adicionado DOF 20-04-2015

Artículo 187 Bis 1. Para el tratamiento de enfermedades derivadas del alcoholismo, las dependencias y entidades de la administración pública en materia de salubridad general, tanto federales como locales, fomentarán la creación de centros especializados en tratamiento, atención y rehabilitación, con base en sistemas modernos de tratamiento y rehabilitación, fundamentados en el respeto a la integridad y a la libre decisión de la persona que padece alguna enfermedad derivada del alcoholismo.

Los centros especializados en tratamiento, atención y rehabilitación deberán:

I. Crear un padrón de instituciones y organismos públicos y privados que realicen actividades de prevención, tratamiento, atención y reinserción social en materia de alcoholismo, que contenga las características de atención, condiciones y requisitos para acceder a los servicios que ofrecen; y

II. Celebrar convenios de colaboración con instituciones nacionales e internacionales de los sectores social y privado, y con personas físicas que se dediquen a la prevención, tratamiento, atención y reinserción social en materia de alcoholismo, con el fin de que quienes requieran de asistencia, puedan, conforme a sus necesidades, características, posibilidades económicas, acceder a los servicios que todas estas instituciones o personas físicas ofrecen.

La ubicación de los centros, se basará en estudios epidemiológicos de las enfermedades derivadas del alcoholismo en cada región del país.

Artículo adicionado DOF 20-04-2015

CAPÍTULO III
PROGRAMA CONTRA EL TABAQUISMO

Capítulo recorrido (antes Capítulo II) DOF 27-05-1987

Artículo 188. Se deroga.

Artículo reformado DOF 27-05-1987, 31-05-2000. Derogado DOF 30-05-2008

Artículo 189. Se deroga.

Artículo derogado DOF 30-05-2008

Artículo 190. Se deroga.

Artículo reformado DOF 27-05-1987. Derogado DOF 30-05-2008

CAPÍTULO IV
PROGRAMA CONTRA LA FARMACODEPENDENCIA

Capítulo recorrido (antes Capítulo III) DOF 27-05-1987

Artículo 191. La Secretaría de Salud y el Consejo de Salubridad General, en el ámbito de sus respectivas competencias, se coordinarán para la ejecución del programa contra la famacodependencia, a través de las siguientes acciones:

Párrafo reformado DOF 27-05-1987

I. La prevención y el tratamiento de la farmacodependencia y, en su caso, la rehabilitación de los farmacodependientes;

II. La educación sobre los efectos del uso de estupefacientes, substancias psicotrópicas y otras susceptibles de producir dependencia, así como sus consecuencias en las relaciones sociales y;

III. La educación e instrucción a la familia y a la comunidad sobre la forma de reconocer los síntomas de la farmacodependencia y adoptar las medidas oportunas para su prevención y tratamiento.

La información que reciba la población deberá estar basada en estudios científicos y alertar de manera clara sobre los efectos y daños físicos y psicológicos del consumo de estupefacientes y psicotrópicos.

Párrafo adicionado DOF 20-08-2009

Artículo 192. La Secretaría de Salud elaborará un programa nacional para la prevención y tratamiento de la farmacodependencia, y lo ejecutará en coordinación con dependencias y entidades del sector salud y con los gobiernos de las entidades federativas.

Este programa establecerá los procedimientos y criterios para la prevención, tratamiento y control de las adicciones y será de observancia obligatoria para los prestadores de servicios de salud del Sistema Nacional de Salud en todo el territorio nacional y en los establecimientos de los sectores público, privado y social que realicen actividades preventivas, de tratamiento y de control de las adicciones y la farmacodependencia.

Las campañas de información y sensibilización que reciba la población deberán estar basadas en estudios científicos y alertar de manera adecuada sobre los efectos y daños físicos y psicológicos del consumo de estupefacientes y psicotrópicos.

De conformidad con los términos establecidos por el programa nacional para la prevención y tratamiento de la farmacodependencia, los gobiernos de las entidades federativas serán responsables de:

I. Promover y llevar a cabo campañas permanentes de información y orientación al público, para la prevención de daños a la salud provocados por el consumo de estupefacientes y psicotrópicos; y

II. Proporcionar información y brindar la atención médica y los tratamientos que se requieran a las personas que consuman estupefacientes y psicotrópicos.

Artículo reformado DOF 27-05-1987, 20-08-2009

Artículo 192 bis. Para los efectos del programa nacional se entiende por:

I. Farmacodependiente: Toda persona que presenta algún signo o síntoma de dependencia a estupefacientes o psicotrópicos;

II. Consumidor: Toda persona que consume o utilice estupefacientes o psicotrópicos y que no presente signos ni síntomas de dependencia;

III. Farmacodependiente en recuperación: Toda persona que está en tratamiento para dejar de utilizar narcóticos y está en un proceso de superación de la farmacodependencia;

IV. Atención médica: Al conjunto de servicios que se proporcionan al individuo, con el fin de proteger, promover y restaurar su salud;

V. Detección temprana: Corresponde a una estrategia de prevención secundaria que tiene como propósito identificar en una fase inicial el consumo de narcóticos a fin de aplicar medidas terapéuticas de carácter médico, psicológico y social lo más temprano posible;

VI. Prevención: El conjunto de acciones dirigidas a evitar o reducir el consumo de narcóticos, a disminuir situaciones de riesgo y limitar los daños asociados al consumo de dichas sustancias;

VII. Tratamiento: El conjunto de acciones que tienen por objeto conseguir la abstinencia o, en su caso, la reducción del consumo de narcóticos, reducir los riesgos y daños que implican el uso y abuso de dichas sustancias, abatir los padecimientos asociados al consumo, e incrementar el grado de bienestar físico, mental y social, tanto del que usa, abusa o depende de esas sustancias, como de su familia;

VIII. Investigación en materia de farmacodependencia: Tiene por objeto determinar las características y tendencias del problema, así como su magnitud e impacto en lo individual, familiar y colectivo; construyendo las bases científicas para la construcción de políticas públicas y los tratamientos adecuados para los diversos tipos y niveles de adicción; respetando los derechos humanos y su integridad, y

IX. Suspensión de la farmacodependencia: Proceso mediante el cual el farmacodependiente participa en la superación de su farmacodependencia con el apoyo del entorno comunitario en la identificación y solución de problemas comunes que provocaron la farmacodependencia.

Artículo adicionado DOF 20-08-2009

Artículo 192 Ter. En materia de prevención se ofrecerá a la población un modelo de intervención temprana que considere desde la prevención y promoción de una vida saludable, hasta el tratamiento ambulatorio de calidad, de la farmacodependencia, el programa nacional fortalecerá la responsabilidad del Estado, principalmente de la Secretaría de Salud, ofreciendo una visión integral y objetiva del problema para:

I. Desarrollar campañas de educación para prevención de adicciones, con base en esquemas novedosos y creativos de comunicación que permitan la producción y difusión de mensajes de alto impacto social, con el fin de reforzar los conocimientos de daños y riesgos de la farmacodependencia, especialmente dirigirá sus esfuerzos hacia los sectores más vulnerables, a través de centros de educación básica;

II. Coordinar y promover con los sectores público, privado y social, las acciones para prevenir la farmacodependencia, con base en la información y en el desarrollo de habilidades para proteger, promover, restaurar, cuidar la salud individual, familiar, laboral, escolar y colectiva;

III. Proporcionar atención integral a grupos de alto riesgo en los que se ha demostrado, a través de diversas investigaciones y estudios, que, por sus características biopsicosociales, tienen mayor probabilidad de uso, abuso o dependencia a narcóticos, y

IV. Realizar las acciones de prevención necesarias con base en la percepción de riesgo de consumo de sustancias en general, la sustancia psicoactiva de uso; las características de los individuos; los patrones de consumo; los problemas asociados a las drogas; así como los aspectos culturales y las tradiciones de los distintos grupos sociales.

Artículo adicionado DOF 20-08-2009

Artículo 192 Quáter. Para el tratamiento de los farmacodependientes, las dependencias y entidades de la administración pública en materia de salubridad general, tanto federales como locales, deberán crear centros especializados en tratamiento, atención, y rehabilitación, con base en sistemas modernos de tratamiento y rehabilitación, fundamentados en el respeto a la integridad y a la libre decisión del farmacodependiente.

La ubicación de los centros se basará en estudios rigurosos del impacto de las adicciones en cada región del país y deberá:

I. Crear un padrón de instituciones y organismos públicos y privados que realicen actividades de prevención, tratamiento, atención y reinserción social en materia de farmacodependencia, que contenga las características de atención, condiciones y requisitos para acceder a los servicios que ofrecen, y

II. Celebrar convenios de colaboración con instituciones nacionales e internacionales de los sectores social y privado, y con personas físicas que se dediquen a la prevención, tratamiento, atención y reinserción social en materia de farmacodependencia, con el fin de que quienes requieran de asistencia, puedan, conforme a sus necesidades, características, posibilidades económicas, acceder a los servicios que todas estas instituciones o personas físicas ofrecen.

Artículo adicionado DOF 20-08-2009

Artículo 192 Quintus. La Secretaría de Salud realizará procesos de investigación en materia de farmacodependencia para:

I. Determinar las características y tendencias del problema, así como su magnitud e impacto en lo individual, familiar y colectivo;

II. Contar con una base científica que permita diseñar e instrumentar políticas públicas eficaces en materia de farmacodependencia;

III. Evaluar el impacto de los programas preventivos, así como de tratamiento y rehabilitación, estableciendo el nivel de costo-efectividad de las acciones;

IV. Identificar grupos y factores de riesgo y orientar la toma de decisiones;

V. Desarrollar estrategias de investigación y monitoreo que permitan conocer suficientemente, las características de la demanda de atención para problemas derivados del consumo de sustancias psicoactivas, la disponibilidad de recursos para su atención y la manera como éstos se organizan, así como los resultados que se obtienen de las intervenciones;

VI. Realizar convenios de colaboración a nivel internacional que permita fortalecer el intercambio de experiencias novedosas y efectivas en la prevención y tratamiento, así como el conocimiento y avances sobre la materia, y

VII. En toda investigación en que el ser humano sea sujeto de estudio, deberá prevalecer el criterio del respeto a su dignidad, la protección de sus derechos y su bienestar.

En el diseño y desarrollo de este tipo de investigaciones se debe obtener el consentimiento informado y por escrito de la persona y, en su caso, del familiar más cercano en vínculo, o representante legal, según sea el caso, a quienes deberán proporcionárseles todos los elementos para decidir su participación.

Artículo adicionado DOF 20-08-2009

Artículo 192 Sextus. El proceso de superación de la farmacodependencia debe:

I. Fomentar la participación comunitaria y familiar en la prevención y tratamiento, en coordinación con las autoridades locales, y las instituciones públicas o privadas, involucradas en los mismos, para la planeación, programación, ejecución y evaluación de los programas y acciones;

II. Fortalecer la responsabilidad social, la autogestión y el auto cuidado de la salud, fomentando la conformación de estilos de vida y entornos saludables que permitan desarrollar el potencial de cada persona, propiciando condiciones que eleven la calidad de vida de las familias y de las comunidades;

III. Reconocer a las comunidades terapéuticas, para la rehabilitación de farmacodependientes, en la que sin necesidad de internamiento, se pueda hacer posible la reinserción social, a través del apoyo mutuo, y

IV. Reconocer la importancia de los diversos grupos de ayuda mutua, que ofrecen servicios gratuitos en apoyo a los farmacodependientes en recuperación, con base en experiencias vivenciales compartidas entre los miembros del grupo, para lograr la abstinencia en el uso de narcóticos.

Artículo adicionado DOF 20-08-2009

Artículo 193. Los profesionales de la salud, al prescribir medicamentos que contengan substancias que puedan producir dependencia, se atendrán a lo previsto en los Capítulos V y VI del Título Décimosegundo de esta Ley, en lo relativo a prescripción de estupefacientes y substancias psicotrópicas.

Artículo 193 Bis. Cuando el centro o institución reciba reporte del no ejercicio de la acción penal, en términos del artículo 478 de esta Ley, las autoridades de salud deberán citar al farmacodependiente o consumidor, a efecto de proporcionarle orientación y conminarlo a tomar parte en los programas contra la farmacodependencia o en aquellos preventivos de la misma.

Al tercer reporte del Ministerio Público el tratamiento del farmacodependiente será obligatorio.

Artículo adicionado DOF 20-08-2009

TÍTULO DÉCIMO SEGUNDO
CONTROL SANITARIO DE PRODUCTOS Y SERVICIOS DE SU IMPORTACIÓN Y EXPORTACIÓN

CAPÍTULO I
DISPOSICIONES COMUNES

Artículo 194. Para efectos de este Título, se entiende por control sanitario, el conjunto de acciones de orientación, educación, muestreo, verificación y, en su caso, aplicación de medidas de seguridad y sanciones, que ejerce la Secretaría de Salud con la participación de las personas productoras, comercializadoras y consumidoras, con base en lo que establecen las normas oficiales mexicanas y otras disposiciones aplicables.

Párrafo reformado DOF 07-05-1997, 15-01-2026

El ejercicio del control sanitario será aplicable al:

I. Proceso, importación y exportación de alimentos, bebidas no alcohólicas, bebidas alcohólicas, suplementos alimenticios, productos cosméticos, productos de aseo, tabaco, así como de las materias primas y, en su caso, aditivos que intervengan en su elaboración o cualquier otro producto de uso o consumo humano que represente un riesgo sanitario para la población;

Fracción reformada DOF 07-06-2011, 15-01-2026

II. Proceso, uso, mantenimiento, importación, exportación y disposición final de dispositivos médicos, y

Fracción reformada DOF 10-05-2023

III. Proceso, uso, importación, exportación, aplicación y disposición final de plaguicidas, nutrientes vegetales y substancias tóxicas o peligrosas para la salud, así como de las materias primas que intervengan en su elaboración.

Fracción reformada DOF 07-05-1997

El control sanitario del proceso, importación y exportación de medicamentos, estupefacientes y substancias psicotrópicas y las materias primas que intervengan en su elaboración, compete en forma exclusiva a la Secretaría de Salud, en función del potencial de riesgo para la salud que estos productos representan.

Artículo reformado DOF 27-05-1987, 14-06-1991

Artículo 194 Bis. Para los efectos de esta ley se consideran insumos para la salud: Los medicamentos, substancias psicotrópicas, estupefacientes y las materias primas y aditivos que intervengan para su elaboración; así como los dispositivos médicos.

Artículo adicionado DOF 14-06-1991. Reformado DOF 10-05-2023

Artículo 195. La Secretaría de Salud emitirá las normas oficiales mexicanas a que deberá sujetarse el proceso y las especificaciones de los productos a que se refiere este Título. Los medicamentos, dispositivos médicos y demás insumos para la salud estarán normados por la Farmacopea de los Estados Unidos Mexicanos.

Párrafo reformado DOF 10-05-2023

La Secretaría de Salud mantendrá permanentemente actualizada la Farmacopea de los Estados Unidos Mexicanos, para lo cual contará con un órgano técnico asesor que será la Comisión Permanente de la Farmacopea de los Estados Unidos Mexicanos. Dicho órgano asesor, mediante acuerdos de colaboración que celebre con la Secretaría de Salud, a través de la Comisión Federal para la Protección contra Riesgos Sanitarios, elaborará, publicará y difundirá la Farmacopea de los Estados Unidos Mexicanos.

Artículo reformado DOF 27-05-1987, 14-06-1991, 07-05-1997, 14-02-2006

Artículo 196. (Se deroga)

Artículo reformado DOF 27-05-1987. Derogado DOF 07-05-1997

Artículo 197. Para los efectos de esta Ley, se entiende por proceso el conjunto de actividades relativas a la obtención, elaboración, fabricación, preparación, conservación, mezclado, acondicionamiento, envasado, manipulación, transporte, distribución, almacenamiento y expendio o suministro al público de los productos a que se refiere el artículo 194 de esta Ley.

La Secretaría ejercerá las facultades relacionadas con el conjunto de actividades que en el ejercicio de su desempeño desarrollan los establecimientos dedicados al sacrificio de animales y procesamiento de bienes de origen animal para consumo humano, sin perjuicio de las atribuciones que correspondan a la Secretaría de Agricultura y Desarrollo Rural, conforme a lo dispuesto por la Ley Federal de Sanidad Animal.

Párrafo adicionado DOF 07-06-2012. Reformado DOF 29-05-2023

Artículo reformado DOF 27-05-1987

Artículo 198. Requieren autorización sanitaria los establecimientos dedicados a:

Párrafo reformado DOF 24-01-2013

I. El proceso de los medicamentos que contengan estupefacientes y psicotrópicos; vacunas; toxoides; sueros y antitoxinas de origen animal, y hemoderivados;

II. La elaboración, fabricación o preparación de medicamentos, plaguicidas, nutrientes vegetales o sustancias tóxicas o peligrosas;

III. La aplicación de plaguicidas;

IV. La utilización de fuentes de radiación para fines médicos o de diagnóstico, y

V. Los establecimientos en que se practiquen actos quirúrgicos u obstétricos y los que presten servicios de hemodiálisis.

Fracción reformada DOF 21-06-2018

VI. Centros de mezcla para la preparación de mezclas parenterales nutricionales y medicamentosas.

Fracción adicionada DOF 18-12-2007

La solicitud de autorización sanitaria deberá presentarse ante la autoridad sanitaria, previamente al inicio de sus actividades.

Cuando así se determine por acuerdo del Secretario, los establecimientos en que se realice el proceso de los productos a que se refiere el artículo 194 de esta ley y su transporte deberán sujetarse a las normas de funcionamiento y seguridad que al respecto se emitan.

Artículo reformado DOF 27-05-1987, 14-06-1991, 07-05-1997

Artículo 199. Corresponde a los Gobiernos de las Entidades Federativas ejercer la verificación y control sanitario de los establecimientos que expendan o suministren al público alimentos y bebidas no alcohólicas y alcohólicas, en estado natural, mezclados, preparados, adicionados o acondicionados, para su consumo dentro o fuera del mismo establecimiento, basándose en las normas oficiales mexicanas que al efecto se emitan.

Artículo reformado DOF 27-05-1987, 14-06-1991, 07-05-1997

Artículo 199 Bis. Las instituciones que tengan por objeto recibir la donación de alimentos y el suministro o distribución de los mismos con la finalidad de satisfacer las necesidades de nutrición y alimentación de los sectores más desprotegidos del país, quedan sujetas a control sanitario y, además de cumplir con lo establecido en esta Ley y demás disposiciones aplicables, deberán:

I. Tener establecimientos que reúnan las condiciones sanitarias adecuadas para el manejo de alimentos;

II. Contar con personal capacitado y equipo para la conservación, análisis bacteriológico, manejo y transporte higiénico de alimentos;

III. Realizar la distribución de los alimentos oportunamente, a fin de evitar su contaminación, alteración o descomposición, y

IV. Adoptar las medidas de control sanitario, que en su caso, les señale la autoridad.

Se considerará responsable exclusivo del suministro de alimentos que por alguna circunstancia se encuentren en estado de descomposición y que por esta razón causen un daño a la salud, a la persona o institución que hubiere efectuado su distribución.

Artículo adicionado DOF 05-01-2001

Artículo 200. La Secretaría de Salud determinará, con base en los riesgos que representen para la salud, los establecimientos a que se refiere el artículo 198 de la Ley, que requieren para su funcionamiento:

Párrafo reformado DOF 07-05-1997

I. Contar, en su caso, con un responsable que reúna los requisitos que se establecen en esta ley y en los reglamentos respectivos;

II. (Se deroga).

Fracción derogada DOF 07-05-1997

III. Utilizar la última edición de la Farmacopea de los Estados Unidos Mexicanos y sus suplementos, mismos que serán elaborados y actualizados por la Secretaría de Salud.

Artículo reformado DOF 27-05-1987, 14-06-1991

Artículo 200 Bis. Deberán dar aviso de funcionamiento los establecimientos que no requieran de autorización sanitaria y que, mediante acuerdo, determine la Secretaría de Salud.

El acuerdo a que se refiere el párrafo anterior clasificará a los establecimientos en función de la actividad que realicen y se publicará en el Diario Oficial de la Federación.

El aviso a que se refiere este artículo deberá presentarse por escrito a la Secretaría de Salud o a los gobiernos de las entidades federativas, por lo menos treinta días anteriores a aquel en que se pretendan iniciar operaciones y contendrá los siguientes datos:

Párrafo reformado DOF 03-06-2014

I. Nombre y domicilio de la persona física o moral propietaria del establecimiento;

II. Domicilio del establecimiento donde se realiza el proceso y fecha de inicio de operaciones;

III. Procesos utilizados y línea o líneas de productos;

IV. Declaración, bajo protesta de decir verdad, de que se cumplen los requisitos y las disposiciones aplicables al establecimiento;

V. Clave de la actividad del establecimiento, y

VI. Número de cédula profesional, en su caso, de responsable sanitario.

Artículo adicionado DOF 14-06-1991. Fe de erratas DOF 12-07-1991. Reformado DOF 07-05-1997

Artículo 201. La Secretaría de Salud, determinará los tipos de establecimientos dedicados al proceso de los productos a que se refiere este Título, que deberán efectuar su control interno con base en las normas oficiales mexicanas o las disposiciones aplicables que al efecto se expidan.

Artículo reformado DOF 27-05-1987, 14-06-1991, 07-05-1997, 14-02-2006

Artículo 202. Todo cambio de propietario de un establecimiento, de razón social o denominación, de domicilio, cesión de derechos de productos, la fabricación de nuevas líneas de productos o, en su caso, la suspensión de actividades, trabajos o servicios, deberá ser comunicado a la autoridad sanitaria competente en un plazo no mayor de treinta días hábiles a partir de la fecha en que se hubiese realizado, sujetándose al cumplimiento de las disposiciones que al efecto se emitan.

Artículo reformado DOF 27-05-1987, 14-06-1991, 07-05-1997

Artículo 203. El titular de la autorización de un producto podrá permitir que éste sea elaborado en todo o en parte, por cualquier fabricante, cuando se cumpla con los requisitos establecidos al efecto en esta ley y demás disposiciones aplicables. En este caso el titular de la autorización deberá dar aviso por escrito a la Secretaría de Salud, dentro de los quince días siguientes al inicio del proceso de fabricación externa de los productos.

Artículo reformado DOF 27-05-1987, 07-05-1997

Artículo 204. Los medicamentos, dispositivos médicos y otros insumos para la salud, los estupefacientes, substancias psicotrópicas y productos que los contengan, así como los plaguicidas, nutrientes vegetales y substancias tóxicas o peligrosas, para su venta o suministro deberán contar con autorización sanitaria, en los términos de esta ley y demás disposiciones aplicables.

Párrafo reformado DOF 10-05-2023

Las autoridades de seguridad pública de los tres órdenes de gobierno participarán en la prevención y combate a las actividades de posesión, comercio o suministro de estupefacientes y psicotrópicos cuando dichas actividades se realicen en lugares públicos, y actuarán conforme a sus atribuciones.

Párrafo adicionado DOF 20-08-2009

Artículo reformado DOF 27-05-1987, 14-06-1991, 07-05-1997

Artículo 205. El proceso de los productos a que se refiere este Título deberá realizarse en condiciones higiénicas, sin adulteración, contaminación o alteración, y de conformidad con las disposiciones de esta Ley y demás aplicables.

Artículo 206. Se considera adulterado un producto cuando:

I. Su naturaleza y composición no correspondan a aquéllas con que se etiquete, anuncie, expenda, suministre o cuando no corresponda a las especificaciones de su autorización, o

II. Haya sufrido tratamiento que disimule su alteración, se encubran defectos en su proceso o en la calidad sanitaria de las materias primas utilizadas.

Artículo 207. Se considera contaminado el producto o materia prima que contenga microorganismos, hormonas, bacteriostáticos, plaguicidas, partículas radioactivas, materia extraña, así como cualquier otra substancia en cantidades que rebasen los límites permisibles establecidos por la Secretaría de Salud.

Artículo reformado DOF 27-05-1987

Artículo 208. Se considera alterado un producto o materia prima cuando, por la acción de cualquier causa, haya sufrido modificaciones en su composición intrínseca que:

I. Reduzcan su poder nutritivo o terapéutico;

II. Lo conviertan en nocivo para la salud, o

III. Modifiquen sus características, siempre que éstas tengan repercusión en la calidad sanitaria de los mismos.

Fracción reformada DOF 07-05-1997

Artículo 208 Bis. Se considera falsificado un producto cuando se fabrique, envase o se venda haciendo referencia a una autorización que no existe; o se utilice una autorización otorgada legalmente a otro; o se imite al legalmente fabricado y registrado.

Artículo adicionado DOF 25-05-2006

Artículo 209. Para expresar las unidades de medida y peso de los productos a que se refiere este Título, se usará el Sistema Internacional de Unidades.

Artículo 210. Los productos que deben expenderse empacados o envasados llevarán etiquetas que deberán cumplir con las normas oficiales mexicanas o disposiciones aplicables, y en el caso de alimentos y bebidas no alcohólicas, éstas se emitirán a propuesta de la Secretaría de Salud, sin menoscabo de las atribuciones de otras dependencias competentes.

La Secretaría de Salud considerará los tratados y convenciones internacionales en los que el Estado Mexicano sea parte e incluyan materia de etiquetado y que se hubieren celebrado con arreglo a las disposiciones de la Constitución Política de los Estados Unidos Mexicanos.

Párrafo adicionado DOF 08-11-2019

Artículo reformado DOF 27-05-1987, 14-06-1991, 07-05-1997, 19-06-2003, 14-02-2006

Artículo 211. (Se deroga).

Artículo reformado DOF 27-05-1987. Derogado DOF 14-06-1991

Artículo 212. La naturaleza del producto, la fórmula, la composición, calidad, denominación distintiva o marca, denominación genérica y específica, información de las etiquetas y contra etiquetas, deberán corresponder a las especificaciones establecidas por la Secretaría de Salud, de conformidad con las disposiciones aplicables, y responderán exactamente a la naturaleza del producto que se consume, sin modificarse; para tal efecto se observará lo señalado en la fracción VI del artículo 115.

Párrafo reformado DOF 08-11-2019

Las etiquetas o contra etiquetas para los alimentos y bebidas no alcohólicas, deberán incluir información nutrimental de fácil comprensión, veraz, directa, sencilla y visible.

Párrafo reformado DOF 14-10-2015, 08-11-2019

Además de lo dispuesto en el párrafo anterior, el etiquetado frontal de advertencia deberá hacerse en forma separada e independiente a la declaración de ingredientes e información nutrimental, para indicar los productos que excedan los límites máximos de contenido energético, azúcares añadidos, grasas saturadas, sodio y los demás nutrimentos críticos e ingredientes que establezcan las disposiciones normativas competentes.

Párrafo adicionado DOF 08-11-2019

La Secretaría de Salud podrá ordenar la inclusión de leyendas o pictogramas cuando lo considere necesario.

Párrafo adicionado DOF 08-11-2019

En la marca o denominación de los productos, no podrán incluirse clara o veladamente indicaciones con relación a enfermedades, síndromes, signos o síntomas, ni aquellos que refieran datos anatómicos o fisiológicos.

Artículo reformado DOF 27-05-1987, 19-06-2003

Artículo 213. Los envases y embalajes de los productos a que se refiere este título deberán ajustarse a las especificaciones que establezcan las disposiciones aplicables.

Artículo reformado DOF 07-05-1997

Artículo 214. La Secretaría de Salud publicará en el Diario Oficial de la Federación las normas oficiales mexicanas que expida y, en caso necesario, las resoluciones sobre otorgamiento y revocación de autorizaciones sanitarias de medicamentos, estupefacientes, substancias psicotrópicas y productos que los contengan, dispositivos médicos, plaguicidas, nutrientes vegetales y substancias tóxicas o peligrosas, así como de las materias primas que se utilicen en su elaboración.

Artículo reformado DOF 27-05-1987, 14-06-1991, 07-05-1997, 10-05-2023

CAPÍTULO II
ALIMENTOS Y BEBIDAS NO ALCOHÓLICAS

Artículo 215. Para los efectos de esta Ley, se entiende por:

I. Alimento: cualquier substancia o producto, sólido o semisólido, natural o transformado, que proporcione al organismo elementos para su nutrición;

II. Bebida no alcohólica: cualquier líquido, natural o transformado, que proporcione al organismo elementos para su nutrición;

III. Materia prima: Substancia o producto, de cualquier origen, que se use en la elaboración de alimentos y bebidas no alcohólicas y alcohólicas, y

Fracción reformada DOF 27-05-1987

IV. Aditivo: Cualquier substancia permitida que, sin tener propiedades nutritivas, se incluya en la formulación de los productos y que actúe como estabilizante, conservador o modificador de sus características organolépticas, para favorecer ya sea su estabilidad, conservación, apariencia o aceptabilidad.

Fracción reformada DOF 27-05-1987

V. Suplementos alimenticios: Productos a base de hierbas, extractos vegetales, alimentos tradicionales, deshidratados o concentrados de frutas, adicionados o no, de vitaminas o minerales, que se puedan presentar en forma farmacéutica y cuya finalidad de uso sea incrementar la ingesta dietética total, complementarla o suplir alguno de sus componentes.

Fracción adicionada DOF 07-05-1997

VI. Etiquetado frontal de advertencia de alimentos y bebidas no alcohólicas: Sistema de información simplificada en el área frontal de exhibición del envase, el cual debe advertir de manera veraz, clara, rápida y simple sobre el contenido que exceda los niveles máximos de contenido energético, azúcares añadidos, grasas saturadas, grasas, sodio y los nutrimentos críticos, ingredientes y las demás que determine la Secretaría.

Fracción adicionada DOF 08-11-2019

VII. Nutrimentos críticos: Aquellos componentes de la alimentación que pueden ser un factor de riesgo de las enfermedades crónicas no transmisibles, serán determinados por la Secretaría de Salud.

Fracción adicionada DOF 08-11-2019

Artículo 216. La Secretaría de Salud, con base en la composición de los alimentos y bebidas, determinará los productos a los que puedan atribuírseles propiedades nutritivas particulares, incluyendo los que se destinen a regímenes especiales de alimentación. Cuando la misma Secretaría les reconozca propiedades terapéuticas, se considerarán como medicamentos.

Los alimentos o bebidas que se pretendan expender o suministrar al público en presentaciones que sugieran al consumidor que se trate de productos o substancias con características o propiedades terapéuticas, deberán en las etiquetas de los empaques o envases incluir la siguiente leyenda: "Este producto no es un medicamento", escrito con letra fácilmente legible y en colores contrastantes.

Párrafo reformado DOF 14-06-1991

Artículo reformado DOF 27-05-1987

Artículo 216 Bis. Los aceites y grasas comestibles, así como los alimentos y bebidas no alcohólicas, no podrán contener en su presentación para venta al público aceites parcialmente hidrogenados, conocidos como grasas trans, que hayan sido añadidos durante su proceso de elaboración industrial.

Los alimentos, bebidas no alcohólicas, aceites y grasas no podrán exceder dos partes de ácidos grasos trans de producción industrial por cada cien partes del total de ácidos grasos.

La Secretaría de Salud establecerá las bases de regulación para los ácidos grasos trans de producción industrial en los términos de este precepto.

Artículo adicionado DOF 24-03-2023

CAPÍTULO III
BEBIDAS ALCOHÓLICAS

Artículo 217. Para los efectos de esta Ley, se consideran bebidas alcohólicas aquellas que contengan alcohol etílico en una proporción de 2% y hasta 55% en volumen. Cualquiera otra que contenga una proporción mayor no podrá comercializarse como bebida.

Artículo reformado DOF 07-05-1997

Artículo 218. Toda bebida alcohólica, deberá ostentar en los envases, la leyenda: "el abuso en el consumo de este producto es nocivo para la salud", escrito con letra fácilmente legible, en colores contrastantes y sin que se invoque o se haga referencia a alguna disposición legal.

La Secretaría de Salud, en su caso, publicará en el Diario Oficial de la Federación el acuerdo mediante el cual podrán establecerse otras leyendas precautorias, así como las disposiciones para su aplicación y utilización.

Párrafo adicionado DOF 07-05-1997

Artículo 219. (Se deroga).

Artículo derogado DOF 07-05-1997

Artículo 220. En ningún caso y de ninguna forma se podrán expender o suministrar bebidas alcohólicas a menores de edad.

La violación a esta disposición será equiparable con el delito de Corrupción de Personas Menores de Dieciocho Años de Edad o de Personas que no tienen Capacidad para comprender el Significado del Hecho o de Personas que no tienen Capacidad para Resistirlo.

Párrafo adicionado DOF 04-12-2013

Artículo reformado DOF 27-05-1987

CAPÍTULO IV
MEDICAMENTOS

Artículo 221. Para los efectos de esta Ley, se entiende por:

I. Medicamentos: Toda substancia o mezcla de substancias de origen natural o sintético que tenga efecto terapéutico, preventivo o rehabilitatorio, que se presente en forma farmacéutica y se identifique como tal por su actividad farmacológica, características físicas, químicas y biológicas. Cuando un producto contenga nutrimentos, será considerado como medicamento, siempre que se trate de un preparado que contenga de manera individual o asociada: vitaminas, minerales, electrólitos, aminoácidos o ácidos grasos, en concentraciones superiores a las de los alimentos naturales y además se presente en alguna forma farmacéutica definida y la indicación de uso contemple efectos terapéuticos, preventivos o rehabilitatorios.

Fracción reformada DOF 14-06-1991

II. Fármaco: Toda substancia natural, sintética o biotecnológica que tenga alguna actividad farmacológica y que se identifique por sus propiedades físicas, químicas o acciones biológicas, que no se presente en forma farmacéutica y que reúna condiciones para ser empleada como medicamento o ingrediente de un medicamento;

Fracción reformada DOF 07-05-1997

III. Materia prima: substancia de cualquier origen que se use para la elaboración de medicamentos o fármacos naturales o sintéticos;

IV. Aditivo: toda substancia que se incluya en la formulación de los medicamentos y que actúe como vehículo, conservador o modificador de alguna de sus características para favorecer su eficacia, seguridad, estabilidad, apariencia o aceptabilidad, y

V. Materiales: los insumos necesarios para el envase y empaque de los medicamentos.

Artículo 222. La Secretaría de Salud sólo concederá la autorización correspondiente a los medicamentos, cuando se demuestre que éstos, sus procesos de producción y las sustancias que contengan reúnan las características de seguridad, eficacia y calidad exigidas, que cumple con lo establecido en esta Ley y demás disposiciones generales, y tomará en cuenta, en su caso, lo dispuesto por el artículo 428 de esta Ley.

Para el otorgamiento de registro sanitario a cualquier medicamento, se verificará previamente el cumplimiento de las buenas prácticas de fabricación y del proceso de producción del medicamento, así como la certificación de sus principios activos. Las verificaciones no podrán realizarse por terceros autorizados y solo podrán ser llevadas a cabo por la Secretaría de Salud. De ser el caso, se dará reconocimiento al certificado respectivo expedido por la autoridad competente del país de origen, siempre y cuando existan acuerdos de reconocimiento en esta materia entre las autoridades competentes de ambos países.

Párrafo reformado DOF 15-01-2026

Una vez que se otorgue el registro sanitario, se deberá realizar la farmacovigilancia conforme a las disposiciones jurídicas aplicables.

Párrafo adicionado DOF 15-01-2026

Artículo reformado DOF 27-05-1987, 27-04-2010

Artículo 222 Bis. Para efectos de esta Ley, se considera medicamento biotecnológico toda sustancia que haya sido producida por biotecnología molecular, que tenga efecto terapéutico, preventivo o rehabilitatorio, que se presente en forma farmacéutica, que se identifique como tal por su actividad farmacológica y propiedades físicas, químicas y biológicas. Los medicamentos biotecnológicos innovadores podrán ser referencia para los medicamentos biotecnológicos no innovadores, a los cuales se les denominará biocomparables. La forma de identificación de estos productos será determinada en las disposiciones reglamentarias.

Para la obtención del registro sanitario de medicamentos biotecnológicos, el solicitante deberá cumplir con los requisitos y pruebas que demuestren la calidad, seguridad y eficacia del producto, de conformidad con las disposiciones de esta Ley, sus reglamentos y demás disposiciones jurídicas aplicables y una vez comercializado el medicamento biotecnológico se deberá realizar la farmacovigilancia de éste conforme la normatividad correspondiente.

El solicitante de registro sanitario de medicamentos biocomparables que sustente su solicitud en un medicamento biotecnológico de referencia, deberá presentar los estudios clínicos y, en su caso in- vitro que sean necesarios para demostrar la seguridad, eficacia y calidad del producto.

En caso de que no se hubieren emitido las disposiciones sobre los estudios necesarios y sus características a que hace referencia este artículo, éstos se definirán caso por caso, tomando en cuenta la opinión del Comité de Moléculas Nuevas, el que para efectos de lo dispuesto en este artículo contará con un Subcomité de Evaluación de Productos Biotecnológicos que estará integrado por especialistas y científicos en materia de biotecnología farmacéutica.

Los medicamentos biotecnológicos deberán incluir en sus etiquetas el fabricante del biofármaco y su origen, el lugar del envasado y en su caso el importador, deberá asignarse la misma Denominación Común Internacional que al medicamento de referencia correspondiente sin que esto implique una separación en las claves del Compendio Nacional de Insumos para la Salud.

Párrafo reformado DOF 29-11-2019

Artículo adicionado DOF 11-06-2009

Artículo 223. El proceso de los productos que contengan plantas medicinales queda sujeto al control sanitario a que se refiere este capítulo y a las normas oficiales mexicanas que al efecto emita la Secretaría de Salud.

Artículo reformado DOF 27-05-1987, 07-05-1997

Artículo 224. Los medicamentos se clasifican:

A. Por su forma de preparación en:

I. Magistrales: Cuando sean preparados conforme a la fórmula prescrita por un médico,

II. Oficinales: Cuando la preparación se realice de acuerdo a las reglas de la Farmacopea de los Estados Unidos Mexicanos, y

III. Especialidades farmacéuticas: Cuando sean preparados con fórmulas autorizadas por la Secretaría de Salud, en establecimientos de la industria químico-farmacéutica.

B. Por su naturaleza:

I. Alopáticos: Toda substancia o mezcla de substancias de origen natural o sintético que tenga efecto terapéutico, preventivo o rehabilitatorio, que se presente en forma farmacéutica y se identifique como tal por su actividad farmacológica, características físicas, químicas y biológicas, y se encuentre registrado en la Farmacopea de los Estados Unidos Mexicanos para medicamentos alopáticos,

II. Homeopáticos: Toda sustancia o mezcla de sustancias de origen natural o sintético que tenga efecto terapéutico, preventivo o rehabilitatorio y que sea elaborado de acuerdo con los procedimientos de fabricación descritos en la Farmacopea Homeopática de los Estados Unidos Mexicanos, en las de otros países u otras fuentes de información científica nacional e internacional, y

III. Herbolarios: Los productos elaborados con material vegetal o algún derivado de éste, cuyo ingrediente principal es la parte aérea o subterránea de una planta o extractos y tinturas, así como jugos, resinas, aceites grasos y esenciales, presentados en forma farmacéutica, cuya eficacia terapéutica y seguridad ha sido confirmada científicamente en la literatura nacional o internacional.

Artículo reformado DOF 27-05-1987, 07-05-1997

Artículo 224 Bis. Medicamentos huérfanos: A los medicamentos que estén destinados a la prevención, diagnóstico o tratamiento de enfermedades raras reconocidas en el país o por organismos internacionales de los cuales el Estado mexicano es parte, las cuales tienen una prevalencia de no más de 5 personas por cada 10,000 habitantes.

Artículo adicionado DOF 30-01-2012. Reformado DOF 29-05-2023

Artículo 224 Bis 1. La Secretaría de Salud implementará las medidas y acciones necesarias a efecto de impulsar y fomentar la disponibilidad de los medicamentos huérfanos, haciéndolos asequibles para la población. Asimismo, la Secretaría de Salud podrá emitir recomendaciones a los Institutos Nacionales de Salud para la investigación y el desarrollo de medicamentos con potencial en su efectividad.

Artículo adicionado DOF 30-01-2012

Artículo 225. Los medicamentos, para su uso, prescripción médica y comercialización, serán identificados por sus denominaciones genérica y distintiva. La identificación genérica será obligatoria.

Párrafo reformado DOF 30-03-2022

En la denominación distintiva no podrá incluirse clara o veladamente la composición del medicamento o su acción terapéutica. Tampoco indicaciones en relación con enfermedades, síndromes, síntomas, ni aquéllas que recuerden datos anatómicos o fenómenos fisiológicos, excepto en vacunas y productos biológicos.

Las disposiciones reglamentarias determinarán la forma en la que las denominaciones señaladas deberán usarse en la prescripción, publicidad, etiquetado y en cualquier otra referencia.

En el empaque de los medicamentos se deberá usar una presentación distinta entre los destinados al sector público y los destinados al sector privado con el fin de diferenciarlos.

Párrafo adicionado DOF 29-11-2019

Artículo reformado DOF 27-05-1987, 14-06-1991, 07-05-1997

Artículo 226. Los medicamentos, para su venta y suministro al público, se consideran:

I. Medicamentos que sólo pueden adquirirse con receta o permiso especial, expedido por la Secretaría de Salud, de acuerdo a los términos señalados en el Capítulo V de este Título;

Fracción reformada DOF 27-05-1987

II. Medicamentos que requieren para su adquisición receta médica que deberá retenerse en la farmacia que la surta y ser registrada en los libros de control que al efecto se lleven, de acuerdo con los términos señalados en el capítulo VI de este título. El médico tratante podrá prescribir dos presentaciones del mismo producto como máximo, especificando su contenido. Esta prescripción tendrá vigencia de treinta días a partir de la fecha de elaboración de la misma.

Fracción reformada DOF 14-06-1991

III. Medicamentos que solamente pueden adquirirse con receta médica que se podrá surtir hasta tres veces, la cual debe sellarse y registrarse cada vez en los libros de control que al efecto se lleven. Esta prescripción se deberá retener por el establecimiento que la surta en la tercera ocasión; el médico tratante determinará, el número de presentaciones del mismo producto y contenido de las mismas que se puedan adquirir en cada ocasión.

Se podrá otorgar por prescripción médica, en casos excepcionales, autorización a los pacientes para adquirir anticonvulsivos directamente en los laboratorios correspondientes, cuando se requiera en cantidad superior a la que se pueda surtir en las farmacias;

Fracción reformada DOF 14-06-1991

IV. Medicamentos que para adquirirse requieren receta médica, pero que pueden resurtirse tantas veces como lo indique el médico que prescriba;

V. Medicamentos sin receta, autorizados para su venta exclusivamente en farmacias, y

Fracción reformada DOF 14-06-1991

VI. Medicamentos que para adquirirse no requieren receta médica y que pueden expenderse en otros establecimientos que no sean farmacias.

No podrán venderse medicamentos u otros insumos para la salud en puestos semifijos, módulos móviles o ambulantes.

Párrafo adicionado DOF 07-05-1997

El emisor de la receta médica prescribirá los medicamentos en su denominación genérica y, si lo desea, podrá indicar la denominación distintiva de su preferencia informando al paciente sobre las opciones terapéuticas.

Párrafo adicionado DOF 30-03-2022

Artículo 226 Bis. Tratándose de atención intrahospitalaria, se podrán prescribir dosis unitarias de conformidad con los Lineamientos que para tal efecto expida la Secretaría de Salud.

En el caso de medicamentos que deban suministrarse en las instituciones públicas del Sistema Nacional de Salud a sus usuarios, estos podrán ser prescritos en dosis unitarias a fin de que puedan ser dispensados en dosis exactas, de conformidad con los Lineamientos que para tal efecto expida la Secretaría de Salud.

En lo referente a lo señalado en este artículo, estos se sujetarán a lo establecido en el artículo 195 de la presente Ley.

Artículo adicionado DOF 29-11-2019

Artículo 226 Bis 1. La Secretaría de Salud promoverá las medidas y acciones necesarias a efecto de comunicar a la población, sobre la seguridad, eficacia y calidad de los medicamentos genéricos y biocomparables.

Así mismo, en los programas de capacitación al personal de salud, promoverá las obligaciones de prescripción médica previstas en esta Ley y demás disposiciones reglamentarias que para tal efecto se emitan y fortalecerá las acciones de profesionalización del personal de las farmacias conforme el artículo 79 de esta Ley.

Artículo adicionado DOF 30-03-2022

Artículo 227. La Secretaría de Salud determinará los medicamentos que integren cada uno de los grupos a que se refiere el artículo anterior.

Párrafo reformado DOF 27-05-1987

El proceso de los medicamentos a que se refieren las fracciones I y II del mismo artículo quedará sujeto a lo que disponen los Capítulo V y VI de este Título.

Artículo 227 Bis. Los laboratorios y almacenes de depósito y distribución de los medicamentos a que se refieren las fracciones I y II del artículo 226 de esta ley, sólo podrán expenderlos a los establecimientos que cuenten con licencia sanitaria que los acredite como droguerías, farmacias o boticas autorizadas para suministrar al público medicamentos que contengan estupefacientes o substancias psicotrópicas.

Artículo adicionado DOF 14-06-1991

Artículo 228. La Secretaría de Salud, en coordinación con las autoridades encargadas de la sanidad animal, establecerá las leyendas precautorias de los medicamentos de uso veterinario, cuando su uso pueda significar riesgo para la salud humana.

Artículo reformado DOF 27-05-1987

Artículo 229. Para los efectos de esta Ley, los productos de origen biológico o substancias análogas semisintéticas, se clasifican en:

I. Toxoides, vacuna y preparaciones bacterianas de uso parenteral;

II. Vacunas virales de uso oral o parenteral;

III. Sueros y antitoxinas de origen animal;

IV. Hemoderivados;

Fracción reformada DOF 07-05-1997

V. Vacunas y preparaciones microbianas para uso oral;
VI. Materiales biológicos para diagnóstico que se administran al paciente;
VII. Antibióticos;
VIII. Hormonas macromoleculares y enzimas, y
IX. Las demás que determine la Secretaría de Salud.

Fracción reformada DOF 27-05-1987

Artículo 230. Los productos de origen biológico requieren de control interno en un laboratorio de la planta productora y de control externo en laboratorios de la Secretaría de Salud.

Los laboratorios que elaboren medicamentos hemoderivados deberán obtener autorización de la Secretaría para la comercialización de éstos.

Párrafo adicionado DOF 14-06-1991. Reformado DOF 07-05-1997

Artículo reformado DOF 27-05-1987

Artículo 231. La calidad de las materias primas utilizadas en el proceso de medicamentos y productos biológicos, estará sujeta a la verificación de su identidad, pureza, esterilidad, cuando proceda, inocuidad, potencia, seguridad, estabilidad y cualquier otra prueba que señalen las disposiciones reglamentarias aplicables.

Artículo 232. Los medicamentos de origen biológico de acción inmunológica ostentarán en su etiqueta, además de lo previsto en el artículo 210 de esta Ley, las especificaciones del organismo vivo que se utilizó para su preparación y el nombre de la enfermedad a la cual se destinan, de acuerdo a la nomenclatura internacional aceptada. Excepcionalmente se podrá omitir este último dato, cuando el medicamento tenga diversidad de aplicaciones.

Artículo 233. Quedan prohibidos la venta y suministro de medicamentos con fecha de caducidad vencida.

CAPÍTULO V
ESTUPEFACIENTES

Artículo 234. Para los efectos de esta Ley, se consideran estupefacientes:
ACETIL-ALFA-METILFENTANILO.

ACETILDIHIDROCODEINA.

ACETILFENTANILO.

ACETILMETADOL (3-acetoxi-6-dimetilamino-4,4-difenilheptano).

ACETORFINA (3-0-acetiltetrahidro-7-(1-hidroxi-1-etilbutil)-6, 14-endoeteno-oripavina) denominada también 3-0-acetil-tetrahidro-7 (1-hidroxi-1-metilbutil)-6, 14-endoeteno-oripavina y, 5 acetoxil-1,2,3, 3, 8 9-hexahidro-2 (1-(R) hidroxi-1-metilbutil)3-metoxi-12-metil-3; 9-eteno-9,9-B-iminoctanofenantreno (4,5 bed) furano.

ACRILFENTANILO.

ALFACETILMETADOL (alfa-3-acetoxi-6-dimetilamino-4, 4-difenilheptano).

ALFAMEPRODINA (alfa-3-etil-1-metil-4-fenil-4- propionoxipiperidina).

ALFAMETADOL (alfa-6-dimetilamino-4,4 difenil-3-heptanol).

ALFA-METILFENTANILO.

ALFA-METILTIOFENTANILO.

ALFAPRODINA (alfa-1,3-dimetil-4-fenil-4-propionoxipiperidina).

ALFENTANIL (monoclorhidrato de N-[1-[2-(4-etil-4,5-dihidro-5-oxo-1H-tetrazol-1-il) etil]-4- (metoximetil)-4-piperidinil]-N fenilpropanamida).

ALILPRODINA (3-alil-1-metil-4-fenil-4-propionoxipiperidina).

ANILERIDINA (éster etílico del ácido 1-para-aminofenetil-4-fenilpiperidin-4-carboxilíco).

BENCIL-FENTANILO.

BECITRAMIDA (1-(3-ciano-3,3-difenilpropil)-4- (2-oxo-3-propionil-1-bencimidazolinil)-piperidina).

BENCETIDINA (éster etílico del ácido 1-(2-benciloxietil)-4-fenilpiperidin-4-carboxílico).

BENCILMORFINA (3-bencilmorfina).

BETACETILMETADOL (beta-3-acetoxi-6-dimetilamino-4,4-difenilheptano).

BETA-HIDROXIFENTANILO.

BETA-3-HIDROXI-3-METILFENTANILO.

BETAMEPRODINA (beta-3-etil-1-metil-4-fenil-4-propionoxipiperidina).

BETAMETADOL (beta-6-dimetilamino-4,4-difenil-3-heptanol).

BETAPRODINA (beta-1,3,dimetil-4-fenil-4-propionoxipiperidina).

BROMURO DE BENCILFETANILO.

BROMURO DE FENTANILO.

BUPRENORFINA.

BUTIRATO DE DIOXAFETILO (etil 4-morfolín-2,2-difenilbutirato).

BUTIRFENTANILO.

BUTIRILFENTANILO.

CANNABIS sativa, índica y americana o mariguana, su resina, preparados y semillas.

CARFENTANILO.

CETOBEMIDONA (4-meta-hidroxifenil-1-metil-4-propionilpiperidina) ó 1-metil-4-metahidroxifenil-4- propionilpiperidina).

CICLOPROPILFENTANILO.

CLONITACENO (2-para-clorobencil-1-dietilaminoetil-5- nitrobencimidazol).

COCA (hojas de). (erythroxilon novogratense).

COCAINA (éster metílico de benzoilecgonina).

CODEINA (3-metilmorfina) y sus sales.

CODOXIMA (dehidrocodeinona-6-carboximetiloxima).

CONCENTRADO DE PAJA DE ADORMIDERA (el material que se obtiene cuando la paja de adormidera ha entrado en un proceso para concentración de sus alcaloides, en el momento en que pasa al comercio).

DESOMORFINA (dihidrodeoximorfina).

DESPROPIONILFENTANILO.

DEXTROMORAMIDA ((+)-4-[2-metil-4-oxo-3,3-difenil-4-(1-pirrolidinil)-butil] morfolina) ó [+]-3-metil-2,2- difenil-4-morfolinobutirilpirrolidina).

DEXTROPROPOXIFENO (-(+)-4 dimetilamino-1,2-difenil-3-metil-2 butanol propionato) y sus sales.

DIAMPROMIDA (n-[2-(metilfenetilamino)-propil]-propionanilida).

DIETILTIAMBUTENO (3-dietilamino-1,1-di-(2'-tienil)-1-buteno).

DIFENOXILATO (éster etílico del ácido 1-(3-ciano-3,3-difenilpropil)-4-fenilpiperidín-4-carboxílico), ó 2,2 difenil-4-carbetoxi-4-fenil) piperidin) butironitril).

DIFENOXINA (ácido 1-(3-ciano-3,3-difenilpropil)-4-fenilisonipecótico).

DIHIDROCODEIN.

DIHIDROMORFINA.

DIMEFEPTANOL (6-dimetilamino-4,4-difenil-3-heptanol).

DIMENOXADOL (2-dimetilaminoetil-1-etoxi-1,1-difenilacetato), ó 1-etoxi-1-difenilacetato de dimetilaminoetilo ó dimetilaminoetil difenil-alfaetoxiacetato.

DIMETILTIAMBUTENO (3-dimetilamino-1,1-di-(2'-tienil)-1-buteno).

DIPIPANONA (4,4-difenil-6-piperidín-3-heptanona).

DROTEBANOL (3,4-dimetoxi-17-metilmorfinán-6,14-diol).

ECGONINA sus ésteres y derivados que sean convertibles en ecgonina y cocaína.

ETILMETILTIAMBUTENO (3-etilmetilano-1,1-di(2'-tienil)-1-buteno).

ETILMORFINA (3-etilmorfina) ó dionina.

ETONITACENO (1-dietilaminoetil-2-para-etoxibencil-5-nitrobencimidazol).

ETORFINA (7,8-dihidro-7,1 (R)-hidroxi-1-metilbutil 0^6 -metil-6-14-endoeteno-morfina, denominada también (tetrahidro-7;-(1-hidroxi-1-metilbutil)-6,14 endoeteno-oripavina).

ETOXERIDINA (éster etílico del ácido 1-[2-(2-hidroxietoxi) etil]-4-fenilpiperidín-4-carboxílico.

FENADOXONA (6-morfolín-4,4-difenil-3-heptanona).

FENAMPROMIDA (n-(1-metil-2-piperidinoetil)-propionanilida) ó n-[1-metil-2- (1-piperidinil)-etil] -nfenilpropanamida.

FENAZOCINA (2'-hidroxi-5,9-dimetil-2-fenetil-6,7-benzomorfán).

FENMETRAZINA (3-metil-2-fenilmorfolina 7-benzomorfán ó 1,2,3,4,5,6-hexahidro-8-hidroxi 6-11- dimetil-3-fenetil-2,6,-metano-3-benzazocina).

FENOMORFAN (3-hidroxi-n-fenetilmorfinán).

FENOPERIDINA (éster etílico del ácido 1-(3-hidroxi-3- fenilpropil) 4-fenilpiperidín-4-carboxílico, ó 1 fenil-3 (4-carbetoxi- 4-fenil- piperidín)-propanol).

FENTANIL (1-fenetil-4-n-propionilanilinopiperidina).

FOLCODINA (morfoliniletilmorfina ó beta-4- morfoliniletilmorfina).

FURAFENTANILO.

FURANILFENTANILO.

FURETIDINA (éster etílico del ácido 1-(2-tetrahidrofurfuriloxietil)- 4-fenilpiperidín-4-carboxílico).

HEROINA (diacetilmorfina).

HIDROCODONA (dihidrocodeinona).

HIDROMORFINOL (14-hidroxidihidromorfina).

HIDROMORFONA (dihidromorfinona).

HIDROXIPETIDINA (éster etílico del ácido 4- meta-hidroxifenil-1 metil piperidín-4-carboxílico) ó éster etílico del ácido 1-metil-4-(3- hidroxifenil)-piperidín-4-carboxílico.

ISOMETADONA (6-dimetilamino-5-metil-4,4-difenil-3-hexanona).

LEVOFENACILMORFAN ((-)-3-hidroxi-n-fenacilmorfinán).

LEVOMETORFAN ((-)-3-metoxi-n-metilmorfinán).

LEVOMORAMIDA ((-)-4-[2-metil-4-oxo-3,3-difenil-4-(1-pirrolidinil)-butil]-morfolina), ó (-)-3-metil-2,2 difenil-4-morfolinobutirilpirrolidina).

LEVORFANOL ((-)-3-hidroxi-n-metilmorfinán).

METADONA (6-dimetilamino-4,4-difenil-3-heptanona).

METADONA, intermediario de la (4-ciano-2-dimetilamino-4, 4- difenilbutano) ó 2-dimetilamino-4,4- difenil-4-cianobutano).

METAZOCINA (2'-hidroxi-2,5,9-trimetil-6,7-benzomorfán ó 1,2,3,4,5,6, hexahidro-8-hidroxi3,6,11,trimetil-2,6-metano-3-benzazocina).

METILDESORFINA (6-metil-delta-6-deoximorfina).

METILDIHIDROMORFINA (6-metildihidromorfina).

METILFENIDATO (éster metílico del ácido alfafenil-2-piperidín acético).

3-METILFENTANILO.

3-METILOTIOFENTANILO.

METOPON (5-metildihidromorfinona).

MIROFINA (miristilbencilmorfina).

MORAMIDA, intermediario del (ácido 2-metil-3-morfolín-1, 1-difenilpropano carboxílico) ó (ácido 1- difenil-2-metil-3-morfolín propano carboxílico).

MORFERIDINA (éster etílico del ácido 1-(2-morfolinoetil)-4- fenilpiperidín-4-carboxílico).

MORFINA.

MORFINA BROMOMETILATO y otros derivados de la morfina con nitrógeno pentavalente, incluyendo en particular los derivados de n-oximorfina, uno de los cuales es la n-oxicodeína.

NICOCODINA (6-nicotinilcodeína o éster 6-codeínico del ácido-piridín-3-carboxílico).

NICODICODINA (6-nicotinildihidrocodeína o éster nicotínico de dihidrocodeína).

NICOMORFINA (3,6-dinicotinilmorfina) ó di-éster-nicotínico de morfina).

NITAZENO.

NORACIMETADOL ((+)-alfa-3-acetoxi-6-metilamino-4,4- difenilbeptano).

NORCODEINA (n-demetilcodeína).

NORFENTANILO.

NORLEVORFANOL ((-)-3-hidroximorfinan).

NORMETADONA (6-dimetilamino-4,4-difenil-3-hexanona) ó i, 1-difenil-1-dimetilaminoetil-butanona-2 ó 1-dimetilamino 3,3-difenil-hexanona-4).

NORMORFINA (demetilmorfina ó morfina-n-demetilada).

NORPIPANONA (4,4-difenil-6-piperidín-3hexanona).

N-OXIMORFINA.

OCFENTANILO.

OPIO.

OXICODONA (14-hidroxidihidrocodeinona ó dihidrohidroxicodeinona).

OXIMORFONA (14-hidroxidihidromorfinona) ó dihidroxidroximorfinona).

PAJA DE ADORMIDERA, (Papaver Somniferum, Papaver Bracteatum, sus pajas y sus semillas).

PARA-FLUOROFENTANILO.

PARA-FLUOROISOBUTIRFENTANILO.

PENTAZOCINA y sus sales.

PETIDINA (éster etílico del ácido 1-metil-4-fenil-piperidin-4- carboxílico), o meperidina.

PETIDINA intermediario A de la (4-ciano-1 metil-4- fenilpiperidina ó 1-metil-4-fenil-4-cianopiperidina).

PETIDINA intermediario B de la (éster etílico del ácido -4-fenilpiperidín-4-carboxílico o etil 4-fenil-4- piperidín-carboxílico).

PETIDINA intermediario C de la (ácido 1-metil-4-fenilpiperidín- 4-carboxílico).

PIMINODINA (éster etílico del ácido 4-fenil-1-(3-fenilaminopropil)-piperidín-4-carboxílico).

PIRITRAMIDA (amida del ácido 1-(3-ciano-3,3-difenilpropil)-4-(1- piperidín) -piperidín-4-carboxílico) ó 2,2-difenil-4-1 (carbamoil-4- piperidín)butironitrilo).

PROHEPTACINA (1,3-dimetil-4-fenil-4-propionoxiazacicloheptano) ó 1,3-dimetil-4-fenil-4- propionoxihexametilenimina).

PROPERIDINA (éster isopropílico del ácido 1-metil-4- fenilpiperidín-4-carboxílico).

PROPIRAMO (1-metil-2-piperidino-etil-n-2-piridil-propionamida).

RACEMETORFAN ((+)-3-metoxi-N-metilmorfinán).

RACEMORAMIDA ((+)-4-[2-metil-4-oxo-3,3-difenil-4-(1-pirrolidinil)-butil] morfolina) ó ((+)-3-metil-2,2- difenil-4-morfolinobutirilpirrolidina).

RACEMORFAN ((+)-3-hidroxi-n-metilmorfinán).

SUFENTANIL (n-[4-(metoximetil)-1-[2-(2-tienil) etil]-4- piperidil] propionanilida).

TEBACON (acetildihidrocodeinona ó acetildemetilodihidrotebaína).

TEBAINA.

TILIDINA ((+)-etil-trans-2-(dimetilamino)-1-fenil-3- ciclohexeno-1-carboxilato).

TIOFENTANILO.

TRIMEPERIDINA (1,2,5-trimetil-4-fenil-4-propionoxipiperidina), y

Los isómeros de los estupefacientes de la lista anterior, a menos que estén expresamente exceptuados.

Cualquier otro producto derivado o preparado que contenga substancias señaladas en la lista anterior, sus precursores químicos y, en general, los de naturaleza análoga y cualquier otra substancia que determine la Secretaría de Salud, a través de la Comisión Federal para la Protección contra Riesgos Sanitarios o el Consejo de Salubridad General. Las listas correspondientes se publicarán en el Diario Oficial de la Federación.

Fe de erratas al artículo DOF 23-07-1986. Reformado DOF 27-05-1987, 23-12-1987. Fe de erratas DOF 18-02-1988. Reformado DOF 15-01-2026

Artículo 235. La siembra, cultivo, cosecha, elaboración, preparación, acondicionamiento, adquisición, posesión, comercio, transporte en cualquier forma, prescripción médica, suministro, empleo, uso, consumo y, en general, todo acto relacionado con estupefacientes o con cualquier producto que los contenga queda sujeto a:

I. Las disposiciones de esta Ley y sus reglamentos;

II. Los tratados y convenciones internacionales en los que los Estados Unidos Mexicanos sean parte y que se hubieren celebrado con arreglo a las disposiciones de la Constitución Política de los Estados Unidos Mexicanos;

Fracción reformada DOF 27-05-1987

III. Las disposiciones que expida el Consejo de Salubridad General;

IV. Lo que establezcan otras leyes y disposiciones de carácter general relacionadas con la materia;

V. (Se deroga).

Fracción reformada DOF 27-05-1987. Derogada DOF 07-05-1997

VI. Las disposiciones relacionadas que emitan otras dependencias del Ejecutivo Federal en el ámbito de sus respectivas competencias.

Los actos a que se refiere este artículo [sólo podrán realizarse con fines médicos y científicos y] requerirán autorización de la Secretaría de Salud.

Párrafo reformado DOF 27-05-1987. Declarado inválido por sentencia de la SCJN a Declaratoria General de Inconstitucionalidad notificada

29-06-2021 y publicada DOF 15-07-2021 (En la porción normativa "sólo podrán realizarse con fines médicos y científicos y")

Artículo 235 Bis. La Secretaría de Salud deberá diseñar y ejecutar políticas públicas que regulen el uso medicinal de los derivados farmacológicos de la cannabis sativa, índica y americana o marihuana, entre los que se encuentra el tetrahidrocannabinol, sus isómeros y variantes estereoquímicas, así como normar la investigación y producción nacional de los mismos.

Artículo adicionado DOF 19-06-2017

Artículo 236. Para el comercio o tráfico de estupefacientes en el interior del territorio nacional, la Secretaría de Salud fijará los requisitos que deberán satisfacerse y expedirá permisos especiales de adquisición o de traspaso.

Artículo reformado DOF 27-05-1987

Artículo 237. Queda prohibido en el territorio nacional, todo acto de los mencionados en el Artículo 235 de esta Ley, respecto de las siguientes substancias y vegetales: opio preparado, para fumar, diacetilmorfina o heroína, sus sales o preparados, papaver somniferum o adormidera, papaver bactreatum y erythroxilon novogratense o coca, en cualquiera de sus formas, derivados o preparaciones.

Párrafo reformado DOF 19-06-2017

Igual prohibición podrá ser establecida por la Secretaría de Salud para otras substancias señaladas en el artículo 234 de esta Ley, cuando se considere que puedan ser sustituidas en sus usos terapéuticos por otros elementos que, a su juicio, no originen dependencia.

Párrafo reformado DOF 27-05-1987

Artículo 238. Solamente para fines de investigación científica, la Secretaría de Salud autorizará a los organismos o instituciones que hayan presentado protocolo de investigación autorizado por aquella dependencia, la adquisición de estupefacientes a que se refiere el artículo 237 de esta Ley. Dichos organismos e instituciones comunicarán a la Secretaría de Salud el resultado de las investigaciones efectuadas y como se utilizaron.

Artículo reformado DOF 27-05-1987

Artículo 239. Cuando las autoridades competentes decomisen estupefacientes o productos que los contengan, mismos que se enlistan a continuación, deberán dar aviso a la Secretaría de Salud para que exprese su interés en alguna o algunas de estas substancias.

ALFENTANIL (monoclorhidrato de N (1-(2(4-etil-4,5-dihidro-5-oxo-(H-tetrazol-1-il) etil)-4(metoximetil)-4-piperidinil) fenilpropanamida).

BUPRENORFINA

CODEINA (3-metilmorfina) y sus sales.

DEXTROPROPOXIFENO (-(+)a-4 dimetilamino-1,2-difenil-3-metil-2 butanol propionato) y sus sales.

Fe de erratas a la sustancia DOF 12-07-1991

DIFENOXILATO (éster etílico del ácido 1-(3-ciano-3,3-difenilpropil) 4-fenilpiperidín-4-carboxilico), ó 2, 2-difenil-4-carbetoxi-4-fenil) piperidín) butironitril).

DIHIDROCODEINA

ETORFINA (7,8 dihidro-7a(-1(R)-hidroxi-1-metilbutil)-06 metil-6-14-endoeteno-morfina, denominada también (tetrahidro-7a-(1-hidroxi -1-metilbutil)-6,14- endoeteno-oripavina).

FENTANIL (1-fenetil-4-N-propionilanilinopiperidina).

HIDROCODONA (dihidrocodeinona).

METADONA (6-dimetilamino-4,4-difenil-3-heptanona).

METILFENIDATO (éster metílico del ácido alfafenil-2 piperidín acético).

MORFINA y sus sales.

OPIO en polvo.

OXICODONA (14-hidroxidihidrocodeinona o dihidrohidroxicodeinona).

PETIDINA (éster etílico del ácido 1-metil-4-fenilpiperidín-4- carboxílico), o meperidina.

SUFENTANIL (N-{4-(metoximetil)-1-{2-(2-Tienil)-etil}-4-piperidil} propionanilida).

En caso de considerar que alguna o algunas de las substancias citadas no reúnen los requisitos sanitarios para ser utilizadas, la Secretaría de Salud, solicitará a las autoridades correspondientes procedan a su incineración.

La Secretaría tendrá la facultad de adicionar a esta lista otras substancias, la que se deberá publicar en el Diario Oficial de la Federación.

Artículo reformado DOF 27-05-1987, 14-06-1991

Artículo 240. Sólo podrán prescribir estupefacientes los profesionales que a continuación se mencionan, siempre que tengan título registrado por las autoridades educativas competentes, cumplan con las condiciones que señala esta Ley y sus reglamentos y con los requisitos que determine la Secretaría de Salud:

Párrafo reformado DOF 27-05-1987

I. Los médicos cirujanos;

II. Los médicos veterinarios, cuando los prescriban para la aplicación en animales, y

III. Los cirujanos dentistas, para casos odontológicos.

Los pasantes de medicina, durante la prestación del servicio social, podrán prescribir estupefacientes, con las limitaciones que la Secretaría de Salud determine.

Párrafo reformado DOF 27-05-1987

Artículo 241. La prescripción de estupefacientes se hará en recetarios especiales, que contendrán, para su control, un código de barras asignado por la Secretaría de Salud, o por las autoridades sanitarias estatales, en los siguientes términos:

I. Las recetas especiales serán formuladas por los profesionales autorizados en los términos del artículo 240 de esta ley, para tratamientos no mayores de treinta días, y

II. La cantidad máxima de unidades prescritas por día, deberá ajustarse a las indicaciones terapéuticas del producto.

Artículo reformado DOF 27-05-1987, 07-05-1997

Artículo 242. Las prescripciones de estupefacientes a que se refiere el artículo anterior, sólo podrán ser surtidas por los establecimientos autorizados para tal fin.

Los citados establecimientos recogerán invariablemente las recetas o permisos, harán los asientos respectivos en el libro de contabilidad de estupefacientes y entregarán las recetas y permisos al personal autorizado por la Secretaría de Salud, cuando el mismo lo requiera.

Párrafo reformado DOF 27-05-1987

Únicamente se surtirán prescripciones de estupefacientes, cuando procedan de profesionales autorizados conforme al artículo 240 de esta ley y que contengan los datos completos requeridos en las recetas especiales y las dosis cumplan con las indicaciones terapéuticas aprobadas.

Párrafo reformado DOF 07-05-1997

Artículo 243. Los preparados que contengan acetildihidrocodeína, codeína, destropropoxifeno, dihidrocodeína, etilmorfina, folcodina, nicocodina, corcodeína y propiram, que formen parte de la composición de especialidades farmacéuticas, estarán sujetos, para los fines de su preparación, prescripción y venta o suministro al público, a los requisitos que sobre su formulación establezca la Secretaría de Salud.

Artículo reformado DOF 27-05-1987

CAPÍTULO VI
SUBSTANCIAS PSICOTRÓPICAS

Artículo 244. Para los efectos de esta Ley, se consideran substancias psicotrópicas las señaladas en el artículo 245 de este ordenamiento y aquellas que determine específicamente el Consejo de Salubridad General o la Secretaría de Salud.

Artículo reformado DOF 27-05-1987, 23-12-1987

Artículo 245. En relación con las medidas de control y vigilancia que deberán adoptar las autoridades sanitarias, las substancias psicotrópicas se clasifican en cinco grupos:

I. Las que tienen valor terapéutico escaso o nulo y que, por ser susceptibles de uso indebido o abuso, constituyen un problema especialmente grave para la salud pública, y son:

Denominación Común Internacional	Otras Denominaciones Comunes o Vulgares	Denominación Química
CATINONA	NO TIENE	(-)-a-aminopropiofenona.
MEFEDRONA	4- METILMETCATITONA	2-methylamino-1ptolylpropan-1-one
NO TIENE	DET	n,n-dietiltriptamina
NO TIENE	DMA	dl-2,5-dimetoxi-a-metilfeniletilamina.

Denominación Común Internacional	Otras Denominaciones Comunes o Vulgares	Denominación Química
NO TIENE	DMHP	3-(1,2-dimetilhetil)-1-hidroxi-7,8,9,10-tetrahidro-6,6,9-trimetil-6H dibenzo (b,d) pirano.
NO TIENE	DMT	n,n-dimetiltriptamina.
BROLAMFETAMINA	DOB	2,5-dimetoxi-4-bromoanfetamina.
NO TIENE	DOET	d1-2,5-dimetoxi-4-etil-a-metilfeniletilamina.
(+)-LISERGIDA	LSD, LSD-25	(+)-n,n-dietilisergamida-(dietilamida del ácido d-lisérgico).
NO TIENE	MDA	3,4-metilenodioxianfetamina.
TENANFETAMINA	MDMA	dl-3,4-metilendioxi-n,-dimetilfeniletilamina.
NO TIENE	MESCALINA (PEYOTE; LO-PHOPHORA WILLIAMS II ANHALONIUM WILLIAMS II; ANHALONIUM LEWIN II.	3,4,5-trimetoxifenetilamina.
NO TIENE	MMDA.	dl-5-metoxi-3,4-metilendioxi-a-metilfeniletilamina.
NO TIENE	PARAHEXILO	3-hexil-1-hidroxi-7,8,9,10-tetrahidro-6,6,9-trimetil-6h-dibenzo [b,d] pirano.
ETICICLIDINA	PCE	n-etil-1-fenilciclohexilamina.
ROLICICLIDINA	PHP, PCPY	1-(1-fenilciclohexil) pirrolidina.
NO TIENE	PMA	4-metoxi-a-metilfenile-tilamina.
NO TIENE	PSILOCINA, PSILOTSINA	3-(2-dimetilaminoetil) -4-hidroxi-indol.

Denominación Común Internacional	**Otras Denominaciones Comunes o Vulgares**	**Denominación Química**
PSILOCIBINA	HONGOS ALUCINANTES DE CUALQUIER VARIEDAD BOTANICA, EN ESPECIAL LAS ESPECIES PSILOCYBE MEXICANA, STOPHARIA CUBENSIS Y CONOCYBE, Y SUS PRINCIPIOS ACTIVOS.	fosfato dihidrogenado de 3-(2-dimetil-aminoetil)-indol-4-ilo.
NO TIENE	STP, DOM	2-amino-1-(2,5 dimetoxi-4-metil) fenilpropano.
TENOCICLIDINA	TCP	1-[1-(2-tienil) ciclohexil]-piperi-dina.
CANABINOIDES SINTÉTICOS	K2	
NO TIENE	TMA	dl-3,4,5-trimetoxi--metilfeniletilamina.
PIPERAZINA TFMPP	NO TIENE	1,3-trifluoromethylphenylpiperazina
PIPERONAL O HELIOTROPINA		
ISOSAFROL		
SAFROL		
CIANURO DE BENCILO		
alfa-Fenilacetoacetonitrilo (APAAN)		*Sustancia adicionada por Acuerdo DOF 24-12-2018*

Párrafo con Tabla reformado DOF 19-06-2017

Cualquier otro producto, derivado o preparado que contenga las sustancias señaladas en la relación anterior y cuando expresamente lo determine la Secretaría de Salud, a través de la Comisión Federal para la Protección contra Riesgos Sanitarios o el Consejo de Salubridad General, sus precursores químicos y en general los de naturaleza análoga.

Párrafo reformado DOF 15-01-2026

Fe de erratas a la fracción DOF 18-02-1988. Reformada por Listado DOF 09-07-1996. Fracción reformada DOF 07-01-2014

II. Las que tienen algún valor terapéutico, pero constituyen un problema grave para la salud pública, y que son:

AMOBARBITAL.
ANFETAMINA.
BUTORFANOL.
CATINA.
CICLOBARBITAL.
DEXTROANFETAMINA (DEXANFETAMINA).
DIHIDROERGOCRISTINA.
FENETILINA.
FENCICLIDINA.
HEPTABARBITAL.
MECLOCUALONA.
METACUALONA.
METANFETAMINA.
NALBUFINA.
NICERGOLINA.
NORPSEUDOEFEDRINA.
PENTOBARBITAL.
PSEUDOEFEDRINA.
SECOBARBITAL.

TETRAHIDROCANNABINOL, las que sean o contengan en concentraciones mayores al 1%, los siguientes isómeros: D6a (10a), D6a (7), D7, D8, D9, D10, D9 (11) y sus variantes estereoquímicas.

Y sus sales, precursores y derivados químicos.

Fracción reformada por Listado DOF 24-10-1994. Fracción reformada DOF 19-06-2017, 15-01-2026

III. Las que tienen valor terapéutico, pero constituyen un problema para la salud pública, y que son:

BENZODIAZEPINAS:
ACIDO BARBITURICO (2, 4, 6 TRIHIDROXIPIRAMIDINA)
ALPRAZOLAM
AMOXAPINA
BROMAZEPAM

BROTIZOLAM
CAMAZEPAM
CLOBAZAM
CLONAZEPAM
CLORACEPATO DIPOTASICO
CLORDIAZEPOXIDO
CLOTIAZEPAM
CLOXAZOLAM
CLOZAPINA
DELORAZEPAM
DIAZEPAM
EFEDRINA
ERGOMETRINA (ERGONOVINA)
ERGOTAMINA
ESTAZOLAM
1- FENIL -2- PROPANONA
FENILPROPANOLAMINA
FLUDIAZEPAM
FLUNITRAZEPAM
FLURAZEPAM
HALAZEPAM
HALOXAZOLAM
KETAZOLAM
LOFLACEPATO DE ETILO
LOPRAZOLAM
LORAZEPAM
LORMETAZEPAM
MEDAZEPAM
MIDAZOLAM
NIMETAZEPAM
NITRAZEPAM
NORDAZEPAM
OXAZEPAM
OXAZOLAM
PEMOLINA
PIMOZIDE
PINAZEPAM

PRAZEPAM
QUAZEPAM
RISPERIDONA
TEMAZEPAM
TETRAZEPAM
TRIAZOLAM
ZIPEPROL
ZOPICLONA
Y sus sales, precursores y derivados químicos.
Otros:
ANFEPRAMONA (DIETILPROPION)
ANFEBUTAMONA (BUPROPIÓN)

Párrafo adicionado DOF 15-01-2026

CARISOPRODOL
CLOBENZOREX (CLOROFENTERMINA)
ETCLORVINOL
FENDIMETRAZINA
FENPROPOREX
FENTERMINA
GLUTETIMIDA
HIDRATO DE CLORAL
KETAMINA
MEFENOREX
MEPROBAMATO
TRIHEXIFENIDILO.
TRAMADOL

Párrafo adicionado DOF 15-01-2026

Reforma DOF 15-01-2026: Derogó de la fracción el entonces párrafo cuadragésimo quinto

Fe de erratas a la fracción DOF 18-02-1988. Reformada por Listado DOF 24-10-1994, 26-07-1995. Reformada DOF 07-01-2014

IV. Las que tienen amplios usos terapéuticos y constituyen un problema menor para la salud pública, y son:
GABOB (ACIDO GAMMA AMINO BETA HIDROXIBUTIRICO).
ACIDO GAMMA HIDROXIBUTIRICO (GHB).
ALOBARBITAL.

AMITRIPTILINA.
APROBARBITAL.
BARBITAL.
BENZOFETAMINA.
BENZQUINAMIDA.
BIPERIDENO.
BUSPIRONA.
BUTABARBITAL.
BUTALBITAL.
BUTAPERAZINA.
BUTETAL.
BUTRIPTILINA.
CARBROMAL.
CLORIMIPRAMINA.
CLOROMEZANONA.
CLOROPROMAZINA.
CLORPROTIXENO.
DEANOL.
DESIPRAMINA.
ECTILUREA.
ETINAMATO.
FENELCINA.
FENFLURAMINA.
FENOBARBITAL.
FLUFENAZINA.
FLUMAZENIL.
GAMMA BUTIROLACTONA (GBL).
HALOPERIDOL.
HEXOBARBITAL.
HIDROXICINA.
IMIPRAMINA.
ISOCARBOXAZIDA.
LEFETAMINA.
LITIO-CARBONATO.
MAPROTILINA.
MAZINDOL.
MEPAZINA.

METILFENOBARBITAL.
METILPARAFINOL.
METIPRILONA.
NALOXONA.
NORTRIPTILINA.
PARALDEHIDO.
PENFLURIDOL.
PENTOTAL SODICO.
PERFENAZINA.
PIPRADROL.
PROMAZINA.
PROPILHEXEDRINA.
SULPIRIDE.
TETRABENAZINA.
TETRAHIDROCANNABINOL, las que sean o contengan en concentraciones iguales o menores al 1%, los siguientes isómeros: D6a (10a), D6a (7), D7, D8, D9, D10, D9 (11) y sus variantes estereoquímicas.
TIALBARBITAL.
TIOPENTAL.
TIOPROPERAZINA.
TIORIDAZINA.
TRAZODONE.
TRAZOLIDONA.
TRIFLUOPERAZINA.
VINILBITAL.
Y sus sales, precursores y derivados químicos.

Fe de erratas a la fracción DOF 18-02-1988. Reformada por Listado DOF 24-10-1994, 26-07-1995. Reformada DOF 19-06-2017, 15-01-2026

V. Las que carecen de valor terapéutico y se utilizan corrientemente en la industria, mismas que se determinarán en las disposiciones reglamentarias correspondientes.

Los productos que contengan derivados de la cannabis en concentraciones del 1% o menores de THC y que tengan amplios usos industriales, podrán comercializarse, exportarse e importarse cumpliendo los requisitos establecidos en la regulación sanitaria.

Párrafo adicionado DOF 19-06-2017

Artículo reformado DOF 23-12-1987

Artículo 246. La Secretaría de Salud determinará cualquier otra substancia no incluida en el artículo anterior y que deba ser considerada como psicotrópica para los efectos de esta Ley, así como los productos, derivados o preparados que la contengan. Las listas correspondientes se publicarán en el Diario Oficial de la Federación, precisando el grupo a que corresponde cada una de las substancias.

Artículo reformado DOF 27-05-1987, 23-12-1987

Artículo 247. La siembra, cultivo, cosecha, elaboración, preparación, acondicionamiento, adquisición, posesión, comercio, transporte en cualquier forma, prescripción médica, suministro, empleo, uso, consumo y, en general, todo acto relacionado con substancias psicotrópicas o cualquier producto que los contenga, queda sujeto a:

I. Las disposiciones de esta Ley y sus reglamentos;

II. Los tratados y convenciones internacionales en los que los Estados Unidos Mexicanos sean parte y que se hubieren celebrado con arreglo a las disposiciones de la Constitución Política de los Estados Unidos Mexicanos;

Fracción reformada DOF 27-05-1987

III. Las disposiciones que expida el Consejo de Salubridad General;

IV. Lo que establezcan otras leyes y disposiciones de carácter general relacionadas con la materia;

V. (Se deroga)

Fracción reformada DOF 27-05-1987. Derogada DOF 07-05-1997

VI. Las disposiciones relacionadas que emitan otras dependencias del Ejecutivo Federal en el ámbito de sus respectivas competencias.

Los actos a que se refiere este artículo [sólo podrán realizarse con fines médicos y científicos y] requerirán, al igual que las substancias respectivas, autorización de la Secretaría de Salud.

Párrafo reformado DOF 27-05-1987. Declarado inválido por sentencia de la SCJN a Declaratoria General de Inconstitucionalidad notificada 29-06-2021 y publicada DOF 15-07-2021 (En la porción normativa "sólo podrán realizarse con fines médicos y científicos y")

Artículo 248. Queda prohibido todo acto de los mencionados en el artículo 247 de esta Ley, con relación a las substancias incluidas en la fracción I del artículo 245.

Artículo reformado DOF 27-05-1987, 23-12-1987

Artículo 249. Solamente para fines de investigación científica, la Secretaría de Salud podrá autorizar la adquisición de las substancias psicotrópicas a que se refiere la fracción I del artículo 245 de esta Ley, para ser entregadas bajo control a organismos o instituciones que hayan presentado protocolo de investigación autorizado por aquella Dependencia, los que a su vez comunicarán a la citada Secretaría el resultado de las investigaciones efectuadas y cómo se utilizaron.

Artículo reformado DOF 27-05-1987, 23-12-1987

Artículo 250. Las substancias psicotrópicas incluidas en la fracción II del artículo 245 de esta Ley, así como las que se prevean en las disposiciones aplicables o en las listas a que se refiere el artículo 246, cuando se trate del grupo a que se refiere la misma fracción, quedarán sujetas en lo conducente, a las disposiciones del Capítulo V de este Título.

Artículo reformado DOF 23-12-1987

Artículo 251. Las substancias psicotrópicas incluidas en la fracción III del artículo 245 de esta Ley, así como las que se prevean en las disposiciones aplicables o en las listas a que se refiere el artículo 246, cuando se trate del grupo a que se refiere la misma fracción, requerirán para su venta o suministro al público, receta médica que contenga el número de la cédula profesional del médico que la expida, la que deberá surtirse por una sola vez y retenerse en la farmacia que la surta, de acuerdo a las disposiciones de la Secretaría de Salud.

Artículo reformado DOF 27-05-1987, 23-12-1987

Artículo 252. Las substancias psicotrópicas incluidas en la fracción IV del artículo 245 de esta ley, así como las que se prevean en las disposiciones aplicables o en las listas a que se refiere el artículo 246, cuando se trate del grupo a que se refiere la misma fracción, requerirán, para su venta o suministro al público, receta médica que contenga el número de la cédula profesional del médico que la expida, la que podrá surtirse hasta por tres veces, con una vigencia de seis meses, contados a partir de la fecha de su expedición y no requerirá ser retenida por la farmacia que la surta, las primeras dos veces.

Artículo reformado DOF 23-12-1987, 07-05-1997

Artículo 253. La Secretaría de Salud determinará, tomando en consideración el riesgo que representen para la salud pública por su frecuente uso indebido, cuáles de las substancias con acción psicotrópica que carezcan de valor terapéutico y se utilicen en la industria, artesanías, comercio y otras actividades, deban ser consideradas como peligrosas, y su venta estará sujeta al control de dicha dependencia.

Artículo reformado DOF 27-05-1987

Artículo 254. La Secretaría de Salud y los gobiernos de las entidades federativas en sus respectivos ámbitos de competencia, para evitar y prevenir el consumo de substancias inhalantes que produzcan efectos psicotrópicos en las personas, se ajustarán a lo siguiente:

Párrafo reformado DOF 27-05-1987

I. Determinarán y ejercerán medios de control en el expendio de substancias inhalantes, para prevenir su consumo por parte de menores de edad e incapaces;

II. Establecerán sistemas de vigilancia en los establecimientos destinados al expendio y uso de dichas substancias, para evitar el empleo indebido de las mismas;

III. Brindarán la atención médica que se requiera, a las personas que realicen o hayan realizado el consumo de inhalantes, y

IV. Promoverán y llevarán a cabo campañas permanentes de información y orientación al público, para la prevención de daños a la salud provocados por el consumo de substancias inhalantes.

A los establecimientos que vendan o utilicen substancias inhalantes con efectos psicotrópicos que no se ajusten al control que disponga la autoridad sanitaria, así como a los responsables de los mismos, se les aplicarán las sanciones administrativas que correspondan en los términos de esta Ley.

Artículo 254 Bis. Cuando las autoridades competentes decomisen substancias psicotrópicas o productos que las contengan, mismas que se enlistan a continuación, deberán dar aviso a la Secretaría de Salud para que expresen su interés en alguna o algunas de estas substancias:

NALBUFINA
PENTOBARBITAL
SECOBARBITAL y todas las substancias de los grupos III y IV del artículo 245 de esta ley.

En caso de considerar que alguna o algunas de las substancias citadas no reúnen los requisitos sanitarios para ser utilizadas la Secretaría de Salud solicitará a las autoridades procedan a su incineración.

La Secretaría de Salud tendrá la facultad de adicionar a esta lista otras substancias, lo que se deberá publicar en el Diario Oficial de la Federación.

Artículo adicionado DOF 14-06-1991

Artículo 255. Los medicamentos que tengan incorporadas substancias psicotrópicas que puedan causar dependencia y que no se encuentren comprendidas en el artículo 245 de esta Ley, en las disposiciones aplicables o en las listas a que se refiere el artículo 246, serán considerados como tales y por lo tanto quedarán igualmente sujetos a lo dispuesto en los artículos 251 y 252, según lo determine la propia Secretaría.

Artículo reformado DOF 23-12-1987

Artículo 256. Los envases y empaques de las substancias psicotrópicas, para su expendio llevarán etiquetas que, además de los requisitos que determina el artículo 210 de esta Ley, ostenten los que establezcan las disposiciones aplicables a la materia de este Capítulo.

CAPÍTULO VII
ESTABLECIMIENTOS DESTINADOS AL PROCESO DE MEDICAMENTOS

Artículo 257. Los establecimientos que se destinen al proceso de los productos a que se refiere el Capítulo IV de este Título, incluyendo su importación y exportación se clasifican, para los efectos de esta ley, en:

I. Fábrica o laboratorio de materias primas para la elaboración de medicamentos o productos biológicos para uso humano;

II. Fábrica o laboratorio de medicamentos o productos biológicos para uso humano;

III. Fábrica o laboratorio de remedios herbolarios;

IV. Laboratorio de control químico, biológico, farmacéutico o de toxicología, para el estudio, experimentación de medicamentos y materias primas, o auxiliar de la regulación sanitaria;

V. Almacén de acondicionamiento de medicamentos o productos biológicos y de remedios herbolarios;

VI. Almacén de depósito y distribución de medicamentos o productos biológicos para uso humano, y de remedios herbolarios;

VII. Almacén de depósito y distribución de materias primas para la elaboración de medicamentos para uso humano;

VIII. Droguería: El establecimiento que se dedica a la preparación y expendio de medicamentos magistrales y oficinales, además de la comercialización de especialidades farmacéuticas, incluyendo aquéllas que contengan estupefacientes y psicotrópicos y otros insumos para la salud;

IX. Botica: El establecimiento que se dedica a la comercialización de especialidades farmacéuticas, incluyendo aquéllas que contengan estupefacientes y psicotrópicos o demás insumos para la salud;

X. Farmacia: El establecimiento que se dedica a la comercialización de especialidades farmacéuticas, incluyendo aquéllas que contengan estupefacientes y psicotrópicos, insumos para la salud en general, así como productos cosméticos, y productos de aseo;

Fracción reformada DOF 07-06-2011

XI. Establecimientos destinados al proceso de medicamentos para uso veterinario, y

XII. Los demás que determine el Consejo de Salubridad General.

Artículo reformado DOF 14-06-1991. Fe de erratas DOF 12-07-1991. Reformado DOF 07-05-1997

Artículo 258. Los establecimientos a que se refieren las fracciones I, II, IV y XI, del artículo anterior y los relativos a las demás fracciones cuando se dediquen al proceso de los productos señalados en la fracción I del artículo 198 de esta Ley, deben contar con la licencia sanitaria correspondiente expedida por la Secretaría de Salud. Los establecimientos diversos a los referidos en el presente párrafo sólo requieren presentar aviso de funcionamiento ante la Secretaría de Salud.

Los establecimientos a que se refieren las fracciones I, II, IV y XI, del artículo anterior y las relativas a las demás fracciones cuando se dediquen a la obtención, elaboración, fabricación, preparación, conservación, mezclado, acondicionamiento, envasado y manipulación de los productos señalados en la fracción I del artículo 198 de esta Ley, deben poseer y cumplir con lo establecido en la última edición de la Farmacopea de los Estados Unidos Mexicanos y sus suplementos oficiales para productos o actividades específicas, elaborados por la propia Secretaría. Los diversos establecimientos a los contemplados en el presente párrafo únicamente deben poseer y cumplir con lo establecido en los suplementos de la Farmacopea de los Estados Unidos Mexicanos relativos a la venta y suministro de medicamentos.

Artículo reformado DOF 27-05-1987, 07-05-1997, 25-06-2003, 14-02-2006

Artículo 259. Los establecimientos previstos en el artículo 257 de esta Ley deberán contar con una persona responsable de la identidad, pureza, seguridad y llevar a cabo la farmacovigilancia de los productos.

Párrafo reformado DOF 15-01-2026

Los responsables deberán reunir los requisitos establecidos en las disposiciones aplicables y serán designados por los titulares de las licencias o propietarios de los establecimientos, quienes darán el aviso correspondiente a la Secretaría de Salud.

Artículo reformado DOF 27-05-1987, 07-05-1997

Artículo 260. Los responsables sanitarios de los establecimientos a que se refiere el artículo 257 de esta ley, deberán ser profesionales con título registrado por las autoridades educativas competentes, de acuerdo con los siguientes requisitos:

I. En los establecimientos a que se refieren las fracciones I, IV, V y VI deberá ser farmacéutico, químico farmacéutico biólogo, químico farmacéutico industrial o profesional cuya carrera se encuentre relacionada con la farmacia; en los casos de establecimientos que fabriquen medicamentos homeopáticos, el responsable podrá ser un homeópata;

II. En los establecimientos a que se refieren las fracciones II y VII, además de los profesionales señalados en la fracción anterior, el responsable podrá ser un químico industrial;

III. En los establecimientos señalados en las fracciones III y VIII, además de los profesionales citados en la fracción I, podrá ser responsable un médico;

IV. En los establecimientos señalados en las fracciones IX y X, únicamente requieren dar aviso de responsable, aquellos que expendan medicamentos que contengan estupefacientes o substancias psicotrópicas, quienes podrán ser cualquiera de los profesionales enunciados en las fracciones I, II y III del presente artículo. De no ser el caso, el propietario será responsable en los términos del artículo 261 de esta Ley.

Fracción reformada DOF 13-06-2003

V. En los establecimientos señalados en la fracción XI, el responsable podrá ser, además de los profesionales indicados en la fracción I de este artículo, un médico veterinario zootecnista, y

VI. En los establecimientos señalados en la fracción XII, el Consejo de Salubridad General determinará los requisitos del responsable sanitario.

Artículo reformado DOF 27-05-1987, 14-06-1991, 07-05-1997

Artículo 261. En los casos en que resulten afectadas, por acción u omisión, la identidad, pureza, conservación, preparación, dosificación o manufactura de los productos, el responsable del establecimiento y el propietario del mismo responderán solidariamente de las sanciones que correspondan en los términos que señalen esta Ley y demás disposiciones legales aplicables.

CAPÍTULO VIII
EQUIPOS MÉDICOS, PRÓTESIS, ORTESIS, AYUDAS FUNCIONALES, AGENTES DE DIAGNÓSTICO, INSUMOS DE USO ODONTOLÓGICO, MATERIALES QUIRÚRGICOS, DE CURACIÓN Y PRODUCTOS HIGIÉNICOS

Artículo 262. Para los efectos de esta Ley, son dispositivos médicos:

Párrafo reformado DOF 10-05-2023

I. Equipo médico: los aparatos, accesorios e instrumental para uso específico, destinados a la atención médica, quirúrgica o a procedimientos de exploración, diagnóstico, tratamiento y rehabilitación de pacientes, así como aquellos para efectuar actividades de investigación biomédica;

II. Prótesis, órtesis y ayudas funcionales: aquellos dispositivos destinados a sustituir o complementar una función, un órgano o un tejido del cuerpo humano:

III. Agentes de diagnóstico: Todos los insumos incluyendo antígenos, anticuerpos, calibradores, verificadores, reactivos, equipos de reactivos, medios de cultivo y de contraste y cualquier otro similar que pueda utilizarse como auxiliar de otros procedimientos clínicos o paraclínicos.

Fracción reformada DOF 14-06-1991

IV. Insumos de uso odontológico: todas las substancias o materiales empleados para la atención de la salud dental, y

V. Materiales quirúrgicos y de curación: Los dispositivos o materiales que adicionados o no de antisépticos o germicidas se utilizan en la práctica quirúrgica o en el tratamiento de las soluciones de continuidad, lesiones de la piel o sus anexos, y

Fracción reformada DOF 14-06-1991

VI. Productos higiénicos: Los materiales y substancias que se apliquen en la superficie de la piel o cavidades corporales y que tengan acción farmacológica o preventiva, y

Fracción adicionada DOF 14-06-1991. Reformada DOF 07-05-1997, 10-05-2023

VII. Los demás insumos que sean considerados para este uso y sean evaluados y reconocidos como dispositivos médicos por la Secretaría de Salud a solicitud.

Fracción adicionada DOF 10-05-2023

La Secretaría clasificará estos productos con base en sus características y el nivel de riesgo que representa su uso de conformidad con el Reglamento de Insumos para la Salud.

Párrafo adicionado DOF 10-05-2023

Artículo 262 Bis. Una vez que se otorgue el registro sanitario de los dispositivos médicos, se deberá realizar la tecnovigilancia, que consiste en la vigilancia de la seguridad de los dispositivos médicos, por medio del conjunto de actividades que tienen por objeto la identificación y la evaluación de incidentes e incidentes adversos, producidos por los dispositivos médicos en uso, así como la identificación de los factores de riesgo asociados a estos, conforme a las disposiciones jurídicas aplicables.

Artículo adicionado DOF 15-01-2026

Artículo 263. En el caso de los dispositivos médicos, referidos en las fracciones I y II del artículo 262, deberán expresarse en la etiqueta o manual correspondiente las especificaciones de manejo y conservación, con las características que señale la Secretaría de Salud.

Artículo reformado DOF 27-05-1987, 10-05-2023

Artículo 264. El proceso, uso y mantenimiento de equipos médicos y agentes de diagnóstico en los que intervengan fuentes de radiación, se ajustarán a las normas oficiales mexicanas o disposiciones aplicables, incluso en la eliminación de desechos de tales materiales, sin perjuicio de la intervención que corresponda a otras autoridades competentes.

Las etiquetas y contraetiquetas de los equipos y agentes de diagnóstico deberán ostentar, además de los requisitos establecidos en el artículo 210 de esta Ley, la leyenda: "Peligro, material radiactivo para uso exclusivo en medicina"; la indicación de los isótopos que contienen actividad, vida media de los mismos y tipo de radiaciones que emiten, así como el logotipo internacional reconocido para indicar los materiales radiactivos.

Artículo reformado DOF 27-05-1987, 07-05-1997, 14-02-2006

Artículo 265. Las etiquetas y contraetiquetas de los agentes de diagnóstico que se empleen en dispositivos o equipos médicos, además de los requisitos establecidos en el artículo 210 de esta Ley, deberán contener la leyenda "Para uso exclusivo en laboratorios clínicos o de gabinetes.

Las indicaciones sobre el uso que tengan dentro del laboratorio o gabinete, la técnica para su empleo, su forma de aplicación, en su caso, y precauciones de uso, se detallarán en un instructivo adjunto al producto.

Artículo 266. Para el caso de reactivos biológicos que se administren a seres humanos se estará, en cuanto a su control sanitario, a lo dispuesto por los artículos 230 y 231 de esta Ley.

Sus etiquetas y contraetiquetas, además de los requisitos establecidos en el artículo 210 de esta Ley, deberán expresar claramente a la vía de administración y la dosis. Las indicaciones, precauciones y forma de aplicación se detallarán en un instructivo adjunto al producto.

Artículo 267. Los insumos para la salud comprendidos en el artículo 262 de esta ley no podrán venderse, suministrarse o usarse, con fecha de caducidad vencida.

Artículo reformado DOF 07-05-1997

Artículo 268. Se deroga.

Artículo derogado DOF 10-05-2023

Artículo 268 Bis. Los tatuadores, perforadores o micropigmentadores, deberán contar con autorización sanitaria de acuerdo con los términos del Capítulo I del Título Décimo Sexto de esta Ley y las demás disposiciones aplicables.

Se entenderá por:

Tatuador: Persona que graba dibujos, figuras o marcas en la piel humana, introduciendo colorantes bajo la epidermis con agujas, punzones u otro instrumento por las punzadas previamente dispuestas.

Perforador: Persona que introduce algún objeto decorativo de material de implantación hipoalergénico en la piel o mucosa con un instrumento punzo cortante.

Micropigmentador: Persona que deposita pigmentos en áreas específicas de la piel humana, bajo la epidermis, en la capa capilar de la dermis con agujas accionadas mediante un instrumento manual o electromecánico.

Artículo adicionado DOF 24-04-2006

Artículo 268 Bis 1. Queda prohibido realizar tatuajes, micro pigmentaciones y perforaciones a personas menores de 18 años de edad, así como aquellas que no se encuentren en pleno goce de sus facultades mentales. En el caso de las acciones antes mencionadas, sólo podrá exceptuarse lo anterior cuando los menores de 18 años estén acompañados de uno de sus padres o tutor previa acreditación de tal carácter, o cuenten con la autorización por escrito.

La violación de esta disposición se sancionará en los términos previstos en el artículo 419 de esta Ley, y conllevará a la revocación definitiva de la autorización respectiva.

Artículo adicionado DOF 24-04-2006

CAPÍTULO IX
PRODUCTOS COSMÉTICOS

Denominación del Capítulo reformada DOF 07-06-2011

Artículo 269. Para los efectos de esta Ley, se consideran productos cosméticos las sustancias o formulaciones destinadas a ser puestas en contacto con las partes superficiales del cuerpo humano: epidermis, sistema piloso y capilar, uñas, labios y órganos genitales externos, o con los dientes y mucosas bucales con el fin exclusivo o principal de limpiarlos, perfumarlos, ayudar a modificar su aspecto, protegerlos, mantenerlos en buen estado o corregir los olores corporales o atenuar o prevenir deficiencias o alteraciones en el funcionamiento de la piel sana.

No se considerará producto cosmético una sustancia o mezcla destinada a ser ingerida, inhalada, inyectada o implantada en el cuerpo humano.

La secretaría dará a conocer mediante Acuerdo o listados todas aquellas sustancias restringidas o prohibidas para la elaboración de productos cosméticos.

En la elaboración de productos cosméticos se podrán utilizar de manera inmediata aquellas sustancias que hayan sido evaluadas y aprobadas por la Secretaría, independientemente de su posterior inclusión en el Acuerdo o listados para uso general.

Artículo reformado DOF 07-06-2011

Artículo 270. No podrán atribuirse a los productos cosméticos acciones propias de los medicamentos, tales como curar o ser una solución definitiva de enfermedades, regular el peso o combatir la obesidad ya sea en el nombre, indicaciones, instrucciones para su empleo o publicidad.

Los fabricantes, importadores y comercializadores de productos cosméticos deberán contar con los estudios de seguridad, eficacia y todos los demás que se establezcan en diversos ordenamientos y normas aplicables, entregándolos a la Secretaría, en caso de que los requiera.

Los estudios a los que se refiere el párrafo anterior no podrán incluir pruebas cosméticas en animales de ingredientes cosméticos, de productos cosméticos finalizados ni de sus ingredientes o la mezcla de ellos, en términos del artículo 271 Bis de esta Ley.

Párrafo adicionado DOF 14-10-2021

Los responsables de la publicidad de productos cosméticos deberán presentar aviso a la Secretaría para publicitar sus productos; el aviso se dará por marca de producto en base a los requisitos establecidos en el Reglamento y deberán al menos contener la siguiente información:

Nombre y domicilio del fabricante, nombre y domicilio del importador y distribuidor, marca, nombre y Registro Federal de Contribuyentes del responsable del producto y de la publicidad.

Artículo reformado DOF 07-06-2011

Artículo 271. Los productos para adelgazar o engrosar partes del cuerpo o variar las proporciones del mismo; así como aquellos destinados a los fines a que se refiere el artículo 269 de esta Ley; que contengan hormonas, vitaminas y, en general, substancias con acción terapéutica que se les atribuya esta acción, serán considerados medicamentos y deberán sujetarse a lo previsto en el Capítulo IV de este Título.

Artículo reformado DOF 19-06-2007, 01-09-2011

Artículo 271 Bis. No podrán fabricarse, importarse ni comercializarse productos cosméticos en los siguientes supuestos:

a) Cuando en su formulación final medien o hayan mediado pruebas en animales, y

b) Cuando contengan ingredientes o combinaciones de éstos que sean o hayan sido objeto de pruebas en animales.

Lo dispuesto en el párrafo anterior podrá exceptuarse cuando:

I. Un ingrediente deba someterse a pruebas de seguridad, y no existan los métodos alternativos validados por la comunidad científica internacional o alguna disposición sanitaria relativa y aplicable. En ningún caso se podrán realizar pruebas adicionales posteriores;

II. Los datos de seguridad generados a través de pruebas en animales para un ingrediente se hayan realizado para otro fin diferente al cosmético;

III. La seguridad del ingrediente sea ampliamente reconocida por el uso histórico del mismo, no serán necesarias pruebas adicionales, pudiendo ser usada en cambio la información generada previamente como soporte, y

IV. Sea necesario atender un requisito regulatorio establecido por otro país, para fines de exportación.

Artículo adicionado DOF 14-10-2021

Artículo 272. En las etiquetas de los envases y empaques en los que se presenten los productos a que se refiere este Capítulo, además de lo establecido en el artículo 210 de esta Ley, en lo conducente, figurarán las leyendas que determinen las disposiciones aplicables.

Para la declaración de ingredientes se utilizarán las nomenclaturas técnicas internacionales que determine la normatividad aplicable.

Párrafo adicionado DOF 07-06-2011

Asimismo, para garantizar el derecho a la información del consumidor, el etiquetado de todos los productos cosméticos comercializados podrá señalar que en su fabricación no se han llevado a cabo pruebas en animales, en términos de la normatividad aplicable. No se podrá presumir de dicha condición en los casos a los que se refieren las excepciones establecidas en el artículo 271 Bis de esta Ley.

Párrafo adicionado DOF 14-10-2021

CAPÍTULO IX BIS
EJERCICIO ESPECIALIZADO DE LA CIRUGÍA

Capítulo adicionado DOF 01-09-2011

Artículo 272 Bis. Para la realización de cualquier procedimiento médico quirúrgico de especialidad, los profesionales que lo ejerzan requieren de:

I. Cédula de especialista legalmente expedida por las autoridades educativas competentes.

II. Certificado vigente de especialista que acredite capacidad y experiencia en la práctica de los procedimientos y técnicas correspondientes en la materia, de acuerdo a la Lex Artis Ad Hoc de cada especialidad, expedido por el Consejo de la especialidad según corresponda, de conformidad con el artículo 81 de la presente Ley.

Los médicos especialistas podrán pertenecer a una agrupación médica, cuyas bases de organización y funcionamiento estarán a cargo de las asociaciones, sociedades, colegios o federaciones de profesionales de su especialidad; agrupaciones que se encargan de garantizar el profesionalismo y ética de los expertos en esta práctica de la medicina.

El Comité Normativo Nacional de Consejos de Especialidades Médicas y los Consejos de Especialidades Médicas para la aplicación del presente artículo y lo dispuesto en el Título Cuarto de la presente Ley, se sujetarán a las disposiciones que emita la Secretaría de Salud.

Artículo adicionado DOF 01-09-2011

Artículo 272 Bis 1. La cirugía plástica, estética y reconstructiva relacionada con cambiar o corregir el contorno o forma de diferentes zonas o regiones de la cara y del cuerpo, deberá efectuarse en establecimientos o unidades médicas con licencia sanitaria vigente, atendidos por profesionales de la salud especializados en dichas materias, de conformidad con lo que establece el artículo 272 Bis.

Artículo adicionado DOF 01-09-2011

Artículo 272 Bis 2. La oferta de los servicios que se haga a través de medios informativos, ya sean impresos, electrónicos u otros, por profesionistas que ejerzan cirugía plástica, estética o reconstructiva; así como, los establecimientos o unidades médicas en que se practiquen dichas cirugías, deberán prever y contener con claridad en su publicidad los requisitos que se mencionan en los artículos 83, 272 Bis, 272 Bis 1 y en lo previsto en el Capítulo Único del Título XIII de esta Ley.

Artículo adicionado DOF 01-09-2011

Artículo 272 Bis 3. Las sociedades, asociaciones, colegios o federaciones de profesionistas pondrán a disposición de la Secretaría de Salud, un directorio electrónico, con acceso al público que contenga los nombres, datos de los profesionistas que lleven a cabo procedimientos médico-quirúrgicos y certificado de especialización vigente, además de proporcionar el nombre y datos de la Institución y/o Instituciones educativas, que avalen su ejercicio profesional.

Artículo adicionado DOF 01-09-2011

Artículo 272 Bis 4. Las instituciones públicas que forman parte del Sistema Nacional de Salud podrán integrar la cirugía bariátrica como tratamiento de la obesidad mórbida y sus comorbilidades, de conformidad con las disposiciones jurídicas aplicables.

Los candidatos a cirugía bariátrica deberán cumplir con los criterios de selección, de acuerdo a las normas y protocolos de salud en la materia.

Artículo adicionado DOF 22-12-2020

Artículo 272 Bis 5. Las instituciones de salud pública y privada, así como los establecimientos autorizados que practiquen la cirugía bariátrica, procurarán contar con la infraestructura multidisciplinaria adecuada para dichos procedimientos de alta complejidad, de conformidad con las disposiciones jurídicas aplicables.

Artículo adicionado DOF 22-12-2020

Artículo 272 Bis 6. Los establecimientos que presten servicios que ofrezcan cirugía bariátrica, sin apego a lo dispuesto en la presente Ley y en las disposiciones jurídicas aplicables, serán sancionados en términos del artículo 420 de la presente Ley.

Artículo adicionado DOF 22-12-2020

CAPÍTULO X
PRODUCTOS DE ASEO

Artículo 273. Para los efectos de esta Ley, se consideran productos de aseo, independientemente de su estado físico, las substancias destinadas al lavado o limpieza de objetos, superficies o locales y las que proporcionen un determinado aroma al ambiente.

Quedan comprendidos en los productos a que se refiere el párrafo anterior, los siguientes:

I. Jabones;

II. Detergentes;

III. Limpiadores;

IV. Blanqueadores;

V. Almidones para uso externo;

VI. Desmanchadores;

VII. Desinfectantes;

VIII. Desodorantes y aromatizantes ambientales, y

IX. Los demás de naturaleza análoga que determine la Secretaría de Salud.

Fracción reformada DOF 27-05-1987

Artículo 274. En las etiquetas de los envases y empaques en los que se presenten los productos a que se refiere el artículo anterior, además de lo establecido en el artículo 210 de esta Ley, en lo conducente, figurarán las leyendas que determinen las disposiciones aplicables.

CAPÍTULO XI
TABACO

Artículo 275. Se deroga.

Artículo derogado DOF 30-05-2008

Artículo 276. Se deroga.

Artículo reformado DOF 27-05-1987, 14-06-1991, 07-05-1997, 19-01-2004. Derogado DOF 30-05-2008

Artículo 277. Se deroga.

Artículo reformado DOF 27-05-1987, 19-01-2004, 06-06-2006. Derogado DOF 30-05-2008

Artículo 277 bis. Se deroga.

Artículo adicionado DOF 14-06-1991. Reformado DOF 19-01-2004. Derogado DOF 30-05-2008

CAPÍTULO XII
PLAGUICIDAS, NUTRIENTES VEGETALES Y SUBSTANCIAS TÓXICAS O PELIGROSAS

Denominación del Capítulo reformada DOF 07-05-1997

Artículo 278. Para los efectos de esta ley se entiende por:

I. Plaguicida: Cualquier substancia o mezcla de substancias que se destina a controlar cualquier plaga, incluidos los vectores que transmiten las enfermedades humanas y de animales, las especies no deseadas que causen perjuicio o que interfieran con la producción agropecuaria y forestal, así como las substancias defoliantes y las desecantes;

II. Nutrientes vegetales: Cualquier substancia o mezcla de substancias que contenga elementos útiles para la nutrición y desarrollo de las plantas, reguladores de crecimiento, mejoradores de suelo, inoculantes y humectantes;

III. Substancia peligrosa: Aquel elemento o compuesto, o la mezcla química de ambos, que tiene características de corrosividad, reactividad, inflamabilidad, explosividad, toxicidad, biológico-infecciosas, carcinogenicidad, teratogenicidad o mutagenicidad, y

IV. Substancia tóxica: Aquel elemento o compuesto, o la mezcla química de ambos que, cuando por cualquier vía de ingreso, ya sea inhalación, ingestión o contacto con la piel o mucosas, causan efectos adversos al organismo, de manera inmediata o mediata, temporal o permanente, como lesiones funcionales, alteraciones genéticas, teratogénicas, mutagénicas, carcinogénicas o la muerte.

La Secretaría de Salud determinará, mediante listas que publicará en el Diario Oficial de la Federación, los nutrientes vegetales, así como las substancias tóxicas o peligrosas que por constituir un riesgo para la salud deben sujetarse a control sanitario.

Artículo reformado DOF 27-05-1987, 07-05-1997

Artículo 279. Corresponde a la Secretaría de Salud:

Párrafo reformado DOF 27-05-1987

I. Establecer, en coordinación con las dependencias del Ejecutivo Federal competentes y para fines de control sanitario, la clasificación y las características de los diferentes productos a que se refiere este Capítulo, de acuerdo al riesgo que representen directa o indirectamente para la salud humana;

II. Autorizar, en su caso, los productos que podrán contener una o más de las substancias, plaguicidas o nutrientes vegetales, tomando en cuenta el empleo a que se destine el producto;

Fracción reformada DOF 07-05-1997

III. Autorizar los disolventes utilizados en los plaguicidas y nutrientes vegetales, así como los materiales empleados como vehículos, los cuales no deberán ser tóxicos por sí mismos ni incrementar la toxicidad del plaguicida o del nutriente vegetal;

Fracción reformada DOF 07-05-1997

IV. Autorizar el proceso de los plaguicidas persistentes y bioacumulables de cualquier composición química, solamente cuando no entrañen peligro para la salud humana y cuando no sea posible la sustitución adecuada de los mismos, y

Fracción reformada DOF 07-05-1997

V. Establecer, en coordinación con las dependencias competentes, las normas oficiales mexicanas en las que se especifiquen las condiciones que se deberán cumplir para fabricar, formular, envasar, etiquetar, embalar, almacenar, transportar, comercializar y aplicar plaguicidas, nutrientes vegetales y substancias tóxicas o peligrosas en cualquier fase de su ciclo de vida. A efecto de proteger la salud de la población prevalecerá la opinión de la Secretaría de Salud.

Fracción reformada DOF 14-06-1991, 07-05-1997

Artículo 280. La Secretaría de Salud emitirá las normas oficiales mexicanas de protección para el proceso, uso y aplicación de los plaguicidas, nutrientes vegetales y substancias tóxicas o peligrosas.

Artículo reformado DOF 27-05-1987, 07-05-1997

Artículo 281. Las etiquetas de los envases de los plaguicidas, nutrientes vegetales y substancias tóxicas o peligrosas, en lo conducente, deberán ostentar, en español, claramente la leyenda sobre los peligros que implica el manejo del producto, su forma de uso, sus antídotos en caso de intoxicación y el manejo de los envases que los contengan o los hayan contenido, de conformidad con las disposiciones legales aplicables y con las normas que dicte la Secretaría de Salud.

Artículo reformado DOF 27-05-1987, 14-06-1991, 07-05-1997

Artículo 282. El control sanitario de las substancias a que se refiere el artículo 278, se ajustará a lo establecido en esta ley y demás disposiciones aplicables, de acuerdo con el riesgo que representen directa o indirectamente para la salud humana.

Artículo reformado DOF 07-05-1997

CAPÍTULO XII BIS
PRODUCTOS BIOTECNOLÓGICOS

Capítulo adicionado DOF 07-05-1997

Artículo 282 bis. Para los efectos de esta Ley, se consideran productos biotecnológicos, aquellos alimentos, ingredientes, aditivos, materias primas, insumos para la salud, plaguicidas, sustancias tóxicas o peligrosas, y sus desechos, en cuyo proceso intervengan organismos vivos o parte de ellos, modificados por técnica tradicional o ingeniería genética.

Artículo adicionado DOF 07-05-1997

Artículo 282 bis 1. Se deberá notificar a la Secretaría de Salud, de todos aquellos productos biotecnológicos o de los derivados de éstos, que se destinen al uso o consumo humano.

Artículo adicionado DOF 07-05-1997

Artículo 282 bis 2. Las disposiciones y especificaciones relacionadas con el proceso, características y etiquetas de los productos objeto de este capítulo, se establecerán en las normas oficiales mexicanas correspondientes.

Artículo adicionado DOF 07-05-1997

CAPÍTULO XII TER
CIGARRILLOS ELECTRÓNICOS, VAPEADORES Y OTROS SISTEMAS O DISPOSITIVOS ANÁLOGOS

Capítulo adicionado DOF 15-01-2026

Artículo 282 Ter. Para efectos de esta Ley se entiende por: cigarrillos electrónicos, vapeadores y demás sistemas o dispositivos análogos, todo aparato o sistema mecánico, electrónico o de cualquier tecnología, que se utilice para calentar, vaporizar o atomizar sustancias tóxicas líquidas, geles, sales, ceras, aerosoles secos, resinas, aceites cerosos u otra nueva formulación sintética, con o sin nicotina, susceptibles de ser inhaladas por la persona consumidora.

Artículo adicionado DOF 15-01-2026

Artículo 282 Quater. Queda prohibido en todo el territorio nacional la adquisición con fines de comercialización, preparación, producción, fabricación, mezclado, acondicionamiento, envasado, transporte con fines comerciales, almacenamiento, importación, exportación, comercio, distribución, venta y suministro de cigarrillos electrónicos, vapeadores y demás sistemas o dispositivos análogos, incluidos aquellos que son desechables o de un solo uso.

Se exceptúa de la prohibición, su consumo y posesión cuando no se destine a las actividades o fines señalados en el párrafo anterior.

Quedan prohibidos todos los actos de comercialización, publicidad o propaganda, para que se consuman cigarrillos electrónicos, vapeadores y demás sistemas o dispositivos análogos, a través de cualquier medio impreso, digital, televisivo, radial o cualquier otro medio de comunicación.

Artículo adicionado DOF 15-01-2026

Artículo 282 Quinquies. La autoridad sanitaria podrá llevar a cabo la verificación, la aplicación de medidas de seguridad y la disposición sanitaria de cigarrillos electrónicos, vapeadores y demás sistemas o dispositivos análogos.

Lo anterior, con independencia de las acciones que correspondan a otras autoridades en su respectivo ámbito de competencia.

Artículo adicionado DOF 15-01-2026

CAPÍTULO XIII
IMPORTACIÓN Y EXPORTACIÓN

Artículo 283. Corresponde a la Secretaría de Salud el control sanitario de los productos y materias primas de importación y exportación comprendidos en este Título, incluyendo la identificación, naturaleza y características de los productos respectivos.

Artículo reformado DOF 27-05-1987

Artículo 284. La Secretaría de Salud podrá identificar, comprobar, certificar y vigilar, en el ámbito nacional, la calidad sanitaria de los productos materia de importación.

En los casos en que los productos de importación no reúnan los requisitos o características que establezca la legislación correspondiente, la Secretaría de Salud aplicará las medidas de seguridad que correspondan.

Artículo reformado DOF 27-05-1987

Artículo 285. El importador de los productos a que se refiere este Título, deberá estar domiciliado en el país y sujetarse a las disposiciones aplicables.

Artículo 286. En materia de alimentos, bebidas no alcohólicas, bebidas alcohólicas, productos cosméticos, productos de aseo, así como de las materias que se utilicen en su elaboración, el Secretario de Salud, mediante acuerdo publicado en el Diario Oficial de la Federación, determinará con base en los riesgos para la salud qué productos o materias primas que requieren autorización previa de importación.

Artículo reformado DOF 27-05-1987, 14-06-1991. Fe de erratas DOF 12-07-1991. Reformado DOF 30-05-2008, 07-06-2011

Artículo 286 Bis. La importación de los productos y materias primas comprendidos en este Título que no requieran de autorización sanitaria previa de importación, se sujetará a las siguientes bases:

I. Podrán importarse los productos, siempre que el importador exhiba la documentación establecida en las disposiciones reglamentarias de esta Ley, incluido el certificado sanitario expedido por la autoridad sanitaria del país de origen, de acuerdo con los convenios y tratados internacionales que se celebren o de laboratorios nacionales o extranjeros acreditados por las Secretarías de Salud o de Economía, conforme a los acuerdos de coordinación que celebren estas dependencias. Asimismo, deberá dar aviso a la Secretaría del arribo y destino de los productos;

Fracción reformada DOF 09-04-2012

II. La Secretaría podrá aleatoriamente muestrear y analizar los productos importados, aún cuando cuenten con certificación sanitaria a fin de verificar el cumplimiento de las normas oficiales mexicanas o disposiciones aplicables. Cuando se encuentre que el producto muestreado no cumple con las normas o disposiciones citadas, la Secretaría podrá solicitar su acondicionamiento, y si esto no es posible, procederá en los términos de esta Ley. Además, en estos casos se revocará la autorización del laboratorio que expidió el certificado, y

III. Los productos nuevos o aquellos que vayan a ser introducidos por primera vez al país, previa su internación serán muestreados y analizados en laboratorios acreditados, para verificar que cumplan con las normas oficiales mexicanas o disposiciones aplicables.

Artículo adicionado DOF 14-06-1991. Reformado DOF 07-05-1997, 14-02-2006

Artículo 287. La Secretaría de Salud, en apoyo a las exportaciones, podrá certificar los procesos o productos a que hace mención el artículo 194 fracción I de esta ley, o los establecimientos en los que se lleven a cabo dichos procesos, siempre y cuando éstos cumplan con las disposiciones aplicables.

Artículo reformado DOF 27-05-1987. Derogado DOF 14-06-1991. Adicionado DOF 07-05-1997

Artículo 288. Para la exportación de insumos para la salud no se requerirá que el establecimiento exportador posea licencia sanitaria, sólo certificado de exportación expedido por la Secretaría. Cuando se acredite la aceptación de estos insumos, por el importador final, no requerirán de registro sanitario.

No se expedirá el certificado de exportación para estupefacientes, psicotrópicos y hemoderivados.

Artículo reformado DOF 27-05-1987, 14-06-1991

Artículo 289. La importación y exportación de estupefacientes, substancias psicotrópicas y productos o preparados que los contenga, requieren autorización de la Secretaría de Salud. Dichas operaciones podrán realizarse únicamente por la aduana de puertos aéreos que determine la Secretaría de Salud en coordinación con las autoridades competentes. En ningún caso podrán efectuarse por vía postal.

Artículo reformado DOF 27-05-1987

Artículo 290. La Secretaría de Salud otorgará autorización para importar estupefacientes, substancias psicotrópicas, productos o preparados que los contengan, incluyendo los derivados farmacológicos de la cannabis sativa, índica y americana o marihuana, entre los que se encuentra el tetrahidrocannabinol, sus isómeros y variantes estereoquímicas, exclusivamente a:

Párrafo reformado DOF 27-05-1987, 19-06-2017

I. Las droguerías, para venderlos a farmacias o para las preparaciones oficinales que el propio establecimiento elabore, y

II. Los establecimientos destinados a producción de medicamentos autorizados por la propia Secretaría.

Su proceso quedará sujeto a lo establecido en los Capítulos V y VI de este Título, quedando facultada la propia Secretaría para otorgar autorización en los casos especiales en que los interesados justifiquen ante la misma la importación directa.

Artículo 291. Las oficinas consulares mexicanas en el extranjero certificarán la documentación que ampare estupefacientes, substancias psicotrópicas, productos o preparados que los contengan, para lo cual los interesados deberán presentar los siguientes documentos:

I. Permiso sanitario, expedido por las autoridades competentes del país de donde procedan, autorizando la salida de los productos que se declaren en los documentos consulares correspondientes, invariablemente tratándose de estupefacientes y cuando así proceda respecto de substancias psicotrópicas, y

II. Permiso sanitario expedido por la Secretaría de Salud, autorizando la importación de los productos que se indiquen en el documento consular. Este permiso será retenido por el cónsul al certificar el documento.

Fracción reformada DOF 27-05-1987

Artículo 292. La Secretaría de Salud autorizará la exportación de estupefacientes, substancias psicotrópicas, productos o preparados que los contengan, cuando no haya inconveniente para ello y se satisfagan los requisitos siguientes:

Párrafo reformado DOF 27-05-1987

I. Que los interesados presenten el permiso sanitario de importación expedido por la autoridad competente del país a que se destinen, invariablemente tratándose de estupefacientes y cuando así proceda respecto de substancias psicotrópicas, y

II. Que la aduana por donde se pretenda exportarlos sea de las señaladas conforme al artículo 289 de esta Ley.

La Secretaría de Salud enviará copia del permiso sanitario que expida, fechado y numerado, al puerto de salida autorizado.

Párrafo reformado DOF 27-05-1987

Artículo 293. Queda prohibido el transporte por el territorio nacional, con destino a otro país de las substancias señaladas en el artículo 289 de esta Ley, así como de las que en el futuro se determinen de acuerdo con lo que establece el artículo 246 de la misma.

Artículo 294. La Secretaría de Salud está facultada para intervenir en puertos marítimos y aéreos, en las fronteras y, en general, en cualquier punto del territorio nacional, en relación con el tráfico de estupefacientes y substancias psicotrópicas, para los efectos de identificación, control y disposición sanitarios.

Artículo reformado DOF 27-05-1987

Artículo 295. Sin perjuicio de las atribuciones de otras dependencias del Ejecutivo Federal, se requiere autorización sanitaria expedida por la Secretaría de Salud para la importación de los medicamentos y sus materias primas, equipos médicos, prótesis, órtesis, ayudas funcionales, agentes de diagnóstico, insumos de uso odontológico, material quirúrgico y de curación y productos higiénicos que determine el Secretario, mediante acuerdo publicado en el Diario Oficial de la Federación.

Artículo reformado DOF 27-05-1987, 14-06-1991, 07-05-1997

Artículo 296. (Se deroga).

Artículo reformado DOF 27-05-1987. Derogado DOF 14-06-1991

Artículo 297. (Se deroga).

Artículo reformado DOF 27-05-1987. Derogado DOF 14-06-1991

Artículo 298. Se requiere autorización sanitaria de la Secretaría de Salud para la importación de los plaguicidas, nutrientes vegetales y substancias tóxicas o peligrosas que constituyan un riesgo para la salud.

La importación de plaguicidas persistentes y bioacumulables de cualquier composición química, únicamente se autorizará cuando éstos no entrañen un peligro para la salud humana y no sea posible la sustitución adecuada de los mismos.

La Secretaría de Salud, mediante acuerdo que publicará en el Diario Oficial de la Federación, determinará los plaguicidas y nutrientes vegetales que no requerirán de autorización sanitaria para su importación.

Artículo reformado DOF 27-05-1987, 07-05-1997

Artículo 299. Cuando se autorice la importación de las substancias mencionadas en el artículo anterior, corresponde a la Secretaría de Salud vigilar y controlar las actividades que con ellas se efectúen, en los términos de las disposiciones aplicables.

Artículo reformado DOF 27-05-1987

TÍTULO DÉCIMO TERCERO
PUBLICIDAD

CAPÍTULO ÚNICO

Artículo 300. Con el fin de proteger la salud pública, es competencia de la Secretaría de Salud la autorización de la publicidad que se refiera a la salud, al tratamiento de las enfermedades, a la rehabilitación de las personas con discapacidad, al ejercicio de las disciplinas para la salud y a los productos y servicios a que se refiere esta Ley. Esta facultad se ejercerá sin perjuicio de las atribuciones que en esta materia confieran las leyes a las Secretarías de Gobernación, Educación Pública, Economía, Infraestructura, Comunicaciones y Transportes y otras dependencias del Ejecutivo Federal.

Artículo reformado DOF 27-05-1987, 09-04-2012, 08-04-2013, 29-05-2023

Artículo 301. Será objeto de autorización por parte de la Secretaría de Salud, la publicidad que se realice sobre la existencia, calidad y características, así como para promover el uso, venta o consumo en forma directa o indirecta de los insumos para la salud, las bebidas alcohólicas, así como los productos y servicios que se determinen en el reglamento de esta Ley en materia de publicidad.

Queda prohibida la publicidad de alimentos y bebidas con bajo valor nutricional y alta densidad energética, dentro de los centros escolares.

Párrafo adicionado DOF 14-10-2015

Artículo reformado DOF 27-05-1987, 14-06-1991, 30-05-2008

Artículo 301 bis. Las disposiciones reglamentarias determinarán los productos y servicios en los que el interesado sólo requerirá dar aviso a la Secretaría de Salud, para su difusión publicitaria.

Artículo adicionado DOF 07-05-1997

Artículo 302. Los gobiernos de las entidades federativas coadyuvarán con la Secretaría de Salud en las actividades a que se refiere el artículo anterior, que se lleven a cabo en sus respectivas jurisdicciones territoriales.

Artículo reformado DOF 27-05-1987

Artículo 303. La Secretaría de Salud coordinará las acciones que, en materia de publicidad relacionada con la salud, realicen las instituciones del sector público, con la participación que corresponda a los sectores social y privado, y con la intervención que corresponda a la Secretaría de Gobernación.

Artículo reformado DOF 27-05-1987

Artículo 304. La clave de autorización de la publicidad otorgada por la Secretaría de Salud, en su caso, deberá aparecer en el material publicitario impreso, pero no formando parte de la leyenda precautoria.

Párrafo reformado DOF 07-05-1997

Las resoluciones sobre autorizaciones de publicidad que emita la Secretaría de Salud, no podrán ser utilizadas con fines comerciales o publicitarios.

Artículo reformado DOF 27-05-1987

Artículo 305. Los responsables de la publicidad, anunciantes, agencias de publicidad y medios difusores, se ajustarán a las normas de este título.

Artículo reformado DOF 07-05-1997

Artículo 306. La publicidad a que se refiere esta Ley se sujetará a los siguientes requisitos:

I. La información contenida en el mensaje sobre calidad, origen, pureza, conservación, propiedades nutritivas y beneficios de empleo deberá ser comprobable;

Fracción reformada DOF 14-06-1991

II. El mensaje deberá tener contenido orientador y educativo;

III. Los elementos que compongan el mensaje, en su caso, deberán corresponder a las características de la autorización sanitaria respectiva;

Fracción reformada DOF 14-06-1991. Fe de erratas a la fracción DOF 12-07-1991

IV. El mensaje no deberá inducir a conductas, prácticas o hábitos nocivos para la salud física o mental que impliquen riesgo o atenten contra la seguridad o integridad física o dignidad de las personas, en particular de la mujer;

V. El mensaje no deberá desvirtuar ni contravenir los principios, disposiciones y ordenamientos que en materia de prevención, tratamiento de enfermedades o rehabilitación, establezca la Secretaría de Salud, y

Fracción reformada DOF 27-05-1987

VI. El mensaje publicitario deberá estar elaborado conforme a las disposiciones legales aplicables.

Artículo 307. Tratándose de publicidad de alimentos y bebidas no alcohólicas, ésta no deberá asociarse directa o indirectamente con el consumo de bebidas alcohólicas.

La publicidad no deberá inducir a hábitos de alimentación nocivos, ni atribuir a los alimentos industrializados un valor superior o distinto al que tengan en realidad.

Párrafo reformado DOF 27-05-1987, 14-06-1991

La publicidad de alimentos y bebidas no alcohólicas deberá incluir en forma visual, auditiva o visual y auditiva, según sea para impresos, radio o cine y televisión, respectivamente, mensajes precautorios de la condición del producto o mensajes promotores de una alimentación equilibrada.

Párrafo adicionado DOF 14-06-1991. Reformado DOF 07-05-1997

Artículo 308. La publicidad de bebidas alcohólicas deberá ajustarse a los siguientes requisitos:

Párrafo reformado DOF 30-05-2008

I. Se limitará a dar información sobre las características, calidad y técnicas de elaboración de estos productos;

II. No deberá presentarlos como productores de bienestar o salud, o asociarlos a celebraciones cívicas o religiosas;

III. No podrá asociar a estos productos con ideas o imágenes de mayor éxito en la vida afectiva y sexualidad de las personas, o hacer exaltación de prestigio social, virilidad o femineidad;

IV. No podrá asociar estos productos con actividades creativas, deportivas, del hogar o del trabajo, ni emplear imperativos que induzcan directamente a su consumo;

V. No podrá incluir, en imágenes o sonidos, la participación de niños o adolescentes ni dirigirse a ellos;

Fracción reformada DOF 27-05-1987

VI. En el mensaje, no podrán ingerirse o consumirse real o aparentemente los productos de que se trata.

VII. En el mensaje no podrán participar personas menores de 25 años, y

Fracción adicionada DOF 27-05-1987

VIII. En el mensaje deberán apreciarse fácilmente, en forma visual o auditiva, según el medio publicitario que se emplee, las leyendas a que se refieren los artículos 218 y 276 de esta Ley.

Fracción adicionada DOF 27-05-1987

La Secretaría de Salud podrá dispensar el requisito previsto en la fracción VIII del presente artículo, cuando en el propio mensaje y en igualdad de circunstancias, calidad, impacto y duración, se promueva la moderación en el consumo de bebidas alcohólicas, especialmente en la niñez, la adolescencia y la juventud, así como advierta contra los daños a la salud que ocasionan el abuso en el consumo de bebidas alcohólicas.

Párrafo adicionado DOF 27-05-1987. Reformado DOF 30-05-2008

Las disposiciones reglamentarias señalarán los requisitos a que se sujetará el otorgamiento de la dispensa a que se refiere el párrafo anterior.

Párrafo adicionado DOF 27-05-1987

Artículo 308 bis. Se deroga.

Artículo adicionado DOF 19-01-2004. Derogado DOF 30-05-2008

Artículo 309. Los horarios en los que las estaciones de radio y televisión y las salas de exhibición cinematográfica podrán transmitir o proyectar, según el caso, publicidad de bebidas alcohólicas, se ajustarán a lo que establezcan las disposiciones generales aplicables.

Artículo reformado DOF 30-05-2008

Artículo 309 bis. Se deroga.

Artículo adicionado DOF 19-01-2004. Derogado DOF 30-05-2008

Artículo 310. En materia de medicamentos, remedios herbolarios, equipos médicos, prótesis, órtesis, ayudas funcionales e insumos de uso odontológico, materiales quirúrgicos y de curación y agentes de diagnóstico, la publicidad se clasifica en:

Párrafo reformado DOF 07-05-1997

I. Publicidad dirigida a profesionales de la salud, y
II. Publicidad dirigida a la población en general.

Fracción reformada DOF 07-05-1997

La publicidad dirigida a profesionales de la salud deberá circunscribirse a las bases de publicidad aprobadas por la Secretaría de Salud en la autorización de estos productos, y estará destinada exclusivamente a los profesionales, técnicos y auxiliares de las disciplinas para la salud.

Párrafo reformado DOF 27-05-1987

La publicidad a que se refiere el párrafo anterior, no requerirá autorización en los casos que lo determinen expresamente las disposiciones reglamentarias de esta Ley.

La publicidad dirigida a la población en general sólo se efectuará sobre medicamentos de libre venta y remedios herbolarios, y deberá incluirse en ella en forma visual, auditiva o ambas, según el medio de que se trate, el texto: Consulte a su médico, así como otras leyendas de advertencia que determine la Secretaría de Salud.

Párrafo reformado DOF 14-06-1991, 07-05-1997

Ambas se limitarán a difundir las características generales de los productos, sus propiedades terapéuticas y modalidades de empleo, señalando en todos los casos la conveniencia de consulta médica para su uso.

Artículo 311. Sólo se autorizará la publicidad de medicamentos con base en los fines con que estos estén registrados ante la Secretaría de Salud.

Artículo reformado DOF 27-05-1987

Artículo 312. La Secretaría de Salud determinará en qué casos la publicidad de productos y servicios a que se refiere esta Ley deberá incluir, además de los ya expresados en este Capítulo, otros textos de advertencia de riesgos para la salud.

Artículo reformado DOF 27-05-1987

TÍTULO DÉCIMO CUARTO
DONACIÓN, TRASPLANTES Y PÉRDIDA DE LA VIDA

Denominación del Título reformada DOF 07-05-1997, 26-05-2000

CAPÍTULO I
DISPOSICIONES COMUNES

Artículo 313. Compete a la Secretaría de Salud:

I. El control y la vigilancia sanitarios de la disposición y trasplantes de órganos, tejidos y células de seres humanos, en los términos establecidos por esta Ley y demás disposiciones jurídicas aplicables;

Fracción reformada DOF 20-04-2015

II. La regulación sobre cadáveres, en los términos de esta Ley;

III. Establecer y dirigir las políticas en salud en materia de donación, procuración y trasplantes de órganos, tejidos, células troncales, así como de la disposición de sangre, productos sanguíneos y hemoderivados, para lo cual se apoyará en el Centro Nacional de Trasplantes, y en el Centro Nacional de la Transfusión Sanguínea;

Fracción reformada DOF 15-01-2026

IV. Emitir las disposiciones de carácter general que permitan la homologación de los criterios de atención médica integral en la materia, y

V. Elaborar y llevar a cabo, en coordinación con las instituciones públicas del Sistema Nacional de Salud y con los gobiernos de las entidades federativas, campañas permanentes de concientización sobre la importancia de la donación de órganos, tejidos y células troncales para fines de trasplantes, así como de sangre y productos sanguíneos para efectos de transfusiones y otros usos terapéuticos.

Fracción reformada DOF 20-04-2015, 15-01-2026

Artículo reformado DOF 27-05-1987, 14-06-1991, 07-05-1997, 26-05-2000, 30-06-2003, 14-07-2008, 11-06-2009, 12-12-2011

Artículo 314. Para efectos de este título se entiende por:

I. Células germinales, a las células reproductoras masculinas y femeninas capaces de dar origen a un embrión;

I Bis. Células Troncales, aquellas capaces de autoreplicarse y diferenciarse hacia diversos linajes celulares especializados;

Fracción adicionada DOF 24-01-2013. Reformada DOF 20-04-2015

II. Cadáver, el cuerpo humano en el que se haya comprobado la pérdida de la vida;

Fracción reformada DOF 07-06-2005

III. Componentes, a los órganos, los tejidos, las células y sustancias que forman el cuerpo humano, con excepción de los productos;

IV. Derogada

Fracción derogada DOF 15-01-2026

V. Destino final, a la conservación permanente, inhumación, incineración, cremación, desintegración e inactivación de órganos, tejidos, células y derivados, productos y cadáveres de seres humanos, incluyendo los de embriones y fetos, mediante prácticas reconocidas y en condiciones sanitarias reguladas y autorizadas por la autoridad sanitaria;

Fracción reformada DOF 24-01-2020

VI. Donador o disponente, al que tácita o expresamente consiente la disposición en vida o para después de su muerte, de su cuerpo, o de sus órganos, tejidos y células, conforme a lo dispuesto por esta Ley y demás disposiciones jurídicas aplicables;

Fracción reformada DOF 11-06-2009

VII. Se deroga.

Fracción derogada DOF 11-06-2009

VIII. Embrión, al producto de la concepción a partir de ésta, y hasta el término de la duodécima semana gestacional;

IX. Feto, al producto de la concepción a partir de la decimotercera semana de edad gestacional, hasta la expulsión del seno materno;

X. Órgano, a la entidad morfológica compuesta por la agrupación de tejidos diferentes, que mantiene de modo autónomo su estructura, vascularización y capacidad de desarrollar funciones fisiológicas;

Fracción reformada DOF 12-12-2011

XI. Producto, a todo tejido o sustancia extruida, excretada o expelida por el cuerpo humano como resultante de procesos fisiológicos normales. Serán considerados productos, para efectos de este Título, la placenta y los anexos de la piel;

XI Bis. Productos sanguíneos, a los diversos preparados de la sangre que tienen utilidad terapéutica, incluyen las unidades de sangre total, de sus componentes y mezclas de estos;

Fracción adicionada DOF 15-01-2026

XII. Receptor, a la persona que recibe para su uso terapéutico un órgano, tejido, células o productos;

XII Bis. Sangre, es el tejido hemático con todos sus componentes;

Fracción adicionada DOF 20-04-2015

XII Bis 1. Plasma, el componente específico separado de las células de la sangre;

Fracción adicionada DOF 20-04-2015

XIII. Tejido, agrupación de células especializadas que realizan una o más funciones;

Fracción reformada DOF 11-06-2009, 20-04-2015

XIV. Trasplante, a la transferencia de un órgano, tejido o células de una parte del cuerpo a otra, o de un individuo a otro y que se integren al organismo;

Fracción reformada DOF 11-06-2009

XIV Bis. Transfusión, al procedimiento terapéutico consistente en la aplicación de sangre o de productos sanguíneos a un ser humano;

Fracción adicionada DOF 20-04-2015. Reformada DOF 15-01-2026

XV. Banco de tejidos con fines de trasplante, establecimiento autorizado que tenga como finalidad primordial mantener el depósito temporal de tejidos para su preservación y suministro terapéutico;

Fracción adicionada DOF 11-06-2009

XVI. Disponente secundario, alguna de las siguientes personas; él o la cónyuge, el concubinario o la concubina, los descendientes, los ascendientes, los hermanos, el adoptado o el adoptante; conforme a la prelación señalada;

Fracción adicionada DOF 11-06-2009. Reformada DOF 12-12-2011

XVII. Disposición, el conjunto de actividades relativas a la obtención, extracción, análisis, conservación, preparación, suministro, utilización y destino final de órganos, tejidos, productos sanguíneos, células troncales, productos y cadáveres de seres humanos, con fines terapéuticos, de docencia o investigación;

Fracción adicionada DOF 11-06-2009. Reformada DOF 12-12-2011, 15-01-2026

XVIII. Asignación, el proceso mediante el cual el Comité Interno de Trasplantes selecciona los receptores de órganos y tejidos, obtenidos de un donador que haya perdido la vida;

Fracción adicionada DOF 12-12-2011

XIX. Autotrasplante, trasplante que consiste en obtener un órgano o tejido del propio paciente y volverlo a implantar en él;

Fracción adicionada DOF 12-12-2011

XX. Coordinador hospitalario de donación de órganos y tejidos para trasplantes, el médico especialista o general, debidamente capacitado por la Secretaría de Salud que realiza las funciones de procuración de órganos a que se refiere esta Ley;

Fracción adicionada DOF 12-12-2011

XXI. Coordinación Institucional, la representación nombrada por cada institución de salud en el país ante la Secretaría de Salud con el fin de atender en el ámbito de su competencia, las políticas en salud en materia de donación y trasplantes de órganos, tejidos y células;

Fracción adicionada DOF 12-12-2011

XXII. Distribución, al proceso a través del cual se determina el establecimiento de salud donde serán trasplantados los órganos y tejidos, obtenidos de un donador que haya perdido la vida;

Fracción adicionada DOF 12-12-2011

XXIII. Implante, al procedimiento terapéutico consistente en la sustitución de una parte del cuerpo por material biológico nativo o procesado, o bien sintético, que podrá quedar o no integrado al organismo y sin que desempeñe alguna función que requiera la persistencia viva de lo sustituido;

Fracción adicionada DOF 12-12-2011

XXIV. Institución de salud, a la agrupación de establecimientos de salud bajo una misma estructura de mando y normativa;

Fracción adicionada DOF 12-12-2011

XXV. Preservación, a la utilización de agentes químicos y, en su caso, a la modificación de las condiciones del medio ambiente durante la extracción, envase, traslado o trasplante de órganos, tejidos, productos sanguíneos o células, con el propósito de impedir o retrasar su deterioro;

Fracción adicionada DOF 12-12-2011. Reformada DOF 15-01-2026

XXVI. Procuración, al proceso y las actividades dirigidas a promover la obtención oportuna de órganos, tejidos y células donados para su trasplante;

Fracción adicionada DOF 12-12-2011. Reformada DOF 20-04-2015

XXVII. Trazabilidad, a la capacidad de localizar e identificar los órganos, tejidos, productos sanguíneos y células, en cualquier momento desde la donación y, en su caso, hasta el uso terapéutico, procesamiento o destino final;

Fracción adicionada DOF 12-12-2011. Reformada DOF 24-01-2013, 20-04-2015, 15-01-2026

XXVIII. Hemoderivados, a los productos obtenidos de algunos productos sanguíneos, especialmente el plasma, mediante procesos fisicoquímicos o biológicos, para aplicación terapéutica, diagnóstica, preventiva o en investigación;

Fracción adicionada DOF 20-04-2015. Reformada DOF 15-01-2026

XXIX. Banco de células troncales, al establecimiento autorizado para obtener, recolectar, analizar, procesar, conservar, aplicar, transfundir y proveer células troncales;

Fracción adicionada DOF 15-01-2026

XXX. Centro de colecta de células troncales, al establecimiento autorizado para la obtención y recolección de células troncales, contemplando la atención al donador, resguardo y envío de células troncales obtenidas para su análisis a un banco de células troncales;

Fracción adicionada DOF 15-01-2026

XXXI. Establecimiento de medicina regenerativa, al enfocado en la reparación, reposición o regeneración de células, tejidos u órganos para restaurar la función dañada resultante de cualquier causa, incluyendo los defectos congénitos, enfermedad adquirida y trauma. Utiliza una combinación de abordajes tecnológicos que van desde la ingeniería en tejidos hasta la aplicación terapéutica basada en la evidencia científica que asegure el más alto grado de recomendación terapéutica, y que va más allá del tradicional trasplante y terapias de reemplazo, y

Fracción adicionada DOF 15-01-2026

XXXII. Plasma residual, a todo aquel que, basado en la evidencia científica y avances tecnológicos, carece de las características para ser empleado para uso clínico en transfusión por la red de sangre, el cual puede ser plasma fresco, congelado y plasma desprovisto de factores lábiles.

Fracción adicionada DOF 15-01-2026

Artículo reformado DOF 14-06-1991, 07-05-1997, 26-05-2000

Artículo 314 Bis. Los gobiernos de las entidades federativas deberán establecer centros de trasplantes, los cuales coadyuvarán con el Centro Nacional de Trasplantes presentando sus programas de trasplantes e integrando y actualizando la información del Registro Nacional de Trasplantes, de conformidad con lo que señalen esta Ley y las demás disposiciones aplicables.

Artículo adicionado DOF 12-12-2011

Artículo 314 Bis 1. El Subsistema Nacional de Donación y Trasplantes está constituido por las dependencias y entidades de la Administración Pública, tanto federal como de las entidades federativas, el Centro Nacional de Trasplantes, los Centros Estatales de Trasplantes y el de la Ciudad de México y las personas físicas o morales de los sectores público, social y privado que presten servicios de salud o se dediquen a actividades relacionadas con los trasplantes o la donación de órganos, tejidos y células, así como por los programas y los mecanismos de vinculación, coordinación y colaboración de acciones que se establezcan entre éstas.

Párrafo reformado DOF 29-05-2023

La política en materia de donación y trasplantes deberá guiarse por la transparencia, la equidad y la eficiencia, debiendo protegerse los datos personales en términos de las disposiciones aplicables.

Artículo adicionado DOF 12-12-2011

Artículo 314 Bis 2. El Centro Nacional de Trasplantes tendrá a su cargo la coordinación del Subsistema Nacional de Donación y Trasplantes cuyas funciones se establecerán en la reglamentación respectiva.

Artículo adicionado DOF 12-12-2011

Artículo 315. Los establecimientos de salud que requieren de licencia sanitaria son los dedicados a:

Párrafo reformado DOF 20-04-2015

I. La extracción, análisis, conservación, preparación y suministro de órganos, tejidos y células;

II. Los trasplantes de órganos, tejidos y células;

Fracción reformada DOF 20-04-2015

III. Los bancos de órganos, tejidos no hemáticos y células;

Fracción reformada DOF 24-01-2013, 20-04-2015

IV. Los servicios de sangre;

Fracción reformada DOF 24-01-2013, 20-04-2015

V. La disposición de células troncales, y

Fracción adicionada DOF 24-01-2013. Reformada DOF 20-04-2015

VI. Los establecimientos de medicina regenerativa.

Fracción adicionada DOF 20-04-2015

La Secretaría de Salud otorgará la licencia a que se refiere el presente artículo a los establecimientos que cuenten con el personal, infraestructura, equipo, instrumental e insumos necesarios para la realización de los actos relativos, conforme a lo que establezcan las disposiciones de esta Ley y demás aplicables.

Párrafo reformado DOF 20-04-2015

Para el caso de los establecimientos de salud a que se refiere la fracción IV del presente artículo, la licencia sanitaria tendrá una vigencia de 5 años prorrogables por plazos iguales de conformidad con las disposiciones aplicables.

Párrafo adicionado DOF 20-04-2015

Artículo reformado DOF 26-05-2000

Artículo 316. Los establecimientos a que se refiere el artículo anterior contarán con una persona responsable sanitaria, de quien deberán dar aviso de su alta, modificación y baja ante la Secretaría de Salud.

Párrafo reformado DOF 15-01-2026

Los establecimientos en los que se extraigan órganos, tejidos y células troncales deberán contar con un Comité Interno de Coordinación para la donación de órganos y tejidos, que será presidido por la persona titular de la Dirección General o su inmediato inferior que sea médica con un alto nivel de conocimientos académicos y profesionales en la materia. Este comité será responsable de hacer la selección del establecimiento de salud que cuente con un programa de trasplante autorizado, al que enviará los órganos, tejidos y células troncales, de conformidad con lo que establece la presente Ley y demás disposiciones jurídicas aplicables.

Párrafo reformado DOF 12-12-2011, 15-01-2026

A su vez, los establecimientos que realicen actos de trasplantes, deberán contar con un Comité Interno de Trasplantes que será presidido por el Director General o su inmediato inferior que cuente con un alto nivel de conocimientos médicos académicos y profesionales, y será responsable de hacer la selección de disponentes y receptores para trasplante, de conformidad con lo que establece la presente Ley y demás disposiciones jurídicas aplicables. Los establecimientos en los que se extraigan órganos y tejidos y se realicen trasplantes, únicamente deberán contar con un Comité Interno de Trasplantes.

El Comité Interno de Trasplantes deberá coordinarse con el comité de bioética de la institución en los asuntos de su competencia.

Los establecimientos que realicen actos de transfusión, disposición de sangre, productos sanguíneos y células troncales, deberán contar con un Comité de Medicina Transfusional, y, en su caso, un Comité o subcomité de trasplante de células troncales, según corresponda, los cuales sesionarán de manera ordinaria trimestral y de manera extraordinaria cuando así se requiera, en las que se reportarán el total de eventos y reacciones adversas a la donación, transfusión y trasplantes, sujetándose a las disposiciones que para tal efecto emita la Secretaría de Salud.

Párrafo reformado DOF 15-01-2026

Los establecimientos de atención médica que transfundan sangre y sus productos sanguíneos deberán contar con un Comité de Medicina Transfusional.

Párrafo adicionado DOF 24-01-2013. Reformado DOF 15-01-2026

Los establecimientos de atención médica que realicen actos de trasplante, infusión y disposición de células troncales, deberán contar con un Comité de Trasplante de Células Troncales, el cual sesionará de manera ordinaria trimestral y de manera extraordinaria cuando así se requiera, y reportará el total de reacciones adversas al trasplante y, en su caso, de la infusión sujetándose a las disposiciones que para tal efecto emita la Secretaría de Salud.

Párrafo adicionado DOF 24-01-2013. Reformado DOF 15-01-2026

En caso de que el establecimiento cuente con la autorización sanitaria para hacer trasplante de órganos y tejidos a que se refiere el artículo 315, fracción I de esta Ley, se deberá conformar un subcomité que deberá presentar los casos al Comité Interno de Trasplantes.

Párrafo adicionado DOF 24-01-2013

Los comités y subcomités a que se refiere este artículo se integrarán y sujetarán a las disposiciones que para tal efecto emita la Secretaría.

Párrafo adicionado DOF 24-01-2013

Artículo reformado DOF 26-05-2000, 11-06-2009

Artículo 316 Bis. Los establecimientos a los que se refieren las fracciones I y II del artículo 315 de esta Ley deberán contar con un coordinador hospitalario de donación de órganos y tejidos para trasplantes que esté disponible de manera permanente.

El coordinador hospitalario de la donación de órganos y tejidos para trasplantes de los establecimientos a los que se refieren las fracciones I y II del artículo 315 deberá ser un médico especialista o general, que cuente con experiencia en la materia y esté capacitado por la Secretaría de Salud para desempeñar esa función, quien podrá auxiliarse en su caso de otros profesionales de la salud debidamente capacitados en la materia.

Corresponderá a los coordinadores a los que se refiere este artículo:

I. Detectar, evaluar y seleccionar a los donantes potenciales;

II. Solicitar el consentimiento del familiar a que se refiere esta Ley;

III. Establecer y mantener coordinación con el Comité Interno de Trasplantes durante el proceso de procuración de órganos y tejidos;

IV. Facilitar la coordinación entre los profesionales de la salud encargados de la extracción del o de los órganos y el de los médicos que realizarán el o los trasplantes;

V. Coordinar la logística dentro del establecimiento de la donación y el trasplante;

VI. Resguardar y mantener actualizados los archivos relacionados con su actividad;

VII. Participar con voz en el Comité Interno de Trasplantes;

VIII. Fomentar al interior del establecimiento la cultura de la donación y el trasplante;

IX. Representar al responsable sanitario del establecimiento en ausencia de éste, y

X. Lo que le atribuya esta Ley y las demás disposiciones aplicables.

Artículo adicionado DOF 12-12-2011

Artículo 316 Bis 1. Para garantizar la disponibilidad oportuna de sangre, productos sanguíneos y células troncales, los establecimientos a los que se refiere el artículo 315 de esta Ley que no cuenten con bancos de sangre, centros de procesamiento y banco de células troncales, deberán celebrar un convenio con algún establecimiento de banco de sangre, centro de procesamiento o un banco de células troncales respectivamente.

Artículo adicionado DOF 12-12-2011. Reformado DOF 20-04-2015, 15-01-2026

Artículo 317. Los órganos no podrán ser sacados del territorio nacional.

Los permisos para que los tejidos y sus componentes, así como las células puedan salir del territorio nacional, se concederán siempre y cuando estén satisfechas las necesidades terapéuticas de éstos en el país, salvo casos de urgencia. Para la entrada o salida de sangre y sus componentes, se estará en lo dispuesto en la fracción VI del artículo 375.

Párrafo reformado DOF 20-04-2015

En el caso de plasma residual se concederán los permisos siempre que se trate de realizar su procesamiento para la obtención de hemoderivados y se garantice su retorno al territorio nacional con fines terapéuticos.

Párrafo adicionado DOF 20-04-2015

Artículo reformado DOF 26-05-2000, 24-01-2013

Artículo 317 Bis. El traslado fuera del territorio nacional de tejidos de seres humanos referidos en el artículo 375 fracción VI de esta Ley que pueda ser fuente de material genético (ácido desoxirribonucleico) y cuyo propósito sea llevar a cabo estudios genómicos poblacionales, estará sujeto a:

I. Formar parte de un proyecto de investigación aprobado por una institución mexicana de investigación científica y conforme a lo establecido en el artículo 100 de la Ley, al Reglamento de la Ley General de Salud en materia de investigación y demás disposiciones aplicables, y

II. Obtener el permiso al que se refiere el artículo 375 de esta Ley.

III. Para efectos de esta Ley, se entiende por estudio genómico poblacional al que tiene como propósito el análisis de uno o más marcadores genéticos en individuos no relacionado que describen la estructura genómica de una población determinada, identifican a un grupo étnico o identifican genes asociados a un rasgo, una enfermedad o la respuesta a fármacos.

La Secretaría, en coordinación con el Instituto Nacional de Medicina Genómica en su carácter de órgano asesor del Gobierno Federal y centro nacional de referencia en la materia, llevará el registro de los permisos que se mencionan en la fracción II de este artículo.

Artículo adicionado DOF 14-07-2008

Artículo 317 Bis 1. El material genético a que se refiere el artículo anterior no podrá ser utilizado para finalidades distintas o incompatibles con aquellos que motivaron su obtención.

Artículo adicionado DOF 14-07-2008

Artículo 318. Para el control sanitario de los productos y de la disposición del embrión y de las células germinales, se estará a lo dispuesto en esta Ley, en lo que resulte aplicable, y en las demás disposiciones generales que al efecto se expidan.

Artículo reformado DOF 27-05-1987, 14-06-1991, 26-05-2000

Artículo 319. Se considerará disposición ilícita de órganos, tejidos, células troncales, cadáveres, sangre y productos sanguíneos aquella que se efectúe sin estar autorizada por la ley.

Artículo reformado DOF 27-05-1987, 14-06-1991, 07-05-1997, 26-05-2000, 15-01-2026

CAPÍTULO II
DONACIÓN

Denominación del Capítulo reformada DOF 07-05-1997. Capítulo reubicado y denominación reformada DOF 26-05-2000

Artículo 320. Toda persona es disponente de su cuerpo y podrá donarlo, total o parcialmente, para los fines y con los requisitos previstos en el presente Título.

Artículo reformado DOF 07-05-1997, 26-05-2000

Artículo 321. La donación en materia de órganos, tejidos, células y cadáveres, consiste en el consentimiento tácito o expreso de la persona para que, en vida o después de su muerte, su cuerpo o cualquiera de sus componentes se utilicen para trasplantes.

Artículo reformado DOF 27-05-1987, 14-06-1991. Fe de erratas DOF 12-07-1991. Reformado DOF 07-05-1997, 26-05-2000

Artículo 321 Bis. La donación de células troncales obtenidas de sangre placentaria y de cordón umbilical, deberá en todo momento contar con una carta de consentimiento informado de la mujer embarazada, garantizando la plena voluntad, libertad y confidencialidad, de conformidad con las disposiciones jurídicas aplicables.

Artículo adicionado DOF 24-01-2013. Reformado DOF 15-01-2026

Artículo 322. La donación expresa podrá constar por escrito y ser amplia cuando se refiera a la disposición total del cuerpo o limitada cuando sólo se otorgue respecto de determinados componentes.

Párrafo reformado DOF 12-12-2011

En la donación expresa podrá señalarse que ésta se hace a favor de determinadas personas o instituciones. También podrá expresar el donante las circunstancias de modo, lugar y tiempo y cualquier otra que condicione la donación.

Los disponentes secundarios, podrán otorgar el consentimiento a que se refieren los párrafos anteriores, cuando el donante no pueda manifestar su voluntad al respecto.

Párrafo adicionado DOF 11-06-2009

La donación expresa, cuando corresponda a mayores de edad con capacidad jurídica, no podrá ser revocada por terceros, pero el donante podrá revocar su consentimiento en cualquier momento, sin responsabilidad de su parte.

En todos los casos se deberá cuidar que la donación se rija por los principios de altruismo, ausencia de ánimo de lucro y factibilidad, condiciones que se deberán manifestar en el acta elaborada para tales efectos por el comité interno respectivo. En el caso de sangre, productos sanguíneos y células troncales se estará a lo dispuesto en las disposiciones jurídicas que al efecto emita la Secretaría de Salud.

Párrafo adicionado DOF 11-06-2009. Reformado DOF 20-04-2015, 15-01-2026

Artículo reformado DOF 14-06-1991. Fe de erratas DOF 12-07-1991. Reformado DOF 07-05-1997, 26-05-2000

Artículo 323. Se requerirá que el consentimiento expreso conste por escrito:

Párrafo reformado DOF 12-12-2011

I. Para la donación de órganos y tejidos en vida, y

II. Para la donación de sangre, productos sanguíneos y células troncales en vida.

Fracción reformada DOF 12-12-2011, 20-04-2015, 15-01-2026

Artículo reformado DOF 27-05-1987, 07-05-1997, 26-05-2000

Artículo 324. Habrá consentimiento tácito del donante cuando no haya manifestado su negativa a que su cuerpo o componentes sean utilizados para trasplantes, siempre y cuando se obtenga también el consentimiento de cualquiera de las siguientes personas que se encuentren presentes: el o la cónyuge, el concubinario, la concubina, los descendientes, los ascendientes, los hermanos, el adoptado o el adoptante. Si se encontrara presente más de una de las personas mencionadas, se aplicará la prelación señalada en este artículo.

Párrafo reformado DOF 12-12-2011

El escrito por el que la persona exprese no ser donador, podrá ser privado o público, y deberá estar firmado por éste, o bien, la negativa expresa podrá constar en alguno de los documentos públicos que para este propósito determine la Secretaría de Salud en coordinación con otras autoridades competentes.

Las disposiciones reglamentarias determinarán la forma para obtener dicho consentimiento.

Artículo reformado DOF 07-05-1997, 26-05-2000

Artículo 325. El consentimiento tácito sólo aplicará para la donación de órganos y tejidos una vez que se confirme la pérdida de la vida del disponente.

En el caso de la donación tácita, los órganos y tejidos sólo podrán extraerse cuando se requieran para fines de trasplantes.

Artículo reformado DOF 27-05-1987, 14-06-1991. Fe de erratas DOF 12-07-1991. Reformado DOF 26-05-2000

Artículo 326. El consentimiento tendrá las siguientes restricciones respecto de las personas que a continuación se indican:

I. El tácito o expreso otorgado por menores de edad, incapaces o por personas que por cualquier circunstancia se encuentren impedidas para expresarlo libremente, no será válido, y

II. El expreso otorgado por una mujer embarazada sólo será admisible si el receptor estuviere en peligro de muerte, y siempre que no implique riesgo para la salud de la mujer o del producto de la concepción.

Artículo reformado DOF 26-05-2000

Artículo 327. Está prohibido el comercio de órganos, tejidos, células troncales, sangre y productos sanguíneos, salvo las actividades a que se refiere el Capítulo III BIS del Título Décimo Cuarto de esta Ley. La donación de estos se regirá por principios de altruismo, ausencia de ánimo de lucro y confidencialidad, por lo que su obtención y utilización serán estrictamente a título gratuito.

Párrafo reformado DOF 15-01-2026

No se considerarán actos de comercio la recuperación de los costos derivados de la obtención o extracción, análisis, conservación, preparación, distribución, transportación y suministro de órganos, tejidos y células, incluyendo la sangre y sus componentes.

Artículo reformado DOF 26-05-2000, 24-01-2013, 20-04-2015

Artículo 328. Sólo en caso de que la pérdida de la vida del donante esté relacionada con la averiguación de un delito, o se desconozca su identidad o forma de localizar a sus parientes, se dará intervención al Ministerio Público y a la autoridad judicial, para la extracción de órganos y tejidos.

Artículo reformado DOF 27-05-1987, 26-05-2000, 12-12-2011

Artículo 329. El Centro Nacional de Trasplantes y los centros estatales de trasplantes, en el ámbito de sus respectivas competencias, harán constar el mérito y altruismo del donador y de su familia.

De igual forma el Centro Nacional de Trasplantes se encargará de definir el formato del documento oficial mediante el cual se manifieste el consentimiento expreso de todas aquellas personas cuya voluntad sea donar sus órganos, después de su muerte para que éstos sean utilizados en trasplantes.

Con base en el formato señalado en el párrafo anterior, el Centro Nacional de Trasplantes y los centros estatales de trasplantes, en el ámbito de sus respectivas competencias, expedirán el documento oficial a las personas que lo soliciten.

Artículo reformado DOF 27-05-1987, 14-06-1991, 07-05-1997, 26-05-2000, 05-11-2004, 11-06-2009, 12-12-2011

Artículo 329 Bis. El Centro Nacional de Trasplantes fomentará la cultura de la donación para fines de trasplantes, en coordinación con los centros estatales de trasplantes.

Párrafo reformado DOF 20-04-2015

Corresponde a la Secretaría de Salud y a los gobiernos de las entidades federativas, en el ámbito de sus respectivas competencias determinar los mecanismos para impulsar el fomento a la cultura de la donación al momento de la realización de trámites públicos o la obtención de documentos oficiales.

Artículo adicionado DOF 12-12-2011

CAPÍTULO III
TRASPLANTE

Capítulo reubicado y denominación reformada DOF 26-05-2000

Artículo 330. Los trasplantes de órganos, tejidos y células en seres humanos vivos podrán llevarse a cabo cuando hayan sido satisfactorios los resultados de las investigaciones realizadas al efecto, representen un riesgo aceptable para la salud y la vida del donante y del receptor, y siempre que existan justificantes de orden terapéutico.

Está prohibido:

I. El trasplante de gónadas o tejidos gonadales, y

II. El uso, para cualquier finalidad, de tejidos embrionarios o fetales producto de abortos inducidos.

Artículo reformado DOF 27-05-1987, 14-06-1991, 07-05-1997, 26-05-2000

Artículo 331. La procuración y extracción de órganos o tejidos para trasplantes se hará preferentemente de sujetos en los que se haya comprobado la pérdida de la vida.

Artículo reformado DOF 27-05-1987, 14-06-1991, 26-05-2000, 12-12-2011

Artículo 332. La selección del donante y del receptor se hará siempre por prescripción y bajo control médico, en los términos que fije la Secretaría de Salud.

No se podrán tomar órganos y tejidos para trasplantes de menores de edad vivos, excepto cuando se trate de trasplantes de células troncales o médula ósea, para lo cual se requerirá el consentimiento expreso de los representantes legales del menor.

Párrafo reformado DOF 15-01-2026

Tratándose de menores que han perdido la vida, sólo se podrán tomar sus órganos y tejidos para trasplantes con el consentimiento expreso de los representantes legales del menor.

En el caso de incapaces y otras personas sujetas a interdicción no podrá disponerse de sus componentes, ni en vida ni después de su muerte.

Artículo reformado DOF 27-05-1987, 07-05-1997, 26-05-2000

Artículo 333. Para realizar trasplantes entre vivos, deberán cumplirse los siguientes requisitos respecto del donante:

I. Ser mayor de edad y estar en pleno uso de sus facultades mentales;

II. Donar un órgano o parte de él que al ser extraído su función pueda ser compensada por el organismo del donante de forma adecuada y suficientemente segura;

III. Tener compatibilidad aceptable con el receptor;

IV. Recibir información completa sobre los riesgos de la operación y las consecuencias de la extracción del órgano o tejido, por un médico distinto de los que intervendrán en el trasplante;

V. Haber otorgado su consentimiento en forma expresa, en términos de los artículos 322 y 323 de esta Ley, y

Fracción reformada DOF 12-12-2011

VI. Los trasplantes se realizarán, de preferencia, entre personas que tengan parentesco por consanguinidad, civil o de afinidad. Sin embargo, cuando no exista un donador relacionado por algún tipo de parentesco, será posible realizar una donación, siempre y cuando se cumpla con los siguientes requisitos:

a) Obtener resolución favorable del Comité de Trasplantes de la institución hospitalaria, donde se vaya a realizar el trasplante, previa evaluación médica, clínica y psicológica;

b) El interesado en donar deberá otorgar su consentimiento expreso ante Notario Público y en ejercicio del derecho que le concede la presente Ley, manifestando que ha recibido información completa sobre el procedimiento por médicos autorizados, así como precisar que el consentimiento es altruista, libre, consciente y sin que medie remuneración alguna. El consentimiento del donante para los trasplantes entre vivos podrá ser revocable en cualquier momento previo al trasplante, y

c) Haber cumplido todos los requisitos legales y procedimientos establecidos por la Secretaría, para comprobar que no se está lucrando con esta práctica.

Fracción reformada DOF 05-11-2004

Asimismo, para realizar trasplantes entre vivos, cuando el receptor y/o el donador sean extranjeros, deberá además de cumplir lo previsto en el presente artículo y demás disposiciones aplicables, acreditar su legal estancia en el país con la calidad migratoria específica que corresponda, y el establecimiento en el que se vaya a realizar el trasplante, deberá inscribir al paciente al Registro Nacional de Trasplantes con una antelación de al menos quince días hábiles si se trata de un trasplante entre familiares por consanguinidad, civil o de afinidad hasta el cuarto grado.

Párrafo adicionado DOF 12-12-2011

Cuando no exista el parentesco a que se refiere el párrafo anterior, el receptor del órgano deberá tener un historial clínico en el país de al menos seis meses.

Párrafo adicionado DOF 12-12-2011

Los establecimientos de salud en los que se realicen trasplantes a los que se refieren los dos párrafos anteriores deberán constatar que no existan circunstancias que hagan presumir una simulación jurídica o comercio de órganos y tejidos.

Párrafo adicionado DOF 12-12-2011

Artículo reformado DOF 27-05-1987, 26-05-2000

Artículo 334. Para realizar trasplantes de donantes que hayan perdido la vida, deberá cumplirse lo siguiente:

I. Comprobar, previamente a la extracción de los órganos y tejidos y por un médico distinto a los que intervendrán en el trasplante o en la extracción de los órganos o tejidos, la pérdida de la vida del donante, en los términos que se precisan en este título;

Fracción reformada DOF 12-12-2011

II. Existir consentimiento expreso del disponente, que conste por escrito o no constar la revocación del tácito para la donación de sus órganos y tejidos;

Fracción reformada DOF 12-12-2011

II Bis. Proporcionar información completa, amplia, veraz y oportuna al o la cónyuge, el concubinario, la concubina, los descendientes, los ascendientes, los hermanos, el adoptado o el adoptante de la persona fallecida, conforme a la prelación señalada, de los procedimientos que se llevarán a cabo, y

Fracción adicionada DOF 12-12-2011

III. Asegurarse que no exista riesgo sanitario.

Artículo reformado DOF 27-05-1987, 14-06-1991, 26-05-2000

Artículo 335. Los profesionales de las disciplinas para la salud que intervengan en la extracción de órganos y tejidos o en trasplantes deberán contar con el entrenamiento especializado respectivo, conforme lo determinen las disposiciones reglamentarias aplicables, y estar inscritos en el Registro Nacional de Trasplantes.

Artículo reformado DOF 26-05-2000

Artículo 335 Bis. Los coordinadores hospitalarios de la donación de órganos y tejidos para trasplantes en turno notificarán al Ministerio Público, de manera inmediata la identificación de un donante fallecido, en los casos en que la causa de la pérdida de la vida se presuma vinculada con la comisión de un delito.

Todas las autoridades involucradas, así como el personal sanitario deberán actuar con la debida diligencia y oportunidad que amerita el caso.

Artículo adicionado DOF 12-12-2011

Artículo 335 Bis 1. Los coordinadores hospitalarios de donación de órganos y tejidos para trasplantes ante la identificación de un donante fallecido deberán:

I. Brindar información completa, amplia, veraz y oportuna a los familiares sobre el proceso de extracción de órganos, de conformidad con lo que señale esta Ley y demás disposiciones aplicables;

II. Recabar y entregar los documentos y constancias necesarias que para tal fin determine esta Ley, su reglamento o la Secretaría de Salud, y

III. Las demás que establezcan las disposiciones reglamentarias.

Artículo adicionado DOF 12-12-2011

Artículo 336. Para la asignación de órganos y tejidos de donador no vivo, se tomará en cuenta la gravedad del receptor, la oportunidad del trasplante, los beneficios esperados, la compatibilidad con el receptor y los demás criterios médicos aceptados, así como la ubicación hospitalaria e institucional del donador.

Cuando no exista urgencia o razón médica para asignar preferentemente un órgano o tejido, ésta se sujetará estrictamente a las bases de datos hospitalarias, institucionales, estatales y nacional que se integrarán con los datos de los pacientes registrados en el Centro Nacional de Trasplantes.

Artículo reformado DOF 26-05-2000, 11-06-2009

Artículo 337. Los concesionarios de los diversos medios de transporte otorgarán todas las facilidades que requiera el traslado de órganos y tejidos destinados a trasplantes, conforme a las disposiciones reglamentarias aplicables y las normas oficiales mexicanas que emitan conjuntamente las secretarías de Infraestructura, Comunicaciones y Transportes y de Salud.

Párrafo reformado DOF 29-05-2023

El traslado, la preservación, conservación, manejo, etiquetado, claves de identificación y los costos asociados al manejo de órganos, tejidos y células que se destinen a trasplantes, se ajustarán a lo que establezcan las disposiciones generales aplicables.

El traslado de órganos, tejidos y células adecuadamente etiquetados e identificados, podrá realizarse en cualquier medio de transporte por personal debidamente acreditado bajo la responsabilidad del establecimiento autorizado para realizar trasplantes o para la disposición de órganos, tejidos y células.

Párrafo adicionado DOF 11-06-2009

Artículo reformado DOF 26-05-2000

Artículo 338. El Centro Nacional de Trasplantes tendrá a su cargo el Registro Nacional de Trasplantes, el cual integrará y mantendrá actualizada la siguiente información:

I. El registro de establecimientos autorizados a que se refieren las fracciones I, II y III del artículo 315 de esta Ley;

Fracción reformada DOF 20-04-2015

II. Los cirujanos de trasplantes responsables de la extracción y trasplantes, y los coordinadores hospitalarios de la donación;

III. Los datos de las donaciones de las personas fallecidas;

IV. Los datos de los trasplantes con excepción de los autotrasplantes y los relativos a células troncales;

Fracción reformada DOF 24-01-2013, 20-04-2015

V. Los datos de los receptores considerados candidatos a recibir el trasplante de un órgano o tejido, integrados en bases de datos hospitalarias, institucionales, estatales y nacional, y

VI. Los casos de muerte encefálica en los que se haya concretado la donación, así como los órganos y tejidos que fueron trasplantados en su caso.

En los términos que precisen las disposiciones reglamentarias, los establecimientos de salud referidos en las fracciones I, II y III del artículo 315 de esta Ley, a través del responsable sanitario en coordinación con los Comités Internos señalados en el artículo 316 del mismo ordenamiento, deberán proporcionar la información relativa a las fracciones II, III, IV y V de este artículo.

Párrafo reformado DOF 20-04-2015

El registro de los trasplantes de células troncales estará a cargo del Centro Nacional de la Transfusión Sanguínea.

Párrafo adicionado DOF 24-01-2013. Reformado DOF 20-04-2015

Artículo reformado DOF 26-05-2000, 11-06-2009, 12-12-2011

Artículo 339. La distribución y asignación en el territorio nacional de órganos, tejidos y células, con excepción de las progenitoras o troncales, de donador con pérdida de la vida para trasplante, deberá sujetarse a los criterios previstos en la presente Ley y los emitidos por la Secretaría de Salud, mediante disposiciones de carácter general que deberán publicarse en el Diario Oficial de la Federación.

Párrafo reformado DOF 24-01-2013

La asignación y la distribución en el territorio nacional de órganos, tejidos y células, con excepción de las troncales, se realizará por los comités internos de trasplantes y por los comités internos de coordinación para la donación de órganos y tejidos, de conformidad con lo previsto en la presente Ley.

Párrafo reformado DOF 24-01-2013, 20-04-2015

La coordinación para la asignación y distribución de órganos y tejidos de donador con pérdida de la vida para trasplante estará a cargo del Centro Nacional de Trasplantes, por conducto del Registro Nacional de Trasplantes, el cual se podrá apoyar en los Centros Estatales de Trasplantes, conforme a lo previsto en la presente Ley y en las disposiciones reglamentarias que al efecto se emitan.

El Centro Nacional de Trasplantes deberá establecer procedimientos para la asignación y distribución de órganos y tejidos de donante fallecido en los términos previstos para tal efecto en las disposiciones reglamentarias. El Centro Nacional de Trasplantes supervisará y dará seguimiento dentro del ámbito de su competencia a los procedimientos señalados en el párrafo anterior, mismos que deberán ser atendidos por los Centros Estatales de Trasplantes que establezcan los gobiernos de las entidades federativas y por los comités internos correspondientes en cada establecimiento de salud.

El Centro Nacional de Trasplantes dará aviso a la Comisión Federal para la Protección contra Riesgos Sanitarios, en caso de detectar irregularidades en el desarrollo de las atribuciones en el ámbito de su competencia.

El Centro Nacional de Trasplantes impulsará, junto con las Organizaciones de la Sociedad Civil, las acciones que permitan la trazabilidad de los órganos y tejidos donados para trasplante, misma que estará a cargo de cada establecimiento de salud en el desarrollo de sus actividades de disposición y de trasplante de órganos y tejidos, conforme a las disposiciones de carácter general que establezca la Secretaría de Salud.

Artículo reformado DOF 26-05-2000, 11-06-2009, 12-12-2011

CAPÍTULO III BIS
DISPOSICIÓN DE SANGRE, PRODUCTOS SANGUÍNEOS, HEMODERIVADOS Y CÉLULAS TRONCALES

Capítulo adicionado DOF 20-04-2015. Denominación reformada DOF 15-01-2026

Artículo 340. El control sanitario de la disposición de sangre lo ejercerá la Secretaría de Salud a través de la Comisión Federal para la Protección contra Riesgos Sanitarios.

Artículo reformado DOF 27-05-1987, 26-05-2000, 30-06-2003

Artículo 340 Bis. La donación de sangre, productos sanguíneos y células troncales es un acto libre, de disposición voluntaria, altruista, orientado hacia la repetición, que se realiza sin que medie la comercialización y el lucro, esta se regirá por los siguientes principios:

I. Valor humano y responsabilidad social;

II. Necesidad permanente;

III. Aprendizaje en edad temprana;

IV. Carácter de repetición;

V. Proceso no sustentado en diferencias de género y no discriminatorio;

VI. Garantía de seguridad, calidad y calidez para los donantes;

VII. Confianza en el manejo adecuado de la sangre y de los productos sanguíneos resultantes del fraccionamiento, y

VIII. Mayor bien para la población mexicana.

Artículo adicionado DOF 15-01-2026

Artículo 340 Ter. La Secretaría de Salud determinará la disposición del plasma residual existente en el país, con fines de industrialización para obtener hemoderivados en beneficio de la población.

Artículo adicionado DOF 15-01-2026

Artículo 340 Quater. La Secretaría de Salud fijará las bases y modalidades a las que se sujetará el Sistema Nacional de Salud, sobre la disposición de la sangre y productos sanguíneos para atender contingencias, emergencias y situaciones extraordinarias.

Artículo adicionado DOF 15-01-2026

Artículo 341. La disposición de sangre, productos sanguíneos y células troncales, con fines terapéuticos estará a cargo de los establecimientos siguientes:

Párrafo reformado DOF 15-01-2026

A) Los servicios de sangre que son:

I. Banco de sangre;

II. Centro de procesamiento de sangre;

III. Centro de colecta;

IV. Centro de distribución de sangre y productos sanguíneos;

Fracción reformada DOF 15-01-2026

V. Servicio de transfusión hospitalario, y

VI. Centro de calificación biológica.

B) Los que hacen disposición de células troncales que son:

I. Centro de colecta de células troncales, y

II. Banco de células troncales.

C) Los establecimientos de medicina regenerativa.

Los establecimientos que lleven a cabo la transfusión sanguínea, así como el uso de células troncales con fines terapéuticos, deberán implementar un sistema de hemovigilancia, así como formar parte del sistema de biovigilancia que implemente la Secretaría de Salud.

Párrafo reformado DOF 15-01-2026

Los establecimientos señalados en los apartados A), B) y C) del presente artículo, en el ámbito de las actividades autorizadas, informarán a la Secretaría de Salud sobre los actos de uso y disposición de sangre, productos sanguíneos y células troncales, a través de los formatos o medios oficiales y en los plazos que disponga dicha Secretaría para tal fin.

Párrafo adicionado DOF 15-01-2026

Artículo reformado DOF 26-05-2000, 20-04-2015

Artículo 341 Bis. La Secretaría de Salud y los gobiernos de las entidades federativas, en sus respectivos ámbitos de competencia, deberán impulsar la donación de sangre, productos sanguíneos y células troncales, para coadyuvar en el tratamiento o curación de los pacientes que las requieran; asimismo, la Secretaría de Salud fijará las bases y modalidades a las que se sujetará el Sistema Nacional de Salud al respecto.

Párrafo reformado DOF 15-01-2026

La Secretaría de Salud emitirá las disposiciones que regulen tanto la infraestructura con que deberán contar los bancos de sangre que lleven a cabo actos de disposición y distribución de células troncales, como la obtención, procesamiento y distribución de dichas células.

Artículo adicionado DOF 11-06-2009. Reformado DOF 19-03-2014, 20-04-2015

Artículo 342. Cualquier órgano o tejido que haya sido extraído, desprendido o seccionado por intervención quirúrgica, accidente o hecho ilícito y que sanitariamente constituya un deshecho, deberá ser manejado en condiciones higiénicas y su destino final se hará conforme a las disposiciones generales aplicables, salvo que se requiera para fines terapéuticos, de docencia o de investigación, en cuyo caso los establecimientos de salud podrán disponer de ellos o remitirlos a instituciones docentes autorizadas por la Secretaría de Salud, en los términos de esta Ley y demás disposiciones generales aplicables.

Artículo reformado DOF 26-05-2000

Artículo 342 Bis. Los tejidos músculo-esquelético, cutáneo y vascular, obtenidos de donadores con pérdida de la vida y la membrana amniótica, podrán destinarse a procedimientos que permitan obtener insumos para la salud, para efectos de implantes.

Estos tejidos únicamente se podrán obtener en los establecimientos autorizados por la Secretaría de Salud, en los términos del artículo 315 de esta Ley.

Los establecimientos para la atención de la salud en los cuales se obtenga la donación de los tejidos antes referidos, se sujetarán a las disposiciones que dicte la Secretaría de Salud.

Las disposiciones que emita la Secretaría de Salud contemplarán, al menos, los mecanismos de aprovechamiento, procesamiento o utilización, bajo condiciones que garanticen calidad, seguridad y eficacia.

Artículo adicionado DOF 12-12-2011

Artículo 342 Bis 1. El plasma residual podrá destinarse por la Secretaría de Salud a procedimientos de industrialización para obtener hemoderivados, por lo que los establecimientos de salud que suministren el plasma residual, así como los establecimientos que lo reciban para elaborar hemoderivados, deberán estar autorizados conforme a los artículos 198, fracción I, y 315 de esta Ley. Asimismo, se sujetarán a las disposiciones que dicte la mencionada Secretaría.

Párrafo reformado DOF 15-01-2026

Las disposiciones que emita la Secretaría de Salud contemplarán, al menos, los mecanismos de aprovechamiento, procesamiento o utilización bajo condiciones que garanticen calidad, seguridad y eficacia.

Para dotar de transparencia a los procesos y la valoración de donantes, la obtención de sangre y sus componentes, su análisis, procesamiento, conservación, transporte, control sanitario y uso terapéutico, se sujetarán a las disposiciones emitidas por la Secretaría de Salud.

Párrafo adicionado DOF 20-04-2015

La distribución de sangre y sus componentes deberá ser equitativa y dar prioridad a las instituciones públicas del Sistema Nacional de Salud.

Párrafo adicionado DOF 20-04-2015

Se deberán realizar las pruebas necesarias que determine la Secretaría de Salud de acuerdo con los estándares internacionales de calidad y seguridad sanguínea a efecto de disminuir el riesgo de transmisión de enfermedades por transfusión.

Párrafo adicionado DOF 20-04-2015

La exportación de plasma residual para procesamiento industrial solo podrá realizarse cuando se haya garantizado el suministro nacional y de acuerdo con lo que establezca la Secretaría de Salud y las disposiciones jurídicas aplicables.

Párrafo adicionado DOF 15-01-2026

La importación de plasma solo podrá realizarse cuando las unidades hayan cumplido en el país de origen con todos los requisitos establecidos en esta Ley, para garantizar la ausencia de marcadores de agentes infecciosos transmitidos por transfusión y las disposiciones jurídicas aplicables.

Párrafo adicionado DOF 15-01-2026

Artículo adicionado DOF 12-12-2011

Artículo 342 Bis 2. La Secretaría de Salud establecerá las disposiciones aplicables para regular la disposición y procesamiento de los tejidos y el plasma residual referidos en los artículos 342 Bis y 342 Bis 1 de esta Ley, a fin de garantizar la trazabilidad en cuanto a origen y destino de los mismos. Asimismo, establecerá los mecanismos para promover la accesibilidad a los hemoderivados del plasma residual y de los insumos para la salud a que se refiere el artículo 342 Bis, en condiciones de equidad y seguridad en beneficio para la salud pública.

Las disposiciones que emita la Secretaría de Salud para garantizar la trazabilidad en cuanto a origen y destino de los tejidos y el plasma residual, así como las relativas a la farmacovigilancia y control sanitarios de los mismos, tomarán en cuenta la experiencia en la materia, de agencias reguladoras nacionales e internacionales y a la evidencia científica y tecnológica.

Párrafo adicionado DOF 20-04-2015

Artículo adicionado DOF 12-12-2011

Artículo 342 Bis 3. El Centro Nacional de la Transfusión Sanguínea tendrá a su cargo el Registro Nacional de Sangre y de Células Troncales, la cual integrará y mantendrá actualizada la información relativa a la disposición de sangre, productos sanguíneos y células troncales e incluirá lo siguiente:

Párrafo reformado DOF 15-01-2026

I. El registro de establecimientos a que se refiere el artículo 341 de esta Ley, así como de sus respectivos responsables sanitarios, en coordinación con la Comisión Federal para la Protección contra Riesgos Sanitarios;

II. El registro de los comités de medicina transfusional, así como de los comités o subcomités de trasplantes de células troncales;

III. Información relativa a la disposición de sangre, productos sanguíneos y células troncales que se lleven a cabo en el país;

Fracción reformada DOF 15-01-2026

IV. El Sistema Nacional de Biovigilancia;

V. El registro único de unidades de células troncales que se tengan en existencia, así como de los donantes potenciales de dichas células, con el fin de actuar como enlace nacional e internacional para su localización, y

VI. Los demás que prevean las disposiciones reglamentarias.

Artículo adicionado DOF 20-04-2015

Artículo 342 Bis 4. La Secretaría de Salud emitirá y supervisará el cumplimiento de los criterios de selección que sean necesarios para garantizar la protección del donante autólogo y alogénico, tanto de sangre total, productos sanguíneos y células troncales, y del receptor, teniendo en cuenta las características epidemiológicas y demográficas existentes, y las condiciones técnicas y científicas aplicables.

Artículo adicionado DOF 15-01-2026

CAPÍTULO IV
PÉRDIDA DE LA VIDA

Capítulo adicionado DOF 26-05-2000

Artículo 343. Para efectos de este Título, la pérdida de la vida ocurre cuando se presentan la muerte encefálica o el paro cardíaco irreversible.

La muerte encefálica se determina cuando se verifican los siguientes signos:

I. Ausencia completa y permanente de conciencia;

II. Ausencia permanente de respiración espontánea, y

III. Ausencia de los reflejos del tallo cerebral, manifestado por arreflexia pupilar, ausencia de movimientos oculares en pruebas vestibulares y ausencia de respuesta a estímulos nocioceptivos.

Se deberá descartar que dichos signos sean producto de intoxicación aguda por narcóticos, sedantes, barbitúricos o sustancias neurotrópicas.

Artículo reformado DOF 27-05-1987, 26-05-2000, 11-06-2009

Artículo 344. Los signos clínicos de la muerte encefálica deberán corroborarse por cualquiera de las siguientes pruebas:

I. Electroencefalograma que demuestre ausencia total de actividad eléctrica, corroborado por un médico especialista;

II. Cualquier otro estudio de gabinete que demuestre en forma documental la ausencia permanente de flujo encefálico arterial.

Artículo reformado DOF 27-05-1987, 26-05-2000, 11-06-2009

Artículo 345. No existirá impedimento alguno para que a solicitud y con la autorización de las siguientes personas: el o la cónyuge, el concubinario o la concubina, los descendientes, los ascendientes, los hermanos, el adoptado o el adoptante; conforme al orden expresado; se prescinda de los medios artificiales cuando se presente la muerte encefálica comprobada y se manifiesten los demás signos de muerte a que se refiere el artículo 343.

Artículo reformado DOF 26-05-2000, 11-06-2009

CAPÍTULO V
CADÁVERES

Capítulo adicionado DOF 26-05-2000

Artículo 346. Los cadáveres no pueden ser objeto de propiedad y siempre serán tratados con respeto, dignidad y consideración.

Artículo reformado DOF 27-05-1987, 26-05-2000

Artículo 347. Para los efectos de este Título, los cadáveres se clasifican de la siguiente manera:

I. De personas conocidas, y

II. De personas desconocidas.

Los cadáveres no reclamados dentro de las setenta y dos horas posteriores a la pérdida de la vida y aquellos de los que se ignore su identidad serán considerados como de personas desconocidas.

Artículo reformado DOF 26-05-2000

Artículo 348. La inhumación, cremación o desintegración de cadáveres sólo podrá realizarse con la autorización del oficial del Registro Civil que corresponda, quien exigirá la presentación del certificado de defunción.

Los cadáveres deberán inhumarse, cremarse, desintegrarse, embalsamarse y/o conservarse dentro de las cuarenta y ocho horas siguientes a la muerte, salvo autorización específica de la autoridad sanitaria competente o por disposición del Ministerio Público, o de la autoridad judicial. Para el caso de cadáveres de personas no identificadas se estará a lo dispuesto en la Ley General en materia de Desaparición Forzada de Personas, Desaparición cometida por Particulares y del Sistema Nacional de Búsqueda de Personas.

La inhumación, cremación, embalsamamiento o la aplicación de cualquier otro proceso, sea químico o biológico, para la conservación o disposición final de cadáveres sólo podrá realizarse en lugares permitidos por las autoridades sanitarias competentes.

Artículo reformado DOF 26-05-2000, 17-11-2017, 24-01-2020

Artículo 348 Bis. Los prestadores de servicios funerarios deberán disponer de recipientes o contendedores de material biodegradable adecuados, que impidan el derrame de líquidos o el esparcimiento de olores, que se colocarán dentro de los ataúdes, en los casos previstos por las autoridades sanitarias.

Artículo adicionado DOF 24-01-2020

Artículo 348 Bis 1. Corresponde a la Secretaría de Salud emitir disposiciones que prevengan los riesgos sanitarios por la reutilización y destino final de los ataúdes y féretros.

Toda reutilización o donación de ataúdes o féretros provenientes de servicios de cremación o desintegración de cadáveres, se hará previo procedimiento de desinfección y aviso a la autoridad sanitaria competente. El establecimiento será responsable de la utilización de productos biodegradables para llevar a cabo dicho procedimiento.

Artículo adicionado DOF 24-01-2020

Artículo 348 Bis 2. Las autoridades sanitarias locales estarán facultadas para llevar a cabo verificaciones a los establecimientos para constatar el cumplimiento de lo previsto en el artículo anterior. Asimismo, deberán prever programas y mecanismos destinados a la destrucción o reutilización de ataúdes y féretros en condiciones ambientales responsables.

Artículo adicionado DOF 24-01-2020

Artículo 349. El depósito y manejo de cadáveres deberán efectuarse en establecimientos que reúnan las condiciones sanitarias que fije la Secretaría de Salud.

La propia Secretaría determinará las técnicas y procedimientos que deberán aplicarse para la conservación de cadáveres.

Artículo reformado DOF 14-06-1991, 26-05-2000

Artículo 350. Las autoridades sanitarias competentes ejercerán el control sanitario de las personas que se dediquen a la prestación de servicios funerarios. Asimismo, verificarán que los locales en que se presten los servicios reúnan las condiciones sanitarias exigibles en los términos de los reglamentos correspondientes.

Artículo reformado DOF 26-05-2000

Artículo 350 bis. La Secretaría de Salud determinará el tiempo mínimo que han de permanecer los restos en las fosas. Mientras el plazo señalado no concluya, sólo podrán efectuarse las exhumaciones que aprueben las autoridades sanitarias y las ordenadas por las judiciales o por el Ministerio Público, previo el cumplimiento de los requisitos sanitarios correspondientes.

Artículo adicionado DOF 26-05-2000

Artículo 350 bis 1. La internación y salida de cadáveres del territorio nacional sólo podrán realizarse, mediante autorización de la Secretaría de Salud o por orden de la autoridad judicial o del Ministerio Público.

En el caso del traslado de cadáveres entre entidades federativas se requerirá dar aviso a la autoridad sanitaria competente del lugar en donde se haya expedido el certificado de defunción.

Artículo adicionado DOF 26-05-2000

Artículo 350 bis 2. Para la práctica de necropsias en cadáveres de seres humanos se requiere consentimiento del cónyuge, concubinario, concubina, ascendientes, descendientes o de los hermanos, salvo que exista orden por escrito del disponente, o en el caso de la probable comisión de un delito, la orden de la autoridad judicial o el Ministerio Público.

Artículo adicionado DOF 26-05-2000

Artículo 350 Bis 3. Para la utilización de cadáveres o parte de ellos de personas conocidas, con fines de docencia e investigación, se requiere el consentimiento del disponente.

Tratándose de cadáveres de personas desconocidas o no identificadas se estará a lo dispuesto en la Ley General en materia de Desaparición Forzada de Personas, Desaparición cometida por Particulares y del Sistema Nacional de Búsqueda de Personas.

Párrafo reformado DOF 17-11-2017

Artículo adicionado DOF 26-05-2000. Reformado DOF 14-07-2008

Artículo 350 Bis 4. Las instituciones educativas sólo podrán utilizar cadáveres respecto de los que tengan el consentimiento, ante mortem de la persona fallecida o de sus familiares después de su muerte.

Las instituciones educativas que reciban cadáveres para efectos de investigación o de docencia deberán tener un registro que contenga, por lo menos:

I. Nombre completo de la persona fallecida;

II. El domicilio en el que habitaba la persona fallecida;

III. Edad que tenía la persona al fallecer;

IV. Sexo de la persona fallecida;

V. Estado civil de la persona fallecida;

VI. Nombre y domicilio del cónyuge, concubina o concubinario;

VII. Nombre y domicilio de los padres y en caso de haber fallecido éstos, la mención de este hecho;

VIII. En caso de no tener cónyuge, concubina o concubinario, o padres, el señalamiento del nombre y domicilio de alguno de sus familiares más cercanos, y

IX. El nombre de la institución educativa beneficiaria del cadáver.

Artículo adicionado DOF 26-05-2000. Reformado DOF 17-11-2017

Artículo 350 Bis 5. Los cadáveres que se hayan destinado para fines de docencia e investigación serán inhumados o incinerados.

Artículo adicionado DOF 26-05-2000. Reformado DOF 17-11-2017

Artículo 350 Bis 6. Sólo podrá darse destino final a un feto previa expedición del certificado de muerte fetal.

En el caso de que el cadáver del feto no sea reclamado dentro del término que señala el artículo 348 de esta ley, deberá dársele destino final. Salvo aquellos que sean destinados para el apoyo de la docencia e investigación por la autoridad de Salud conforme a esta ley y a las demás disposiciones aplicables, quien procederá directamente o por medio de las instituciones autorizadas que lo soliciten mismas que deberán cumplir con los requisitos que señalen las disposiciones legales aplicables.

Artículo adicionado DOF 26-05-2000. Reformado DOF 07-06-2005

Artículo 350 Bis 7. Los establecimientos en los que se realicen actos relacionados con cadáveres de seres humanos deberán presentar el aviso correspondiente a la autoridad sanitaria de la entidad federativa competente en los términos de esta Ley y demás disposiciones generales aplicables, y contarán con un responsable sanitario que también deberá presentar aviso.

Artículo adicionado DOF 26-05-2000. Reformado DOF 12-12-2011

TÍTULO DÉCIMO QUINTO
SANIDAD INTERNACIONAL

CAPÍTULO I
DISPOSICIONES COMUNES

Artículo 351. Los servicios de sanidad internacional se regirán por las disposiciones de esta Ley, sus reglamentos y las normas oficiales mexicanas que emita la Secretaría de Salud, así como por los tratados y convenciones internacionales en los que los Estado Unidos Mexicanos sean parte y que se hubieren celebrado con arreglo a las disposiciones de la Constitución Política de los Estados Unidos Mexicanos.

Artículo reformado DOF 27-05-1987, 07-05-1997

Artículo 352. La Secretaría de Salud operará los servicios de sanidad internacional, tanto los de carácter migratorio como los relacionados con los puertos marítimos de altura, los aeropuertos, las poblaciones fronterizas y los demás lugares legalmente autorizados para el tránsito internacional de personas y carga.

Artículo reformado DOF 27-05-1987

Artículo 353. Las actividades de sanidad internacional apoyarán a los sistemas nacionales de vigilancia epidemiológica y de regulación, control y fomento sanitarios.

Artículo reformado DOF 27-05-1987

Artículo 354. Compete a la Secretaría de Salud adoptar las medidas que procedan para la vigilancia sanitaria de personas, animales, objetos o substancias que ingresen al territorio nacional y que, a su juicio constituyan un riesgo para la salud de la población, sin perjuicio de la intervención que corresponda a otras autoridades competentes.

Artículo reformado DOF 27-05-1987

Artículo 355. La Secretaría de Salud formulará la lista de los puertos aéreos y marítimos, así como de las poblaciones fronterizas abiertas al tránsito internacional, donde se llevará a cabo la vigilancia sanitaria a que se refieren los artículos anteriores, y la dará a conocer a las demás naciones por los conductos correspondientes. Asimismo, les informará sobre las restricciones que se impongan al paso, por motivos de salud, de personas, animales, artículos o substancias.

Artículo reformado DOF 27-05-1987

Artículo 356. Cuando las circunstancias lo exijan, se establecerán estaciones de aislamiento y vigilancia sanitarios en los lugares que determine la Secretaría de Salud y, en caso de emergencia sanitaria, la propia Secretaría podrá habilitar cualquier edificio como estación para ese objeto.

Artículo reformado DOF 27-05-1987

Artículo 357. La Secretaría de Salud podrá restringir la salida de todo tipo de vehículos, personas, animales, objetos o substancias que representen un riesgo para la salud de la población del lugar de su destino, de acuerdo con lo previsto en las disposiciones que regulen los servicios de sanidad internacional.

Artículo reformado DOF 27-05-1987

Artículo 358. Cuando en las localidades donde residan cónsules mexicanos aparezcan casos de enfermedades sujetas a reglamentación internacional, o de cualquier otra enfermedad que represente un grave riesgo para la salud nacional, aquéllos deberán comunicarlo inmediatamente a las Secretarías de Salud, Gobernación y Relaciones Exteriores.

Artículo reformado DOF 27-05-1987

Artículo 359. La Secretaría de Salud notificará a la Organización Mundial de la Salud de todas medidas que haya adoptado, de modo temporal o permanente, en materia de sanidad internacional. Asimismo, informará a esta misma organización y con la oportunidad debida, sobre cualquier caso que sea de interés en la vigilancia epidemiológica de las enfermedades que se citan en el Reglamento Sanitario Internacional, las que puedan originar epidemias o cualesquiera otras que considere de importancia notificar.

Artículo reformado DOF 27-05-1987

CAPÍTULO II
SANIDAD EN MATERIA DE MIGRACIÓN

Artículo 360. Cuando así lo estime conveniente la autoridad sanitaria, someterá a examen médico a cualquier persona que pretenda entrar al territorio nacional.

Los reconocimientos médicos que deban realizar las autoridades sanitarias tendrán preferencia y se practicarán con anticipación a los demás trámites que corresponda efectuar a cualquier otra autoridad.

Cuando se trate de personas que ingresen al país con intención de radicar en él de manera permanente, además de los exámenes médicos que practique la autoridad Sanitaria, deberán presentar certificado de salud obtenido en su país de origen, debidamente visado por las autoridades consulares mexicanas.

Artículo 361. No podrán internarse al territorio nacional, hasta en tanto cumplan con los requisitos sanitarios, las personas que padezcan alguna de las siguientes enfermedades: peste, cólera o fiebre amarilla.

La Secretaría de Salud determinará qué otras enfermedades transmisibles quedarán sujetas a lo establecido en el párrafo anterior.

Párrafo reformado DOF 27-05-1987

Artículo 362. Las personas comprendidas en lo dispuesto en el artículo anterior, quedarán bajo vigilancia y aislamiento en los lugares que la autoridad sanitaria determine, o en los que señale el interesado, si fueran aceptados por la autoridad, en tanto se decida, mediante el examen médico pertinente, si es aceptada o no su internación más allá del sitio de confinamiento, y se le preste, en su caso, la atención médica correspondiente.

CAPÍTULO III
SANIDAD MARÍTIMA, AÉREA Y TERRESTRE

Artículo 363. La autoridad sanitaria otorgará libre platica a las embarcaciones cuando, de acuerdo a los informes que éstas faciliten antes de su llegada, juzgue que el arribo no dará lugar a la introducción o a la propagación de una enfermedad o daño a la salud.

Artículo 364. La autoridad sanitaria de puertos, aeropuertos o poblaciones fronterizas podrá exigir, al arribo, la inspección médico- sanitaria de embarcaciones, aeronaves y vehículos terrestres, los cuales se someterán a los requisitos y medidas que establezcan las disposiciones reglamentarias aplicables.

Artículo 365. Las embarcaciones mexicanas se someterán a desinfección y desratización periódica por lo menos cada seis meses, exceptuándose de fumigación las cámaras de refrigeración de los transportes pesqueros. Las aeronaves, vehículos terrestres de transporte de pasajeros y los ferrocarriles, se sujetarán a desinfección y desinsectación periódica, por lo menos cada tres meses.

Dichas medidas correrán por cuenta de los propietarios de dichas embarcaciones y aeronaves, correspondiendo a la Secretaría de Salud vigilar su correcta aplicación y determinar la naturaleza y características de los insecticidas, desinfectantes y raticidas que deban usarse y la forma de aplicarlos, a fin de lograr la eficacia deseada y evitar daños a la salud humana.

Párrafo reformado DOF 27-05-1987

Artículo 366. La Secretaría de Salud determinará el tipo de servicio médico, medicamentos, material y equipo indispensable que deberán tener las embarcaciones y aeronaves mexicanas para la atención de pasajeros.

Artículo reformado DOF 27-05-1987

Artículo 367. Las embarcaciones y aeronaves procedentes del extranjero con destino al territorio nacional, así como las que partan del territorio nacional al extranjero, deberán estar provistas de la documentación sanitaria exigida por los tratados y convenciones internacionales a que se refiere el artículo 351 de esta Ley y demás disposiciones generales aplicables.

Artículo reformado DOF 27-05-1987

TÍTULO DÉCIMO SEXTO
AUTORIZACIONES Y CERTIFICADOS

CAPÍTULO I
AUTORIZACIONES

Artículo 368. La autorización sanitaria es el acto administrativo mediante el cual la autoridad sanitaria competente permite a una persona pública o privada, la realización de actividades relacionadas con la salud humana, en los casos y con los requisitos y modalidades que determine esta Ley y demás disposiciones generales aplicables.

Las autorizaciones sanitarias tendrán el carácter de licencias, permisos, registros o tarjetas de control sanitario.

Artículo 369. Las autorizaciones sanitarias serán otorgadas por la Secretaría de Salud o por los gobiernos de las entidades federativas, en el ámbito de sus respectivas competencias, en los términos de esta Ley y demás disposiciones aplicables.

Artículo reformado DOF 27-05-1987

Artículo 370. Las autorizaciones sanitarias serán otorgadas por tiempo indeterminado, con las excepciones que establezca esta Ley. En caso de incumplimiento de lo establecido en esta ley, sus reglamentos, normas oficiales mexicanas, las demás disposiciones generales que emita la Secretaría de Salud, o de las aplicables de la Farmacopea de los Estados Unidos Mexicanos, las autorizaciones serán revocadas.

Artículo reformado DOF 14-06-1991, 07-05-1997, 14-02-2006

Artículo 371. Las autoridades sanitarias competentes expedirán las autorizaciones respectivas cuando la persona solicitante hubiere satisfecho los requisitos que señalen las disposiciones y especificaciones correspondientes y cubierto, en su caso, los derechos que establezca la legislación fiscal.

Lo anterior, sin perjuicio de que la autoridad sanitaria, al tener conocimiento de que los productos o servicios generan peligro, riesgos o daños a la salud podrá negar la autorización correspondiente.

Para efectos de lo dispuesto en el párrafo anterior, la Secretaría de Salud podrá analizar y emitir el dictamen correspondiente para cada producto, para lo cual podrá apoyarse en la opinión de personas expertas reconocidas por las instituciones competentes.

El dictamen a que se refiere el párrafo anterior no impide que si posterior a su emisión la Secretaría de Salud tiene conocimiento de que un producto representa riesgo para la salud puede prohibir su elaboración, almacenamiento, importación, distribución o venta e iniciar la revocación de la autorización que corresponda en caso de que esta se haya dado.

Artículo reformado DOF 14-06-1991, 15-01-2026

Artículo 372. Las autorizaciones sanitarias expedidas por la Secretaría por tiempo determinado, podrán prorrogarse de conformidad con las disposiciones generales aplicables.

Párrafo reformado DOF 14-06-1991

La solicitud correspondiente deberá presentarse a las autoridades sanitarias con antelación al vencimiento de la autorización.

Sólo procederá la prórroga cuando se sigan cumpliendo los requisitos que señalen esta Ley y demás disposiciones aplicables y previo pago de los derechos correspondientes.

Reforma DOF 14-06-1991: Derogó del artículo el entonces párrafo cuarto

Artículo 373. Requieren de licencia sanitaria los establecimientos a que se refieren los artículos 198, 319, 329 y 330 de esta Ley; cuando cambien de ubicación, requerirán de nueva licencia sanitaria.

Artículo reformado DOF 14-06-1991, 07-05-1997

Artículo 374. Los obligados a tener licencia sanitaria deberán exhibirla en lugar visible del establecimiento.

Artículo reformado DOF 14-06-1991

Artículo 375. Requieren de permiso:

I. (Se deroga).

Fracción reformada DOF 27-05-1987, 14-06-1991. Derogada DOF 07-05-1997

II. Los responsables de la operación y funcionamiento de fuentes de radiación de uso médico, sus auxiliares técnicos y los asesores especializados en seguridad radiológica, sin perjuicio de los requisitos que exijan otras autoridades competentes;

Fracción reformada DOF 14-06-1991, 07-05-1997

III. La posesión, comercio, importación, distribución, transporte y utilización de fuentes de radiación y materiales radiactivos, de uso médico, así como la eliminación, desmantelamiento de los mismos y la disposición de sus desechos;

Fracción reformada DOF 14-06-1991

IV. Los libros de control de estupefacientes o substancias psicotrópicas, así como los actos a que se refiere el artículo 241 de esta Ley;

V. La internación de cadáveres de seres humanos en el territorio nacional y su traslado al extranjero, y el embalsamamiento;

Fracción reformada DOF 26-05-2000

VI. La internación en el territorio nacional o la salida de él, de tejidos de seres humanos, incluyendo la sangre, productos sanguíneos, células troncales y hemoderivados;

Fracción reformada DOF 27-05-1987, 07-05-1997, 26-05-2000, 15-01-2026

VII. La publicidad relativa a los productos y servicios comprendidos en esta Ley;

VIII. La importación de los productos y materias primas comprendidos en el Título Décimo Segundo de esta Ley, en los casos que se establezcan en la misma y otras disposiciones aplicables y en los que determine la Secretaría de Salud;

Fracción reformada DOF 27-05-1987

IX. La importación y exportación de estupefacientes, substancias psicotrópicas y productos o preparados que las contengan, y

X. Las modificaciones a las instalaciones de establecimientos que manejan substancias tóxicas o peligrosas determinadas como de alto riesgo para la salud, cuando impliquen nuevos sistemas de seguridad.

Fracción reformada DOF 14-06-1991, 07-05-1997

Los permisos a que se refiere este artículo sólo podrán ser expedidos por la Secretaría de Salud, con excepción de los casos previstos en las fracciones II y V en lo relativo al embalsamamiento.

Párrafo reformado DOF 27-05-1987

Reforma DOF 14-06-1991: Derogó del artículo el entonces párrafo tercero

Artículo 376. Requieren registro sanitario los medicamentos, estupefacientes, substancias psicotrópicas y productos que los contengan; los dispositivos médicos con excepción de aquellos determinados como de bajo riesgo y que no requieran registro sanitario por la autoridad sanitaria, así como los plaguicidas, nutrientes vegetales y substancias tóxicas o peligrosas.

El registro sólo podrá ser otorgado por la Secretaría de Salud, este tendrá una vigencia de 5 años, sin perjuicio de lo establecido en el artículo 378 de esta Ley. Dicho registro podrá prorrogarse por plazos de 10 años, a solicitud de la persona interesada, en los términos que establezcan las disposiciones reglamentarias. Si la persona interesada no solicitara la prórroga dentro del plazo establecido para ello o bien, cambiara o modificara el producto o fabricante de materia prima, sin previa autorización de la autoridad sanitaria, esta procederá a la cancelación del registro correspondiente.

Para efectos de lo señalado en el párrafo anterior, se entenderá por cancelación del registro al procedimiento administrativo que realiza la Comisión Federal para la Protección contra Riesgos Sanitarios, derivado de no solicitar la prórroga dentro del plazo establecido o del incumplimiento a las disposiciones aplicables al otorgamiento de una prórroga del registro sanitario.

Para los efectos del presente artículo, el Ejecutivo, a través de la Secretaría de Salud, mediante disposiciones de carácter general, establecerá los requisitos, pruebas y demás requerimientos que deberán cumplir los medicamentos, insumos para la salud y demás productos y substancias que se mencionan en este artículo.

Artículo reformado DOF 27-05-1987, 14-06-1991, 07-05-1997, 24-02-2005, 10-05-2023, 15-01-2026

Artículo 376 Bis. El registro sanitario a que se refiere el artículo anterior se sujetará a los siguientes requisitos:

I. En el caso de medicamentos, estupefacientes y psicotrópicos, la clave de registro será única, no pudiendo aplicarse la misma a dos productos que se diferencien ya sea en su denominación genérica o distintiva o en su formulación. Por otra parte, el titular de un registro, no podrá serlo de dos registros que ostenten el mismo principio activo, forma farmacéutica o formulación, salvo cuando uno de éstos se destine al mercado de genéricos. En los casos de fusión de establecimientos se podrán mantener, en forma temporal, dos registros, y

Fracción reformada DOF 07-05-1997

II. En el caso de los productos que cita la fracción II del artículo 194, podrá aceptarse un mismo número de registro para líneas de producción del mismo fabricante, a juicio de la Secretaría.

Artículo adicionado DOF 14-06-1991

Artículo 377. La autoridad sanitaria competente podrá requerir tarjeta de control sanitario a las personas que realicen actividades mediante las cuales se pueda propagar alguna enfermedad transmisible, en los casos y bajo las condiciones que establezcan las disposiciones aplicables.

Artículo 378. Las autorizaciones a que se refiere esta Ley podrán ser revisadas por la autoridad sanitaria competente en los términos de las disposiciones generales aplicables.

Artículo 379. Los derechos a que se refiere esta Ley se regirán por lo que disponga la legislación fiscal y los convenios de coordinación que celebren en la materia el Ejecutivo Federal y los gobiernos de las entidades federativas.

CAPÍTULO II
REVOCACIÓN DE AUTORIZACIONES SANITARIAS

Artículo 380. La autoridad sanitaria competente podrá revocar las autorizaciones que haya otorgado, en los siguientes casos:

I. Cuando, por causas supervenientes, se compruebe que los productos o el ejercicio de las actividades que se hubieren autorizado, constituyan riesgo o daño para la salud humana;

II. Cuando el ejercicio de la actividad que se hubiere autorizado, exceda los límites fijados en la autorización respectiva;

III. Porque se dé un uso distinto a la autorización;

IV. Por incumplimiento grave a las disposiciones de esta Ley, sus reglamentos y demás disposiciones generales aplicables;

V. Por reiterada renuncia a acatar las órdenes que dicte la autoridad sanitaria, en los términos de esta Ley y demás disposiciones generales aplicables;

VI. Porque el producto objeto de la autorización no se ajuste o deje de reunir las especificaciones o requisitos que fijen esta Ley, las normas oficiales mexicanas y demás disposiciones generales aplicables;

Fracción reformada DOF 07-05-1997

VII. Cuando resulten falsos los datos o documentos proporcionados por el interesado, que hubieren servido de base a la autoridad sanitaria, para otorgar la autorización;

VII bis. Cuando resulten falsos los dictámenes proporcionados por terceros autorizados;

Fracción adicionada DOF 07-05-1997

VIII. Cuando los productos ya no posean los atributos o características conforme a los cuales fueron autorizados o pierdan sus propiedades preventivas, terapéuticas o rehabilitatorias;

IX. Cuando el interesado no se ajuste a los términos, condiciones y requisitos en que se le haya otorgado la autorización o haga uso indebido a ésta;

X. Cuando las personas, objetos o productos dejen de reunir las condiciones o requisitos bajo los cuales se hayan otorgado las autorizaciones;

Fracción reformada DOF 14-06-1991

XI. Cuando lo solicite el interesado, y

XII. En los demás casos que determine la autoridad sanitaria, sujetándose a lo que establece el artículo 428 de esta Ley.

Artículo 381. Cuando la revocación de una autorización se funde en los riesgos o daños que pueda causar o cause un producto o servicio, la autoridad sanitaria dará conocimiento de tales revocaciones a las dependencias y entidades públicas que tengan atribuciones de orientación al consumidor.

Artículo 382. En los casos a que se refiere el artículo 380 de esta Ley, con excepción del previsto en la fracción XI, la autoridad sanitaria citará al interesado a una audiencia para que éste ofrezca pruebas y alegue lo que a su derecho convenga.

En el citatorio, que se entregará personalmente al interesado, se le hará saber la causa que motive el procedimiento, el lugar, día y hora de celebración de la audiencia, el derecho que tiene para ofrecer pruebas y alegar lo que a su interés convenga, así como el apercibimiento de que si no comparece sin justa causa, la resolución se dictará tomando en cuenta sólo las constancias del expediente.

La audiencia se celebrará dentro de un plazo no menor de cinco días hábiles, contados a partir del día siguiente de la notificación.

En los casos en que las autoridades sanitarias fundadamente no puedan realizar la notificación en forma personal, ésta se practicará tratándose de la Secretaría de Salud, a través del Diario Oficial de la Federación, y tratándose de las Entidades Federativas, a través de las gacetas o periódicos oficiales.

Párrafo reformado DOF 27-05-1987, 14-06-1991

Artículo 383. En la substanciación del procedimiento de la revocación de autorizaciones, se observará lo dispuesto por los artículos 442 y 450 de esta Ley.

Artículo 384. La audiencia se celebrará el día y hora señalados, con o sin la asistencia del interesado. En este último caso, se deberá dar cuenta con la copia del citatorio que se hubiere girado al interesado y con la constancia que acredite que le fue efectivamente entregado o con el ejemplar, en su caso, del Diario Oficial de la Federación o de las gacetas o periódicos oficiales en que hubiere aparecido publicado el citatorio.

Artículo reformado DOF 14-06-1991

Artículo 385. La celebración de la audiencia podrá diferirse por una sola vez, cuando lo solicite el interesado por una causa debidamente justificada.

Artículo 386. La autoridad sanitaria competente emitirá la resolución que corresponda, al concluir la audiencia o dentro de los cinco días hábiles siguientes, la cual se notificará de manera personal al interesado.

Artículo 387. La resolución de revocación surtirá efectos, en su caso, de clausura definitiva, prohibición de venta, prohibición de uso o de ejercicio de las actividades a que se refiera la autorización revocada.

CAPÍTULO III
CERTIFICADOS

Artículo 388. Para los efectos de esta Ley, se entiende por certificado la constancia expedida en los términos que establezcan las autoridades sanitarias competentes, para la comprobación o información de determinados hechos.

Artículo 389. Para fines sanitarios se extenderán los siguientes certificados:

I. Prenupciales;

I Bis. De nacimiento;

Fracción adicionada DOF 24-04-2013

I Ter. De discapacidad;

Fracción adicionada DOF 12-07-2018

II. De defunción;

III. De muerte fetal, y

IV. De exportación a que se refieren los artículos 287 y 288 de esta ley, y

Fracción adicionada DOF 14-06-1991. Reformada DOF 07-05-1997

V. Los demás que se determinen en esta ley y sus reglamentos.

Fracción reformada y recorrida DOF 14-06-1991

Artículo 389 Bis. El certificado de nacimiento se expedirá para cada nacido vivo una vez comprobado el hecho. Para tales efectos, se entenderá por nacido vivo, al producto de la concepción expulsado o extraído de forma completa del cuerpo de su madre, independientemente de la duración del embarazo, que después de dicha separación respire o dé cualquier otra señal de vida como frecuencia cardiaca, pulsaciones de cordón umbilical o movimientos efectivos de los músculos de contracción voluntaria, tanto si se ha cortado o no el cordón umbilical y esté o no desprendida la placenta.

El certificado de nacimiento será expedido por profesionales de la medicina, parteras tradicionales y personas autorizadas para ello por la autoridad sanitaria competente.

Párrafo reformado DOF 26-03-2024

Artículo adicionado DOF 24-04-2013

Artículo 389 Bis 1. El certificado de nacimiento será requerido por las autoridades del Registro Civil a quienes pretendan declarar el nacimiento de una persona, con las excepciones que establezcan las disposiciones generales aplicables.

Artículo adicionado DOF 24-04-2013

Artículo 389 Bis 2. El certificado de discapacidad será expedido conforme a la legislación vigente y acorde con los tratados internacionales de los que México sea parte, por profesionales de la medicina o persona autorizada por la autoridad sanitaria. El certificado de discapacidad deberá incluir la Clave Única de Registro de Población del beneficiario.

Artículo adicionado DOF 12-07-2018

Artículo 389 Bis 3. El responsable de emitir el certificado de discapacidad deberá notificarlo al Sistema Nacional de Información en Salud para los fines del Registro Nacional de Población con Discapacidad y del artículo 104 de esta Ley.

Los menores de edad con discapacidad y los neonatos en los que se identifique una discapacidad congénita o genética, al momento del nacimiento o como resultado del Tamiz neonatal, deberán ser incluidos en el Registro de Menores de Edad, incluyendo la correspondiente certificación de discapacidad para garantizar el interés superior de la niñez.

Artículo adicionado DOF 12-07-2018

Artículo 390. El certificado médico prenupcial será requerido por las autoridades del Registro Civil a quienes pretendan contraer matrimonio, con las excepciones que establezcan las disposiciones generales aplicables.

Artículo 391. Los certificados de defunción y de muerte fetal serán expedidos, una vez comprobado el fallecimiento y determinadas sus causas, por profesionales de la medicina o personas autorizadas por la autoridad sanitaria competente.

Artículo 391 bis. La Secretaría de Salud podrá expedir certificados, autorizaciones o cualquier otro documento, con base en la información, comprobación de hechos o recomendaciones técnicas que proporcionen terceros autorizados, de conformidad con lo siguiente:

I. El procedimiento para la autorización de terceros tendrá por objeto el aseguramiento de la capacidad técnica y la probidad de estos agentes;

II. Las autorizaciones de los terceros se publicarán en el Diario Oficial de la Federación y señalarán expresamente las materias para las que se otorgan;

III. Los dictámenes de los terceros tendrán el carácter de documentos auxiliares del control sanitario, pero además tendrán validez general en los casos y con los requisitos establecidos en la Ley Federal sobre Metrología y Normalización;

IV. Los terceros autorizados serán responsables solidarios con los titulares de las autorizaciones o certificados que se expidan con base en sus dictámenes y recomendaciones, del cumplimiento de las disposiciones sanitarias, durante el tiempo y con las modalidades que establezcan las disposiciones reglamentarias de esta ley, y

V. La Secretaría de Salud podrá reconocer centros de investigación y organizaciones nacionales e internacionales del área de la salud, que podrán fungir como terceros autorizados para los efectos de este artículo.

Artículo adicionado DOF 07-05-1997

Artículo 392. Los certificados a que se refiere este título, se extenderán en los modelos aprobados por la Secretaría de Salud y de conformidad con las normas oficiales mexicanas que la misma emita. Dichos modelos serán publicados en el Diario Oficial de la Federación.

Párrafo reformado DOF 27-05-1987, 14-06-1991, 07-05-1997

Los que se autoricen para las parteras tradicionales, o los que ellas elaboren, serán de la mayor sencillez, con lenguaje adecuado a su cultura e identidad y contendrán los datos básicos previstos en el artículo 389 Bis.

Párrafo adicionado DOF 26-03-2024

Las autoridades judiciales o administrativas sólo admitirán como válidos los certificados que se ajusten a lo dispuesto en el párrafo anterior.

La Secretaría de Salud, los gobiernos de las entidades federativas y los Servicios Estatales de Salud, en el ámbito de sus respectivas competencias y de conformidad con la normatividad que se expida para tal efecto, llevarán a cabo acciones necesarias para la implementación de los certificados a que se refiere este Título, incluyendo las relacionadas con la captura, generación e intercambio de la información relacionada con la expedición de dichos certificados y de acuerdo a lo dispuesto por el Título Sexto.

Párrafo adicionado DOF 24-04-2013

La distribución primaria de los certificados de nacimiento, defunción y muerte fetal a que hace mención el artículo 389 de esta Ley estará a cargo de la Secretaría de Salud.

Párrafo adicionado DOF 24-04-2013

TÍTULO DÉCIMO SÉPTIMO
VIGILANCIA SANITARIA

CAPÍTULO ÚNICO

Artículo 393. Corresponde a la Secretaría de Salud y a los gobiernos de las entidades federativas, en el ámbito de sus respectivas competencias, la vigilancia del cumplimiento de esta Ley y demás disposiciones que se dicten con base en ella.

Párrafo reformado DOF 27-05-1987

La participación de las autoridades municipales y de las autoridades de los pueblos y comunidades indígenas y afromexicanas, estará determinada por los convenios que celebren con los gobiernos de las respectivas entidades federativas y por lo que dispongan los ordenamientos locales.

Párrafo reformado DOF 19-09-2006, 01-04-2024

Artículo 394. Las demás dependencias y entidades públicas coadyuvarán a la vigilancia del cumplimiento de las normas sanitarias y cuando encontraren irregularidades que a su juicio constituyan violaciones a las mismas, lo harán del conocimiento de las autoridades sanitarias competentes.

Artículo 395. El acto u omisión contrario a los preceptos de esta Ley y a las disposiciones que de ella emanen, podrá ser objeto de orientación y educación de los infractores con independencia de que se apliquen, si procedieren, las medidas de seguridad y las sanciones correspondientes en esos casos.

Artículo 396. La vigilancia sanitaria se llevará a cabo a través de las siguientes diligencias:

I. Visitas de verificación a cargo del personal expresamente autorizado por la autoridad sanitaria competente para llevar a cabo la verificación física, documental o por cualquier medio electrónico, del cumplimiento de la ley y demás disposiciones aplicables, y

Fracción reformada DOF 14-06-1991, 15-01-2026

II. Tratándose de publicidad de las actividades, productos y servicios a que se refiere esta Ley, a través de las visitas a que se refiere la fracción anterior o de informes de verificación que reúnan los requisitos señalados por el artículo siguiente.

Artículo reformado DOF 27-05-1987

Artículo 396 Bis. Cuando la autoridad sanitaria detecte alguna publicidad que no reúna los requisitos exigidos por esta Ley y demás disposiciones generales aplicables en materia de salud, elaborará un informe detallado donde se exprese lo siguiente:

I. El lugar, fecha y hora de la verificación;

II. El medio de comunicación social que se haya verificado;

III. El texto de la publicidad anómala de ser material escrito o bien su descripción, en cualquier otro caso, y

IV. Las irregularidades sanitarias detectadas y las violaciones a esta Ley y demás disposiciones generales aplicables en materia de salud, en que se hubiere incurrido.

En el supuesto de que el medio de comunicación social verificado sea la prensa u otra publicación, el informe de verificación deberá integrarse invariablemente con una copia de la parte relativa que contenga la publicidad anómala, donde se aprecie, además, del texto o mensaje publicitario, la denominación del periódico o publicación y su fecha.

Artículo adicionado DOF 27-05-1987

Artículo 397. Las autoridades sanitarias podrán encomendar a sus verificadores, además, actividades de orientación, educación y aplicación, en su caso, de las medidas de seguridad a que se refieren las fracciones VII y X del artículo 404 de esta Ley.

Artículo reformado DOF 27-05-1987, 14-06-1991

Artículo 398. Las verificaciones podrán ser ordinarias y extraordinarias. Las primeras se efectuarán en días y horas hábiles y las segundas en cualquier tiempo.

Párrafo reformado DOF 14-06-1991

Para los efectos de esta Ley, tratándose de establecimientos industriales, comerciales o de servicios, se considerarán horas hábiles las de su funcionamiento habitual.

Artículo 399. Los verificadores, para practicar visitas, deberán estar provistos de órdenes escritas, con firma autógrafa expedidas por las autoridades sanitarias competentes, en las que se deberá precisar el lugar o zona que ha de verificarse, el objeto de la visita, el alcance que debe tener y las disposiciones legales que la fundamenten.

Artículo reformado DOF 14-06-1991

Artículo 400. Los verificadores en el ejercicio de sus funciones tendrán libre acceso a los edificios, establecimientos comerciales, industriales, de servicio y, en general a todos los lugares a que hace referencia esta ley.

Los propietarios, responsables, encargados u ocupantes de establecimientos o conductores de los transportes objeto de verificación, estarán obligados a permitir el acceso y a dar facilidades e informes a los verificadores para el desarrollo de su labor.

Artículo reformado DOF 14-06-1991

Artículo 401. En la diligencia de verificación sanitaria se deberán observar las siguientes reglas:

I. Al iniciar la visita el verificador deberá exhibir la credencial vigente, expedida por la autoridad sanitaria competente, que lo acredite legalmente para desempeñar dicha función, así como la orden expresa a que se refiere el artículo 399 de esta ley, de la que deberá dejar copia al propietario, responsable, encargado u ocupante del establecimiento. Esta circunstancia se deberá anotar en el acta correspondiente;

Fe de erratas a la fracción DOF 12-07-1991

II. Al inicio de la visita, se deberá requerir al propietario, responsable, encargado u ocupante del establecimiento, o conductor del transporte, que proponga a dos testigos que deberán permanecer durante el desarrollo de la visita. Ante la negativa o ausencia del visitado, los designará la autoridad que practique la verificación. Estas circunstancias, el nombre, domicilio y firma de los testigos, se hará constar en el acta;

III. En el acta que se levante con motivo de la verificación, se harán constar las circunstancias de la diligencia, las deficiencias o anomalías sanitarias observadas, el número y tipo de muestras tomadas o en su caso las medidas de seguridad que se ejecuten, y

IV. Al concluir la verificación, se dará oportunidad al propietario, responsable, encargado u ocupante del establecimiento o conductor del transporte, de manifestar lo que a su derecho convenga, asentando su dicho en el acta respectiva y recabando su firma en el propio documento, del que se le entregará una copia. La negativa a firmar el acta o a recibir copia de la misma o de la orden de visita, se deberá hacer constar en el referido documento y no afectará su validez, ni la de la diligencia practicada.

Artículo reformado DOF 14-06-1991

Artículo 401 Bis. La recolección de muestras se efectuará con sujeción a las siguientes reglas:

I. Se observarán las formalidades y requisitos exigidos para las visitas de verificación;

II. La toma de muestras podrá realizarse en cualquiera de las etapas del proceso, pero deberán tomarse del mismo lote, producción o recipiente, procediéndose a identificar las muestras en envases que puedan ser cerrados y sellados;

III. Se obtendrán tres muestras del producto. Una de ellas se dejará en poder de la persona con quien se entienda la diligencia para su análisis particular; otra muestra quedará en poder de la misma persona a disposición de la autoridad sanitaria y tendrá el carácter de muestra testigo; la última será enviada por la autoridad sanitaria al laboratorio autorizado y habilitado por ésta, para su análisis oficial;

Fracción reformada DOF 07-05-1997

IV. El resultado del análisis oficial se notificará al interesado o titular de la autorización sanitaria de que se trate, en forma personal o por correo certificado con acuse de recibo, telefax, o por cualquier otro medio por el que se pueda comprobar fehacientemente la recepción de los mismos, dentro de los treinta días hábiles siguientes a la fecha de la toma de muestras;

Fracción reformada DOF 07-05-1997

V. En caso de desacuerdo con el resultado que se haya notificado, el interesado lo podrá impugnar dentro de un plazo de quince días hábiles a partir de la notificación del análisis oficial. Transcurrido este plazo sin que se haya impugnado el resultado del análisis oficial, éste quedará firme y la autoridad sanitaria procederá conforme a la fracción VII de este artículo, según corresponda;

VI. Con la impugnación a que se refiere la fracción anterior, el interesado deberá acompañar el original del análisis particular que se hubiere practicado a la muestra que haya sido dejada en poder de la persona con quien se entendió la diligencia de muestreo, así como en su caso, la muestra testigo. Sin el cumplimiento de este requisito no se dará trámite a la impugnación y el resultado del análisis oficial quedará firme;

VII. La impugnación presentada en los términos de las fracciones anteriores dará lugar a que el interesado, a su cuenta y cargo, solicite a la autoridad sanitaria, el análisis de la muestra testigo en un laboratorio que la misma señale; en el caso de insumos médicos el análisis se deberá realizar en un laboratorio autorizado como laboratorio de control analítico auxiliar de la regulación sanitaria. El resultado del análisis de la muestra testigo será el que en definitiva acredite si el producto en cuestión reúne o no los requisitos y especificaciones sanitarios exigidos, y

Fracción reformada DOF 07-05-1997

VIII. El resultado de los análisis de la muestra testigo, se notificará al interesado o titular de la autorización sanitaria de que se trate, en forma personal o por correo certificado con acuse de recibo, telefax, o por cualquier otro medio por el que se pueda comprobar fehacientemente la recepción de los mismos y, en caso de que el producto reúna los requisitos y especificaciones requeridos, la autoridad sanitaria procederá a otorgar la autorización que se haya solicitado, o a ordenar el levantamiento de la medida de seguridad que se hubiera ejecutado, según corresponda.

Fracción reformada DOF 07-05-1997

Si el resultado a que se refiere la fracción anterior comprueba que el producto no satisface los requisitos y especificaciones sanitarios, la autoridad sanitaria procederá a dictar y ejecutar las medidas de seguridad sanitarias que procedan o a confirmar las que se hubieren ejecutado, a imponer las sanciones que correspondan y a negar o revocar, en su caso, la autorización de que se trate.

Si la diligencia se practica en un establecimiento que no sea donde se fabrica o produce el producto o no sea el establecimiento del titular del registro, el verificado está obligado a enviar, en condiciones adecuadas de conservación, dentro del término de tres días hábiles siguientes a la toma de muestras, copia del acta de verificación que consigne el muestreo realizado, así como las muestras que quedaron en poder de la persona con quien se entendió la diligencia, a efecto de que tenga la oportunidad de realizar los análisis particulares y, en su caso, impugnar el resultado del análisis oficial, dentro de los quince días hábiles siguientes a la notificación de resultados.

Párrafo reformado DOF 07-05-1997

En este caso, el titular podrá inconformarse, solicitando sea realizado el análisis de la muestra testigo.

El depositario de la muestra será testigo responsable solidario con el titular, si no conserva la muestra citada.

El procedimiento de muestreo no impide que la Secretaría dicte y ejecute las medidas de seguridad sanitarias que procedan, en cuyo caso se asentará en el acta de verificación las que se hubieren ejecutado y los productos que comprenda.

Artículo adicionado DOF 14-06-1991

Artículo 401 Bis 1. En el caso de toma de muestras de productos perecederos deberá conservarse en condiciones óptimas para evitar su descomposición, su análisis deberá iniciarse dentro de las cuarenta y ocho horas siguientes a la hora en que se recogieron. El resultado del análisis se notificará en forma personal al interesado dentro de los quince días hábiles siguientes contados a partir de la fecha en que se hizo la verificación. El particular podrá impugnar el resultado del análisis en un plazo de tres días contados a partir de la notificación, en cuyo caso se procederá en los términos de las fracciones VI y VII del artículo anterior.

Transcurrido este plazo, sin que se haya impugnado el resultado del análisis oficial, éste quedará firme.

Artículo adicionado DOF 14-06-1991

Artículo 401 Bis 2. En el caso de los productos recogidos en procedimientos de muestreo o verificación, sólo los laboratorios autorizados o habilitados por la Secretaría para tal efecto podrán determinar por medio de los análisis practicados, si tales productos reúnen o no sus especificaciones.

Artículo adicionado DOF 14-06-1991

TÍTULO DÉCIMO OCTAVO
MEDIDAS DE SEGURIDAD, SANCIONES Y DELITOS

CAPÍTULO I
MEDIDAS DE SEGURIDAD SANITARIA

Artículo 402. Se consideran medidas de seguridad las disposiciones que dicte la autoridad sanitaria competente, de conformidad con los preceptos de esta Ley y demás disposiciones aplicables, para proteger la salud de la población. Las medidas de seguridad se aplicarán sin perjuicio de las sanciones que, en su caso, correspondieren.

Artículo reformado DOF 27-05-1987

Artículo 403. Son competentes para ordenar o ejecutar medidas de seguridad, la Secretaría de Salud y los gobiernos de las entidades federativas, en el ámbito de sus respectivas competencias.

Párrafo reformado DOF 27-05-1987

La participación de los municipios y de las autoridades de los pueblos y comunidades indígenas y afromexicanas estará determinada por los convenios que celebren con los gobiernos de las respectivas entidades federativas y por lo que dispongan los ordenamientos locales.

Párrafo reformado DOF 19-09-2006, 01-04-2024

Artículo 404. Son medidas de seguridad sanitaria las siguientes:

I. El aislamiento;

II. La cuarentena;

III. La observación personal;

IV. La vacunación de personas;

V. La vacunación de animales;

VI. La destrucción o control de insectos u otra fauna transmisora y nociva;

VII. La suspensión de trabajos o servicios;

VIII. La suspensión de mensajes publicitarios en materia de salud;

IX. La emisión de mensajes publicitarios que advierta peligros de daños a la salud;

X. El aseguramiento y destrucción de objetos, productos o substancias;

XI. La desocupación o desalojo de casas, edificios, establecimientos y, en general, de cualquier predio;

XII. La prohibición de actos de uso, y

XIII. Las demás de índole sanitaria que determinen las autoridades sanitarias competentes, que puedan evitar que se causen o continúen causando riesgos o daños a la salud.

Son de inmediata ejecución las medidas de seguridad señaladas en el presente artículo.

Párrafo adicionado DOF 27-05-1987

Artículo 405. Se entiende por aislamiento la separación de personas infectadas, durante el periodo de transmisibilidad, en lugares y condiciones que eviten el peligro de contagio.

El aislamiento se ordenará por escrito, y por la autoridad sanitaria competente, previo dictamen médico y durará el tiempo estrictamente necesario para que desaparezca el peligro.

Artículo 406. Se entiende por cuarentena la limitación a la libertad de tránsito de personas sanas que hubieren estado expuestas a una enfermedad transmisible, por el tiempo estrictamente necesario para controlar el riesgo de contagio.

La cuarentena se ordenará por escrito, y por la autoridad sanitaria competente, previo dictamen médico, y consistirá en que las personas expuestas no abandonen determinado sitio o se restrinja su asistencia a determinados lugares.

Artículo 407. La observación personal consiste en la estrecha supervisión sanitaria de los presuntos portadores, sin limitar su libertad de tránsito, con el fin de facilitar la rápida identificación de la infección o enfermedad transmisible.

Artículo 408. Las autoridades sanitarias competentes ordenarán la vacunación de personas como medida de seguridad, en los siguientes casos:

Párrafo reformado DOF 19-06-2017

I. Cuando no hayan sido vacunadas, en cumplimiento a lo establecido en el artículo 144 de esta Ley;

II. En caso de epidemia grave;

III. Si existiere peligro de invasión de dichos padecimientos en el territorio nacional;

Fracción reformada DOF 19-06-2017

IV. Cuando así se requiera de acuerdo con las disposiciones internacionales aplicables;

Fracción reformada DOF 19-06-2017

V. Ante el riesgo de emergencia o aparición de nuevas enfermedades trasmisibles o agentes infecciosos en territorio nacional, o de alguna que se considere controlada, eliminada o erradicada, y

Fracción adicionada DOF 19-06-2017

VI. Ante un desastre natural que por sus características incremente el riesgo de aparición de enfermedades prevenibles por vacunación.

Fracción adicionada DOF 19-06-2017

Las acciones de inmunización extraordinaria, serán obligatorias para todos los individuos en el territorio nacional.

Párrafo adicionado DOF 19-06-2017

Artículo 409. Las autoridades sanitarias competentes podrán ordenar o proceder a la vacunación de animales que puedan constituirse en transmisores de enfermedades al ser humano o que pongan en riesgo su salud, en coordinación, en su caso, con las dependencias encargadas de la sanidad animal.

Artículo reformado DOF 16-03-2022

Artículo 410. Las autoridades sanitarias competentes ejecutarán las medidas necesarias para la destrucción o control de insectos u otra fauna transmisora y nociva, cuando éstos constituyan un peligro grave para la salud de las personas.

En todo caso, se dará a las dependencias encargadas de la sanidad animal la intervención que corresponda.

Artículo 411. Las autoridades sanitarias competentes podrán ordenar la inmediata suspensión de trabajos o de servicios o la prohibición de actos de uso, cuando, de continuar aquéllos, se ponga en peligro la salud de las personas.

Artículo 412. La suspensión de trabajos o servicios será temporal. Podrá ser total o parcial y se aplicará por el tiempo estrictamente necesario para corregir las irregularidades que pongan en peligro la salud de las personas. Se ejecutarán las acciones necesarias que permitan asegurar la referida suspensión. Esta será levantada a instancias del interesado o por la propia autoridad que la ordenó, cuando cese la causa por la cual fue decretada.

Durante la suspensión se podrá permitir el acceso de las personas que tengan encomendada la corrección de las irregularidades que la motivaron.

Artículo 413. La suspensión de mensajes publicitarios en materia de salud, procederá cuando éstos se difundan por cualquier medio de comunicación social contraviniendo lo dispuesto en esta ley y demás ordenamientos aplicables o cuando la Secretaría de Salud determine que el contenido de los mensajes afecta o induce a actos que pueden afectar la salud pública.

Párrafo reformado DOF 27-05-1987, 07-05-1997

En estos casos, los responsables de la publicidad procederán a suspender el mensaje, dentro de las veinticuatro horas siguientes a la notificación de la medida de seguridad, si se trata de emisiones de radio, cine, televisión, de publicaciones diarias o de anuncios en la vía pública. En caso de publicaciones periódicas, la suspensión surtirá efectos a partir del siguiente ejemplar en el que apareció el mensaje.

Artículo 414. El aseguramiento de objetos, productos o substancias, tendrá lugar cuando se presuma que pueden ser nocivos para la salud de las personas o carezcan de los requisitos esenciales que se establezcan en esta ley. La autoridad sanitaria competente podrá retenerlos o dejarlos en depósito hasta en tanto se determine, previo dictamen de laboratorio acreditado, cuál será su destino.

Párrafo reformado DOF 14-06-1991

Si el dictamen indicara que el bien asegurado no es nocivo pero carece de los requisitos esenciales establecidos en esta Ley y demás disposiciones generales aplicables, la autoridad sanitaria concederá al interesado un plazo hasta de treinta días para que tramite el cumplimiento de los requisitos omitidos. Si dentro de este plazo el interesado no realizara el trámite indicado o no gestionara la recuperación acreditando el cumplimiento de lo ordenado por la autoridad sanitaria, se entenderá que la materia del aseguramiento causa abandono y quedará a disposición de la autoridad sanitaria para su aprovechamiento lícito.

Párrafo reformado DOF 27-05-1987

Si del dictamen resultara que el bien asegurado es nocivo, la autoridad sanitaria, dentro del plazo establecido en el anterior párrafo y previa la observancia de la garantía de audiencia, podrá determinar que el interesado y bajo la vigilancia de aquella someta el bien asegurado a un tratamiento que haga posible su legal aprovechamiento, de ser posible, en cuyo caso y previo el dictamen de la autoridad sanitaria, el interesado podrá disponer de los bienes que haya sometido a tratamiento para destinarlos a los fines que la propia autoridad le señale.

Párrafo reformado DOF 27-05-1987

Los productos perecederos asegurados que se descompongan en poder de la autoridad sanitaria, así como los objetos, productos o substancias que se encuentren en evidente estado de descomposición, adulteración o contaminación que no los hagan aptos para su consumo, serán destruidos de inmediato por la autoridad sanitaria, la que levantará un acta circunstanciada de la destrucción.

Párrafo adicionado DOF 27-05-1987

Los productos perecederos que no se reclamen por los interesados dentro de las veinticuatro horas de que hayan sido asegurados, quedarán a disposición de la autoridad sanitaria la que los entregará para su aprovechamiento, de preferencia, a instituciones de asistencia social públicas o privadas.

Párrafo adicionado DOF 27-05-1987

Artículo 414 Bis. Será procedente la acción de aseguramiento prevista en el artículo 414 de esta Ley como medida de seguridad, para el caso de que se comercialicen:

a) Remedios herbolarios, suplementos alimenticios o productos cosméticos que indebidamente hubieren sido publicitados o promovidos como medicamentos o a los cuales se les hubiera atribuido cualidades o efectos terapéuticos, presentándolos como una solución definitiva en el tratamiento preventivo o rehabilitatorio de un determinado padecimiento, no siendo medicamentos y sin que estos cuenten con registro sanitario para ser considerados como tales;

Inciso reformado DOF 15-01-2026

b) Los productos cosméticos a los que se refiere el artículo 271 Bis de esta Ley, y

Inciso reformado DOF 15-01-2026

c) Los cigarrillos electrónicos, vapeadores y demás sistemas o dispositivos análogos, así como substancias tóxicas, incluidas las soluciones y mezclas y aditivos utilizados con ese propósito.

Inciso adicionado DOF 15-01-2026

Párrafo reformado DOF 07-06-2011. Reformado con incisos DOF 14-10-2021

En caso de que se actualice el supuesto previsto en el párrafo anterior, la medida de seguridad se aplicará respecto de los productos que tenga almacenados el fabricante, así como de los que se encuentren en poder de distribuidores, comercializadores o comerciantes para efectos de su venta al público.

Artículo adicionado DOF 28-06-2005

Artículo 415. La desocupación o desalojo de casas, edificios, establecimientos y, en general, de cualquier predio, se ordenará, previa la observancia de la garantía de audiencia y de dictamen pericial, cuando, a juicio de las autoridades sanitarias competentes, se considere que es indispensable para evitar un daño grave a la salud o la vida de las personas.

CAPÍTULO II
SANCIONES ADMINISTRATIVAS

Artículo 416. Las violaciones a los preceptos de esta Ley, sus reglamentos y demás disposiciones que emanen de ella, serán sancionadas administrativamente por las autoridades sanitarias, sin perjuicio de las penas que correspondan cuando sean constitutivas de delitos.

Artículo 417. Las sanciones administrativas podrán ser:

I. Amonestación con apercibimiento;

II. Multa;

III. Clausura temporal o definitiva, que podrá ser parcial o total, y

IV. Arresto hasta por treinta y seis horas.

Artículo reformado DOF 14-06-1991

Artículo 418. Al imponer una sanción, la autoridad sanitaria fundará y motivará la resolución, tomando en cuenta:

I. Los daños que se hayan producido o puedan producirse en la salud de las personas;

II. La gravedad de la infracción;

III. Las condiciones socio-económicas del infractor, y

IV. La calidad de reincidente del infractor.

V. El beneficio obtenido por el infractor como resultado de la infracción.

Fracción adicionada DOF 07-05-1997

Artículo 419. Se sancionará con multa de hasta dos mil veces la Unidad de Medida y Actualización, la violación de las disposiciones contenidas en los artículos 55, 56, 83, 103, 107, 137, 138, 139, 161, 200 Bis, 202, 263, 268 Bis 1, 282 Bis 1, 346, 348, 348 Bis, 348 Bis 1, 350 Bis 6, 391 y 392 de esta Ley.

Artículo reformado DOF 14-06-1991, 07-05-1997, 26-05-2000, 24-04-2006, 18-01-2007, 24-01-2020

Artículo 420. Se sancionará con multa de dos mil hasta seis mil veces la Unidad de Medida y Actualización, la violación de las disposiciones contenidas en los artículos 75, 121, 142, 147, 153, 157 Bis 10, 198, 200, 204, 241, 259, 260, 265, 267, 304, 307, 341, 348, segundo y tercer párrafo, 349, 350 Bis, 350 Bis 2, 350 Bis 3 y 373 de esta Ley.

Artículo reformado DOF 14-06-1991, 07-05-1997, 26-05-2000, 28-06-2005, 18-01-2007, 19-06-2017

Artículo 421. Se sancionará con una multa equivalente de seis mil hasta doce mil veces el salario mínimo general diario vigente en la zona económica de que se trate, la violación de las disposiciones contenidas en los artículos 67, 101, 125, 127, 149, 193, 210, 212, 213, 218, 220, 230, 232, 233, 237, 238, 240, 242, 243, 247, 248, 251, 252, 255, 256, 258, 266, 306, 308, 309, 315, 317, 330, 331, 332, 334, 335, 336, 338, último párrafo, 342, 348, primer párrafo, 350 bis 1, 365, 367, 375, 376, 400, 411 y 413 de esta Ley.

Artículo reformado DOF 14-06-1991, 07-05-1997, 26-05-2000, 19-01-2004, 28-06-2005, 18-01-2007, 30-05-2008

Artículo 421 Bis. Se sancionará con multa equivalente a quince mil hasta veinte mil veces el valor de la Unidad de Medida y Actualización, la violación de las disposiciones contenidas en los artículos 36, 100, 122, 126, 146, 166 Bis 19, 166 Bis 20, 205, 235, 254, 264, 271 Bis, 281, 289, 293, 298, 325, 327 y 333 de esta Ley.

Artículo adicionado DOF 18-01-2007. Reformado DOF 05-01-2009, 14-10-2021, 29-05-2023

Artículo 421 Ter. Se sancionará con multa equivalente de doce mil hasta dieciséis mil veces el salario mínimo general diario vigente en la zona económica de que se trate e inhabilitación de siete a diez años, en el desempeño de empleo, profesión o cargo público, a quien infrinja las disposiciones contenidas en el Capítulo Único del Título Quinto Bis de esta Ley, o la cancelación de Cédula con Efectos de Patente, la concesión o autorización respectiva según sea el caso. Lo anterior, sin afectar el derecho del o los afectados, de presentar denuncia por el delito o delitos de que se trate.

Artículo adicionado DOF 16-11-2011

Artículo 422. Las infracciones no previstas en este Capítulo serán sancionadas con multa equivalente hasta por dieciséis mil veces el salario mínimo general diario vigente en la zona económica de que se trate, atendiendo las reglas de calificación que se establecen en el artículo 418 de esta Ley.

Artículo reformado DOF 07-05-1997, 18-01-2007

Artículo 423. En caso de reincidencia se duplicará el monto de la multa que corresponda. Para los efectos de este Capítulo se entiende por reincidencia, que el infractor cometa la misma violación a las disposiciones de esta Ley o sus reglamentos dos o más veces dentro del período de un año, contado a partir de la fecha en que se le hubiera notificado la sanción inmediata anterior.

Artículo 424. La aplicación de las multas será sin perjuicio de que la autoridad sanitaria dicte las medidas de seguridad que procedan, hasta en tanto se subsanen las irregularidades.

Artículo 425. Procederá la clausura temporal o definitiva, parcial o total según la gravedad de la infracción y las características de la actividad o establecimiento, en los siguientes casos:

I. Cuando los establecimientos a que se refiere el artículo 373 de esta ley, carezcan de la correspondiente licencia sanitaria;

Fracción reformada DOF 07-05-1997

II. Cuando el peligro para la salud de las personas se origine por la violación reiterada de los preceptos de esta Ley y de las disposiciones que de ella emanen, constituyendo rebeldía a cumplir los requerimientos y disposiciones de la autoridad sanitaria;

III. Cuando después de la reapertura de un establecimiento local, fábrica, construcción o edificio, por motivo de suspensión de trabajos o actividades, o clausura temporal, las actividades que en él se realicen sigan constituyendo un peligro para la salud.

IV. Cuando por la peligrosidad de las actividades que se realicen o por la naturaleza del establecimiento, local, fábrica, construcción o edificio de que se trate, sea necesario proteger la salud de la población;

V. Cuando en el establecimiento se vendan o suministren estupefacientes sin cumplir con los requisitos que señalen esta Ley y sus reglamentos;

VI. Cuando en un establecimiento se vendan o suministren substancias psicotrópicas sin cumplir con los requisitos que señale esta Ley y sus reglamentos;

Fracción reformada DOF 14-10-2021

VI Bis. Cuando en un establecimiento se practiquen pruebas cosméticas en animales con el propósito de fabricar o comercializar productos cosméticos, en términos del artículo 271 Bis de esta Ley;

Fracción adicionada DOF 14-10-2021

VII. Cuando se compruebe que las actividades que se realicen en un establecimiento violan las disposiciones sanitarias, constituyendo un peligro grave para la salud, y

Fracción reformada DOF 14-10-2021

VIII. Por reincidencia en tercera ocasión.

Fracción adicionada DOF 07-05-1997

Artículo 426. En los casos de clausura definitiva quedarán sin efecto las autorizaciones que, en su caso, se hubieren otorgado al establecimiento, local, fábrica o edificio de que se trate.

Artículo 427. Se sancionará con arresto hasta por treinta y seis horas;

I. A la persona que interfiera o se oponga al ejercicio de las funciones de la autoridad sanitaria, y

II. A la persona que en rebeldía se niegue a cumplir los requerimientos y disposiciones de la autoridad sanitaria, provocando con ello un peligro a la salud de las personas.

Sólo procederá esta sanción, si previamente se dictó cualquiera otra de las sanciones a que se refiere este capítulo.

Impuesto al arresto, se comunicará la resolución a la autoridad correspondiente para que la ejecute.

CAPÍTULO III
PROCEDIMIENTO PARA APLICAR LAS MEDIDAS DE SEGURIDAD Y SANCIONES

Artículo 428. Para los efectos de esta Ley, el ejercicio de las facultades discrecionales por parte de la autoridad sanitaria competente, se sujetará a los siguientes criterios:

I. Se fundará y motivará en los términos de los artículos 14 y 16 de la Constitución Política de los Estados Unidos Mexicanos;

II. Se tomarán en cuenta las necesidades sociales y nacionales y, en general, los derechos e intereses de la sociedad;

III. Se considerarán los precedentes que se hayan dado en el ejercicio de las facultades específicas que van a ser usadas, así como la experiencia acumulada a ese respecto;

IV. Los demás que establezca el superior jerárquico tendientes a la predictibilidad de la resolución de los funcionarios, y

V. La resolución que se adopte se hará saber por escrito al interesado dentro del plazo que marca la Ley. Para el caso de que no exista éste, dentro de un plazo no mayor de cuatro meses contados a partir de la recepción de la solicitud del particular.

Artículo 429. La definición, observancia e instrucción de los procedimientos que se establecen en esta Ley se sujetarán a los siguientes principios jurídicos y administrativos:

I. Legalidad;

II. Imparcialidad;

III. Eficacia;

IV. Economía;

V. Probidad;

VI. Participación;

VII. Publicidad;

VIII. Coordinación;

IX. Eficiencia

X. Jerarquía, y

XI. Buena fe.

Artículo 430. Las autoridades sanitarias con base en los resultados de la visita o del informe de verificación a que se refiere el artículo 396 Bis de esta ley podrán dictar las medidas para corregir las irregularidades que se hubieren encontrado notificándolas al interesado y dándole un plazo adecuado para su realización.

Artículo reformado DOF 27-05-1987, 14-06-1991

Artículo 431. Las autoridades sanitarias competentes podrán hacer uso de las medidas legales necesarias, incluyendo el auxilio de las instituciones de seguridad pública de los tres órdenes de gobierno en el ámbito de sus competencias, para lograr la ejecución de las sanciones y medidas de seguridad que procedan.

Artículo reformado DOF 15-01-2026

Artículo 432. Derivado de las irregularidades sanitarias que reporte el acta o informe de verificación a que se refiere el artículo 396 Bis de esta ley, la autoridad sanitaria competente citará al interesado personalmente o por correo certificado con acuse de recibo, para que dentro de un plazo no menor de cinco ni mayor de treinta días comparezca a manifestar lo que a su derecho convenga y ofrezca las pruebas que estime procedentes en relación con los hechos asentados en el acta o informe de verificación según el caso. Tratándose del informe de verificación la autoridad sanitaria deberá acompañar al citatorio invariablemente copia de aquel.

Artículo reformado DOF 27-05-1987, 14-06-1991

Artículo 433. El cómputo de los plazos que señale la autoridad sanitaria competente para el cumplimiento de sus disposiciones, se hará entendiendo los días como naturales, con las excepciones que esta Ley establezca.

Artículo 434. Una vez oído al presunto infractor o a su representante legal y desahogadas las pruebas que ofreciere y fueren admitidas, se procederá dentro de los cinco días hábiles siguientes, a dictar, por escrito, la resolución que proceda, la cual será notificada en forma personal o por correo certificado con acuse de recibo al interesado o a su representante legal.

Artículo 435. En caso de que el presunto infractor no compareciera dentro del plazo fijado por el artículo 432 se procederá a dictar, en rebeldía, la resolución definitiva y a notificarla personalmente o por correo certificado con acuse de recibo.

Artículo 436. En los casos de suspensión de trabajos o de servicios, o de clausura temporal o definitiva, parcial o total, el personal comisionado para su ejecución procederá a levantar acta detallada de la diligencia, siguiendo para ello los lineamientos generales establecidos para las verificaciones.

Artículo reformado DOF 14-06-1991

Artículo 437. Cuando del contenido de un acta de verificación se desprenda la posible comisión de uno o varios delitos, la autoridad sanitaria formulará la denuncia correspondiente ante el Ministerio Público, sin perjuicio de la aplicación de la sanción administrativa que proceda.

Artículo reformado DOF 14-06-1991

CAPÍTULO IV
RECURSO DE INCONFORMIDAD

Artículo 438. Contra actos y resoluciones de las autoridades sanitarias que con motivo de la aplicación de esta Ley den fin a una instancia o resuelvan un expediente, los interesados podrán interponer el recurso de inconformidad.

Artículo 439. El plazo para interponer el recurso será de quince días hábiles, contados a partir del día siguiente a aquél en que se hubiere notificado la resolución o acto que se recurra.

Artículo 440. El recurso se interpondrá ante la unidad administrativa que hubiere dictado la resolución o acto combatido, directamente o por correo certificado con acuse de recibo. En este último caso, se tendrá como fecha de presentación la del día de su depósito en la oficina de correos.

Artículo 441. En el escrito se precisará nombre y domicilio de quien promueva, los hechos objeto del recurso, la fecha en que, bajo protesta de decir verdad, manifieste el recurrente que tuvo conocimiento de la resolución recurrida, los agravios que, directa o indirectamente, a juicio del recurrente, le cause la resolución o acto impugnado, la mención de la autoridad que haya dictado al resolución, ordenado o ejecutado el acto y el ofrecimiento de las pruebas que el inconforme se proponga rendir.

Al escrito deberán acompañarse los siguientes documentos:

I. Los que acrediten la personalidad del promovente, siempre que no sea el directamente afectado y cuando dicha personalidad no hubiera sido reconocida con anterioridad por las autoridades sanitarias correspondientes, en la instancia o expediente que concluyó con la resolución impugnada;

II. Los documentos que el recurrente ofrezca como pruebas y que tengan relación inmediata y directa con la resolución o acto impugnado, y

III. Original de la resolución impugnada, en su caso.

Artículo 442. En la tramitación del recurso sólo se admitirán las pruebas que se ofrezcan en los términos del artículo 444 de esta Ley, sin que en ningún caso sea admisible la confesional.

Artículo reformado DOF 27-05-1987

Artículo 443. Al recibir el recurso, la unidad respectiva verificará si éste es procedente, y si fue interpuesto en tiempo debe admitirlo o, en su caso, requerir al promovente para que lo aclare, concediéndole al efecto un término de cinco días hábiles.

En el caso que la unidad citada considere, previo estudio de los antecedentes respectivos, que procede su desechamiento, emitirá opinión técnica en tal sentido.

Artículo 444. En la substanciación del recurso sólo procederán las pruebas que se hayan ofrecido en la instancia o expediente que concluyó con la resolución o acto impugnado y las supervenientes.

Las pruebas ofrecidas que procedan, se admitirán por el área competente que deba continuar el trámite del recurso y para el desahogo, en su caso, se dispondrá de un término de treinta días hábiles contados a partir de la fecha en que hayan sido admitidas.

Artículo 445. En el caso de que el recurso fuere admitido, la unidad respectiva, sin resolver en lo relativo a la admisión de las pruebas que se ofrezcan, emitirá una opinión técnica del asunto dentro de un plazo de treinta días hábiles contados a partir del auto admisorio, y de inmediato remitirá el recurso y el expediente que contenga los antecedentes del caso, al área competente de la autoridad sanitaria que corresponda y que deba continuar el trámite del recurso.

Tratándose de actos o resoluciones provenientes de la Secretaría de Salud, su titular resolverá los recursos que se interpongan y al efecto podrá confirmar, modificar o revocar el acto o resolución que se haya combatido.

Párrafo reformado DOF 27-05-1987

Artículo 446. El Titular de la Secretaría de Salud, en uso de las facultades que le confiere la Ley Orgánica de la Administración Pública Federal, podrá delegar la atribución consignada en el artículo anterior, sólo en los casos en que los actos o resoluciones recurridos no hayan sido emitidos directamente por él.

El acuerdo de delegación correspondiente deberá publicarse en el Diario Oficial de la Federación. Cuando dicha delegación recaiga en servidores públicos de la Secretaría de Salud que operen en las Entidades Federativas, se gestionará que el acuerdo correspondiente se publique en las gacetas o periódicos oficiales de las mismas.

Párrafo reformado DOF 14-06-1991

Artículo reformado DOF 27-05-1987

Artículo 447. En el caso de resoluciones o actos sanitarios provenientes de los gobiernos de las entidades federativas, el recurso será resuelto por sus respectivos titulares, quienes, en uso de las facultades que la legislación aplicable les confiera podrán delegar dicha atribución debiéndose publicar el acuerdo respectivo en el periódico oficial de la entidad federativa correspondiente.

Artículo 448. A solicitud de los particulares que se consideren afectados por alguna resolución o acto de las autoridades sanitarias, éstas los orientarán sobre el derecho que tienen de recurrir la resolución o acto de que se trate, y sobre la tramitación del recurso.

Artículo 449. La interposición del recurso suspenderá la ejecución de las sanciones pecuniarias, si el infractor garantiza el interés fiscal.

Tratándose de otro tipo de actos o resoluciones, la interposición del recurso suspenderá su ejecución, siempre y cuando se satisfagan los siguientes requisitos:

I. Que lo solicite el recurrente;

II. Que no se siga perjuicio al interés social, ni se contravengan disposiciones de orden público, y

III. Que fueren de difícil reparación los daños y perjuicios que se causen al recurrente, con la ejecución del acto o resolución combatida.

Artículo 450. En la tramitación del recurso de inconformidad, se aplicará supletoriamente el Código Federal de Procedimientos Civiles.

CAPÍTULO V
PRESCRIPCIÓN

Artículo 451. El ejercicio de la facultad para imponer las sanciones administrativas previstas en la presente Ley, prescribirá en el término de cinco años.

Artículo 452. Los términos para la prescripción serán continuos y se contarán desde el día en que se cometió la falta o infracción administrativa, si fuere consumada, o desde que cesó, si fuere continua.

Artículo 453. Cuando el presunto infractor impugnare los actos de la autoridad sanitaria competente, se interrumpirá la prescripción, hasta en tanto la resolución definitiva que se dicte no admita ulterior recurso.

Artículo 454. Los interesados podrán hacer valer la prescripción, por vía de excepción. La autoridad deberá declararla de oficio.

CAPÍTULO VI
DELITOS

Artículo 455. Al que sin autorización de las autoridades sanitarias competentes o contraviniendo los términos en que ésta haya sido concedida, importe, posea, aísle, cultive, transporte, almacene o en general realice actos con agentes patógenos o sus vectores, cuando éstos sean de alta peligrosidad para la salud de las personas, de acuerdo con las normas oficiales mexicanas emitidas por la Secretaría de Salud, se le aplicará de uno a ocho años de prisión y multa equivalente de cien a dos mil días de salario mínimo general vigente en la zona económica de que se trate.

Artículo reformado DOF 27-05-1987, 07-05-1997

Artículo 456. Al que sin autorización de la Secretaría de Salud o contraviniendo los términos en que ésta haya sido concedida, elabore, introduzca a territorio nacional, transporte, distribuya, comercie, almacene, posea, deseche o en general, realice actos con las substancias tóxicas o peligrosas a que se refiere el artículo 278 de esta Ley, con inminente riesgo a la salud de las personas, se le impondrá de uno a ocho años de prisión y multa equivalente de cien a dos mil días de salario mínimo general vigente en la zona económica de que se trate.

Artículo reformado DOF 27-05-1987

Artículo 456 Bis. Al que realice por cualquier medio alguna de las conductas a que se refiere el artículo 282 Quater de esta Ley, se le impondrá de uno a ocho años de prisión y multa equivalente de cien a dos mil veces el valor diario de la Unidad de Medida y Actualización.

Artículo adicionado DOF 15-01-2026

Artículo 457. Se sancionará con pena de uno a ocho años de prisión y multa por el equivalente de cien a dos mil días de salario mínimo general vigente en la zona económica de que se trate, al que por cualquier medio contamine un cuerpo de agua, superficial o subterráneo, cuyas aguas se destinen para uso o consumo humanos, con riesgo para la salud de las personas.

Artículo 458. A quien sin la autorización correspondiente, utilice fuentes de radiaciones que ocasionen o puedan ocasionar daños a la salud de las personas, se le aplicará de uno a ocho años de prisión y multa equivalente de cien a dos mil días de salario mínimo general vigente en la zona económica de que se trate.

Artículo 459. Al que por cualquier medio pretenda sacar o saque del territorio nacional sangre humana, sin permiso de la Secretaría de Salud, se le impondrá prisión de uno a diez años y multa por el equivalente de cien a quinientos días de salario mínimo general vigente en la zona económica de que se trate.

Párrafo reformado DOF 27-05-1987

Si el responsable es un profesional, técnico auxiliar de las disciplinas para la salud, a la pena anterior se añadirá suspensión en el ejercicio de su profesión u oficio hasta por cuatro años.

Artículo 460. Al que saque o pretenda sacar del territorio nacional derivados de la sangre humana sin permiso de la Secretaría de Salud, se le impondrá prisión de uno a cinco años y multa por el equivalente de diez a ciento veinticinco días de salario mínimo general vigente en la zona económica de que se trate.

Párrafo reformado DOF 27-05-1987

Si el responsable es un profesional, técnico o auxiliar de las disciplinas para la salud, a la pena anterior se añadirá suspensión en el ejercicio de su profesión u oficio hasta por cuatro años.

Artículo 460 Bis. Al que introduzca o pretenda introducir en el territorio nacional sangre humana o cualquiera de sus componentes, sin permiso de la Secretaría de Salud, se le impondrá prisión de uno a cinco años y multa por el equivalente de diez a ciento veinticinco días de salario mínimo general vigente en la zona económica de que se trate.

Si la introducción de sangre humana o de cualquiera de sus componentes a que se refiere el párrafo anterior produce algún contagio en la población se impondrán de seis a diecisiete años de prisión y multa por el equivalente de ocho mil a diecisiete mil días de salario mínimo vigente en la zona económica de que se trate.

Artículo adicionado DOF 20-04-2015

Artículo 461. Al que traslade o realice actos tendientes a trasladar fuera del territorio nacional, órganos, tejidos y sus componentes de seres humanos vivos o de cadáveres, sin permiso de la Secretaría de Salud, se le impondrá prisión de cuatro a quince años y multa por el equivalente de trescientos a setecientos días de salario mínimo general vigente en la zona económica de que se trate.

Igual sanción se aplicará al que traslade o realice actos tendientes a trasladar fuera del territorio nacional tejidos de seres humanos que puedan ser fuente de material genético (ácido desoxirribonucleico) para estudios genómicos poblacionales en contravención de los artículos 317 Bis y 317 Bis 1 de esta Ley.

Si el responsable es un profesional, técnico o auxiliar de las disciplinas para la salud, a la pena anterior se añadirá suspensión en el ejercicio de su profesión u oficio hasta por siete años.

Artículo reformado DOF 27-05-1987, 14-06-1991, 05-11-2004, 14-07-2008

Artículo 462. Se impondrán de seis a diecisiete años de prisión y multa por el equivalente de ocho mil a diecisiete mil días de salario mínimo general vigente en la zona económica de que se trate:

I. Al que ilícitamente obtenga, conserve, utilice, prepare o suministre órganos, tejidos y sus componentes, cadáveres o fetos de seres humanos;

II. Al que comercie o realice actos de simulación jurídica que tengan por objeto la intermediación onerosa de órganos, tejidos, incluyendo la sangre, cadáveres, fetos o restos de seres humanos;

III. Al que trasplante un órgano o tejido, sin atender las preferencias y el orden establecido en las bases de datos hospitalarias, institucionales, estatales y nacional a que se refiere el artículo 336 de esta Ley;

IV. A los que promuevan, favorezcan, faciliten o publiciten la obtención o la procuración ilegal de órganos, tejidos y células o el trasplante de los mismos;

V. Al receptor del órgano que consienta la realización del trasplante conociendo su origen ilícito;

Fracción reformada DOF 20-04-2015

VI. Al que trasplante un órgano o tejido cuando el receptor y/o donador sean extranjeros, sin seguir el procedimiento establecido para tal efecto, y

Fracción reformada DOF 20-04-2015

VII. Aquella persona que con intención cause infección de receptores por agentes transmisibles por transfusión de sangre y sus componentes.

Fracción adicionada DOF 20-04-2015

En el caso de las fracciones III, IV, V y VI se aplicarán al responsable, además de otras penas, de cinco a diez años de prisión. Si intervinieran profesionales, técnicos o auxiliares de las disciplinas para la salud, se les aplicará, además suspensión de cinco a ocho años en el ejercicio profesional, técnico o auxiliar y hasta seis años más, en caso de reincidencia.

Artículo reformado DOF 27-05-1987, 14-06-1991, 26-05-2000, 05-11-2004, 12-12-2011

Artículo 462 Bis. Al responsable o empleado de un establecimiento donde ocurra un deceso o de locales destinados al depósito de cadáveres, que permita alguno de los actos a que se refieren las fracciones I, II, III, IV y V del artículo anterior o no procure impedirlos por los medios lícitos que tenga a su alcance, se le impondrá de cuatro a nueve años de prisión y multa por el equivalente de diez mil a quince mil días de salario mínimo general vigente en la zona económica de que se trate.

Párrafo reformado DOF 12-12-2011

Si intervinieran profesionales, técnicos o auxiliares de las disciplinas para la salud, se les aplicará, además, suspensión de dos a cuatro años en el ejercicio profesional, técnico o auxiliar y hasta cinco años más en caso de reincidencia.

Se impondrá la sanción a que se refiere el presente artículo, al responsable del establecimiento de la salud que no inscriba en el Registro Nacional de Trasplantes al receptor y/o donador extranjero al que se refiere la parte final del artículo 333 de esta Ley.

Párrafo adicionado DOF 12-12-2011

Artículo adicionado DOF 27-05-1987. Reformado DOF 26-05-2000, 05-11-2004

Artículo 462 Bis 1. Se aplicará de uno a nueve años de prisión y una multa de cien a mil veces la Unidad de Medida y Actualización, al que por sí o por interpósita persona:

I. Cobre en una institución pública de salud la aplicación de una vacuna incluida en el Programa de Vacunación Universal o destinada a acciones ordinarias o extraordinarias de vacunación, y

II. A sabiendas de ello, venda las vacunas que sean propiedad de las instituciones públicas del Sistema Nacional de Salud.

Artículo adicionado DOF 19-06-2017

Artículo 463. Al que introduzca al territorio nacional, transporte o comercie con animales vivos o sus cadáveres, que padezcan o hayan padecido una enfermedad transmisible al ser humano en los términos del artículo 157 de esta Ley, teniendo conocimiento de este hecho, se le sancionará con prisión de uno a ocho años y multa equivalente de cien a mil veces la Unidad de Medida y Actualización.

Artículo reformado DOF 16-03-2022

Artículo 464. A quien, adultere, falsifique, contamine, altere o permita la adulteración, falsificación, contaminación o alteración de alimentos, bebidas no alcohólicas o cualquier otra sustancia o producto de uso o consumo humano, con peligro para la salud, se le aplicará de uno a nueve años de prisión y multa equivalente de cien a mil días de salario mínimo general vigente en la zona económica de que se trate.

A quien adultere, altere, contamine o permita la adulteración, alteración o contaminación de bebidas alcohólicas, se le aplicará:

I. Cuando se trate de bebidas alcohólicas adulteradas o falsificadas, en términos de los artículos 206 y 208 Bis de la Ley General de Salud, de seis meses a tres años de prisión y de cincuenta a doscientos cincuenta días multa;

II. Cuando se trate de bebidas alcohólicas alteradas, acorde con la fracción II del artículo 208 de la Ley General de Salud, de tres a siete años de prisión y de doscientos cincuenta a quinientos días multa, y

III. Cuando se trate de bebidas alcohólicas contaminadas, conforme a lo dispuesto por el artículo 207 de la Ley General de Salud, de cinco a nueve años de prisión y de quinientos a mil días multa.

Las mismas penas se aplicarán a quien, a sabiendas, por sí o a través de otro, expenda, venda o de cualquier forma distribuya bebidas alcohólicas adulteradas, contaminadas o alteradas.

Artículo reformado DOF 25-05-2006, 14-01-2013

Artículo 464 Bis. Al que por sí o por interpósita persona, teniendo conocimiento o a sabiendas de ello, autorice u ordene, por razón de su cargo en las instituciones alimentarias a que se refiere el artículo 199-Bis de este ordenamiento, la distribución de alimentos en descomposición o mal estado que ponga en peligro la salud de otro, se le impondrá la pena de seis meses a dos años de prisión o pena pecuniaria de 500 a 5 mil días de salario mínimo general vigente en el Distrito Federal o la zona económica de que se trate.

Cuando la conducta descrita en el párrafo anterior sea producto de negligencia, se impondrá hasta la mitad de la pena señalada.

Artículo adicionado DOF 05-01-2001

Artículo 464 Ter. En materia de medicamentos se aplicarán las penas que a continuación se mencionan, a la persona o personas que realicen las siguientes conductas delictivas:

I. A quien adultere, falsifique, contamine, altere o permita la adulteración, falsificación, contaminación o alteración de medicamentos, fármacos, materias primas o aditivos, de sus envases finales para uso o consumo humanos o los fabrique sin los registros, licencias o autorizaciones que señala esta Ley, se le aplicará una pena de tres a quince años de prisión y multa de cincuenta mil a cien mil días de salario mínimo general vigente en la zona económica de que se trate;

Fracción declarada inválida por sentencia de la SCJN a Acción de Inconstitucionalidad DOF 16-07-2010 (con relación al DOF 25-05-2006, en la parte que establecía "multa penal fija").

Fracción reformada DOF 27-04-2010

II. A quien falsifique o adultere o permita la adulteración o falsificación de material para envase o empaque de medicamentos, etiquetado, sus leyendas, la información que contenga o sus números o claves de identificación, se le aplicará una pena de uno a nueve años de prisión y multa de veinte mil a cincuenta mil días de salario mínimo general vigente en la zona económica de que se trate;

Fracción declarada inválida por sentencia de la SCJN a Acción de Inconstitucionalidad DOF 16-07-2010 (con relación al DOF 25-05-2006, en la parte que establecía "multa penal fija").

Fracción reformada DOF 27-04-2010, 17-03-2015

III. A quien venda u ofrezca en venta, comercie, distribuya o transporte medicamentos, fármacos, materias primas o aditivos falsificados, alterados, contaminados o adulterados, ya sea en establecimientos o en cualquier otro lugar, o bien venda u ofrezca en venta, comercie, distribuya o transporte materiales para envase o empaque de medicamentos, fármacos, materias primas o aditivos, sus leyendas, información que contenga números o claves de identificación, que se encuentran falsificados, alterados o adulterados, le será impuesta una pena de uno a nueve años de prisión y multa de veinte mil a cincuenta mil días de salario mínimo general vigente en la zona económica de que se trate, y

Fracción declarada inválida por sentencia de la SCJN a Acción de Inconstitucionalidad DOF 16-07-2010 (con relación al DOF 25-05-2006, en la parte que establecía "multa penal fija").

Fracción reformada DOF 27-04-2010, 17-03-2015

Nota: La declaratoria de invalidez DOF 16-07-2010 se emitió con relación a las fracciones I, II y III del Artículo 464 Ter original, publicado en el DOF 25-05-2006, en la parte que establecían "multas penales fijas". Las reformas DOF 27-04-2010 y DOF 17-03-2015 dejaron sin efecto dicha declaratoria por lo que se refiere al texto vigente de las fracciones I, II y III de este artículo.

IV. A quien venda, ofrezca en venta o comercie muestras médicas, le será impuesta una pena de uno a nueve años de prisión y multa equivalente de veinte mil a cincuenta mil días de salario mínimo general vigente en la zona económica de que se trate.

Fracción adicionada DOF 17-03-2015

Para los efectos del presente artículo, se entenderá por medicamento, fármaco, materia prima, aditivo y material, lo preceptuado en las fracciones I, II, III, IV y V del artículo 221 de esta Ley; y se entenderá por adulteración, contaminación, alteración y falsificación, lo previsto en los artículos 206, 207, 208 y 208 bis de esta Ley.

Artículo adicionado DOF 25-05-2006

Artículo 464 Quater. En materia de dispositivos médicos, a que se refiere el artículo 262 de esta Ley, se impondrán las penas que a continuación se mencionan, a la persona o personas que realicen las siguientes conductas:

I. A quien adultere, falsifique, contamine, altere o permita la adulteración, falsificación, contaminación o alteración de dispositivos médicos, de sus envases finales para uso o los fabrique sin las autorizaciones sanitarias que correspondan en términos de esta Ley, se le impondrá una pena de tres a quince años de prisión y multa de cincuenta mil a cien mil veces la Unidad de Medida y Actualización vigente al momento de la comisión del delito;

II. A quien venda u ofrezca en venta, comercie, distribuya, interne al país o transporte con fines de comercialización, dispositivos médicos adulterados, falsificados, contaminados o alterados, en cualquier lugar o por cualquier medio; o bien, venda u ofrezca en venta, comercie, distribuya, interne al país o transporte con fines de comercialización, material para envase o empaque, de dichos insumos para la salud, etiquetado sus leyendas, la información que contenga números o claves de identificación se encuentren adulterados o falsificados, le será impuesta una pena de uno a nueve años de prisión y multa de veinte mil a cincuenta mil veces la Unidad de Medida y Actualización vigente al momento de la comisión del delito, y

III. La misma pena a que hace referencia la fracción II de este artículo se impondrá a quien adultere, falsifique, o permita la adulteración o falsificación de material para envase o empaque de dispositivos médicos, etiquetado, sus leyendas o la información que contenga o sus números o claves de identificación.

Para los efectos del presente artículo, se entenderá por adulterar, contaminar, alterar y falsificar, lo previsto en los artículos 206, 207, 208 y 208 Bis de esta Ley.

Artículo adicionado DOF 10-05-2023

Artículo 465. Al profesional, técnico o auxiliar de las disciplinas para la salud y, en general, a toda persona relacionada con la práctica médica que realice actos de investigación clínica en seres humanos, sin sujetarse a lo previsto en el Título Quinto de esta Ley, se le impondrá prisión de uno a ocho años, suspensión en el ejercicio profesional de uno a tres años y multa por el equivalente de cien a dos mil días de salario mínimo general vigente en la zona económica de que se trate.

Si la conducta se lleva a cabo con menores, incapaces, ancianos, sujetos privados de libertad o, en general, con personas que por cualquier circunstancia no pudieran resistirse, la pena que fija el párrafo anterior se aumentará hasta en un tanto más.

Artículo 465 Bis. A quien contrate, autorice, conduzca, participe o desarrolle pruebas cosméticas en animales se le aplicará pena de dos a siete años de prisión y multa equivalente de doscientas a dos mil veces el valor de la Unidad de Medida y Actualización.

Artículo adicionado DOF 14-10-2021

Artículo 465 Ter. Las personas profesionales, técnicas o auxiliares de las disciplinas para la salud y relacionadas con las prácticas médicas que realicen, impartan, apliquen, obliguen o financien tratamientos, terapias o cualquier tipo de servicios o prácticas, quirúrgicas o de otra índole, con el objeto de obstaculizar, restringir, impedir, menoscabar, anular o suprimir la orientación sexual, identidad o expresión de género de una persona, serán sancionadas en términos de lo dispuesto por el artículo 209 Quintus del Código Penal Federal y además, serán suspendidas en el ejercicio profesional de uno a tres años.

Artículo adicionado DOF 07-06-2024

Artículo 466. Al que sin consentimiento de una mujer o aun con su consentimiento, si ésta fuere menor o incapaz, realice en ella inseminación artificial, se le aplicará prisión de uno a tres años, si no se produce el embarazo como resultado de la inseminación; si resulta embarazo, se impondrá prisión de dos a ocho años.

La mujer casada no podrá otorgar su consentimiento para ser inseminada sin la conformidad de su cónyuge.

Artículo 467. Al que induzca o propicie que menores de edad o incapaces consuman, mediante cualquier forma, substancias que produzcan efectos psicotrópicos, se le aplicará de siete a quince años de prisión.

Artículo 467 Bis. Al que venda o suministre a menores de edad o incapaces, mediante cualquier forma, substancias que se encuentren comprendidas dentro de los supuestos a que se refieren las fracciones [IV] y V del artículo 245 de esta Ley, se aplicará de 7 a 15 años de prisión.

Artículo adicionado DOF 04-12-2013

Artículo declarado inválido por sentencia de la SCJN a Acción de Inconstitucionalidad DOF 23-03-2015 (En la porción normativa que remite a la fracción IV del artículo 245 de la propia Ley)

Artículo 468. Al profesional, técnico o auxiliar de las disciplinas para la salud, que sin causa legítima se rehuse a desempeñar las funciones o servicios que solicite la autoridad sanitaria en ejercicio de la acción extraordinaria en materia de salubridad general, se le aplicará de seis meses a tres años de prisión y multa por el equivalente de cinco a cincuenta días de salario mínimo general vigente en la zona económica de que se trate.

Artículo 469. Al profesional, técnico o auxiliar de la atención médica que sin causa justificada se niegue a prestar asistencia a una persona, en caso de notoria urgencia, poniendo en peligro su vida, se le impondrá de seis meses a cinco años de prisión y multa de cinco a ciento veinticinco días de salario mínimo general vigente en la zona económica de que se trate y suspensión para ejercer la profesión hasta por dos años.

Si se produjere daño por la falta de intervención, podrá imponerse, además, suspensión definitiva para el ejercicio profesional, a juicio de la autoridad judicial.

Artículo 469 bis. Se impondrá pena de cuatro a siete años de prisión, y multa de mil a quinientos mil días de salario mínimo general vigente en el Distrito Federal, a cualquier persona que desvíe del objeto para el cual fueron transferidos o entregados los recursos en numerario o en especie, según el caso, a que se refiere el Título Tercero Bis de la presente Ley o para la prestación de servicios en materia de salubridad general, si por razón de sus funciones o actividades los hubiere recibido en administración o por cualquier otra causa.

La pena prevista en el presente artículo es sin perjuicio de las sanciones administrativas u otras penas que puedan determinarse conforme a lo dispuesto en la Ley General de Responsabilidades Administrativas, así como en la Ley General de Contabilidad Gubernamental y demás disposiciones jurídicas aplicables.

Párrafo reformado DOF 29-05-2023

Artículo adicionado DOF 04-06-2014

Artículo 470. Siempre que en la comisión de cualquiera de los delitos previstos en este capítulo, participe un servidor público que preste sus servicios en establecimientos de salud de cualquier dependencia o entidad pública y actúe en ejercicio o con motivo de sus funciones, además de las penas a que se haga acreedor por dicha comisión y sin perjuicio de lo dispuesto en otras leyes, se le destituirá del cargo, empleo o comisión y se le inhabilitará para ocupar otro similar hasta por un tanto igual a la pena de prisión impuesta, a juicio de la autoridad judicial.

En caso de reincidencia la inhabilitación podrá ser definitiva.

Artículo 471. Las penas previstas en este Capítulo se aplicarán independientemente de las que correspondan por la Comisión de cualquier otro delito.

Artículo 472. A las personas morales involucradas en la comisión de cualquiera de los delitos previstos en este Capítulo, se les aplicará, a juicio de la autoridad, lo dispuesto en materia de suspensión o disolución en el Código Penal.

CAPÍTULO VII
DELITOS CONTRA LA SALUD EN SU MODALIDAD DE NARCOMENUDEO

Capítulo adicionado DOF 20-08-2009

Artículo 473. Para los efectos de este capítulo se entenderá por:

I. Comercio: la venta, compra, adquisición o enajenación de algún narcótico;

II. Farmacodependencia: Es el conjunto de fenómenos de comportamiento, cognoscitivos y fisiológicos, que se desarrollan luego del consumo repetido de estupefacientes o psicotrópicos de los previstos en los artículos 237 y 245, fracciones I a III, de esta Ley;

III. Farmacodependiente: Toda persona que presenta algún signo o síntoma de dependencia a estupefacientes o psicotrópicos;

IV. Consumidor: Toda persona que consume o utilice estupefacientes o psicotrópicos y que no presente signos ni síntomas de dependencia;

V. Narcóticos: los estupefacientes, psicotrópicos y demás sustancias o vegetales que determinen esta Ley, los convenios y tratados internacionales de observancia obligatoria en México y los que señalen las demás disposiciones legales aplicables en la materia;

VI. Posesión: la tenencia material de narcóticos o cuando éstos están dentro del radio de acción y disponibilidad de la persona;

VII. Suministro: la transmisión material de forma directa o indirecta, por cualquier concepto, de la tenencia de narcóticos, y

VIII. Tabla: la relación de narcóticos y la orientación de dosis máximas de consumo personal e inmediato prevista en el artículo 479 de esta Ley.

Artículo adicionado DOF 20-08-2009

Artículo 474. Las autoridades de seguridad pública, procuración e impartición de justicia, así como de ejecución de sanciones de las entidades federativas, conocerán y resolverán de los delitos o ejecutarán las sanciones y medidas de seguridad a que se refiere este capítulo, cuando los narcóticos objeto de los mismos estén previstos en la tabla, siempre y cuando la cantidad de que se trate sea inferior a la que resulte de multiplicar por mil el monto de las previstas en dicha tabla y no existan elementos suficientes para presumir delincuencia organizada.

Las autoridades federales conocerán de los delitos en cualquiera de los casos siguientes:

I. En los casos de delincuencia organizada.

II. La cantidad del narcótico sea igual o mayor a la referida en el primer párrafo de este artículo.

III. El narcótico no esté contemplado en la tabla.

IV. Independientemente de la cantidad del narcótico el Ministerio Público de la Federación:

a) Prevenga en el conocimiento del asunto, o

b) Solicite al Ministerio Público del fuero común la remisión de la investigación.

La autoridad federal conocerá de los casos previstos en las fracciones II y III anteriores, de conformidad con el Código Penal Federal y demás disposiciones aplicables. En los casos de la fracción IV de este artículo se aplicará este capítulo y demás disposiciones aplicables.

Para efecto de lo dispuesto en el inciso b) de la fracción IV anterior, bastará con que el Ministerio Público de la Federación solicite a la autoridad competente de la entidad federativa, le remita la investigación correspondiente. Las diligencias desahogadas hasta ese momento por las autoridades de las entidades federativas gozarán de plena validez.

En la instrumentación y ejecución de los operativos policíacos que se realicen para cumplir con dichas obligaciones las autoridades se coordinarán en los términos que establece la Ley General del Sistema Nacional de Seguridad Pública y demás disposiciones aplicables.

El Ministerio Público de la Federación podrá solicitar a las autoridades de seguridad pública de las entidades federativas, le remitan informes relativos a la investigación de los delitos a que se refiere este capítulo.

El Ministerio Público de las entidades federativas deberá informar oportunamente al Ministerio Público de la Federación del inicio de las averiguaciones previas, a efecto de que éste cuente con los elementos necesarios para, en su caso, solicitar la remisión de la investigación en términos de la fracción IV inciso b) de este artículo.

En los casos a que se refiere el segundo párrafo de este artículo, el Ministerio Público del fuero común podrá practicar las diligencias de averiguación previa que correspondan y remitirá al Ministerio Público de la Federación, dentro de los tres días de haberlas concluido, el acta o actas levantadas y todo lo que con ellas se relacione.

Si hubiese detenidos, la remisión se hará sin demora y se observarán las disposiciones relativas a la retención ministerial por flagrancia.

Cuando el Ministerio Público de la Federación conozca de los delitos previstos en este capítulo podrá remitir al Ministerio Público de las entidades federativas la investigación para los efectos del primer párrafo de este artículo, siempre que los narcóticos objeto de los mismos estén previstos en la tabla, la cantidad de que se trate sea inferior a la que resulte de multiplicar por mil el monto de las previstas en dicha tabla y no se trate de casos de la delincuencia organizada.

Si de las constancias del procedimiento se advierte la incompetencia de las autoridades del fuero común, remitirá el expediente al Ministerio Público de la Federación o al juez federal que corresponda, dependiendo de la etapa procesal en que se encuentre, a fin de que se continúe el procedimiento, para lo cual las diligencias desahogadas hasta ese momento por la autoridad considerada incompetente gozarán de plena validez.

Artículo adicionado DOF 20-08-2009

Artículo 475. Se impondrá prisión de cuatro a ocho años y de doscientos a cuatrocientos días multa, a quien sin autorización comercie o suministre, aún gratuitamente, narcóticos previstos en la tabla, en cantidad inferior a la que resulte de multiplicar por mil el monto de las previstas en dicha tabla.

Cuando la víctima fuere persona menor de edad o que no tenga capacidad para comprender la relevancia de la conducta o para resistir al agente; o que aquélla fuese utilizada para la comisión de los mismos se aplicará una pena de siete a quince años de prisión y de doscientos a cuatrocientos días multa.

Las penas que en su caso resulten aplicables por este delito serán aumentadas en una mitad, cuando:

I. Se cometan por servidores públicos encargados de prevenir, denunciar, investigar, juzgar o ejecutar las sanciones por la comisión de conductas prohibidas en el presente capítulo. Además, en este caso, se impondrá a dichos servidores públicos destitución e inhabilitación hasta por un tiempo igual al de la pena de prisión impuesta;

II. Se cometan en centros educativos, asistenciales, policiales o de reclusión, o dentro del espacio comprendido en un radio que diste a menos de trescientos metros de los límites de la colindancia del mismo con quienes a ellos acudan, o

III. La conducta sea realizada por profesionistas, técnicos, auxiliares o personal relacionado con las disciplinas de la salud en cualesquiera de sus ramas y se valgan de esta situación para cometerlos. En este caso se impondrá, además, suspensión e inhabilitación de derechos o funciones para el ejercicio profesional u oficio hasta por cinco años. En caso de reincidencia podrá imponerse, además, suspensión definitiva para el ejercicio profesional, a juicio de la autoridad judicial.

Artículo adicionado DOF 20-08-2009

Artículo 476. Se impondrá de tres a seis años de prisión y de ochenta a trescientos días multa, al que posea algún narcótico de los señalados en la tabla, en cantidad inferior a la que resulte de multiplicar por mil las cantidades previstas en dicha tabla, sin la autorización correspondiente a que se refiere esta Ley, siempre y cuando esa posesión sea con la finalidad de comerciarlos o suministrarlos, aún gratuitamente.

Artículo adicionado DOF 20-08-2009

Artículo 477. Se aplicará pena de diez meses a tres años de prisión y hasta ochenta días multa al que posea alguno de los narcóticos señalados en la tabla en cantidad inferior a la que resulte de multiplicar por mil las previstas en dicha tabla, sin la autorización a que se refiere esta Ley, cuando por las circunstancias del hecho tal posesión no pueda considerarse destinada a comercializarlos o suministrarlos, aún gratuitamente.

No se procederá penalmente por este delito en contra de quien posea medicamentos que contengan alguno de los narcóticos previstos en la tabla, cuya venta al público se encuentre supeditada a requisitos especiales de adquisición, cuando por su naturaleza y cantidad dichos medicamentos sean los necesarios para el tratamiento de la persona que los posea o de otras personas sujetas a la custodia o asistencia de quien los tiene en su poder.

Artículo adicionado DOF 20-08-2009

Artículo 478. El Ministerio Público no ejercerá acción penal por el delito previsto en el artículo anterior, en contra de quien sea farmacodependiente o consumidor y posea alguno de los narcóticos señalados en la tabla, en igual o inferior cantidad a la prevista en la misma, para su estricto consumo personal y fuera de los lugares señalados en la fracción II del artículo 475 de esta Ley. La autoridad ministerial informará al consumidor la ubicación de las instituciones o centros para el tratamiento médico o de orientación para la prevención de la farmacodependencia.

El Ministerio Público hará reporte del no ejercicio de la acción penal a la autoridad sanitaria de la entidad federativa donde se adopte la resolución con el propósito de que ésta promueva la correspondiente orientación médica o de prevención. La información recibida por la autoridad sanitaria no deberá hacerse pública pero podrá usarse, sin señalar identidades, para fines estadísticos.

Artículo adicionado DOF 20-08-2009

Artículo 479. Para los efectos de este capítulo se entiende que el narcótico está destinado para su estricto e inmediato consumo personal, cuando la cantidad del mismo, en cualquiera de sus formas, derivados o preparaciones no exceda de las previstas en el listado siguiente:

<table>
<tr><th colspan="3">Tabla de Orientación de Dosis Máximas de Consumo Personal e Inmediato</th></tr>
<tr><td>Narcótico</td><td colspan="2">Dosis máxima de consumo personal e inmediato</td></tr>
<tr><td>Opio</td><td colspan="2">2 gr.</td></tr>
<tr><td>Diacetilmorfina o Heroína</td><td colspan="2">50 mg.</td></tr>
<tr><td>Cannabis Sativa, Indica o Mariguana</td><td colspan="2">5 gr.</td></tr>
<tr><td>Cocaína</td><td colspan="2">500 mg.</td></tr>
<tr><td>Lisergida (LSD)</td><td colspan="2">0.015 mg.</td></tr>
<tr><td rowspan="2">MDA, Metilendioxianfetamina</td><td>Polvo, granulado o cristal</td><td>Tabletas o cápsulas</td></tr>
<tr><td>40 mg.</td><td>Una unidad con peso no mayor a 200 mg.</td></tr>
<tr><td>MDMA, dl-34-metilendioxi-n-dimetilfeniletilamina</td><td>40 mg.</td><td>Una unidad con peso no mayor a 200 mg.</td></tr>
<tr><td>Metanfetamina</td><td>40 mg.</td><td>Una unidad con peso no mayor a 200 mg.</td></tr>
</table>

Artículo adicionado DOF 20-08-2009

Artículo 480. Los procedimientos penales y, en su caso, la ejecución de las sanciones por delitos a que se refiere este capítulo, se regirán por las disposiciones locales respectivas, salvo en los casos del destino y destrucción de narcóticos y la clasificación de los delitos como graves para fines del otorgamiento de la libertad provisional bajo caución, en los cuales se observarán las disposiciones del Código Federal de Procedimientos Penales.

El juez o la jueza ordenará la prisión preventiva de manera oficiosa a las y los imputados por los delitos previstos en los párrafos segundo y tercero, fracciones I, II y III del artículo 475 de esta Ley.

Párrafo adicionado DOF 19-02-2021

Artículo adicionado DOF 20-08-2009

Artículo 481. El Ministerio Público o la autoridad judicial del conocimiento, tan pronto identifique que una persona relacionada con un procedimiento es farmacodependiente, deberá informar de inmediato y, en su caso, dar intervención a las autoridades sanitarias competentes, para los efectos del tratamiento que corresponda.

En todo centro de reclusión se prestarán servicios de rehabilitación al farmacodependiente.

Para el otorgamiento de la condena condicional o del beneficio de la libertad preparatoria, cuando procedan, no se considerará como antecedente de mala conducta el relativo a que se le haya considerado farmacodependiente, pero sí se exigirá en todo caso que el sentenciado se someta al tratamiento médico correspondiente para su rehabilitación, bajo vigilancia de la autoridad ejecutora.

Artículo adicionado DOF 20-08-2009

Artículo 482. Cuando el Ministerio Público tenga conocimiento que el propietario, poseedor, arrendatario o usufructuario de un establecimiento de cualquier naturaleza lo empleare para realizar cualquiera de las conductas sancionadas en el presente capítulo o que permitiere su realización por terceros, informará a la autoridad administrativa competente para que, en ejercicio de sus atribuciones, realice la clausura del establecimiento, sin perjuicio de las sanciones que resulten por la aplicación de los ordenamientos correspondientes.

Lo mismo se observará respecto de los delitos de comercio, suministro y posesión de narcóticos previstos en los artículos 194, fracción I, 195 y 195 bis del Código Penal Federal.

Artículo adicionado DOF 20-08-2009

TRANSITORIOS

Primero. Esta Ley entrará en vigor a partir del primero de julio de mil novecientos ochenta y cuatro.

Segundo. Se deroga el Código Sanitario de los Estados Unidos Mexicanos de 26 de febrero de 1973, publicado en el **Diario Oficial de la Federación** el 13 de marzo de 1973, a excepción de las disposiciones que conforme a esta Ley sean materia de salubridad local, hasta en tanto no se expidan las leyes de salud locales correspondientes. Se derogan las demás disposiciones legales en lo que se opongan a las de la presente Ley.

Tercero. Se abrogan la Ley de Coordinación y Cooperación de Servicios Sanitarios en la República, publicada en el **Diario Oficial de la Federación** el 25 de agosto de 1934; la Ley que declara de utilidad pública la campaña contra el Paludismo y crea la Comisión de Saneamiento Antimalárico, publicada en el **Diario Oficial de la Federación** el 27 de septiembre de 1938, la Ley de la Dirección de Cooperación Interamericana de Salubridad Pública, publicada en el **Diario Oficial de la Federación** el 2 de marzo de 1945, y la ley que autoriza la creación de la Granja para Alienados Pacíficos en San Pedro del Monte, Guanajuato, publicada en el **Diario Oficial de la Federación** el 11 de junio de 1945.

Cuarto. En tanto se expidan las disposiciones administrativas derivadas de esta Ley, seguirán en vigor las que rigen actualmente, en lo que no la contravengan, y sus referencias al Código Sanitario de los Estados Unidos Mexicanos que se deroga se entienden hechas en lo aplicable a la presente Ley.

Quinto. Todos los actos, procedimientos y recursos administrativos relacionados con la materia de esta Ley, que se hubieren iniciado bajo la vigencia del Código Sanitario de los Estados Unidos Mexicanos que se deroga, se tramitarán y resolverán conforme a las disposiciones del citado Código.

Sexto. El Ejecutivo Federal, por conducto de la Secretaría de Salud, celebrará, en un plazo que no excederá de un año, contado a par tir de la fecha en que entre en vigor esta Ley, con los gobiernos de los Estados, los acuerdos de coordinación que respecto de aquellas materias que en los términos de esta Ley y demás disposiciones legales aplicables sean de interés común.

En el Distrito Federal, el Ejecutivo Federal determinará las bases de coordinación y de los convenios entre la Secretaría de Salud y el propio Departamento del Distrito Federal para los efectos del párrafo anterior.

Séptimo. Se concede un plazo de sesenta días naturales, contados a partir de la fecha en que entre en vigor esta Ley, para que los fabricantes y embotelladores de bebidas alcohólicas, fabricantes de productos de tabaco, fabricantes y expendedores de agentes de diagnóstico y de medicamentos, y, en general, todos los obligados conforme a esta Ley, incluyan en las etiquetas, contraetiquetas y envases, las leyendas que la misma establece.

México, D. F., a 26 de diciembre de 1983. **Luz Lajous**, D. P. **Raúl Salinas Lozano**, S. P. **Xóchitl Elena Llanera de Guillén**, D. S. **Alberto E. Villanueva Sansores**, S.S. Rúbricas.

En cumplimiento de lo dispuesto por la fracción I del Artículo 89 de la Constitución Política de los Estados Unidos Mexicanos y para su debida publicación y observancia, expido el presente Decreto en la residencia del Poder Ejecutivo Federal, en la Ciudad de México, Distrito Federal, a los treinta días del mes de diciembre de mil novecientos ochenta y tres. **Miguel de la Madrid Hurtado**. Rúbrica. El Secretario de Salubridad y Asistencia, **Guillermo Soberón Acevedo**. Rúbrica. El Secretario de Relaciones Exteriores, **Bernardo Sepúlveda Amor**. Rúbrica. El Secretario de la Defensa Nacional, **Juan Arévalo Gardoqui**. Rúbrica. El Secretario de Marina, **Miguel Angel Gómez Ortega**. Rúbrica. El Secretario de Hacienda y Crédito Público, **Jesús Silva Herzog Flores**. Rúbrica. El Secretario de Programación y Presupuesto, **Carlos Salinas de Gortari**. Rúbrica. El Secretario de Comercio y Fomento Industrial, **Héctor Hernández Cervantes**. Rúbrica. El Secretario de Comunicaciones y Transportes, **Rodolfo Félix Valdés**. Rúbrica. El Secretario de Desarrollo Urbano y Ecológico, **Marcelo Javelly Girard**. Rúbrica. El Secretario de Educación Pública, **Jesús Reyes Heroles**. Rúbrica. El Secretario del Trabajo y Previsión Social, **Arsenio Farell Cubillas**. Rúbrica. El Jefe del Departamento del Distrito Federal, **Ramón Aguirre Velázquez**. Rúbrica. El Secretario de Gobernación, **Manuel Bartlett Díaz**. Rúbrica.

Fe de erratas al párrafo DOF 06-09-1984

Ley de los Institutos Nacionales de Salud

Nueva Ley publicada en el Diario Oficial de la Federación, el 26 de mayo de 2000.

TEXTO VIGENTE

Última reforma publicada DOF 11-05-2022

Al margen un sello con el Escudo Nacional, que dice: Estados Unidos Mexicanos. Presidencia de la República.

ERNESTO ZEDILLO PONCE DE LEÓN, Presidente de los Estados Unidos Mexicanos, a sus habitantes sabed:

Que el Honorable Congreso de la Unión, se ha servido dirigirme el siguiente

DECRETO

"EL CONGRESO DE LOS ESTADOS UNIDOS MEXICANOS, DECRETA:

LEY DE LOS INSTITUTOS NACIONALES DE SALUD

TÍTULO PRIMERO
DISPOSICIONES GENERALES

CAPÍTULO ÚNICO

Artículo 1. La presente ley tiene por objeto regular la organización y funcionamiento de los Institutos Nacionales de Salud, así como fomentar la investigación, enseñanza y prestación de servicios que se realice en ellos.

Artículo 2. Para los efectos de esta ley se entenderá por:

I. Ciencia médica, a la disciplina que, conforme a métodos científicamente aceptados, desarrolla un conocimiento sistematizado que de manera metódica, racional y objetiva tiene el propósito de investigar, describir y explicar el origen de las enfermedades, su prevención, diagnóstico y tratamiento, así como de procurar la rehabilitación del afectado y el mantenimiento y protección de la salud de las personas;

II. Enseñanza en salud, a la transmisión sistemática de conocimientos de la Ciencia Médica, habilidades, destrezas y actitudes con propósitos de aprendizaje, para la formación de recursos humanos para la salud;

III. Institutos Nacionales de Salud, a los organismos descentralizados de la Administración Pública Federal, con personalidad jurídica y patrimonio propios, agrupados en el Sector Salud, que tienen como objeto principal la investigación científica en el campo de la salud, la formación y capacitación de recursos humanos calificados y la prestación de servicios de atención médica de alta especialidad, y cuyo ámbito de acción comprende todo el territorio nacional;

IV. Investigación en salud, al estudio y análisis original de temas de la Medicina, sujetos al método científico, con el propósito de generar conocimientos sobre la salud o la enfermedad, para su aplicación en la atención médica;

V. Investigación aplicada en salud, a aquella que se orienta a la comprensión, prevención, diagnóstico y tratamiento de problemas de salud determinados;

VI. Investigación básica en salud, a aquella relativa al estudio de los mecanismos celulares, moleculares, genéticos, bioquímicos, inmunológicos y otros, que tenga como propósito ampliar el conocimiento de la Ciencia Médica;

VII. Investigador, al profesional que mediante su participación en actividades científicas genera conocimientos, por su cuenta o institucionalmente, en la Biomedicina o la Medicina;

VIII. Recursos autogenerados, a los ingresos que obtengan los Institutos Nacionales de Salud por la recuperación de cuotas por los servicios que presten y las actividades que realicen;

IX. Recursos de terceros, a aquéllos puestos a disposición de los Institutos Nacionales de Salud por personas físicas o morales, públicas o privadas, nacionales o extranjeras, para financiar proyectos de investigación y que pueden o no haber sido obtenidos o promovida su disposición por investigadores;

X. Recursos de origen externo, a los subsidios, participaciones, donativos, herencias y legados, en efectivo o en especie, de personas físicas o morales, públicas o privadas, nacionales o extranjeras, que se otorguen de manera directa a los Institutos o a través de sus patronatos, y

XI. Secretaría, a la Secretaría de Salud del Ejecutivo Federal.

Artículo 3. La Ley Federal de las Entidades Paraestatales y sus disposiciones reglamentarias, se aplicarán para los Institutos Nacionales de Salud en lo que no se contraponga con esta ley, particularmente, en lo que se refiere al fortalecimiento de su autonomía técnica, operativa y administrativa.

Artículo 4. En caso de duda sobre la interpretación de las disposiciones de esta ley, se estará a lo que resuelva, para efectos administrativos, el Ejecutivo Federal, por conducto de la Secretaría.

TÍTULO SEGUNDO
ORGANIZACIÓN DE LOS INSTITUTOS

CAPÍTULO I
FUNCIONES

Artículo 5. Los organismos descentralizados que serán considerados como Institutos Nacionales de Salud, son cada uno de los siguientes, para las áreas que se indican:

I. Instituto Nacional de Cancerología, para la especialidad de las neoplasias;

II. Instituto Nacional de Cardiología Ignacio Chávez, para los padecimientos cardiovasculares;

III. Instituto Nacional de Ciencias Médicas y Nutrición Salvador Zubirán, para las disciplinas biomédicas vinculadas con la medicina interna de alta especialidad en adultos y las relacionadas con la nutrición;

IV. Instituto Nacional de Enfermedades Respiratorias Ismael Cosío Villegas, para los padecimientos del aparato respiratorio;

Fracción reformada DOF 22-06-2006

IV Bis. Instituto Nacional de Geriatría, para la formación de recursos humanos y la investigación del envejecimiento, de las enfermedades y cuidados del adulto mayor;

Fracción adicionada DOF 30-05-2012

V. Instituto Nacional de Neurología y Neurocirugía Manuel Velasco Suárez, para las afecciones del sistema nervioso;

V bis. Instituto Nacional de Medicina Genómica, para la regulación, promoción, fomento y práctica de la investigación y aplicación médica del conocimiento sobre del genoma humano;

Fracción adicionada DOF 20-07-2004

VI. Instituto Nacional de Pediatría, para los padecimientos de la población infantil hasta la adolescencia;

VII. Instituto Nacional de Perinatología Isidro Espinosa de los Reyes, para la salud reproductiva y perinatal;

Fracción reformada DOF 05-11-2004

VIII. Instituto Nacional de Psiquiatría Ramón de la Fuente Muñiz, para la psiquiatría y la salud mental;

VIII Bis. Instituto Nacional de Rehabilitación Luis Guillermo Ibarra Ibarra;

Fracción adicionada DOF 22-06-2005. Reformada DOF 27-01-2015

IX. Instituto Nacional de Salud Pública, para la investigación y enseñanza en salud pública;

X. Hospital Infantil de México Federico Gómez, para los padecimientos de la población infantil hasta la adolescencia, y

XI. Los demás que en el futuro sean creados por ley o decreto del Congreso de la Unión, con las características que se establecen en la fracción III, del artículo 2 de la presente ley.

Artículo 6. A los Institutos Nacionales de Salud les corresponderá:

I. Realizar estudios e investigaciones clínicas, epidemiológicas, experimentales, de desarrollo tecnológico y básicas, en las áreas biomédicas y sociomédicas en el campo de sus especialidades, para la comprensión, prevención, diagnóstico y tratamiento de las enfermedades, y rehabilitación de los afectados, así como para promover medidas de salud;

II. Publicar los resultados de las investigaciones y trabajos que realice, integrándolos al Repositorio Nacional de Acceso Abierto a Recursos de Información Científica, Tecnológica y de Innovación, de Calidad e Interés Social y Cultural, de conformidad con lo estipulado en la Ley de Ciencia y Tecnología.

Fracción reformada DOF 16-02-2018

III. Promover y realizar reuniones de intercambio científico, de carácter nacional e internacional, y celebrar convenios de coordinación, intercambio o cooperación con instituciones afines;

IV. Formar recursos humanos en sus áreas de especialización, así como en aquellas que le sean afines;

V. Formular y ejecutar programas de estudio y cursos de capacitación, enseñanza, especialización y actualización de personal profesional, técnico y auxiliar, en sus áreas de especialización y afines, así como evaluar y reconocer el aprendizaje;

VI. Otorgar constancias, diplomas, reconocimientos y certificados de estudios, grados y títulos, en su caso, de conformidad con las disposiciones aplicables;

VII. Prestar servicios de salud en aspectos preventivos, médicos, quirúrgicos y de rehabilitación en sus áreas de especialización;

VIII. Proporcionar consulta externa, atención hospitalaria y servicios de urgencias a la población que requiera atención médica en sus áreas de especialización, hasta el límite de su capacidad instalada;

IX. Asesorar y formular opiniones a la Secretaría cuando sean requeridos para ello;

X. Actuar como órganos de consulta, técnica y normativa, de las dependencias y entidades de la Administración Pública Federal en sus áreas de especialización, así como prestar consultorías a título oneroso a personas de derecho privado;

XI. Asesorar a los centros especializados de investigación, enseñanza o atención médica de las entidades federativas y, en general, a cualquiera de sus instituciones públicas de salud;

XII. Promover acciones para la protección de la salud, en lo relativo a los padecimientos propios de sus especialidades;

XIII. Coadyuvar con la Secretaría a la actualización de los datos sobre la situación sanitaria general del país, respecto de las especialidades médicas que les correspondan, y

XIV. Realizar las demás actividades que les correspondan conforme a la presente ley y otras disposiciones aplicables.

Artículo 7. El objeto del Instituto Nacional de Salud Pública comprenderá la prestación de servicios de salud a un universo de usuarios no susceptible de determinarse. Las funciones de este Instituto serán, además de las señaladas en las fracciones I a VI y IX a XIV del artículo anterior, las siguientes:

I. Estudiar y diseñar métodos y técnicas de investigación científica relacionados con la salud;

II. Desarrollar encuestas en las áreas de la salud pública;

III. Coadyuvar a la vigilancia epidemiológica de las enfermedades infecciosas y de otros problemas de salud en el país, y de aquéllas que puedan introducirse al territorio nacional;

IV. Contribuir al desarrollo de la tecnología diagnóstica apropiada a las necesidades nacionales, en materia de enfermedades transmisibles, y

V. Servir como centro de referencia para el diagnóstico de las enfermedades infecciosas.

Artículo 7 Bis. El Instituto Nacional de Medicina Genómica tendrá las siguientes atribuciones:

I. Realizar estudios e investigaciones clínicas, epidemiológicas, experimentales, de desarrollo tecnológico y básicas en las áreas de su especialidad, para la comprensión, prevención, diagnóstico y tratamiento de las enfermedades, rehabilitación de los afectados, así como para promover medidas de salud;

II. Realizar las actividades a que se refieren las fracciones II, III, IV, V, VI, IX, X, XI, XII, XIII y XIV del artículo 6 del presente ordenamiento;

III. Las actividades a que se refieren las fracciones VII y VIII del artículo 6 de esta Ley se realizarán a través de otras instituciones de salud;

IV. Impulsar en forma decidida la vinculación con instituciones nacionales para conformar una red de investigación y desarrollo en el campo de la medicina genómica y disciplinas afines, con la participación de instituciones internacionales; de conformidad con lo dispuesto en la presente Ley;

V. Fomentar la realización de proyectos de desarrollo de tecnología especializada, obteniendo con ello protocolos de innovación tecnológica en cuanto a la elaboración de medios de diagnóstico, fármaco-genómica y terapia génica, y

VI. Ser el Centro Nacional de Referencia para asuntos relacionados con estudios sobre el genoma humano y sus aplicaciones.

Artículo adicionado DOF 20-07-2004

Artículo 7 Ter. El Instituto Nacional de Geriatría tendrá, además de las funciones señaladas en el artículo 6 de esta ley, las siguientes:

I. Apoyar a la Secretaría, en su carácter de dependencia coordinadora de sector, para la elaboración y ejecución de los programas anuales, sectoriales, especiales y regionales de salud en el ámbito de sus funciones, así como promover la concertación de acciones con los sectores social y privado en su ámbito de competencia;

II. Fomentar la realización de proyectos de desarrollo de tecnología especializada, obteniendo con ello protocolos de innovación tecnológica en cuanto a la elaboración de medios de diagnóstico y tratamiento; y

III. Ser el centro nacional de referencia para asuntos relacionados con estudios sobre el envejecimiento poblacional y sus aplicaciones.

Artículo adicionado DOF 20-07-2004

Artículo 8. El domicilio legal de cada uno de los Institutos Nacionales de Salud será la Ciudad de México, Distrito Federal, con excepción del Instituto Nacional de Salud Pública, cuyo domicilio legal será la ciudad de Cuernavaca, Estado de Morelos, sin perjuicio de que, en su caso, se puedan establecer en cualquier parte del territorio nacional.

Artículo 9. El patrimonio de cada uno de los Institutos Nacionales de Salud se integrará con:

I. Los bienes muebles e inmuebles y derechos que les transfiera o haya transferido el Gobierno Federal;

II. Los bienes propios, entendidos éstos como los muebles e inmuebles adquiridos por los Institutos con recursos autogenerados, externos o de terceros, que utilizan en propósitos distintos a los de su objeto, y que no pueden ser clasificados como bienes del dominio público o privado de la Federación;

III. Los recursos presupuestales que les asigne el Gobierno Federal;

IV. Los recursos autogenerados;

V. Los recursos de origen externo, y

VI. Los demás bienes, derechos y recursos que por cualquier título adquieran.

CAPÍTULO II
AUTONOMÍA

Artículo 10. Los Institutos Nacionales de Salud gozarán de autonomía técnica, operativa y administrativa en los términos de esta ley, sin perjuicio de las relaciones de coordinación sectorial que correspondan.

Artículo 11. Los ingresos de los Institutos Nacionales de Salud derivados de servicios, bienes o productos que presten o produzcan serán destinados para atender las necesidades previamente determinadas por sus órganos de gobierno, que las fijarán conforme a lo dispuesto por el Presupuesto de Egresos de la Federación.

Artículo 12. Los Institutos Nacionales de Salud contarán con un sistema integral de profesionalización, que comprenderá, cuando menos, catálogo de puestos, mecanismos de acceso y promociones, tabulador de sueldos, programas de desarrollo profesional y actualización permanente de su personal científico, tecnológico, académico, administrativo y de apoyo en general, así como las obligaciones e incentivos al desempeño y productividad.

La organización, funcionamiento y desarrollo del sistema a que se refiere el párrafo anterior, se regirá por las normas que dicte la Secretaría en coordinación con la Secretaría de Hacienda y Crédito Público.

Artículo 13. La Coordinadora de Sector y las Secretarías de Hacienda y Crédito Público y de la Función Pública deberán racionalizar los requerimientos de información que demanden de los Institutos Nacionales de Salud.

Artículo reformado DOF 09-04-2012

CAPÍTULO III
ÓRGANOS DE ADMINISTRACIÓN

Artículo 14. La administración de cada uno de los Institutos Nacionales de Salud estará a cargo de una junta de gobierno y de un director general.

Artículo 15. Las juntas de gobierno de cada uno de los Institutos Nacionales de Salud se integrarán conforme al principio de paridad de género, por la persona titular de la Secretaría de Salud, quien las presidirá; por la servidora o el servidor público de la Secretaría que tenga a su cargo la coordinación sectorial de estos organismos descentralizados; por una persona representante de la Secretaría de Hacienda y Crédito Público; otra persona representante del patronato del Instituto, y otra persona que, a invitación de la Presidencia de la Junta, designe una institución del sector educativo vinculado con la investigación, así como por cuatro vocales, designadas por la persona titular de la Secretaría de Salud, quienes serán personas ajenas laboralmente al Instituto y de reconocida calidad moral, méritos, prestigio y experiencia en su campo de especialidad. Estas últimas durarán en su cargo cuatro años y se podrán ratificar por una sola ocasión.

La persona que presida cada una de las juntas de gobierno será suplida en sus ausencias por la servidora o servidor público de la Secretaría que tenga a su cargo la coordinación sectorial de los Institutos Nacionales de Salud. Las demás personas integrantes de las juntas de gobierno designarán a quien los supla respectivamente.

Las juntas de gobierno contarán con una Secretaría y una Prosecretaría.

Artículo reformado DOF 11-05-2022

Artículo 16. Las juntas de gobierno de los Institutos Nacionales de Salud tendrán, adicionalmente a las facultades que les confiere la Ley Federal de las Entidades Paraestatales, las atribuciones indelegables siguientes:

I. Aprobar la distribución del presupuesto anual definitivo de la entidad y el programa de inversiones, de acuerdo con el monto total autorizado de su presupuesto;

II. Aprobar las adecuaciones presupuestales a sus programas, que no impliquen la afectación de su monto total autorizado, recursos de inversión, proyectos financiados con crédito externo, ni el cumplimiento de los objetivos y metas comprometidos;

III. Establecer los lineamientos para la aplicación de los recursos autogenerados;

IV. Autorizar el uso oneroso de espacios en las áreas e instalaciones del Instituto de que se trate, que no sean de uso hospitalario.

V. Aprobar y modificar la estructura básica de la entidad de acuerdo con el monto total autorizado de su presupuesto de servicios personales, así como definir los lineamientos y normas para conformar la estructura ocupacional y salarial, las conversiones de plazas y renivelaciones de puestos y categorías, en donde deberá de integrarse el principio de paridad de género.

Fracción reformada DOF 11-05-2022

VI. Establecer el sistema de profesionalización del personal del Instituto de que se trate, con criterios orientados a la estabilidad y desarrollo del personal en la especialidad respectiva, para lo cual se considerarán los recursos previstos en el presupuesto;

VII. Determinar las reglas y los porcentajes conforme a los cuales el personal que participe en proyectos determinados de investigación podrá beneficiarse de los recursos generados por el proyecto, así como, por un periodo determinado, en las regalías que resulten de aplicar o explotar derechos de propiedad industrial o intelectual, que deriven de proyectos realizados en el Instituto, y

VIII. Aprobar, a propuesta del Director General, el trámite ante la coordinadora de sector para modificar o imponer nombres de médicos o benefactores a instalaciones y áreas de éste.

Artículo 17. Las juntas de gobierno celebrarán sesiones ordinarias por lo menos dos veces cada año, y las extraordinarias que convoque su presidente o cuando menos tres de sus miembros.

Las juntas sesionarán válidamente con la asistencia de, por lo menos, la mitad más uno de sus miembros, siempre que se encuentren presentes la mayoría de los representantes de la Administración Pública Federal. Los acuerdos se tomarán por mayoría de los miembros presentes y el presidente tendrá voto de calidad, en caso de empate.

A las sesiones de las juntas de gobierno asistirán, con voz, pero sin voto, el secretario, el prosecretario y el comisario.

Las juntas de gobierno podrán invitar a sus sesiones a representantes de instituciones de investigación, docencia o de atención médica, así como a representantes de grupos interesados de los sectores público, social y privado.

Artículo 18. Los directores generales de los Institutos Nacionales de Salud serán designados por las juntas de gobierno, de una terna que deberá presentar el presidente de la junta. El nombramiento procederá siempre y cuando la persona reúna los siguientes requisitos:

I. Ser ciudadano mexicano en pleno ejercicio de sus derechos;

II. Ser profesional de la salud, con alguna de las especialidades del Instituto de que se trate. En el caso del titular del Instituto Nacional de Salud Pública podrá ser una persona de reconocidos méritos académicos en las disciplinas médicas y de salud pública y que haya publicado trabajos de investigación en salud pública. En el caso de los demás Institutos Nacionales de Salud, haber publicado trabajos de investigación en la especialidad respectiva;

Fracción reformada DOF 14-07-2008

III. Tener una trayectoria reconocida en la Medicina y reconocidos méritos académicos;

Fracción reformada DOF 14-07-2008

IV. No encontrarse en alguno de los impedimentos que señala el artículo 19, fracciones II a V de la Ley Federal de las Entidades Paraestatales, y

Fracción reformada DOF 14-07-2008

V. Tener experiencia en el desempeño de cargos de alto nivel decisorio cuyo ejercicio requiera conocimientos y experiencia en materia administrativa.

Fracción reformada DOF 14-07-2008

Artículo 19. Los directores generales de los Institutos Nacionales de Salud tendrán, además de las facultades y obligaciones señaladas en el artículo 59 de la Ley Federal de las Entidades Paraestatales, las siguientes:

I. Celebrar y otorgar toda clase de actos, convenios, contratos y documentos inherentes al objeto del Instituto;

II. Ejercer las más amplias facultades de dominio, administración, pleitos y cobranzas, aun aquellas que requieran cláusula especial.

Cuando se trate de actos de dominio se requerirá autorización previa de la Junta de Gobierno para el ejercicio de las facultades relativas;

III. Emitir, avalar y negociar títulos de crédito;

IV. Otorgar, sustituir y revocar poderes generales y especiales con las facultades que le competan, incluso las que requieran autorización o cláusula especial;

V. Formular denuncias y querellas, así como otorgar el perdón legal;

VI. Ejercitar y desistirse de acciones judiciales, inclusive en materia de amparo;

VII. Celebrar transacciones en materia judicial y comprometer asuntos en arbitraje;

VIII. Proponer a la Junta de Gobierno los estímulos que deban otorgarse al personal del Instituto;

IX. Otorgar reconocimientos no económicos a personas físicas o morales benefactoras del Instituto, incluidos aquellos que consistan en testimonios públicos permanentes;

X. Autorizar la apertura de cuentas de inversión financiera, las que siempre serán de renta fija o de rendimiento garantizado, y

XI. Fijar las condiciones generales de trabajo del Instituto, tomando en cuenta la opinión del Sindicato correspondiente.

Artículo 20. Los directores generales de los Institutos Nacionales de Salud durarán en su cargo cinco años y podrán ser ratificados por otro período igual en una sola ocasión. Podrán ser removidos por causa plenamente comprobada, relativa a incompetencia técnica, abandono de labores o falta de honorabilidad.

Los estatutos orgánicos de los Institutos prevendrán la forma en que los directores generales serán suplidos en sus ausencias.

CAPÍTULO IV
ÓRGANOS DE APOYO

Artículo 21. Cada uno de los Institutos Nacionales de Salud contará con un patronato, con un consejo asesor externo y con un consejo técnico de administración y programación, como órganos de apoyo y consulta.

Artículo 22. Los patronatos tendrán el encargo de apoyar las labores de investigación, enseñanza y atención médica de los Institutos, principalmente con la obtención de recursos de origen externo. Serán también órganos asesores y de consulta.

Artículo 23. Los patronatos se integrarán por un presidente, un secretario, un tesorero y los vocales que designen las juntas de gobierno entre personas de reconocida honorabilidad, pertenecientes a los sectores social y privado o de la comunidad en general, con vocación de servicio, las cuales podrán ser propuestas por los directores generales de los Institutos o por cualquier miembro de éstos.

El funcionamiento de cada Patronato y la duración de sus miembros en sus cargos se determinarán en las reglas internas de operación que cada uno de ellos expida.

Artículo 24. Los cargos de los miembros de los patronatos serán honoríficos, por lo que no recibirán retribución, emolumento o compensación alguna, pero la Junta de Gobierno de cada Instituto podrá establecer reconocimientos, no económicos, para los miembros del Patronato cuya labor sea relevante.

Artículo 25. Los patronatos auxiliarán a las juntas de gobierno y tendrán las siguientes funciones:

I. Apoyar las actividades de los Institutos y formular sugerencias tendientes a su mejor desempeño;

II. Contribuir a la obtención de recursos que promuevan el cumplimiento de los objetivos de los Institutos, y

III. Las demás que les señalen las juntas de gobierno.

Artículo 26. El consejo asesor externo se integrará, en cada Instituto, por el director general, quien lo presidirá, y por personalidades nacionales o internacionales del ámbito de las especialidades materia del Instituto, quienes serán invitados por la Junta de Gobierno a propuesta del director general.

Artículo 27. Los consejos asesores externos tendrán las siguientes funciones:

I. Asesorar al director general en asuntos de carácter técnico y científico;

II. Recibir información general sobre los temas y desarrollo de las investigaciones que se lleven a cabo en el Instituto;

III. Proponer al director general líneas de investigación, mejoras para el equipamiento o para la atención a pacientes, así como en la calidad y eficiencia del Instituto de que se trate, y

IV. Realizar las demás funciones que le confiera el estatuto orgánico o la Junta de Gobierno.

Artículo 28. Cada uno de los Institutos contará con un consejo técnico de administración y programación, como órgano de coordinación para incrementar su eficacia.

Los consejos técnicos de administración y programación se integrarán por el director general del Instituto de que se trate, quien lo presidirá, por los titulares de las diversas áreas del Instituto y contarán con un secretario técnico designado por el director general.

Artículo 29. Los consejos técnicos de administración y programación tendrán las siguientes funciones:

I. Actuar como instancia de intercambio de experiencias, de propuestas de soluciones de conjunto, de congruencia de acciones y del establecimiento de criterios tendientes al desarrollo y al cumplimiento de los objetivos del Instituto;

II. Proponer las adecuaciones administrativas que se requieran para el eficaz cumplimiento de los objetivos y metas establecidos;

III. Opinar respecto de las políticas generales y operativas de orden interno;

IV. Analizar problemas relativos a aspectos o acciones comunes a diversas áreas del Instituto y emitir opinión al respecto, y

V. Proponer al director general la adopción de medidas de orden general tendientes al mejoramiento administrativo y operacional del Instituto.

Artículo 30. Cada uno de los Institutos Nacionales de Salud podrá contar con investigadores eméritos. La Junta de Gobierno de cada Instituto Nacional de Salud, a propuesta del director general correspondiente, determinará cuando sea conveniente proponer que el organismo cuente con investigadores eméritos, para lo cual verá el establecimiento de un comité encargado de su selección y designación, el cual deberá emitir sus reglas internas.

Artículo 31. La designación como investigador emérito será una distinción vitalicia.

Los investigadores eméritos recibirán el estímulo económico y las prestaciones que determine la Junta de Gobierno respectiva.

CAPÍTULO V
ÓRGANO DE VIGILANCIA

Artículo 32. Cada uno de los Institutos Nacionales de Salud contará con un órgano de vigilancia integrado por un comisario público propietario y un suplente designados por la Secretaría de la Función Pública, y tendrán las atribuciones que les otorga la Ley Federal de las Entidades Paraestatales.

Artículo reformado DOF 09-04-2012

Artículo 33. Cada uno de los Institutos Nacionales de Salud contará con un órgano interno de control, denominado Contraloría Interna, cuyo titular y los de las áreas de auditoría, quejas y responsabilidades que auxiliarán a éste, dependerán de la Secretaría de la Función Pública.

Artículo reformado DOF 09-04-2012

Artículo 34. Los servidores públicos a que se refiere el artículo anterior desarrollarán sus funciones conforme a las siguientes bases:

I. Recibirán quejas, investigarán y, en su caso, por conducto del titular del órgano de control interno o del área de responsabilidades, determinarán la responsabilidad administrativa de los servidores públicos de la entidad e impondrán las sanciones aplicables en los términos previstos en la ley de la materia y dictarán las resoluciones en los recursos de revocación que interpongan los servidores públicos de la entidad respecto de la imposición de sanciones administrativas. Dichos órganos realizarán la defensa jurídica de las resoluciones que emitan, ante los diversos tribunales federales;

II. Realizarán sus actividades de acuerdo con reglas y bases que les permitan ejecutar su cometido con autosuficiencia y autonomía;

III. Examinarán y evaluarán los sistemas, mecanismos y procedimientos de control;

IV. Efectuarán revisiones y auditorías;

V. Vigilarán que el manejo y aplicación de los recursos se efectúe conforme a las disposiciones aplicables, y presentarán al director general y a la Junta de Gobierno los informes resultantes de las auditorías, exámenes y evaluaciones realizados, y

VI. Ejercerán las demás facultades que otras disposiciones legales y reglamentarias les confieran.

CAPÍTULO VI
RÉGIMEN LABORAL

Artículo 35. Las relaciones laborales entre los Institutos Nacionales de Salud y sus trabajadores se regirán por lo dispuesto en la Ley Federal de los Trabajadores al Servicio del Estado, Reglamentaria del Apartado B) del artículo 123 Constitucional. El personal continuará incorporado al régimen de la Ley del Instituto de Seguridad y Servicios Sociales de los Trabajadores del Estado.

Artículo 36. Serán trabajadores de confianza los directores generales, directores, subdirectores, jefes de división, jefes de departamento, jefe de servicios y los demás que desempeñen las funciones a que se refiere el artículo 5o. de la Ley Federal de los Trabajadores al Servicio del Estado, Reglamentaria del Apartado B del artículo 123 Constitucional.

TÍTULO TERCERO
ÁMBITO DE LOS INSTITUTOS

CAPÍTULO I
INVESTIGACIÓN

Artículo 37. La investigación que lleven a cabo los Institutos Nacionales de Salud será básica y aplicada y tendrá como propósito contribuir al avance del conocimiento científico, así como a la satisfacción de las necesidades de salud del país, mediante el desarrollo científico y tecnológico, en áreas biomédicas, clínicas, sociomédicas y epidemiológicas.

Artículo 38. En la elaboración de sus programas de investigación, los Institutos Nacionales de Salud tomarán en cuenta los lineamientos programáticos y presupuestales que al efecto establezca el Ejecutivo Federal en estas materias.

Artículo 39. La investigación que realicen los Institutos Nacionales de Salud podrá financiarse por las siguientes fuentes:

I. Con los recursos federales que se otorguen a los Institutos, dentro del Presupuesto de Egresos de la Federación y que, conforme a sus programas y normas internas, destinen para la realización de actividades de investigación científica;

II. Con recursos autogenerados;

III. Con recursos externos, y

IV. Con recursos de terceros.

Cuando se trate de proyectos cuya duración sea mayor a un año y que estén financiados con recursos presupuestales, la aplicación de éstos quedará sujeta a la disponibilidad de los años subsecuentes, pero los proyectos en proceso se considerarán preferentes respecto de los nuevos, en igualdad de condiciones de resultados.

Artículo 40. Los Institutos Nacionales de Salud, previo acuerdo de cada una de sus juntas de gobierno, podrán establecer un fondo común para la investigación, que se constituirá con las aportaciones de cada uno, las cuales podrán ser de hasta el tres por ciento de su presupuesto de investigación. Dicho fondo se administrará, en lo conducente, en los términos que establece el artículo 43 de esta Ley.

Artículo 41. Los proyectos de investigación financiados con recursos de terceros se sujetarán a lo siguiente:

I. Cada proyecto deberá ser autorizado por el director general del Instituto de que se trate, para lo cual se deberá contar con el dictamen favorable de la comisión de investigación del propio Instituto;

II. Los proyectos serán evaluados por el Instituto respectivo en cualquier tiempo, y el director general informará de los resultados a su Junta de Gobierno;

III. La investigación se llevará a cabo de acuerdo con los lineamientos generales que al respecto establezca cada Instituto;

IV. Los investigadores podrán presentar los proyectos para la autorización del Instituto en cualquier tiempo;

V. Los recursos en ningún caso formarán parte del patrimonio del Instituto Nacional de Salud donde se desarrolle la investigación, y sólo estarán bajo la administración del Instituto de que se trate para el fin convenido;

VI. Los términos y condiciones para la distribución de los recursos en cuanto a los apoyos y estímulos económicos al personal que participe en el proyecto, adquisición de equipo y otros insumos que se requieran, podrán fijarse por el investigador y el aportante de los recursos, con base en los lineamientos y políticas generales que determine la Junta de Gobierno del Instituto de que se trate, en los que deberá fijarse, entre otros, el porcentaje que deberá destinarse a favor del Instituto;

VII. Los recursos deberán ser suficientes para concluir el proyecto de investigación respectivo, incluidos los costos indirectos;

VIII. Los proyectos se suspenderán cuando se presente algún riesgo o daño grave a la salud de los sujetos en quienes se realice la investigación, cuando se advierta su ineficacia o ausencia de beneficios o cuando el aportante de los recursos suspenda el suministro de éstos;

IX. Cuando el proyecto de investigación continúe su desarrollo en un Instituto distinto al originalmente designado, los recursos se transferirán al Instituto que tome el proyecto a su cargo;

X. Los apoyos económicos que de los recursos de terceros se otorguen al personal serán temporales, por lo que concluirán al terminar el proyecto financiado por dichos recursos, y no crearán derechos para el trabajador, ni responsabilidad de tipo laboral o salarial para el Instituto, y

XI. Los lineamientos para la administración de estos recursos serán aprobados por la Junta de Gobierno.

Artículo 42. La Secretaría, como coordinadora de sector, promoverá la creación de incentivos fiscales y de otros mecanismos de fomento para que los sectores social y privado realicen inversiones crecientes para la investigación en salud.

Artículo 43. Los Institutos Nacionales de Salud podrán administrar los recursos para la realización de investigación a través de cuentas de inversión financiera o de fondos. Estos últimos se sujetarán a lo siguiente:

I. Los fondos serán constituidos y administrados mediante la figura del fideicomiso. El fideicomitente será el Instituto Nacional de Salud de que se trate;

II. El fiduciario será la institución de crédito que elija el fideicomitente en cada caso;

III. Los fondos se constituirán con recursos autorizados, autogenerados o externos y podrán recibir aportaciones de terceras personas;

IV. El fideicomisario de los fondos será el Instituto que lo hubiere constituido;

V. El objeto de los fondos será financiar o complementar el financiamiento de proyectos específicos de investigación, la creación y mantenimiento de instalaciones de investigación, enseñanza y atención médica, su equipamiento, el suministro de materiales, el otorgamiento de apoyos económicos e incentivos extraordinarios a los investigadores, personal de apoyo a la investigación, y otros propósitos directamente vinculados con los proyectos científicos aprobados. Los recursos podrán afectarse para gasto de administración de los Institutos hasta el porcentaje que apruebe la Junta de Gobierno de cada Instituto. Los bienes adquiridos y obras realizadas con recursos de los fondos formarán parte del patrimonio del propio Instituto;

VI. Los recursos de los fondos se canalizarán invariablemente a la finalidad a la que hayan sido afectados, su inversión será siempre en renta fija y tendrán su propia contabilidad;

VII. La cuantía o la disponibilidad de recursos en los fondos, incluyendo capital e intereses y los recursos autogenerados y externos, no darán lugar a la disminución, limitación o compensación de las asignaciones presupuestales normales, autorizadas conforme al Presupuesto de Egresos de la Federación, para los Institutos que, de conformidad con esta ley, cuenten con dichos fondos;

VIII. Los Institutos, por conducto de la Junta de Gobierno, establecerán las reglas de operación de los fondos, en las cuales se precisarán los tipos de proyectos que recibirán los apoyos y los procesos e instancias de seguimiento y evaluación;

IX. Los fondos contarán en todos los casos con un comité técnico y de administración integrado por servidores públicos de la Secretaría y del Instituto de que se trate. Asimismo, se invitará a participar en dicho comité a personas de reconocido prestigio de los sectores científico, tecnológico y académico, público, social y privado, correspondientes a los ramos de investigación objeto del fondo;

X. El órgano de gobierno del Instituto de que se trate será informado acerca del estado y movimiento de los respectivos fondos;

XI. No serán consideradas entidades de la administración pública paraestatal, puesto que sólo consistirán en un contrato de fideicomiso y no contarán con estructura orgánica ni con personal propio para su funcionamiento;

XII. Estarán sujetos a las medidas de control y auditoría gubernamental que determinen las leyes, y

XIII. Los recursos de origen fiscal, autogenerados, externos, de terceros o cualesquiera otros, que ingresen a los fondos que se establezcan conforme a lo dispuesto en esta ley no se revertirán en ningún caso al Gobierno Federal. A la terminación del contrato de fideicomiso por cualquier causa legal o contractual, los recursos que se encuentren en el mismo se entregarán al fideicomitente y se afectarán según su origen.

Artículo 44. Cada Instituto Nacional de Salud contará con un comité interno encargado de vigilar el uso adecuado de los recursos destinados a la investigación. Dicho comité se integrará por dos representantes del área de investigación; un representante por cada una de las siguientes áreas: administrativa, de enseñanza y médica; un representante del patronato y otro que designe la Junta de Gobierno. El comité evaluará los informes técnico y financiero.

Asimismo vigilará los aspectos éticos del proyecto, para lo cual se apoyará en la comisión de ética del Instituto de que se trate.

Artículo 45. Las aportaciones que realicen las personas físicas y morales a los proyectos de investigación que realicen los Institutos Nacionales de Salud serán deducibles para efectos del impuesto sobre la renta, en la forma y términos que se establezcan en las disposiciones fiscales aplicables.

Artículo 46. Los Institutos Nacionales de Salud difundirán a la comunidad científica y a la sociedad sus actividades y los resultados de sus investigaciones, sin perjuicio de los derechos de propiedad industrial o intelectual correspondientes y de la información que, por razón de su naturaleza, deban reservarse.

Artículo 47. Los Institutos Nacionales de Salud podrán coordinarse entre ellos y con otras instituciones públicas o privadas, incluyendo a organizaciones no gubernamentales nacionales o internacionales para la realización de proyectos específicos de investigación.

En los convenios que se celebren para efectos de la coordinación a que se refiere el párrafo anterior, se determinarán los objetivos comunes, las obligaciones de las partes, los compromisos concretos de financiamiento y la participación de los Institutos Nacionales de Salud en los derechos de propiedad industrial e intelectual que correspondan, entre otros.

Artículo 48. En la coordinación entre los Institutos Nacionales de Salud, para la realización conjunta de proyectos específicos, podrá quedar comprendida la transferencia de recursos de uno a otro organismo hasta por el monto necesario.

Para realizar la transferencia a que se refiere el párrafo anterior, los Institutos deberán contar con la autorización de la coordinadora de sector y de la Secretaría de Hacienda y Crédito Público, en términos de las disposiciones presupuestales aplicables.

Artículo 49. Los Institutos Nacionales de Salud elaborarán y actualizarán los inventarios de la investigación que lleven a cabo, y estarán obligados a proporcionar a la Secretaría los datos e informes que les solicite para su integración al Sistema Nacional de Investigación en Salud.

Artículo 50. Los Institutos Nacionales de Salud asegurarán la participación de sus investigadores en actividades de enseñanza.

CAPÍTULO II
ENSEÑANZA

Artículo 51. Los Institutos Nacionales de Salud podrán impartir estudios de pregrado, especialidades, subespecialidades, maestrías y doctorados, así como diplomados y educación continua, en los diversos campos de la ciencia médica.

Asimismo, podrán participar en la capacitación y actualización de recursos humanos, a través de cursos, conferencias, seminarios y otros similares, en los temas que consideren necesarios.

Artículo 52. En los planes y programas de estudios, los Institutos Nacionales de Salud, además de lo señalado en la ley en materia de educación, deberán:

I. Vincular los cursos de especialización y de posgrado con los programas de prestación de servicios de atención médica y de investigación del Instituto de que se trate;

II. Desarrollar mecanismos que permitan evaluar la calidad de los programas educativos y su impacto en la prestación de los servicios;

III. Fomentar la participación en la docencia de los investigadores del Instituto de que se trate, y

IV. Propiciar el desarrollo y actualización del personal con base en las necesidades de sus áreas de investigación, docente y de atención médica.

Artículo 53. Las constancias, diplomas, reconocimientos, certificados y títulos que, en su caso, expidan los Institutos Nacionales de Salud tendrán la validez correspondiente a los estudios realizados.

CAPÍTULO III
ATENCIÓN MÉDICA

Artículo 54. Los Institutos Nacionales de Salud prestarán los servicios de atención médica, conforme a lo siguiente:

I. Atenderán padecimientos de alta complejidad diagnóstica y de tratamiento, así como urgencias.

Una vez diagnosticado, resuelto o controlado el problema de tercer nivel que dio origen a la atención podrán referir a los pacientes a los otros niveles de atención, de conformidad con el sistema de referencia y contrarreferencia;

II. Recibirán a usuarios referidos por los otros dos niveles de atención o a los que requieran atención médica especializada, conforme al diagnóstico previo que efectúe el servicio de preconsulta del Instituto de que se trate, y

III. Proporcionarán los servicios bajo criterios de gratuidad, para lo cual las cuotas de recuperación que al efecto cobren se fundarán en principios de solidaridad social y guardarán relación con los ingresos de los usuarios, debiéndose eximir del cobro cuando el usuario carezca de recursos para cubrirlas, o en las zonas de menor desarrollo económico y social conforme a las disposiciones de la Secretaría de Salud.

Artículo 55. Para la prestación de los servicios de atención médica a su cargo, los Institutos podrán contar con los servicios de preconsulta, consulta externa, ambulatorios, urgencias y hospitalización. Dichos servicios funcionarán de conformidad con lo dispuesto en los manuales de procedimientos.

Artículo 56. Los Institutos Nacionales de Salud prestarán los servicios de atención médica, preferentemente, a la población que no se encuentre en algún régimen de seguridad social.

Artículo 57. La Secretaría de Salud evaluará la calidad de la infraestructura hospitalaria y de los servicios de atención médica que presten los Institutos.

Artículo 58. Los Institutos Nacionales de Salud podrán celebrar contratos con personas morales de carácter nacional e internacional, público o privado a fin de que les proporcionen los servicios médicos y otros relacionados con su objeto que convengan, a cambio de una contraprestación que será fijada de conformidad con lo dispuesto en el artículo 16, fracción III de esta Ley, los cuales se ajustarán a las siguientes bases:

I. Definición de las responsabilidades que asuman las partes;

II. La contraprestación establecida a favor del Instituto Nacional de Salud que corresponda, en términos de las bases que para tal efecto emita la Secretaría de Hacienda y Crédito Público, y

III. Expresión de las demás estipulaciones que de común acuerdo establezcan las partes.

Los recursos que obtengan los Institutos Nacionales de Salud de conformidad con este artículo no serán tomados en consideración para determinar las asignaciones presupuestarias que les correspondan y, en consecuencia, no podrán ser considerados como ingresos excedentes.

Los servicios que los Institutos Nacionales de Salud otorguen para dar cumplimiento a los contratos referidos en el presente artículo, deberán proporcionarse sin detrimento de los servicios que en términos de esta Ley, los Institutos Nacionales de Salud estén obligados a proporcionar a la población en general.

Artículo adicionado DOF 29-11-2019

TRANSITORIOS

Primero. La presente Ley entrará en vigor al día siguiente al de su publicación en el Diario Oficial de la Federación.

Segundo. Se abrogan:

I. Las leyes del Instituto Nacional de Cancerología; del Instituto Nacional de Cardiología Ignacio Chávez; del Instituto Nacional de la Nutrición Salvador

Zubirán, y del Hospital Infantil de México Federico Gómez, publicadas en el Diario Oficial de la Federación el 3 de diciembre de 1987, y

II. Los decretos presidenciales del Instituto Nacional de Salud Pública; del Instituto Nacional de Pediatría; del Instituto Nacional de Neurología y Neurocirugía; del Instituto Nacional de Perinatología; del Instituto Nacional de Enfermedades Respiratorias, y del Instituto Mexicano de Psiquiatría, publicados en el Diario Oficial de la Federación los días 26 de enero de 1987, 1, 2 y 4 de agosto y 7 de septiembre de 1988, respectivamente, así como el decreto por el que se reforma el diverso del Instituto Nacional de Neurología y Neurocirugía, publicado en el mismo órgano informativo el 3 de junio de 1994.

Tercero. Las instituciones de salud que utilicen en su denominación las palabras "Instituto Nacional" tendrán un plazo de seis meses, contados a partir de la entrada en vigor de la presente ley, para promover las modificaciones necesarias para cambiar su denominación.

Cuarto. Las juntas de gobierno expedirán los nuevos estatutos orgánicos de los Institutos Nacionales de Salud en un plazo de sesenta días, a partir de la entrada en vigor de la presente ley.

Quinto. En la ejecución de la presente ley se respetarán los derechos laborales adquiridos por los trabajadores de los Institutos Nacionales de Salud.

México, D.F., a 29 de abril de 2000. Dip. **Francisco José Paoli Bolio**, Presidente. Sen. **Dionisio Pérez Jácome**, Vicepresidente en funciones. Dip. **Marta Laura Carranza Aguayo**, Secretario. Sen. **Raúl Juárez Valencia**, Secretario. Rúbricas".

En cumplimiento de lo dispuesto por la fracción I del Artículo 89 de la Constitución Política de los Estados Unidos Mexicanos, y para su debida publicación y observancia, expido el presente Decreto en la residencia del Poder Ejecutivo Federal, en la Ciudad de México, Distrito Federal, a los veintitrés días del mes de mayo de dos mil. **Ernesto Zedillo Ponce de León**. Rúbrica. El Secretario de Gobernación, **Diódoro Carrasco Altamirano**. Rúbrica.

Reglamento de Procedimientos para la atención de quejas médicas y gestión pericial de la Comisión Nacional de Arbitraje Médico

Publicado en el DOF el 21 de enero de 2003

Última reforma publicada DOF 8 de agosto de 2018

Reglamento publicado en la Primera Sección del Diario Oficial de la Federación, el martes 21 de enero de 2003.

Al margen un sello con el Escudo Nacional, que dice: Estados Unidos Mexicanos. Comisión Nacional de Arbitraje Médico.

REGLAMENTO DE PROCEDIMIENTOS PARA LA ATENCIÓN DE QUEJAS MÉDICAS Y GESTIÓN PERICIAL DE LA COMISIÓN NACIONAL DE ARBITRAJE MEDICO

CAPÍTULO PRIMERO
DEL OBJETO Y PRINCIPIOS

Artículo 1o. El presente Reglamento tiene por objeto normar los procedimientos de la Comisión Nacional de Arbitraje Médico, sus disposiciones son obligatorias para los servidores públicos de este órgano desconcentrado; las partes estarán obligadas al cumplimiento de este instrumento en los términos que el mismo establece.

Artículo 2o. Para efectos de este Reglamento, se entenderá por:

I. ARBITRAJE EN ESTRICTO DERECHO. Procedimiento para el arreglo de una controversia, entre un usuario y un prestador de servicio médico, en el cual la CONAMED resuelve la controversia según las reglas del derecho, atendiendo a los puntos debidamente probados por las partes;

II. ARBITRAJE EN CONCIENCIA. Procedimiento para el arreglo de una controversia entre un usuario y un prestador de servicio médico, en el cual la CONAMED resuelve la controversia en equidad, bastando ponderar el cumplimiento de los principios científicos y éticos de la práctica médica;

III. CLÁUSULA COMPROMISORIA. La establecida en cualquier contrato de prestación de servicios profesionales o de hospitalización, o de manera especial en cualquier otro instrumento a través de la cual las partes designen a la CONAMED para resolver las diferencias que puedan surgir con motivo de la atención médica, mediante el proceso arbitral;

IV. COMPROMISO ARBITRAL. Acuerdo otorgado por partes capaces y en pleno ejercicio de sus derechos civiles por el cual designen a la CONAMED para la resolución arbitral; determinen el negocio sometido a su conocimiento; acepten las reglas de procedimiento fijadas en el presente Reglamento o, en su caso, señalen reglas especiales para su tramitación;

V. CONAMED. La Comisión Nacional de Arbitraje Médico;

VI. DECRETO. El Decreto por el que se crea la CONAMED, publicado en el Diario Oficial de la Federación el tres de junio de mil novecientos noventa y seis;

VII. DICTAMEN MÉDICO INSTITUCIONAL. Informe pericial de la CONAMED, precisando sus conclusiones respecto de alguna cuestión médica sometida a su análisis, dentro del ámbito de sus atribuciones. Tiene carácter institucional, no emitido por simple perito persona física y no entraña la resolución de controversia alguna; se trata de mera apreciación técnica del acto médico, al leal saber y entender de la CONAMED, atendiendo a las evidencias presentadas por la autoridad peticionaria;

VIII. IRREGULARIDAD EN LA PRESTACIÓN DE SERVICIOS MÉDICOS. Todo acto u omisión en la atención médica que contravenga las disposiciones que la regulan, por negligencia, impericia o dolo, incluidos los principios científicos y éticos que orientan la práctica médica;

IX. LAUDO. Es el pronunciamiento por medio del cual la CONAMED resuelve, en estricto derecho o en conciencia, las cuestiones sometidas a su conocimiento por las partes;

X. NEGATIVA EN LA PRESTACIÓN DE SERVICIOS MÉDICOS. Todo acto u omisión por el cual se rehúsa injustificadamente la prestación de servicios médicos obligatorios;

XI. OPINIÓN TÉCNICA. Análisis emitido por la CONAMED, a través del cual establecerá apreciaciones y recomendaciones necesarias para el mejoramiento de la calidad en la atención médica, especialmente en asuntos de interés general. Las opiniones técnicas podrán estar dirigidas a las autoridades, corporaciones médicas, o prestadores del servicio médico y no serán emitidas a petición de parte, ni para resolver cuestiones litigiosas;

XII. PARTES. Quienes hayan decidido someter su controversia, mediante la suscripción de una cláusula compromisoria o compromiso arbitral, al conocimiento de la CONAMED;

XIII. PRESTADOR DEL SERVICIO MÉDICO. Las instituciones de salud de carácter público, social o privado, así como los profesionales, técnicos y auxiliares de las disciplinas para la salud, sea que ejerzan su actividad en dichas instituciones, o de manera independiente;

XIV. PRINCIPIOS CIENTÍFICOS DE LA PRÁCTICA MÉDICA (LEX ARTIS MEDICA). El conjunto de reglas para el ejercicio médico contenidas en la literatura universalmente aceptada, en las cuales se establecen los medios ordinarios para la atención médica y los criterios para su empleo;

XV. PRINCIPIOS ÉTICOS DE LA PRÁCTICA MÉDICA. El conjunto de reglas bioéticas y deontológicas universalmente aceptadas para la atención médica;

XVI. PROCESO ARBITRAL. Conjunto de actos procesales y procedimientos que se inicia con la presentación y admisión de una queja y termina por alguna de las causas establecidas en el presente Reglamento, comprende las etapas conciliatoria y decisoria y se tramitará con arreglo a la voluntad de las partes, en estricto derecho o en conciencia;

XVII. PRONUNCIAMIENTO INSTITUCIONAL. Manifestaciones hechas por la CONAMED a las partes, con el fin de promover el arreglo de una controversia sin pronunciarse sobre el fondo del asunto;

XVIII. QUEJA. Petición a través de la cual una persona física por su propio interés o en defensa del derecho de un tercero, solicita la intervención de la CONAMED en razón de impugnar la negativa de servicios médicos, o la irregularidad en su prestación;

XIX. SECRETARIA. La Secretaría de Salud;

XX. TRANSACCIÓN. Es un contrato o convenio otorgado ante la CONAMED por virtud del cual las partes, haciéndose recíprocas concesiones terminan una controversia, y

XXI. USUARIO. Toda persona que requiera u obtenga servicios médicos.

Artículo 3o. Dada la naturaleza civil del arbitraje médico en el trámite del mismo se atenderá a la voluntad de las partes.

Artículo 4o. Para el cumplimiento de su objeto, en términos de su Decreto y del presente Reglamento, la CONAMED realizará las siguientes acciones:

I. Atenderá las quejas presentadas;

II. Brindará la orientación y la asesoría especializada que el usuario necesite, particularmente la que se refiere a los alcances y efectos legales del proceso arbitral y de otros procedimientos existentes;

III. Gestionará la atención inmediata de los usuarios, cuando la queja se refiera a demora, negativa de servicios médicos, o cualquier otra que pueda ser resuelta por esta vía;

IV. Actuará en calidad de árbitro, atendiendo a las cláusulas compromisorias y compromisos arbitrales;

V. Podrá intervenir discrecionalmente y no a petición de parte en asuntos de interés general, propugnando por la mejoría de los servicios médicos, para cuyo efecto emitirá las opiniones técnicas y recomendaciones que estime necesarias;

VI. Elaborará los dictámenes médicos que le sean solicitados por las autoridades encargadas de la procuración e impartición de justicia, así como por las instituciones con las cuales establezca convenio de colaboración.

Artículo 5o. Cuando la solicitud del usuario pueda ser resuelta a través de orientación, asesoría o gestión inmediata, la CONAMED procederá a desahogarla a la brevedad.

Artículo 6o. Los procedimientos ante la CONAMED invariablemente serán gratuitos.

Artículo 7o. Todo servidor público de la Comisión está obligado a guardar reserva de los asuntos que se tramiten y sustancien en la misma, así como respecto de los documentos públicos o privados que formen parte de los expedientes de queja y al igual que de las opiniones y resoluciones que se adopten en cada caso.

Las partes estarán obligadas a guardar confidencialidad durante el proceso arbitral, al efecto se otorgarán los instrumentos y cláusulas correspondientes.

CAPÍTULO SEGUNDO
DE LOS ACTOS PROCESALES EN GENERAL

SECCIÓN PRIMERA
DEL TRÁMITE DE LOS ASUNTOS

Artículo 8o. Para la tramitación y resolución de los asuntos ante CONAMED, se estará a lo dispuesto en el presente Reglamento, siempre que las partes no hubieren realizado alguna prevención especial en la cláusula compromisoria o en el compromiso arbitral. Para la tramitación de quejas respecto de las instituciones nacionales de seguridad social y a fin de respetar la legislación en la materia, se estará en su caso, a lo previsto en este Reglamento, así como en las bases de colaboración que al efecto se suscriban. En caso de incumplimiento, se dará aviso al Órgano Interno de Control que corresponda.

Artículo 9o. El proceso arbitral podrá tramitarse ante la CONAMED por correo certificado o mensajería con acuse de recibo, en cuyo caso, las partes determinarán en el compromiso, el modo de cumplir las formalidades esenciales del procedimiento arbitral.

Artículo 10. Todos los expedientes se formarán por la CONAMED con la colaboración de las partes, terceros y auxiliares que hayan de intervenir, observándose forzosamente las siguientes reglas:

I. Todos los escritos y actuaciones deberán escribirse en español y estar firmados por quienes intervengan en ellos. Cuando alguna parte no supiere o no pudiere firmar, impondrá su huella digital, firmando otra persona en su nombre y a su ruego, indicando estas circunstancias;

II. Tratándose de personas que por provenir de algún grupo indígena no hablen o entiendan el idioma español, o de personas sordas, la CONAMED asignará de manera gratuita un intérprete;

III. Los documentos redactados en idioma extranjero deberán acompañarse de la correspondiente traducción al español. Se exceptúa de esta regla la literatura médica en otro idioma;

IV. En las actuaciones ante la CONAMED, las fechas y cantidades se escribirán con letra, y no se emplearán abreviaturas, ni rasparán las frases equivocadas, sobre las que sólo se pondrá una línea delgada que permita la lectura salvándose al final del documento con toda precisión el error cometido;

V. Las actuaciones de la CONAMED deberán ser autorizadas por el personal jurídico actuante en las diferentes etapas del proceso arbitral, y

VI. Cuando se trate de documentos esenciales para la queja, especialmente del expediente clínico y otros que por su naturaleza sean insustituibles, a criterio de la CONAMED, se solicitarán en original o en copia simple, los que en su caso podrán ser confrontados y autorizados por el personal jurídico que actúe, agregándose al expediente las copias simples debidamente cotejadas. La CONAMED determinará discrecionalmente y atendiendo a la naturaleza del asunto motivo de arbitraje si una vez confrontadas y autorizadas las copias sea pertinente devolver los originales a los interesados o sea menester esperar a la conclusión del proceso. Los documentos originales y los valores que deban depositarse en las instalaciones de la CONAMED serán resguardados, al efecto la CONAMED determinará discrecionalmente lo conducente.

Artículo 11. Las audiencias se llevarán a efecto observando las siguientes reglas:

I. Serán privadas, en tal razón sólo podrán encontrarse dentro del recinto en que se lleven a efecto, las personas que legítimamente hayan de intervenir;

II. Los servidores públicos de la CONAMED que intervengan, estarán obligados a identificarse plenamente;

III. Quien actúe como apoyo jurídico hará constar el día, lugar y hora en que principie la audiencia, así como la hora en que termine;

IV. No se permitirá interrupción en la audiencia por persona alguna, sea de los que intervengan en ella o de terceros ajenos a la misma. El personal de la CONAMED queda facultado para hacer salir del recinto en que se actúe a la persona que interfiera el desarrollo de la diligencia;

V. Las personas que intervengan en la diligencia deberán comportarse debidamente. El personal de la CONAMED, sin perjuicio de lo previsto en los artículos 13 y 21, queda facultado para corregir y hacer salir del recinto en que se actúe, a la persona que de palabra o de obra o por escrito, faltare a la consideración y respeto debidos a las partes, terceros o al personal de la CONAMED, y

VI. Se levantará acta de la audiencia, la cual será signada por los que intervengan previa lectura de la misma. La negativa a firmar el acta o a recibir copia de la misma, se deberá hacer constar en el acta y no afectará su validez, ni la de la audiencia.

Artículo 12. El personal que actúe recibirá por sí mismo las declaraciones y presidirá las actuaciones, bajo su más estricta responsabilidad.

Artículo 13. Para mantener el buen orden en las diligencias a cargo de la CONAMED, la institución podrá aplicar las medidas de orden necesarias, sin perjuicio de solicitar el auxilio de las autoridades correspondientes.

Artículo 14. Las actuaciones de la CONAMED se practicarán en días y horas hábiles. Son días hábiles todos los días del año, excepto sábados y domingos y aquellos que las leyes declaren festivos, en términos del calendario oficial; además de aquellos días en que se suspendan las actividades en la Comisión.

Se entienden horas hábiles las que medien desde las nueve hasta las dieciocho horas.

Artículo 15. Para la recepción documental la CONAMED contará con una oficialía de partes común, sin perjuicio de que en cada unidad administrativa exista una propia.

La primera tendrá como única atribución la recepción y turno del escrito por el cual se inicia un procedimiento al área correspondiente.

Las promociones subsecuentes deberán presentarse en la unidad administrativa correspondiente.

Artículo 16. Los interesados podrán exhibir una copia simple de las promociones que presenten a fin de que la oficialía de partes correspondiente se los devuelva con la anotación de la fecha y hora de presentación, sellada y firmada por el servidor público que la reciba.

Artículo 17. Quien actúe como apoyo jurídico del módulo o sala que corresponda, dará cuenta de los escritos presentados, a más tardar dentro de las setenta y dos horas de su presentación.

Artículo 18. El personal que funja como apoyo jurídico cuidará que las promociones originales o en copias sean claramente legibles y los expedientes sean foliados.

Artículo 19. En ningún caso se entregarán los expedientes a las partes para que los lleven fuera de la CONAMED. Las frases "dar vista" o "correr traslado" sólo significan que los documentos estarán en la CONAMED para su consulta por los interesados, para la entrega de copias, para tomar apuntes, alegar o hacer cuentas. Las disposiciones de este artículo comprenden a las autoridades que pudieran solicitar los expedientes.

Artículo 20. El proceso arbitral no tiene por objeto constituir medios preparatorios a juicio ni preconstituir prueba alguna, por lo cual, la CONAMED sólo estará obligada a expedir copia fotostática, confrontada o certificada de los documentos que obren en el expediente, siempre y cuando las partes hubieren suscrito el compromiso arbitral.

Cuando se trate de copia simple bastará que las partes lo soliciten verbalmente, sin que se requiera acuerdo especial, dejando constancia en el propio expediente de su recepción.

Para obtener copia certificada de cualquier documento que obre en el expediente, las partes deberán solicitarlo en comparecencia o por escrito, requiriéndose el acuerdo del área en el que esté radicado el asunto y sólo se expedirá, cuando se pidiere copia o testimonio de parte de un documento, si se adiciona con lo que a su costa estime conducente la contraria.

Cuando la parte interesada solicite copia certificada de uno o varios documentos completos, en ningún caso se dará vista a la contraria. Al entregarse las copias certificadas, el que las reciba debe dejar razón y constancia de su recibo, en el que señale las copias recibidas.

No se entregarán a terceros ajenos al procedimiento arbitral copias de ningún documento de los contenidos en los expedientes. En caso de requerirlo alguna autoridad legalmente facultada, será necesario legal mandamiento escrito.

Artículo 21. La CONAMED, en términos de las disposiciones aplicables del Código de Procedimientos Civiles que deba de ser observado, solicitará cuando resulte necesario, el auxilio judicial.

En igual sentido cuando sea necesario, podrá solicitar la colaboración de las dependencias y entidades de la Administración Pública.

Artículo 22. Para lo no previsto en el presente ordenamiento, en cuanto al procedimiento, se estará a lo dispuesto en el Código de Procedimientos Civiles para el Distrito Federal.

Las partes podrán pactar la sujeción, en su caso, a la legislación local, atendiendo a las reglas de jurisdicción prorrogada.

Artículo 22 Bis. Operará la caducidad del proceso arbitral si transcurren ciento veinte días sin que exista promoción de alguna de las partes para continuar con el procedimiento.

La caducidad podrá ser decretada de oficio o a petición de parte.

La caducidad extingue la queja pero no la acción. En consecuencia, el quejoso podrá iniciar una nueva inconformidad ante la CONAMED, siempre que la acción no haya prescrito.

Artículo 23. Para la resolución de las controversias, en cuanto al fondo, se aplicarán:

I. El Código Civil Federal, por cuanto se refiere a los aspectos civiles, salvo acuerdo expreso de las partes en el sentido de sujetarse a la legislación local;

II. La Ley General de Salud y sus disposiciones reglamentarias por cuanto se refiere a los aspectos médicos;

III. La Ley Reglamentaria del artículo 5o. Constitucional relativo al ejercicio de las profesiones en el Distrito Federal, especialmente por cuanto se refiere al ejercicio profesional, en su caso, se aplicará así mismo, la legislación local, y

IV. Los principios científicos y éticos que orientan la práctica médica.

Las partes podrán pactar la sujeción, en su caso, a la legislación local, atendiendo a las reglas de jurisdicción prorrogada.

SECCIÓN SEGUNDA
DE LOS PLAZOS Y NOTIFICACIONES

Artículo 24. Salvo disposición en contrario, las resoluciones de trámite deberán mandarse notificar, dentro de los quince días siguientes a aquel en que se hubiere citado para dictarse.

Artículo 25. Se notificarán personalmente:

I. La admisión de la queja, al prestador del servicio médico;

II. Los autos definitivos;

III. Los pronunciamientos institucionales que emita la CONAMED, en términos del artículo 2o; fracción XVII;

IV. Los laudos, y

V. Las demás que acuerden las partes o determine la CONAMED.

Artículo 26. Toda notificación que por disposición del presente ordenamiento deba hacerse personalmente, se entenderá con el interesado, su representante, mandatario, procurador o autorizado en el expediente, entregando la resolución correspondiente, previa suscripción del acuse de recibo en el cual se anotará la razón.

Tratándose de quejas donde los hechos se hayan suscitado en el interior de la República se diligenciarán mediante correo certificado o mensajería con acuse de recibo.

Artículo 27. Al notificar la admisión de la queja al prestador del servicio médico, se estará al siguiente procedimiento:

I. Además de cumplir con las reglas fijadas en las fracciones I y II del artículo 28, el notificador se identificará ante la persona con la que se entienda la diligencia; exhortando a ésta se identifique, asentando su resultado, así como los medios por los que se cerciore de ser el domicilio del buscado, precisando los signos exteriores del inmueble que puedan servir de comprobación de haber acudido al domicilio señalado y las manifestaciones que haga el que reciba la notificación en cuanto a su relación laboral, de parentesco, negocios, de habitación o cualquier otra existente con el interesado;

II. Además de la cédula, se entregará a la persona con quien se entienda la diligencia, una copia del escrito de queja debidamente cotejado y sellado; no se adjuntarán copias de las pruebas del quejoso, para evitar su indefensión en el evento de que el prestador decida no someterse al arbitraje;

III. La documentación se entregará en sobre cerrado, para evitar su conocimiento por terceros ajenos al procedimiento, excepción hecha de la persona con la cual se entienda la diligencia, y

IV. Cuando exista oposición a la diligencia, el notificador expresará en el acta las causas precisas por las que no se hubiere podido notificar, ante lo cual la CONAMED procederá a realizar la notificación por correo certificado con acuse de recibo o mensajería.

Todas las notificaciones realizadas con arreglo a lo previsto en el presente artículo, se entenderán realizadas personalmente.

Artículo 28. Cuando se tratare de notificación personal, en caso distinto al del artículo anterior, las partes deberán acudir a notificarse en el local de la CONAMED; cuando no lo hicieren dentro de los tres días siguientes al en que se hubiere emitido la resolución, la notificación se llevará a efecto conforme a las siguientes reglas:

I. La CONAMED hará la notificación por escrito, en el que se hará constar la fecha y hora de entrega; la clase de procedimiento, los nombres y apellidos de las partes; en su caso, la persona física o moral a notificar; la unidad que manda practicar la diligencia; transcripción de la determinación que se manda notificar y el nombre y apellidos de la persona a quien se entrega, levantándose acta de la diligencia, en la que se procurará recabar la firma de la persona con la cual se hubiera entendido la diligencia. Tales documentos se agregarán al expediente;

II. Si no se encontrare al buscado, se entenderá la diligencia con los parientes, empleados o domésticos del interesado o cualquier otra persona que viva en el domicilio señalado, después de que el notificador se haya cerciorado de que corresponde a la persona que debe ser notificada; se expondrán en todo caso los medios por los cuales el notificador se haya cerciorado de lo anterior;

III. La documentación se entregará en sobre cerrado, para evitar su conocimiento por terceros ajenos al procedimiento, excepción hecha de la persona con la cual se entienda la diligencia, y

IV. Si existiere oposición a la diligencia o según sea el caso, la persona a notificar hubiere cambiado su domicilio, se procederá a realizar la notificación, dentro de los dos días hábiles siguientes al en que se presente la oposición o se tenga noticia del cambio de domicilio, por publicación en los listados que para dichos efectos se emitan, debiéndose agregar al expediente, además de los documentos previstos en la regla anterior, la constancia de inclusión en el listado correspondiente.

Todas las notificaciones realizadas con arreglo a lo previsto en el presente artículo, se entenderán realizadas personalmente.

Artículo 29. Todas las notificaciones, excepción hecha de las realizadas en el arbitraje tramitado por correo certificado o mensajería, surtirán sus efectos al día siguiente al en que se practiquen. En el caso de las realizadas por correo certificado con acuse de recibo, se entenderán practicadas en la fecha de recepción que se asiente en el acuse.

Para el caso de ordenarse la notificación por correo en el caso de oposición previsto en la fracción IV del artículo 27, ésta surtirá sus efectos al día siguiente de haber puesto la CONAMED la cédula en el correo.

Los plazos empezarán a correr al día siguiente hábil en que surta efecto la notificación y se contará en ellos el día del vencimiento. En ningún plazo se tomarán en cuenta los días inhábiles.

Artículo 30. La CONAMED sólo reconoce como términos comunes a las partes el relativo a ofrecimiento de pruebas, y aquellos en que se determine la vista para el desahogo por las partes al mismo tiempo.

Artículo 31. En los autos se hará constar el día de inicio y conclusión de los términos.

Artículo 32. Una vez concluidos los términos fijados a las partes, sin necesidad de que se acuse rebeldía, el procedimiento seguirá su curso y se tendrá por perdido el derecho que dentro de ellos debió ejercitarse.

Artículo 33. Cuando este Reglamento no señale términos para la práctica de algún acto arbitral, o para el ejercicio de algún derecho, se tendrá por establecido el de tres días, sin necesidad de prevención especial, a menos que la CONAMED fijare un término especial.

CAPÍTULO TERCERO
DEL PROCESO ARBITRAL

SECCIÓN PRIMERA
DISPOSICIONES COMUNES

Artículo 34. En términos de la legislación procesal civil, del Decreto y el presente ordenamiento las partes en una relación médico-paciente, tienen derecho a sujetar sus diferencias al arbitraje de la CONAMED.

Artículo 35. Para la tramitación del procedimiento arbitral se requerirá de cláusula compromisoria o compromiso arbitral debidamente suscritos por las partes.

Podrán promover los interesados, por sí o a través de sus representantes o apoderados.

Artículo 36. La acción procede en arbitraje, aun cuando no se exprese su nombre, con tal que se determine con claridad la clase de prestación que se exija de la contraparte y el título o causa de la acción.

Artículo 37. Son partes en el arbitraje quienes hubieren otorgado la cláusula compromisoria o el compromiso arbitral, en términos del presente Reglamento.

Artículo 38. Todo el que esté en pleno ejercicio de sus derechos civiles, puede comprometer en árbitros sus negocios y comparecer en arbitraje.

Artículo 39. Los tutores no pueden comprometer los negocios de los incapacitados ni nombrar árbitro a la CONAMED sino con aprobación judicial, salvo en el caso de que dichos incapacitados fueren herederos de quien celebró el compromiso o estableció la cláusula compromisoria.

Artículo 40. Por los menores o incapaces comparecerán sus representantes legítimos o los que deban suplir su incapacidad conforme a derecho.

Artículo 41. Será optativo para las partes acudir asesoradas a las audiencias de conciliación y de pruebas y alegatos, y en este supuesto, los asesores necesariamente deberán ser profesionales en alguna disciplina para la salud o licenciados en derecho, con cédula profesional y legal en ejercicio de su profesión. En caso de que una de las partes se encuentre asesorada y la otra no, la CONAMED celebrará la audiencia correspondiente procurando la mayor equidad, e ilustrará a la parte que no se encuentre asesorada, sin que esto signifique suplencia de la queja deficiente o patrocinio por parte de la CONAMED.

Artículo 42. La CONAMED examinará de oficio la legitimación de las partes al proceso y los interesados podrán corregir cualquier deficiencia al respecto hasta la audiencia conciliatoria. Contra el auto que desconozca la personalidad negándose a dar trámite al arbitraje, no procederá recurso alguno.

Artículo 43. La gestión de negocios no será admisible ante la CONAMED, aunque se pretenda bajo la forma de gestión judicial.

Artículo 44. Siempre que dos o más personas ejerzan una misma acción u opongan la misma excepción, deberán participar en el procedimiento unidas y bajo la misma representación.

A este efecto, deberán, dentro de los tres días hábiles siguientes a que sean invitados para ello, nombrar un mandatario, quien tendrá las facultades que en el poder se le hayan concedido, necesarias para la continuación del procedimiento. En caso de no designar mandatario, podrán elegir entre ellas mismas un representante común. Si dentro del término señalado no nombraren un mandatario ni hicieren la elección del representante común, o no se pusieren de acuerdo en ella, la CONAMED nombrará al representante común escogiendo a alguno de los propuestos; y si nadie lo hubiere sido, a cualquiera de los interesados.

El representante común que designe la CONAMED tendrá las mismas facultades que si promoviera exclusivamente por su propio derecho, excepto las de desistirse y transigir, salvo que los interesados lo autorizaren expresamente en el compromiso arbitral.

Cuando las partes actúen unidas, el mandatario nombrado o, en su caso, el representante común, sea el designado por los interesados o por la CONAMED, será el único que podrá representar a los que hayan ejercido la misma acción u opuesto la misma excepción, con exclusión de las demás personas.

El representante común o el mandatario designado por quienes actúen unidos, son inmediata y directamente responsables por negligencia en su actuación y responderán de los daños y perjuicios que causen a sus poderdantes y representados. El mandatario o el representante común podrán actuar por medio de apoderado o mandatario y autorizar personas para oír notificaciones en los términos de este ordenamiento.

Artículo 45. Mientras continúe el mandatario o el representante común en su encargo, los emplazamientos, notificaciones y citaciones de toda clase que se le hagan, tendrán la misma fuerza que si se hicieran a los representados, sin que le sea permitido pedir que se entiendan con éstos.

Artículo 46. El negocio u objeto del arbitraje será el determinado por las partes en el compromiso arbitral y, sólo por el acuerdo de ambas partes, podrá modificarse; no obstante, en cualquier etapa del proceso, las partes podrán determinar resueltos uno o varios puntos, quedando el resto pendiente para el laudo.

El desistimiento de la instancia realizado con posterioridad a la suscripción del compromiso, requerirá del consentimiento de la parte contraria. El desistimiento de la acción extingue ésta aun sin consentimiento de la contraparte.

El desistimiento de la queja produce el efecto de que las cosas vuelvan al estado que tenían antes de la presentación de aquélla. El desistimiento de la instancia o de la acción, posteriores a la suscripción del compromiso arbitral, obligan al que lo hizo a pagar costas y los daños y perjuicios a la contraparte, salvo convenio en contrario.

Artículo 47. En la tramitación del proceso arbitral, la CONAMED estará obligada, invariablemente, a recibir pruebas y oír alegatos, cualquiera que fuere el pacto en contrario.

Artículo 48. Son reglas generales para el proceso arbitral médico, las siguientes:

1a. Cuando las partes no lleguen a un acuerdo en el sentido de someter su controversia a la resolución de la CONAMED, en estricto derecho o en conciencia, la CONAMED podrá pronunciarse por escrito con el fin de promover su avenencia;

2a. Una vez emitida la propuesta de arreglo en términos del artículo 2o., fracción XVII, si las partes no llegaren a resolver su controversia mediante la transacción, desistimiento de la acción o finiquito correspondientes y no optaren por la vía de estricto derecho o conciencia, se tendrá a ambas por desistidas de la instancia, de oficio, dando por concluido el expediente;

3a. Este pronunciamiento institucional señalará alternativas de solución, sin entrar al fondo de la controversia, ni prejuzgará sobre los derechos de las partes, atendiendo a los elementos que hubieren aportado hasta ese momento. Dicho pronunciamiento será notificado personalmente a las partes;

4a. DEROGADA

5a. Todas las cuestiones litigiosas, salvo el caso de las excepciones previstas en este Reglamento, deben ser resueltas en el laudo definitivo;

6a. En términos de los artículos 34 de la Ley Reglamentaria del artículo 5o. Constitucional en materia de profesiones para el Distrito Federal, y 9o. del Reglamento de la Ley General de Salud en materia de prestación de servicios de atención médica, los actos del procedimiento sólo serán conocidos por las partes, los terceros que intervengan en forma legítima y el personal facultado de la CONAMED. Por lo tanto, quedan prohibidas las audiencias públicas y las manifestaciones a terceros extraños al procedimiento, sean a cargo de las partes o de la CONAMED. Sólo podrá darse a conocer públicamente el laudo cuando fuere adverso al prestador del servicio médico, para efectos de cumplimiento, o aun no siéndolo a solicitud del prestador del servicio;

7a. Las facultades procesales se extinguen una vez que se han ejercitado, sin que puedan repetirse las actuaciones;

8a. De toda promoción planteada por una de las partes, se dará vista a la contraria a efecto de que manifieste lo que a su derecho convenga, conforme a las disposiciones de este Reglamento;

9a. No se requerirá la presentación de promociones escritas; la CONAMED dispondrá los medios para que las partes puedan alegar verbalmente lo que a su derecho convenga y desahogar sus pruebas sin formalidades especiales. La CONAMED asentará fielmente las alegaciones de las partes en las actas correspondientes y dispondrá de formatos accesibles de los que podrán servirse éstas a lo largo del procedimiento;

10a. Tanto la audiencia en la etapa conciliatoria como la de pruebas y alegatos, deberán concluir el mismo día en que se inicien; eventualmente, por causas extraordinarias o acuerdo de las partes, podrán dejarse continuadas para fecha posterior, debiendo concluir la diligencia dentro de los quince días hábiles siguientes, y

11a. La CONAMED no emitirá dictámenes periciales respecto de asuntos que se hubieren conocido en proceso arbitral en estricto derecho o en conciencia, como tampoco en los casos en que haya pronunciamiento institucional según las reglas precedentes, salvo que hubiere emitido opinión técnica. En ningún caso se entenderá el laudo, el pronunciamiento institucional a que se refiere el artículo 2o., fracción XVII o las opiniones técnicas como meros dictámenes periciales.

La CONAMED estará facultada para intentar la avenencia de las partes en todo tiempo, antes de dictar el laudo definitivo.

La CONAMED estará igualmente facultada para llamar al juicio a terceros, a fin de buscar solucionar la controversia. Los terceros llamados a juicio podrán someterse al arbitraje y buscar la solución a la controversia en las formas previstas en el presente Reglamento.

SECCIÓN SEGUNDA
DE LAS QUEJAS

Artículo 49. Las quejas deberán presentarse ante la CONAMED de manera personal por el quejoso, o a través de persona autorizada para ello, ya sea en forma verbal o escrita, y deberán contener:

I. Nombre, domicilio y, en su caso, el número telefónico del quejoso y del prestador del servicio médico contra el cual se inconforme;

II. Descripción de los hechos motivo de la queja;

III. Número de afiliación o de registro del usuario, cuando la queja sea interpuesta en contra de instituciones públicas que asignen registro a los usuarios;

IV. Pretensiones que deduzca del prestador del servicio;

V. Si actúa a nombre de un tercero, la documentación probatoria de su representación, sea en razón de parentesco o por otra causa, y

VI. Firma o huella digital del quejoso.

Los elementos anteriores se tendrán como necesarios para la admisión de la queja.

A la queja se agregará copia simple, legible, de los documentos en que soporte los hechos manifestados y de su identificación. Cuando se presenten originales, la CONAMED agregará al expediente copias confrontadas de los mismos, devolviendo, en su caso, los originales a los interesados, se exceptúan de lo anterior los estudios imagenológicos.

Artículo 50. No constituyen materia del proceso arbitral médico los siguientes asuntos:

I. Cuando en la queja no se reclamen pretensiones de carácter civil;

II. Cuando se trate de actos u omisiones médicas, materia de una controversia civil sometida al conocimiento de los tribunales, salvo que las partes renuncien al procedimiento judicial en trámite y se sometan al arbitraje de la Comisión, siendo ello legalmente posible;

III. Cuando se trate de controversias laborales o competencia de las autoridades del trabajo;

IV. Cuando la queja tenga por objeto la tramitación de medios preparatorios a juicio civil o mercantil o el mero perfeccionamiento u obtención de pruebas preconstituidas para el inicio de un procedimiento judicial o administrativo;

V. DEROGADA

VI. Cuando la única pretensión se refiera a sancionar al prestador del servicio médico, pues la materia arbitral médica se refiere exclusivamente a cuestiones civiles;

VII. Cuando la controversia verse exclusivamente sobre el monto de servicios derivados de la atención médica, y

VIII. En general cuando la materia de la queja no se refiera a negativa o irregularidad en la prestación de servicios médicos.

Si durante el procedimiento apareciere alguna de las causas de improcedencias antes señaladas, la CONAMED procederá al sobreseimiento de la queja, sea cual fuere la etapa en que se encuentre.

En caso de desechamiento por no ser materia de arbitraje médico, se orientará al quejoso para que acuda a la instancia correspondiente. En tal supuesto la CONAMED podrá tomar registro de los hechos, para el único efecto de emitir opinión técnica si así lo estima pertinente.

Artículo 51. Si la queja fuere incompleta, imprecisa, oscura o ambigua, la CONAMED, señalando los defectos correspondientes, requerirá por escrito al interesado para que aclare o complete los datos en un plazo no mayor de diez días hábiles, contados a partir de la fecha en que surta efectos la notificación.

Si el quejoso no desahogara la aclaración en el término señalado, se sobreseerá la queja por falta de interés.

Artículo 52. Una vez recibida la queja, se registrará y asignará número de expediente, acusando la CONAMED el recibo de la misma.

Artículo 53. Las quejas admitidas en la Dirección General de Orientación y Gestión no resueltas por gestión inmediata, serán remitidas en un plazo no mayor de cinco días hábiles, a partir de su calificación, a la Dirección General de Conciliación, con la documentación de soporte.

Artículo 54. De recibirse dos o más quejas por los mismos actos u omisiones que se atribuyan al prestador del servicio médico, se acordará su trámite en un solo expediente. El acuerdo respectivo será notificado a todos los quejosos y, en su caso, al representante común en el evento de haberse desahogado el procedimiento previsto en el artículo 45.

SECCIÓN TERCERA
DE LA ETAPA CONCILIATORIA Y LA TRANSACCIÓN

Artículo 55. La CONAMED, dentro de los diez días hábiles siguientes a la admisión de la queja invitará, por escrito, al prestador del servicio médico para efectos de que si fuere su voluntad acepte el trámite arbitral de la institución.

Con el escrito de invitación se correrá traslado de la queja, con efectos de notificación personal.

En el escrito de invitación se fijará día y hora para que de manera personal la CONAMED amplíe la información al prestador del servicio, aclare sus dudas y, en su caso, se recabe su anuencia para el trámite arbitral.

Artículo 56. El día fijado para la diligencia explicativa, el personal designado informará al prestador del servicio médico de la naturaleza y alcances del proceso arbitral, así como de las vías existentes para la solución de la controversia; en su caso, recabará la aceptación del trámite arbitral que se entenderá como formalización de la cláusula compromisoria.

No obstante que el prestador del servicio médico no aceptare someterse al proceso arbitral, la CONAMED le solicitará un informe médico, y en caso de atención institucional pública, social o privada, copia del expediente clínico, para su entrega dentro de los diez días hábiles siguientes. La falta de entrega de esta documentación facultará a la CONAMED para emitir opinión técnica cuando lo estime necesario.

En el caso señalado de que el prestador del servicio no aceptare someterse al proceso arbitral, la CONAMED dejará a salvo los derechos del usuario para que los ejercite en la vía y forma que considere pertinente y concluirá la instancia arbitral. Bajo este supuesto, el informe médico y el expediente clínico en ningún caso formarán parte del expediente de queja. Su uso tendrá como finalidad evaluar la calidad de los servicios de atención médica, por lo cual cumplido su objeto, discrecionalmente, la CONAMED podrá acordar su destrucción, o devolución, en su caso. Igualmente podrá hacerlo cuando la queja concluya en la etapa conciliatoria.

Artículo 57. A partir de la aceptación, el prestador del servicio médico dispondrá de un término de nueve días hábiles para presentar un escrito que contendrá resumen clínico del caso y su contestación a la queja, refiriéndose a todos y cada uno de los hechos, precisando, en su caso, sus propuestas de arreglo.

Al contestar el escrito el prestador del servicio médico señalará los hechos que afirme, los que niegue y los que ignore porque no le sean propios. A su contestación deberá acompañar síntesis curricular, fotocopia de su título, cédula profesional y, en su caso, comprobantes de especialidad, certificado del consejo de especialidad y la cédula correspondiente.

Artículo 58. Cuando se trate de un establecimiento se requerirá, además, copia simple del registro diario de pacientes si se tratare exclusivamente de consulta externa y el expediente clínico en el evento de atención hospitalaria.

Artículo 59. Si el prestador del servicio no presentare su escrito contestatorio, habiendo aceptado someterse al proceso arbitral en cualquiera de sus vías, deberá continuarse con la etapa decisoria, donde se tendrán por presuntivamente ciertos los hechos de la queja, salvo prueba en contrario.

Artículo 60. Concluido el plazo fijado en el artículo 57, con escrito contestatorio o sin él se llevará a cabo la audiencia conciliatoria. Esta audiencia podrá diferirse hasta en dos ocasiones y, en su caso, deberá continuarse con la etapa decisoria.

Artículo 61. A efecto de promover la avenencia de las partes, la CONAMED procederá a realizar las diligencias que estime necesarias incluidas medidas para mejor proveer. La notificación a las partes para la audiencia conciliatoria se llevará a efecto con antelación mínima de cinco días.

Artículo 62. Abierta la audiencia, el personal arbitrador hará del conocimiento de las partes las formalidades de la etapa del proceso arbitral en el que se encuentran y la finalidad del mismo dando lectura al motivo de queja, a las pretensiones y al informe médico presentado; señalando los elementos comunes y los puntos de controversia, y las invitará para que se conduzcan con verdad y lleguen a un arreglo.

Cuando se trate de asuntos relacionados con la atención médica de menores e incapaces, la audiencia conciliatoria tendrá por objeto determinar, exclusivamente, las medidas de atención médica que, en su caso, hayan de proporcionarse a los usuarios; hecho lo anterior, se continuará el procedimiento arbitral.

Artículo 63. El personal conciliador podrá, en todo momento, requerir a las partes los elementos de convicción que estime necesarios para la búsqueda de la conciliación, así como para el ejercicio de las atribuciones de la CONAMED.

Las partes podrán aportar las pruebas que estimen pertinentes y necesarias para acreditar sus afirmaciones. Asimismo, el personal conciliador, podrá diferir la audiencia de conciliación hasta por dos ocasiones cuando lo estime pertinente, o a instancia de ambas partes, debiendo en todo caso señalar día y hora para su reanudación, dentro de los quince días hábiles siguientes, salvo acuerdo en contrario de las partes.

Artículo 64. En caso de inasistencia injustificada de cualquiera de las partes a la audiencia conciliatoria, correrá un plazo de cinco días hábiles para que la parte que no se hubiere presentado justifique su inasistencia. De no hacerlo, se acordará como asunto concluido remitiéndose el expediente al archivo.

Si la inasistencia fuera por parte del promovente, el acordarse como asunto concluido tendrá, por consecuencia, que no podrá presentar otra queja en la CONAMED por los mismos hechos.

En el supuesto de quejas contra instituciones públicas de seguridad social, cuando el usuario no acuda a la audiencia de conciliación y no se presentare dentro de los cinco días siguientes a justificar fehacientemente su inasistencia, se le tendrá por desistido de la queja, acordándose como asunto concluido, remitiéndose al archivo el expediente, teniendo por consecuencia que no podrá presentar otra queja ante la CONAMED por los mismos hechos.

Artículo 65. La CONAMED podrá emitir discrecionalmente y no a petición de parte, según la naturaleza del asunto, opinión técnica, valiéndose de los elementos de que disponga. Esta opinión podrá ser enviada al prestador del servicio o a quien estime pertinente a efecto de plantear directrices para la mejoría de la atención médica.

Artículo 66. La controversia se podrá resolver por voluntad de las partes mediante la transacción, desistimiento de la acción o finiquito correspondientes.

Los instrumentos de transacción otorgados por las partes expresarán las contraprestaciones que se pacten, con la sola limitación de que no deberán ser contrarios a derecho.

Artículo 67. De concluir satisfactoriamente la etapa conciliatoria, se dejará constancia legal y se procederá al archivo del expediente como un asunto definitivamente concluido. El instrumento de transacción producirá los efectos de cosa juzgada, en términos de los artículos 2953 del Código Civil Federal y 533 del Código de Procedimientos Civiles para el Distrito Federal, y sus correlativos de las entidades federativas.

Las transacciones han de interpretarse estrictamente y sus cláusulas son indivisibles, a menos que las partes convengan, expresamente, otra cosa.

Para la emisión de los instrumentos de transacción podrán emplearse en lo conducente, los formatos que emita la CONAMED, respetándose puntualmente la voluntad de las partes.

Artículo 68. En las transacciones se tomarán en cuenta las siguientes reglas:

I. Se buscará ante todo la protección de la salud de los usuarios;

II. Cuando haya conflicto de derechos, se buscará ante todo proteger a quien deban evitársele perjuicios respecto de quien pretenda obtener lucro;

III. Si el conflicto fuere entre derechos iguales o de la misma especie, se buscará la resolución observando la mayor igualdad entre las partes;

IV. La voluntad de los particulares no puede eximir de la observancia de la ley, ni alterarla ni modificarla y sólo son renunciables los derechos privados que no afecten directamente al interés público, cuando la renuncia no perjudique los derechos de tercero;

V. La autonomía de las partes para otorgar contratos y convenios no puede ir en contra de la ley, el orden público o las buenas costumbres;

VI. Contra la observancia de la ley no puede alegarse de su uso, costumbre o práctica en contrario;

VII. Será nula toda transacción que verse:

a) Sobre delito, dolo y culpa futuros, y

b) Sobre la acción civil que nazca de un delito o culpa futuros.

Cuando sea necesario, manteniendo la mayor igualdad posible entre las partes, el personal de la CONAMED ilustrará a las mismas, vigilando que las transacciones no sean suscritas en términos lesivos en razón de suma ignorancia, notoria inexperiencia o extrema miseria.

Artículo 69. Si los obligados cumplieren voluntariamente con las obligaciones que asuman en los instrumentos de transacción, se mandará archivar el expediente como asunto total y definitivamente concluido, en caso contrario, se brindará la orientación necesaria para su ejecución en los términos de ley.

SECCIÓN CUARTA
DEL COMPROMISO ARBITRAL

Artículo 70. Las partes podrán otorgar su compromiso arbitral ante la CONAMED antes de que haya juicio civil, durante éste y después de sentenciado, sea cual fuere el estado en que se encuentre. El compromiso posterior a la sentencia irrevocable sólo tendrá lugar si los interesados la conocieren. En caso de existir algún juicio en trámite, las partes necesariamente deberán renunciar a la instancia previa, pues de otro modo no podrá intervenir la CONAMED en calidad de árbitro.

Artículo 71. El compromiso arbitral, cuando sea otorgado mediante un instrumento especial ante la CONAMED, deberá contener como mínimo:

I. Los datos generales de las partes;

II. El negocio o negocios que se sujeten a proceso arbitral;

III. En su caso, el término fijado para el procedimiento arbitral, cuando se modifiquen los plazos fijados en el presente Reglamento;

IV. La aceptación del presente Reglamento y, en su caso, la mención de las reglas especiales de procedimiento que estimen necesarias;

V. El plazo del procedimiento arbitral, éste se contará a partir de que la CONAMED acepte el nombramiento de ambas partes;

VI. La determinación de las partes respecto a si renuncian a la apelación;

VII. El señalamiento expreso de ser sabedores de que el compromiso produce las excepciones de incompetencia y litispendencia, si durante él se promueve el negocio en un tribunal ordinario;

VIII. El señalamiento expreso y bajo protesta de decir verdad de no existir controversia pendiente de trámite ante los tribunales, un juicio conexo o cosa juzgada en relación al mismo asunto, exhibiendo cuando sea necesario el desistimiento de la instancia;

IX. La determinación, en su caso, del juez que haya de ser competente para todos los actos del procedimiento arbitral en lo que se refiere a jurisdicción que no tenga la CONAMED, y para la ejecución de la sentencia y admisión de recursos, y

X. Los demás rubros que determinen las partes.

Artículo 72. El compromiso podrá otorgarse en intercambio de cartas, télex, telegramas u otros medios de telecomunicación que dejen constancia del acuerdo, o en un intercambio de escritos de queja y contestación en los que el compromiso sea afirmado por una parte sin ser negado por la otra. La referencia hecha en un contrato a un documento que contenga una cláusula compromisoria, constituirá compromiso arbitral siempre que dicho contrato conste por escrito y la referencia implique que esa cláusula forma parte del contrato.

Las partes, para el caso del arbitraje foráneo, en la audiencia a que se refiere la regla 7a. del artículo 73, ratificarán el compromiso otorgado en la forma prevista en el párrafo anterior, mediante la suscripción del instrumento señalado en el artículo 71, sin modificar o alterar la controversia, señalando, en su caso, los puntos resueltos.

Cuando se trate de arbitraje por correo certificado o mensajería, las partes acordarán lo necesario, siguiendo, en lo conducente, las reglas de esta sección.

SECCIÓN QUINTA
DEL PROCEDIMIENTO ARBITRAL EN ESTRICTO DERECHO Y EN CONCIENCIA

Artículo 73. El procedimiento arbitral en estricto derecho y en conciencia se sujetará a las siguientes reglas generales:

1a. Serán admisibles toda (sic) las pruebas susceptibles de producir la convicción de la CONAMED, especialmente la pericial y los elementos aportados por las ciencias biomédicas;

2a. Quedan prohibidos los interrogatorios entre las partes con fines confesionales, asimismo, las pruebas que fueren contrarias a la moral y al derecho;

3a. En la ponderación del caso se evaluará la procedencia de las apreciaciones de las partes conforme a las disposiciones en vigor y en los casos en que tales disposiciones lo autoricen, la correcta aplicación de los principios científicos y éticos que orientan la práctica médica a través de la literatura generalmente aceptada, así como las disposiciones y recomendaciones médicas de las instancias especializadas;

4a. La CONAMED determinará a título de pruebas para mejor proveer, el desahogo de los peritajes que estime pertinentes;

5a. Cuando se requiera el examen del paciente, la CONAMED determinará las medidas necesarias para preservar el respeto al paciente. En este supuesto el paciente deberá, según su estado de salud lo permita, cooperar para su examen. La oposición injustificada al reconocimiento médico de la CONAMED o de los peritos designados por las partes, hará tener por ciertas las manifestaciones de la contraria. La CONAMED, en cada caso, acordará los objetivos del reconocimiento médico;

6a. Las pruebas aportadas, especialmente las periciales y la documentación médica en que conste la atención brindada, serán valoradas en su conjunto conforme a las reglas de la lógica y la experiencia si se tratare de arbitraje en estricto derecho y en equidad si se tratare de arbitraje en conciencia, y

7a. Se realizará, cuando sea necesaria la resolución de una cuestión jurídica previa, una audiencia que se denominará preliminar, el resto de las cuestiones debatidas se resolverán en el laudo.

Artículo 74. En virtud del carácter especializado de la CONAMED, sólo serán admisibles en el proceso arbitral, las siguientes probanzas:

a) La instrumental;

b) La pericial;

c) El reconocimiento médico del paciente;

d) Las fotografías, quedando comprendidas bajo esta denominación las cintas cinematográficas y cualesquiera otras producciones fotográficas, incluidos los estudios imagenológicos, y

e) La presuncional.

Artículo 75. Sólo se admitirán las pruebas ofrecidas dentro del término pactado, las acordadas por la CONAMED para mejor proveer, y las supervenientes, debiendo acreditar quien argumente la existencia de estas últimas la superveniencia de las pruebas y su naturaleza. En ningún caso la CONAMED fungirá como perito, aun en el supuesto de que se lo proponga como tercero en discordia.

Artículo 76. La CONAMED determinará a título de pruebas para mejor proveer, las que considere pertinentes, teniendo libertad para solicitar a las partes la información que estime necesaria e interrogar tanto a las partes como a los peritos que, en su caso, sean ofrecidos.

La CONAMED tomará en cuenta, como pruebas, todas las actuaciones y los documentos aportados oportunamente aunque no se ofrezcan, con excepción de los rechazados expresamente.

Artículo 77. Las partes sólo podrán ofrecer la confesional espontánea de la contraria, cuando se refiera exclusivamente a las manifestaciones contenidas en autos; en ningún caso será admisible la prueba de posiciones.

Artículo 78. Cuando las partes no puedan obtener directamente documentos que hayan ofrecido como pruebas, podrán pedir a la CONAMED que los solicite a las personas u organismos que los tengan en su poder, quedando a cargo de las partes gestionar el envío de los mismos a la CONAMED para que obren en el expediente el día de la audiencia de pruebas y alegatos. En la inteligencia que de no haber sido presentadas dichas probanzas el día de la audiencia se tendrán por no ofrecidas.

Artículo 79. Al ofrecer la prueba pericial, las partes deberán exhibir los interrogatorios que, en su caso, deban responder los peritos y precisar los puntos respecto de los cuales versará el peritaje.

Dada la naturaleza especializada de la CONAMED, en caso de que los dictámenes rendidos por los peritos de las partes sean total o parcialmente contradictorios, las partes estarán a las apreciaciones de la CONAMED al momento del pronunciamiento arbitral en definitiva; siendo improcedente la petición de designar un tercero en discordia o proponer a la CONAMED como perito en el juicio arbitral.

Artículo 80. De no existir la necesidad de resolver cuestiones previas, conforme a lo que señala la regla 7a. del artículo 73, se continuará el procedimiento en la forma prevista en el compromiso arbitral.

Artículo 81. Transcurrido el término fijado por las partes para el ofrecimiento de pruebas, la CONAMED dará cuenta con la documentación que obre en el expediente, resolviendo sobre la admisión o desechamiento de las probanzas, y fijará las medidas necesarias para la preparación de la audiencia de pruebas y alegatos, la cual se llevará a efecto el día y hora señalados por la CONAMED.

Artículo 82. Los peritajes de parte podrán ser presentados durante la audiencia, inclusive, debiendo exhibirse junto con los mismos, original y copia simple de la cédula profesional del perito, y en el evento de ser especialista, original y copia de la documentación comprobatoria de ese carácter. No será necesaria la ratificación de los dictámenes en diligencia especial.

Artículo 83. La presentación de los peritajes de parte, será a cargo y costa de quien los hubiere propuesto. En la audiencia de pruebas y alegatos sólo podrán intervenir los peritos que asistan.

Artículo 84. Las partes podrán acordar la no presentación de peritajes de parte, en cuyo supuesto se estará exclusivamente al resto de las probanzas ofrecidas.

Artículo 85. Queda estrictamente prohibida y se desechará de plano, la propuesta de las partes para citación indiscriminada al personal médico y paramédico que hubiere tenido relación con la atención del paciente de que se trate.

Artículo 86. En la audiencia de pruebas y alegatos, se procederá como sigue:

I. Declarada abierta la audiencia e identificados los asistentes, se procederá al desahogo de las pruebas que, en su caso, hayan sido admitidas. Si a la apertura de la audiencia no existiere ninguna prueba pendiente, sin más trámite se procederá a oír los alegatos finales de las partes;

II. En el evento de haberse propuesto la pericial, si las partes o la CONAMED lo estimasen necesario, procederán a solicitar a los peritos presentes en la audiencia, amplíen verbalmente su dictamen;

III. Las preguntas formuladas a los peritos se realizarán de manera simple y llana, sin artificio alguno y sin denostar o presionar al compareciente;

IV. Si la CONAMED lo estimase necesario, podrá determinarse la realización de una junta de peritos, la que se desahogará con los que asistan;

V. Concluido el desahogo de las pruebas, se procederá a recibir los alegatos finales de las partes, primero los del quejoso y acto seguido los del prestador del servicio. Las partes podrán acordar, atendiendo a la naturaleza del asunto, que la audiencia sólo tenga por objeto recibir sus alegaciones finales. Los alegatos sólo podrán referirse a los puntos objeto del arbitraje, por lo que deberán referirse a los puntos controvertidos evitando disgresiones. Se desecharán de plano las argumentaciones impertinentes, y

VI. Hecho lo anterior, la CONAMED determinará cerrada la instrucción citando a las partes para laudo.

SECCIÓN SEXTA
DE LAS RESOLUCIONES ARBITRALES

Artículo 87. Las resoluciones de la CONAMED son:

I. DEROGADA

II. Determinaciones provisionales o definitivas que no resuelvan el fondo de la controversia y se llamarán acuerdos, y

III. Laudos, que siempre tendrán el carácter de definitivos.

El pronunciamiento institucional en términos del artículo 2o. fracción XVII, nunca podrá ser tenido por resolución.

Artículo 88. Todas las resoluciones serán autorizadas con firma entera de quienes las emitan. Los laudos serán emitidos por el Comisionado Nacional, el Subcomisionado Médico, el Director General de Arbitraje, o por el Presidente de la Sala de Arbitraje en que se desahogue el juicio arbitral.

Artículo 89. La CONAMED no podrá, bajo ningún pretexto, aplazar, dilatar ni negar la resolución de las cuestiones que hayan sido fijadas en el compromiso arbitral, salvo disposición en contrario de las partes.

Tampoco podrá variar ni modificar sus resoluciones después de firmadas, pero sí podrá aclarar algún concepto o suplir cualquier deficiencia, sea por omisión sobre un punto discutido o cuando exista oscuridad o imprecisión, sin alterar la esencia de la resolución.

Estas aclaraciones podrán hacerse de oficio dentro de los tres días hábiles siguientes al de la notificación de la resolución o a instancia de parte presentada dentro del plazo pactado en el compromiso arbitral. En este último supuesto, la CONAMED resolverá lo que estime procedente dentro de los cinco días hábiles siguientes al de la presentación del escrito en que se solicite la aclaración.

Artículo 90. Cuando se determine el pago de daños y perjuicios se fijará su importe en cantidad líquida o se establecerán por lo menos, las bases con arreglo a las cuales deba hacerse la liquidación.

Sólo en caso de no ser posible lo uno ni lo otro, se hará la condena, a reserva de fijarse su importancia y hacerla efectiva en ejecución de laudo.

Artículo 91. las resoluciones deben tener el lugar, fecha y responsables de su emisión, los nombres de las partes contendientes, el carácter con que concurrieron al procedimiento y el objeto de la controversia. Al efecto, se emplearán los formatos que determine la CONAMED.

Artículo 92. En términos de los artículos 91, 92, 93 y 533 del Código de Procedimientos Civiles para el Distrito Federal y sus correlativos en los estados, y el artículo 2o. de la Ley Orgánica del Tribunal Superior de Justicia del Distrito Federal son aplicables a los laudos de la CONAMED las siguientes reglas:

I. Todo laudo resuelve cuestiones exclusivamente civiles;

II. Todo laudo tiene en su favor la presunción de haberse pronunciado legalmente, con conocimiento de causa, mediante intervención legítima de la CONAMED y en los términos solicitados por las partes, atendiendo al compromiso arbitral;

III. El laudo firme produce acción y excepción contra las partes y contra el tercero llamado legalmente al procedimiento que hubiere suscrito el compromiso arbitral;

IV. El tercero que hubiere sido parte en el juicio puede excepcionarse contra el laudo firme, y

V. Las transacciones otorgadas ante la CONAMED y los laudos se considerarán como sentencias en términos de la legislación procesal civil en vigor.

Artículo 93. Las resoluciones de la CONAMED deben dictarse y mandarse notificar, dentro de los quince días siguientes a aquel en que se hubiere citado para dictarse.

Los laudos deben dictarse y mandarse notificar dentro de los treinta días siguientes a aquel en que se hubiere hecho la citación para laudo. Sólo cuando hubiere necesidad de que CONAMED examine documentos voluminosos, al emitir el laudo, podrá disfrutar de un término ampliado de treinta días más para los fines ordenados anteriormente.

CAPÍTULO CUARTO
DE LA GESTIÓN PERICIAL

Artículo 94. La gestión pericial se sujetará a las siguientes reglas generales:

1a. Sólo se aceptarán los casos cuando el peticionario esté legitimado para solicitar dictamen;

2a. Se tendrán por legitimados a los órganos internos de control encargados de la instrucción del procedimiento administrativo de responsabilidad, los agentes del Ministerio Público que instruyan la averiguación previa, las autoridades sanitarias encargadas de regular la atención médica y los órganos judiciales que conozcan del proceso civil o penal;

3a. Sólo se aceptará la solicitud que se refiera a los rubros materia de gestión pericial de la CONAMED, es decir, cuando se refiera a la evaluación de actos de atención médica;

4a. Se desecharán de plano las solicitudes de los peticionarios que no se refieran a evaluar actos de atención médica; cuando no acepten a la CONAMED en su carácter de perito institucional, o cuando no acepten ajustarse a los plazos y procedimientos de la CONAMED;

5a. La solicitud de dictamen deberá ser acompañada de documentación médica completa y legible del asunto a estudio;

6a. Deberá remitirse copia legible de las declaraciones de las partes y de los peritajes previos, si los hubiere;

7a. La CONAMED sólo actuará como perito tercero en discordia, y

8a. Las demás que fijen, en su caso, las bases de colaboración suscritas para tal efecto.

Artículo 95. La CONAMED elaborará los dictámenes con base en su protocolo y procedimiento institucional y serán emitidos, conforme a las disposiciones en vigor, a la interpretación de los principios científicos y éticos que orientan la práctica médica y la literatura universalmente aceptada, atendiendo a la información proporcionada por el peticionario.

Artículo 96. La CONAMED buscará y contratará, en su caso, personal médico especializado, certificado debidamente, para asesoría externa en el estudio de casos. En ningún asunto estará autorizada la institución para identificar al asesor fuera de la CONAMED.

Artículo 97. La CONAMED sólo elaborará ampliación por escrito del dictamen cuando el peticionario necesite mayor información sobre el mismo y especifique los motivos que sustentan su solicitud. En ningún caso se realizará la ampliación en diligencia judicial.

Artículo 98. Los dictámenes emitidos por la CONAMED, deberán considerarse ratificados desde el momento de su emisión, sin necesidad de diligencia judicial.

Artículo 99. La participación de la CONAMED en diligencias ministeriales o judiciales se limitará, dada la naturaleza institucional del dictamen, a rendir una ampliación por escrito al peticionario.

(REFORMADO, D.O.F. 25 DE JULIO DE 2006)

Artículo 100. En ningún caso la CONAMED recibirá a los involucrados, aunque lo soliciten, ni dará a ellos información alguna sobre sus dictámenes. Tampoco estará autorizada para recibir documentación de las partes, aunque éstas lo soliciten.

Artículo 101. Los signatarios de documentos relacionados con la gestión pericial de la CONAMED, se entenderán, exclusivamente como meros delegados de la CONAMED, de ninguna suerte como peritos persona física, dada la naturaleza institucional de los dictámenes.

Artículo 102. Los dictámenes se emitirán al leal saber y entender de la CONAMED, en ejercicio de su autonomía técnica; tendrán el único propósito de ilustrar a la autoridad peticionaria y a las partes, en cuanto a su interpretación médica interdisciplinaria de los hechos y evidencias sometidos a estudios por la autoridad peticionaria.

TRANSITORIOS

Primero. El presente Reglamento entrará en vigor al día siguiente de su publicación en el Diario Oficial de la Federación.

Segundo. Los asuntos en trámite arbitral se resolverán con arreglo a las cláusulas compromisorias y los compromisos arbitrales otorgados previamente por las partes. En el evento que la naturaleza del procedimiento arbitral lo permita, dado el avance de su tramitación, las partes podrán acordar que las diligencias pendientes se sujeten a lo previsto en el presente Reglamento.

Tercero. Se abroga el Reglamento de Procedimientos para la Atención de Quejas de la Comisión Nacional de Arbitraje Médico, expedido por su Consejo en la décima segunda sesión ordinaria, celebrada el diecisiete de marzo de mil novecientos noventa y nueve, y publicado en el Diario Oficial de la Federación el veintinueve de abril de ese mismo año.

De conformidad con lo dispuesto por el artículo 8o. fracción III del Decreto por el que se crea la Comisión Nacional de Arbitraje Médico, el Consejo de la Comisión, en su vigésima cuarta sesión ordinaria, celebrada en la Ciudad de México, Distrito Federal, el siete de febrero de dos mil dos, expidió el presente Reglamento de Procedimientos para la Atención de Quejas Médicas y Gestión Pericial, instruyendo al Secretario Técnico para que se publique en el Diario Oficial de la Federación. El Presidente del Consejo de la Comisión Nacional de Arbitraje Médico, Carlos Tena Tamayo. Rúbrica.

Reglamento de la Ley General de Salud en Materia de Protección Social en Salud

Nuevo Reglamento publicado en el Diario Oficial de la Federación, el lunes 5 de abril de 2004.

TEXTO VIGENTE

Última reforma publicada DOF 17-12-2014

Al margen un sello con el Escudo Nacional, que dice: Estados Unidos Mexicanos. Presidencia de la República.

VICENTE FOX QUESADA, Presidente Constitucional de los Estados Unidos Mexicanos, con fundamento en la fracción I del artículo 89 de la Constitución Política de los Estados Unidos Mexicanos y en el Título Tercero Bis de la Ley General de Salud, he tenido a bien expedir el siguiente

REGLAMENTO DE LA LEY GENERAL DE SALUD EN MATERIA DE PROTECCIÓN SOCIAL EN SALUD

TÍTULO PRIMERO
DISPOSICIONES GENERALES

Artículo 1. El presente Reglamento tiene por objeto establecer las bases para la regulación del Sistema de Protección Social en Salud previsto en el Título Tercero Bis de la Ley General de Salud. La aplicación e interpretación para efectos administrativos del presente ordenamiento corresponde a la Secretaría, sin perjuicio de la competencia que tengan otras dependencias y entidades de la Administración Pública Federal, en términos de la Ley General de Salud y demás disposiciones jurídicas aplicables.

Para efectos de lo anterior, la Secretaría podrá suscribir acuerdos de coordinación con los gobiernos de las entidades federativas.

Artículo reformado DOF 17-12-2014

Artículo 2. Para los efectos del presente Reglamento se estará a las definiciones previstas en la Ley General de Salud y demás disposiciones jurídicas aplicables, así como a las siguientes:

I. Comisión, a la Comisión Nacional de Protección Social en Salud a que hace referencia el artículo 77 Bis 35 de la Ley;

II. Instancia Rectora Local, a la estructura administrativa determinada por las entidades federativas, encargada de conducir la política en materia de salud;

Fracción reformada DOF 17-12-2014

III. Ley, a la Ley General de Salud;

IV. Lineamientos, a aquellas disposiciones de carácter general que emita la Secretaría o la Comisión, por acuerdo del Secretario de Salud, y que deberán ser publicadas en el Diario Oficial de la Federación;

V. Padrón, a la relación de personas afiliadas al Sistema;

Fracción reformada DOF 17-12-2014

VI. Regímenes Estatales, a los Regímenes Estatales de Protección Social en Salud a que se refiere el artículo 77 Bis 2 de la Ley;

VII. Reglamento, al Reglamento de la Ley General de Salud en Materia de Protección Social en Salud;

VIII. Secretaría, a la Secretaría de Salud;

IX. Servicios Estatales de Salud, a las estructuras administrativas de los gobiernos de las entidades federativas, independientemente de la forma jurídica que adopten, que tengan por objeto la prestación de servicios de salud, y

Fracción reformada DOF 17-12-2014

X. Sistema, al Sistema de Protección Social en Salud a que se refiere el artículo 77 Bis 2 de la Ley.

Artículo 3. Para efectos de lo dispuesto en el artículo 77 Bis 15, segundo párrafo, fracción II de la Ley, la Tesorería de la Federación deberá celebrar los convenios de depósito con las Instancias Rectoras Locales, a través de sus Regímenes Estatales.

Artículo reformado DOF 17-12-2014

Artículo 3 Bis. Para efectos de garantizar las acciones de protección social en salud, la Secretaría deberá prever en los acuerdos de coordinación que suscriba con las entidades federativas a que se refiere el artículo 77 bis 6 de la Ley, que los Regímenes Estatales serán responsables de:

I. Administrar y supervisar el ejercicio de los recursos financieros establecidos por la Ley para las entidades federativas en materia de protección social en salud;

II. Realizar acciones en materia de promoción para la incorporación y afiliación de beneficiarios al Sistema;

III. Integrar, administrar y actualizar el Padrón, así como realizar la afiliación, y verificar la vigencia de los derechos de los beneficiarios;

IV. Financiar, coordinar y verificar de forma eficiente, oportuna y sistemática la prestación integral de los servicios de salud a la persona del Sistema, a cargo de los establecimientos para la atención médica incorporados a dicho Sistema, en la que se incluya la atención médica, los medicamentos y demás insumos asociados al mismo;

V. Gestionar el pago a los establecimientos para la atención médica incorporados al Sistema, en los términos previstos en el presente Reglamento;

VI. Reintegrar los recursos en numerario de carácter federal que no haya ejercido o comprobado su destino a los fines específicos para los que le fueron transferidos o entregados, en los términos del artículo 77 Bis 16, párrafo tercero de la Ley;

VII. Rendir cuentas respecto de los recursos que reciban, en términos de la Ley y el presente Reglamento, para la operación del Sistema en su entidad federativa, y

VIII. Entregar la información que las autoridades federales o locales competentes les soliciten respecto de los recursos que reciban, así como sobre su ejercicio.

Artículo adicionado DOF 17-12-2014

TÍTULO SEGUNDO
DE LAS PRESTACIONES DEL SISTEMA

CAPÍTULO I
DE LOS SERVICIOS DE SALUD

Artículo 4. El Sistema cubrirá los servicios de salud a la comunidad conforme al artículo 77 Bis 20 de la Ley; así como las acciones en materia de protección social en salud que se realizan mediante la prestación de servicios de salud a la persona, conforme al artículo 77 Bis 1 de la Ley.

Artículo 5. El conjunto de actividades y servicios realizados por los Servicios Estatales de Salud que forman parte del ejercicio a nivel estatal de las funciones de rectoría y prestación de servicios de salud pública y que serán cubiertos por el Fondo de Aportaciones para los Servicios de Salud a la Comunidad al que se refiere el Artículo 77 Bis 20 de la Ley deberán estar vinculados con al menos uno de los siguientes atributos y tipos de actividades:

A. Atributos generales:

I. Ser de cobertura nacional, es decir, provistos independientemente de la condición de aseguramiento en salud de la población beneficiaria;

II. Ser servicios que se otorgan de manera gratuita para la población en el momento de su utilización;

III. Ser acciones de impacto colectivo, que pueden prestarse simultáneamente a todos los miembros de la comunidad o a un grupo de población específica;

IV. Ser servicios que deben proporcionarse independientemente de la existencia de una demanda explícita para los mismos,

V. Prestar el servicio para una persona no reduce la cantidad de recursos disponible para otros miembros de la población.

B. Tipo de actividades de rectoría:

I. Emisión y supervisión de marcos normativos y de regulación sanitaria de los productos, procesos, métodos, instalaciones, servicios y actividades que tienen un impacto sobre la salud, según las competencias y atribuciones de las entidades federativas;

II. Definición y conducción de políticas de salud, así como la generación y operación de los sistemas de información y evaluación;

III. Promoción de la investigación en materia de servicios de salud pública, y

IV. Identificación, análisis y evaluación de riesgos sanitarios.

C. Tipos de actividades comprendidas en la prestación de servicios de salud pública:

I. Acciones que implican la participación comunitaria y mediante las cuales se evitan o se reducen riesgos para la salud de la población, y promueven el autocuidado de la salud y estilos de vida saludable de manera generalizada;

II. Actividades encaminadas a prevenir o contrarrestar los riesgos para la salud de la población en el territorio nacional que se derivan de actividades realizadas por agentes dentro y fuera del sector salud o de eventos no predecibles, coadyuvando a salvaguardar la seguridad nacional;

III. Acciones efectuadas sobre la persona, que implican una reducción de riesgos a la comunidad;

IV. Actividades de tamizaje;

V. Actividades que forman parte de la vigilancia epidemiológica;

VI. Acciones de atención a la comunidad en caso de desastres o urgencias epidemiológicas;

VII. Actividades que permiten proteger contra riesgos sanitarios, que implican el control y fomento sanitario de procesos, productos, métodos, instalaciones, servicios y actividades, así como la emisión, prórroga o revocación de autorizaciones sanitarias que sean competencia o atribución de la entidad, y

VIII. Actividades de control analítico y constatación del cumplimiento de la normatividad.

La Secretaría determinará las actividades y servicios que cumplan con lo anterior y que serán financiados mediante el Fondo de Aportaciones para los Servicios de Salud a la Comunidad.

Artículo 6. El financiamiento de los servicios de salud a la comunidad se realizará de conformidad con lo dispuesto por el artículo 77 Bis 20 de la Ley y de acuerdo con lo especificado en los artículos 88 a 94 del presente Reglamento.

Artículo 7. Para los efectos de este Reglamento, los servicios de salud a la persona se componen de los servicios esenciales y aquellos servicios cubiertos por el Fondo de Protección contra Gastos Catastróficos definidos por el artículo 77 Bis 29 de la Ley.

Artículo 8. La Comisión fijará la secuencia y alcances de cada intervención comprendida en los servicios esenciales que se provea en el Sistema, de manera prioritaria y progresiva para satisfacer de manera integral las necesidades de salud de las familias beneficiarias.

El financiamiento de los servicios esenciales de salud del Sistema se realizará de conformidad con lo establecido en los artículos 76 a 87 del presente Reglamento.

Artículo 9. Para la determinación de los servicios esenciales del Sistema, la Comisión seleccionará las intervenciones respectivas, por tipo de establecimiento para la atención médica, de manera que progresivamente se incrementen. Para dar cumplimiento al artículo 77 Bis 1 de la Ley, la secuencia y alcances de cada intervención deberá establecerse con base en los siguientes criterios:

I. Incluir las acciones de prevención y promoción de la salud durante la línea de vida, así como las correspondientes a diagnóstico, tratamiento y rehabilitación, vinculadas con las necesidades de salud derivadas del perfil epidemiológico del país;

II. Considerar la sustentabilidad financiera del Sistema;

III. Tomar en cuenta las necesidades de salud recurrentemente solicitadas en los servicios públicos de salud disponibles;

IV. Prever la secuencia y el nivel de atención médica de los servicios, según la capacidad resolutiva de las instalaciones médicas y las necesidades de atención individuales;

V. Establecer las intervenciones cubiertas, a manera de catálogo;

VI. Contemplar los medicamentos asociados a los tratamientos, los cuales deberán estar incluidos en el Cuadro Básico y Catálogo de Medicamentos del Sector Salud, deberán ser prescritos por el médico conforme a lo establecido en los protocolos o guías clínico-terapéuticas que se apliquen para cada intervención, y sujetando la dotación de medicamentos a lo señalado en la receta;

VII. Tomar como principios fundamentales la equidad y la justicia distributiva, y

VIII. Promover un trato digno y respetuoso.

Para facilitar que el proceso de priorización se realice atendiendo a criterios de aceptabilidad social, la Comisión promoverá la participación e incorporará las opiniones de los profesionales del Sistema Nacional de Salud y establecerá mecanismos que permitan la participación de la población beneficiaria en el diseño y evaluación de los servicios.

Artículo 10. De manera adicional a la prestación de servicios esenciales de salud, los Regímenes Estatales podrán establecer conjuntos complementarios de servicios considerando elementos de carácter epidemiológico, necesidades específicas de grupos poblacionales, factores de acceso geográfico y condiciones climatológicas, factores culturales u otros aspectos que ameriten ajustes a las condiciones y la problemática local de salud. El financiamiento de dichos servicios correrá a cargo de los gobiernos de las entidades federativas en conformidad con el artículo 77 Bis 14 de la Ley. Los términos bajo los cuales se especificará la inclusión de estos servicios se establecerán en su caso, en los acuerdos de coordinación correspondientes.

Artículo 11. El financiamiento de los servicios cubiertos por el Fondo de Protección contra Gastos Catastróficos se realizará de conformidad con lo establecido en el artículo 77 Bis 17 de la Ley y los artículos 95 a 106 del presente Reglamento.

CAPÍTULO II
DE LOS PRESTADORES DE LOS SERVICIOS

SECCIÓN PRIMERA
GENERALIDADES

Artículo 12. Para efectos del artículo 77 Bis 20 de la Ley, será responsabilidad de la Secretaría y de las entidades federativas a través de su Instancia Rectora Local y de sus Servicios Estatales de Salud, las acciones relativas a las funciones de rectoría y la prestación de los servicios de salud a la comunidad, para lo cual se sujetarán a las disposiciones jurídicas aplicables.

Artículo reformado DOF 17-12-2014

Artículo 13. Para garantizar las acciones de protección social en salud, los Regímenes Estatales financiarán la prestación de los servicios de salud a la persona del Sistema, otorgados por los establecimientos para la atención médica de los Servicios Estatales de Salud de la propia entidad federativa, de otras entidades federativas o, por otras instituciones o establecimientos del Sistema Nacional de Salud, incorporados al Sistema.

Para los efectos del presente artículo, la Secretaría establecerá los modelos de acuerdos y convenios que sean necesarios para la prestación de los servicios de salud a los beneficiarios del Sistema, en términos del artículo 77 bis 5, inciso A), fracción XII de la Ley.

Artículo reformado DOF 17-12-2014

Artículo 14. La prestación de los servicios de salud a la persona del Sistema entre entidades federativas a que se refiere el artículo anterior, se realizará por medio de los sistemas de referencia y contrarreferencia que se establezcan en los acuerdos y convenios referidos en dicho artículo.

Artículo reformado DOF 17-12-2014

Artículo 15. DEROGADO

Artículo derogado DOF 17-12-2014

Artículo 16. DEROGADO

Artículo derogado DOF 17-12-2014

Artículo 17. Para efectos del artículo 77 bis 5, inciso B), fracción IX de la Ley, la Secretaría podrá promover la celebración de convenios de colaboración entre las entidades federativas y los municipios, para incluir la participación de éstos en el Sistema. En dichos convenios, sin perjuicio de la legislación estatal aplicable, se podrán determinar como mínimo las áreas de colaboración, las aportaciones económicas estatales y municipales, y los mecanismos de participación de ambos en el Sistema.

Artículo reformado DOF 17-12-2014

Artículo 18. Para garantizar el carácter integral de los servicios, los Regímenes Estatales considerarán los establecimientos para la atención médica en términos de redes de servicios. Las redes de servicios deberán garantizar la continuidad de cuidados, el máximo nivel de resolución en atención primaria, la provisión de medicamentos, la especialización de los profesionales de la salud y constituirse sobre referencias poblacionales y geográficas.

Artículo 19. Como parte sustancial de los beneficios del Sistema, la Comisión, en coordinación con los Regímenes Estatales, promoverá una política de medicamentos tendiente a reducir los costos de adquisición, favorecer sistemas eficientes de abasto y reposición de medicamentos y el uso racional de los mismos en la prescripción y consumo en los establecimientos para la atención médica del Sistema. A tal efecto, los Regímenes Estatales y los establecimientos para la atención médica del Sistema celebrarán los convenios de gestión oportunos e implantarán programas de capacitación al personal.

Artículo 20. Los Regímenes Estatales asignarán a cada núcleo familiar, a un centro de salud para su atención primaria y en caso de existir más de una opción, se les brindará la facilidad de elegir su unidad de adscripción.

Artículo reformado DOF 08-06-2011, 17-12-2014

Artículo 21. Con objeto de fortalecer a los establecimientos para la atención médica de los Servicios Estatales de Salud y establecer criterios homogéneos y transparentes en la atención de los beneficiarios del Sistema, las relaciones entre los Regímenes Estatales y los establecimientos para la atención médica acreditados se formalizarán mediante convenios de gestión, que bajo la forma de acuerdo interno, precisen la cobertura de afiliados, condiciones de calidad, la tutela de los derechos de los usuarios, la asignación de recursos o reposición de fondos para la atención a los beneficiarios del Sistema, y los criterios de evaluación y seguimiento de sus actividades.

Artículo 22. La Secretaría, a fin de hacer efectivo el derecho establecido en el artículo 77 bis 1 de la Ley, promoverá que los Servicios Estatales de Salud celebren convenios para la utilización de la infraestructura médica con los establecimientos para la atención médica de otros Servicios Estatales de Salud o con otras instituciones del Sistema Nacional de Salud, que estén debidamente acreditados, conforme a las disposiciones jurídicas aplicables.

Artículo reformado DOF 17-12-2014

SECCIÓN SEGUNDA
DE LA ACREDITACIÓN DE CAPACIDAD, SEGURIDAD Y CALIDAD

Artículo 23. Para brindar certidumbre respecto a la calidad, que incluye capacidad y seguridad, en la prestación de los servicios del Sistema, los establecimientos prestadores de servicios de atención médica requerirán de la acreditación correspondiente en los términos de los artículos 77 Bis 9 de la Ley y 25 de este Reglamento. Lo anterior, sin menoscabo del cumplimiento de otras disposiciones jurídicas y reglamentarias aplicables en la materia.

Artículo reformado DOF 08-06-2011

Artículo 24. Los prestadores de servicios esenciales y de los servicios cubiertos por el Fondo de Protección contra Gastos Catastróficos deberán sujetarse a los requerimientos definidos por la Secretaría en los términos de la Ley, de este Reglamento y del Manual de Acreditación, sin menoscabo del cumplimiento de otras disposiciones jurídicas y reglamentarias aplicables en la materia.

Artículo reformado DOF 08-06-2011

Artículo 25. La acreditación se documentará mediante el dictamen correspondiente, el cual será favorable si cumple con la calidad a que se refiere el artículo 23 del presente Reglamento y constituirá un requisito previo para que los prestadores de servicios de atención médica sean incorporados al Sistema.

Artículo reformado DOF 08-06-2011

Artículo 26. La acreditación es el resultado de un procedimiento de evaluación inicial de las condiciones bajo las cuales se ejerce la práctica médica con la cual los establecimientos prestadores de servicios de atención médica otorgan los servicios cubiertos por el Sistema. La Secretaría emitirá el Manual para la Acreditación para la aplicación del proceso de evaluación correspondiente.

Artículo reformado DOF 08-06-2011

Artículo 27. Para que un establecimiento de atención a la salud sea incorporado como prestador del Sistema, deberá contar con el dictamen de acreditación que emita la Secretaría, como consecuencia de la aplicación del proceso de evaluación que se establezca en el manual a que se refiere el artículo anterior.

Artículo 28. La Comisión establecerá prioridades para la acreditación de prestadores de servicios de atención médica del Sistema y tendrá la capacidad de verificar el alcance de dicha acreditación.

El Manual para la Acreditación a que se refiere el artículo 26 contendrá los lineamientos para la acreditación de los establecimientos prestadores de servicios de atención médica en los que se especificará, adicionalmente a lo estipulado en el artículo 77 Bis 9 de la Ley, al menos lo relacionado con lo siguiente:

I. Procedimiento para la obtención del dictamen de acreditación de los establecimientos prestadores de servicios de atención médica que atienden servicios esenciales y los cubiertos por el Fondo de Protección contra Gastos Catastróficos;

II. Requisitos de mejora continua que habrán de cumplir las unidades para renovar la acreditación durante el procedimiento de reacreditación;

III. Procedimiento en caso de dictamen no favorable, así como el contenido mínimo del Plan de Contingencia;

IV. Procedimiento de supervisión y suspensión de la acreditación;

V. Los criterios mayores y las características de las cédulas de evaluación que aplicarán en el procedimiento de acreditación de los establecimientos prestadores de servicios de atención médica.

Para efectos de lo dispuesto en esta fracción, los criterios mayores estarán basados en requisitos esenciales que al incumplirse podrán impedir el seguimiento de la evaluación respectiva, y

VI. El perfil técnico que tendrá el personal para realizar el proceso de acreditación y supervisión.

Artículo reformado DOF 08-06-2011

Artículo 29. En caso de que el resultado de la evaluación genere un dictamen no favorable o condicionado, el establecimiento para la atención médica será informado acerca de los criterios no cumplidos a efecto de que éstos sean resueltos por la instancia correspondiente y pueda solicitar una nueva evaluación en el momento en que pueda cumplir las condiciones de capacidad, seguridad y calidad establecidas como mínimas, con la condición de elaborar y aplicar un plan de contingencia avalado por el titular de los Servicios Estatales de Salud.

Artículo 29 Bis. Cuando un establecimiento prestador de servicios de atención médica puso en riesgo la seguridad de los beneficiarios del Sistema o trabajadores de salud, o haya incumplido los requerimientos de la acreditación, la Secretaría lo hará del conocimiento del prestador de servicios, para que en el término de veinte días hábiles presente lo que a su derecho convenga.

Si derivado de las actuaciones a que se refiere el párrafo anterior, se demuestra el incumplimiento de los requerimientos de la acreditación, la Secretaría suspenderá la acreditación al establecimiento prestador de servicios de atención médica, comunicándolo a la Comisión.

Los establecimientos médicos tendrán un plazo de seis meses para solventar los incumplimientos por los cuales se suspenda la acreditación a que se refiere este artículo.

Artículo adicionado DOF 08-06-2011

Artículo 30. De conformidad con el artículo 77 Bis 38 de la Ley, los beneficiarios deberán cuidar de su salud, por lo cual al incorporarse al Sistema recibirán la Cartilla Nacional de Salud que les corresponda, de acuerdo con su edad y sexo, en caso contrario podrán exigirla, misma que deberán presentar en toda atención de salud que soliciten.

La falta de presentación de la Cartilla Nacional de Salud no podrá ser motivo para negar la atención médica.

Artículo reformado DOF 08-06-2011

SECCIÓN TERCERA
DEL PLAN MAESTRO DE INFRAESTRUCTURA

Artículo 31. El Plan Maestro de Infraestructura es el instrumento rector al que se sujetarán los Servicios Estatales de Salud y los Regímenes Estatales, en los términos de los artículos 77 Bis 10 y 77 Bis 30 de la Ley, con el fin de racionalizar la inversión pública en infraestructura y garantizar la operación sustentable, así como definir las características de los centros regionales de alta especialidad.

Artículo reformado DOF 17-12-2014

Artículo 32. Es responsabilidad de la Secretaría, en colaboración con las Instancias Rectoras Locales, los Servicios Estatales de Salud y los Regímenes Estatales, la elaboración del Plan Maestro de Infraestructura que será aprobado por el Secretario de Salud y en el cual se deberá contemplar un diagnóstico de la infraestructura en salud existente, con base en la información que proporcionen para tal efecto las entidades federativas.

Artículo reformado DOF 17-12-2014

Artículo 33. En la elaboración del Plan Maestro de Infraestructura, deberán considerarse, al menos, las necesidades de salud de la población, las características socioculturales, demográficas, epidemiológicas, información sobre accesibilidad y utilización de servicios, así como los criterios que para el Modelo Integrado de Atención a la Salud defina la Secretaría.

Artículo 34. El Plan Maestro de Infraestructura deberá considerar un panorama de diez años y las posibles fuentes de financiamiento. En su contenido se deberá especificar lo relativo a las acciones de obra, adquisición de equipamiento y de telemedicina para los establecimientos de atención médica públicos que se encuentren incorporados al Sistema.

Los establecimientos para la atención médica a que hace referencia el presente artículo que no se encuentren en el Plan Maestro de Infraestructura no podrán participar como prestadores de servicios del Sistema y por ende, no podrán recibir financiamiento del mismo.

Párrafo reformado DOF 17-12-2014

Artículo 35. El acceso a los recursos para infraestructura de la previsión presupuestal descrita en el artículo 77 Bis 18 de la Ley y en los artículos 111 y 112 del presente Reglamento requerirá obligatoriamente el cumplimiento de las disposiciones establecidas para el Plan Maestro de Infraestructura, de conformidad con el presente Capítulo.

Artículo 36. Cada entidad federativa deberá suministrar a la Secretaría en el tiempo y forma que ésta determine, a través del Sistema Nacional de Información para la Salud, la información necesaria para mantener en vigor el Plan Maestro de Infraestructura y para la realización de ajustes y conciliaciones con respecto a posibles diferencias en la información.

Artículo 37. La planeación e inclusión de nuevos establecimientos o servicios para la atención médica, el equipamiento médico y de telemedicina, en el Plan Maestro de Infraestructura a que se refiere esta Sección deberá sustentarse en el certificado de necesidad que expida la Secretaría, en los términos que establezca este Reglamento y la propia Secretaría, mediante disposiciones de carácter general, conforme a los siguientes parámetros:

Párrafo reformado DOF 17-12-2014

I. Proyecciones demográficas y epidemiológicas de la población;

II. Comparación de los proyectos alternativos existentes;

Fracción reformada DOF 17-12-2014

III. Relación de la oferta y demanda existente;

Fracción reformada DOF 17-12-2014

IV. DEROGADA

Fracción derogada DOF 17-12-2014

V. Comparación de las tendencias de utilización u ocupación de los otros prestadores de servicios en el área;

VI. Disponibilidad de recursos financieros;

VII. El flujo de liquidez proyectado que debe asegurar la viabilidad financiera;

VIII. Aspectos ambientales y culturales relacionados con el proceso de atención médica, y

Fracción reformada DOF 17-12-2014

IX. Características arquitectónicas y de operatividad relacionadas con las costumbres, el clima y las condiciones geográficas.

Artículo 37 Bis. El certificado de necesidad a que se refiere el artículo anterior deberá comprender lo siguiente:

I. Infraestructura física: obras nuevas, así como la sustitución, ampliación y fortalecimiento de las obras existentes;

II. Equipamiento: incorporación de equipo médico e instrumental médico vinculados de manera integral, con la operación del establecimiento público para la atención médica, y

III. Telemedicina: es el uso de las tecnologías de la información y las comunicaciones para proporcionar y apoyar los servicios de atención a la salud, cuando la distancia separa a los participantes.

Artículo adicionado DOF 17-12-2014

Artículo 38. En la aprobación para la construcción de nuevos establecimientos para la atención médica dentro del Sistema, se dará prioridad a aquellas regiones en donde los indicadores de recursos físicos y humanos se encuentren por debajo de lo que se estima necesario dadas las necesidades de salud de la población.

Las características técnicas del equipamiento y de telemedicina de los establecimientos para la atención médica participantes en el Sistema, se sujetarán a los Lineamientos que para el efecto emita la Secretaría, en apego al Cuadro Básico y Catálogo de Instrumental y Equipo Médico elaborado por el Consejo de Salubridad General, procurando la adquisición y utilización de equipos con garantía de mantenimiento preventivo y correctivo en el nivel local.

Párrafo reformado DOF 17-12-2014

Artículo 38 Bis. Los recursos del fideicomiso del Sistema podrán destinarse a los conceptos y nuevas tecnologías que sean necesarias para desarrollar la infraestructura de establecimientos de atención médica y que se encuentran vinculadas de manera integral para su operación, entre otros, el equipo de educación para la salud, mobiliario administrativo, equipo informático y la incorporación de tecnologías de la información y comunicaciones, que sean definidos en las reglas de operación de dicho fideicomiso. Podrá financiarse mobiliario administrativo únicamente cuando forme parte de proyectos o programas integrales de infraestructura en salud.

Artículo adicionado DOF 17-12-2014

Artículo 39. La Secretaría dispondrá lo necesario para que el Plan Maestro de Infraestructura sea congruente con el plan estratégico de desarrollo del Sistema y el programa de expansión de la cobertura en el ámbito de cada entidad federativa y región del Sistema.

Artículo 39 Bis. La Federación, por conducto de la Secretaría, podrá acordar con las entidades federativas el que ésta lleve a cabo acciones de infraestructura física, adquisición de equipamiento, de telemedicina y otros conceptos a que se refiere el artículo 38 Bis de este Reglamento, con cargo a la cuota social y aportación solidaria federal que les correspondan a dichas entidades federativas, considerándose los avances y la entrega de la obra como transferencia de recursos en especie, en los términos establecidos en el artículo 77 Bis 15, segundo párrafo, fracción III de la Ley o, de aquellos recursos a que hacen referencia los artículos 77 Bis 18 y 77 Bis 30 de la Ley, cuando estas últimas así se lo soliciten.

Para efectos de lo dispuesto en el párrafo anterior, la Secretaría se sujetará a lo estipulado en los acuerdos de coordinación que para tal fin se celebren, así como a las disposiciones jurídicas que rijan las materias de adquisiciones gubernamentales y obra pública federales, sin perjuicio de cumplir con los demás requisitos de carácter local que resulten aplicables.

Artículo adicionado DOF 17-12-2014

TÍTULO TERCERO
DE LA INCORPORACIÓN DE BENEFICIARIOS

CAPÍTULO I
GENERALIDADES

Artículo 40. Para la incorporación de beneficiarios al Sistema se requerirá de una solicitud que realice por sí el interesado, una colectividad o bien, alguna institución gubernamental, previo cumplimiento de lo dispuesto en los artículos 77 Bis 7 y 77 Bis 8 de la Ley.

Al ser incorporados al Sistema, los beneficiarios tendrán los derechos que derivan del Título Tercero Bis de la Ley, y deberán cumplir con las obligaciones y demás disposiciones establecidas en el presente Título.

CAPÍTULO II
DE LOS REQUISITOS Y EL PROCESO DE INCORPORACIÓN

Artículo 41. Con la incorporación al Sistema, los beneficiarios recibirán la credencial a que se refiere la fracción II del artículo 77 Bis 38 de la Ley, entendiéndose por ésta cualquier documento y/o mecanismo que los acredite como beneficiarios del Sistema, expedido por los Regímenes Estatales bajo los lineamientos que para tal efecto emita la Comisión.

El documento y/o mecanismo a que se refiere el párrafo anterior, servirá para identificar al beneficiario como afiliado al Sistema y para comprobar su vigencia de derechos y le permitirá el acceso pleno a todos los servicios cubiertos por el Sistema.

Como parte de la incorporación al Sistema, previa asignación a un centro de salud, así como un médico, cada uno de los beneficiarios podrá requerir y obtener en su oportunidad, la Cartilla Nacional de Salud a que se refiere el artículo 30 de este Reglamento.

Artículo reformado DOF 08-06-2011

Artículo 42. La acreditación de los requisitos que se establecen en el artículo 77 Bis 7 de la Ley para los efectos de la incorporación de familias al Sistema buscará otorgar la mayor flexibilidad al solicitante, privilegiando la simple manifestación de los interesados, presumiéndose la buena fe.

En particular, de manera no limitativa, quienes pretendan incorporarse al Sistema, podrán acreditar el cumplimiento de dichos requisitos en los términos siguientes:

I. La residencia podrá demostrarse mediante la presentación de por lo menos un comprobante de domicilio;

II. La no derechohabiencia a instituciones de seguridad social se acreditará con la mera manifestación del solicitante;

III. En caso de que los solicitantes no cuenten con la Clave Única de Registro de Población, se solicitará el acta de nacimiento como documento temporal y con el propósito de que los Regímenes Estatales apoyen la gestión ante las autoridades correspondientes para que otorguen las facilidades necesarias para su obtención;

IV. Si tampoco se cuenta con acta de nacimiento, se podrá proceder conforme a los acuerdos que los gobiernos estatales establezcan con las autoridades del Registro Civil o del Sistema Nacional para el Desarrollo Integral para la Familia para resolver esta situación, aceptándose la credencial de elector o carta de autoridad local como medio de identificación, en tanto se logra un registro oficial;

V. En lo relativo a cubrir las cuotas familiares correspondientes, se deberá proporcionar la información necesaria para la aplicación del instrumento de evaluación socioeconómica a que se refiere el artículo 125 de este Reglamento, y

VI. Para acreditar el pago de las cuotas familiares, en su caso, deberá exhibirse el recibo oficial correspondiente.

La carencia temporal de la documentación asociada a las fracciones I y III del artículo 77 Bis 7 de la Ley, no será impedimento para la incorporación de una familia o persona al Sistema.

En el caso en que los interesados en incorporarse al Sistema, no aporten la documentación comprobatoria del cumplimiento de los requisitos a que se refiere la Ley, los Regímenes Estatales, de manera provisional, podrán registrarlos hasta por un periodo de noventa días naturales; transcurrido dicho plazo sin que exista comprobación del cumplimiento de los requisitos correspondientes, se tendrá por no presentada la solicitud de incorporación.

Artículo 43. Los Regímenes Estatales serán responsables de verificar la información proporcionada por los solicitantes de la incorporación al Sistema.

CAPÍTULO III
DE LA VIGENCIA DE DERECHOS

Artículo 44. El inicio de vigencia de derechos del Sistema para los beneficiarios comenzará el mismo día de su incorporación, contemplando treinta y seis meses calendario de vigencia.

Párrafo reformado DOF 17-12-2014

La vigencia de derechos podrá ser constatada en las unidades prestadoras de servicios mediante el documento o mecanismo a que se refiere el artículo 41 de este Reglamento o por los instrumentos que determine la Comisión como válidos para tales efectos y que formen parte del proceso de incorporación al Sistema.

Artículo reformado DOF 13-11-2008, 08-06-2011

Artículo 45. Al término de la vigencia de la afiliación, la familia tendrá sesenta días naturales para renovar su incorporación al Sistema. En caso contrario, la suspensión temporal que sobrevenga terminará en el momento en que se regularice la situación de pago por parte de la familia afiliada.

La falta de pago de la cuota familiar durante el periodo de vigencia anual ocasionada por el fallecimiento del jefe de familia durante el mismo periodo, no podrá ser causa para la suspensión de beneficios para los miembros restantes de la misma durante el tiempo restante de la vigencia de derechos. Concluida la vigencia, se requerirá que la familia realice una nueva incorporación en los términos del párrafo anterior.

Artículo 46. La Comisión determinará la procedencia y aplicación de los supuestos de cancelación de los beneficios del Sistema a que se refiere el artículo 77 Bis 40 de la Ley.

Para efectos de lo establecido en la fracción III del artículo 77 Bis 40 de la Ley, respecto de la derechohabiencia de la seguridad social, se hará uso del dictamen de cotejo de padrones a que se refiere el artículo 52 de este Reglamento.

Párrafo reformado DOF 08-06-2011

Artículo 47. Los beneficiarios del Sistema cuyos derechos hayan sido suspendidos y una vez que haya concluido el plazo de conformidad con el artículo 77 Bis 41 de la Ley, continuarán con la posibilidad de acceder a los servicios de salud disponibles en los términos y condiciones que establece la propia Ley.

Las personas a que se refiere el párrafo anterior podrán solicitar nuevamente su incorporación al Sistema dentro de los calendarios que anualmente fije la Comisión y siempre y cuando las causales por las cuales se determinó la suspensión temporal de los derechos para ser beneficiarios del Sistema hayan desaparecido.

Artículo 48. Cuando los Regímenes Estatales tengan conocimiento de que una familia o persona se ubique en alguno de los supuestos de suspensión o cancelación a que se refieren los artículos 77 Bis 39 y 77 Bis 40 de la Ley, deberán informarlo por escrito a la Comisión.

La Comisión, con base en los principios que establecen los artículos 77 Bis 39, 77 Bis 40 y el Título Décimo Octavo de la Ley, así como en lo previsto en la Ley Federal de Procedimiento Administrativo, procederá a la suspensión o cancelación de beneficios.

Artículo reformado DOF 08-06-2011

CAPÍTULO IV
DEL PADRÓN DE BENEFICIARIOS

Artículo 49. El Padrón estará integrado con la información contenida en los padrones de los Regímenes Estatales que componen el Sistema, validados e integrados de acuerdo con los lineamientos emitidos al efecto por la Comisión y de conformidad con lo establecido en el artículo 77 Bis 5 inciso A, fracción X de la Ley.

Artículo 50. El Padrón será de tipo nominal y deberá contener, al menos, los siguientes elementos: nombre, apellido paterno, apellido materno, fecha de nacimiento, sexo, Clave Única del Registro de Población, domicilio actual, incluyendo localidad, municipio y entidad, posición en el hogar, clave única de identificación por familia asignada por la Comisión, vigencia de derechos, nivel de cuota familiar y el establecimiento para la atención médica de adscripción.

Artículo 51. El Padrón estará sujeto a lo previsto en los artículos 18, 20 y 21 de la Ley Federal de Transparencia y Acceso a la Información Pública Gubernamental y el artículo 38 de la Ley del Sistema Nacional de Información Estadística y Geográfica, para lo cual la Comisión establecerá los mecanismos para su conformación, actualización y consulta.

Artículo reformado DOF 17-12-2014

Artículo 52. Para asegurar el cumplimiento de lo dispuesto en los artículos 77 Bis 3, 77 Bis 5, apartado A, fracción XI y 77 Bis 7, fracción II de la Ley, la Comisión solicitará anualmente al Consejo de Salubridad General, conforme lo acuerden, la realización del cotejo del Padrón contra los padrones de las instituciones de seguridad social y esquemas públicos y sociales de atención médica.

El Consejo de Salubridad General turnará el dictamen de cotejo a la Comisión para que ésta proceda a la cancelación de los beneficios del Sistema de las familias que se encuentren registradas en alguno de los padrones de las instituciones de seguridad social y otros esquemas públicos y sociales de atención médica.

Artículo 53. La Comisión tendrá la facultad de ordenar las evaluaciones que considere pertinentes a los padrones de beneficiarios de los Regímenes Estatales para verificar el cumplimiento de lo dispuesto en la Ley, en este Reglamento y en los lineamientos aplicables en la materia.

CAPÍTULO V
DE LA TUTELA DE LOS DERECHOS DE LOS BENEFICIARIOS

Artículo 54. Los Regímenes Estatales divulgarán entre los afiliados al Sistema sus derechos y obligaciones. Para facilitar la aplicación efectiva de los derechos, los Regímenes Estatales impulsarán la creación de unidades de atención al beneficiario encargadas de la tutela de sus derechos y el cumplimiento de sus obligaciones.

Artículo 55. Los establecimientos para la atención médica del Sistema, los Regímenes Estatales y, en su caso, la Comisión, responderán, canalizarán y darán seguimiento a las preguntas, quejas y sugerencias que los beneficiarios presenten en relación con la prestación de servicios y los derechos a que se refiere el artículo 77 Bis 37 de la Ley.

Artículo 56. Las preguntas, quejas y sugerencias, presentadas por cualquier medio, serán analizadas en primera instancia por los establecimientos para la atención médica, atendiendo a los principios de celeridad en la respuesta a todas las solicitudes, adoptando la forma escrita cuando así se formulen. Los Regímenes Estatales validarán periódicamente la calidad de las respuestas y el impacto de éstas en la mejora de la calidad de los servicios de atención a la salud.

Cada instancia deberá establecer mecanismos para determinar la procedencia o improcedencia de las preguntas, quejas y sugerencias presentadas por los beneficiarios, y cuyos plazos de respuesta no deberán exceder tres meses.

Artículo 57. Conforme a los criterios generales que al respecto determine la Comisión, los Regímenes Estatales evaluarán periódicamente la opinión de los beneficiarios, con mención expresa a la aplicación de los derechos a que se refiere el artículo 77 Bis 37 de la Ley. La información sobre la satisfacción de los afiliados deberá informarse a la Comisión, de conformidad con los lineamientos que para el efecto se establezcan.

Artículo 58. La Secretaría, a través de la Comisión, contará con un centro de atención telefónica que proporcione orientación a los beneficiarios para facilitar el acceso a los servicios de salud y recibir las preguntas, quejas y sugerencias que presenten tanto de la prestación médica como administrativa, en el ejercicio de sus derechos.

El centro de atención telefónica estará orientado principalmente para recibir las quejas que deriven del incumplimiento sobre los derechos de los beneficiarios, así como cualquier incumplimiento del proceso administrativo de afiliación; de igual manera, servirá para retroalimentar a los Regímenes Estatales para generar acciones correctivas y preventivas que se requieran para la adecuada marcha del Sistema.

Artículo 59. El centro de atención telefónica a que se refiere el artículo anterior, recibirá, canalizará y dará seguimiento a las preguntas, quejas y sugerencias que presenten los beneficiarios, para lo cual los Regímenes Estatales establecerán mecanismos para la recepción de las mismas, además de proporcionar la información necesaria para su atención oportuna y eficaz.

Párrafo reformado DOF 17-12-2014

Por su parte, la Secretaría canalizará y dará seguimiento a las preguntas, quejas y sugerencias que reciba en su propio centro de atención telefónica sobre la calidad de los servicios que otorgue el Sistema e informará de manera periódica, por conducto de la Comisión, a los integrantes del Sistema sobre las preguntas, quejas y sugerencias que sobre la calidad de los servicios de salud presenten los beneficiarios, con el propósito de que sean atendidas de manera efectiva y oportuna.

Además de la atención telefónica, los beneficiarios tendrán en todo momento la posibilidad de presentar sus preguntas, quejas y sugerencias en forma escrita o de manera directa en los establecimientos para la atención médica o las unidades administrativas del Sistema, debiendo otorgárseles un trato adecuado y una atención oportuna a sus requerimientos, para lo cual los Servicios Estatales de Salud establecerán los mecanismos necesarios para su recepción, seguimiento y pronta respuesta.

Artículo 60. Los integrantes del Sistema que conozcan de una pregunta, queja y sugerencia, establecerán mecanismos que permitan informar a los beneficiarios sobre la atención que reciban sobre éstas, sin discriminar el medio por el cual sean recibidas.

Artículo 61. Los Servicios Estatales de Salud difundirán entre los establecimientos para la atención médica y las unidades administrativas la información necesaria para que los beneficiarios puedan presentar sus quejas en forma sencilla y ágil, ya sea a través del centro de atención telefónica del Sistema, el propio de la Secretaría o las que sean presentadas en forma escrita o de manera directa.

Artículo 62. Para la adecuada atención a las preguntas, quejas y sugerencias que presenten los beneficiarios sobre los servicios de salud del Sistema, la Secretaría promoverá mecanismos de coordinación que faciliten su oportuna atención.

Artículo 63. Progresivamente, los Regímenes Estatales impulsarán en la red de establecimientos para la atención médica del Sistema, la integración de organizaciones de beneficiarios que se constituirán como avales ciudadanos de los resultados de calidad en lo referente al trato digno que debe proporcionarse en los centros de atención del área geográfica correspondiente. Asimismo, facilitarán las condiciones para que otras modalidades de participación ciudadana coadyuven a una adecuada prestación de los servicios.

CAPÍTULO VI
DE LOS SISTEMAS DE INFORMACIÓN

Artículo 64. Corresponde a la Secretaría realizar la evaluación integral del Sistema, para lo cual desarrollará un subsistema de información especializado, del Sistema Nacional de Información en Salud, que se integre con la información de la operación de los Regímenes Estatales, así como del ejercicio de los recursos transferidos en los términos de los artículos 75 a 140 del presente Reglamento.

Artículo 65. La información de los Regímenes Estatales se nutrirá directamente de los Sistemas de Información en Salud de las respectivas entidades federativas. Para tal efecto, los establecimientos para la atención médica del Sistema, a través de los Servicios Estatales de Salud, deberán reportar a la Secretaría, en el tiempo y forma que ésta determine, la información correspondiente.

Artículo 66. La Secretaría estará a cargo del desarrollo, supervisión y establecimiento de las bases de operación de los diferentes subsistemas de información que cubrirán los requerimientos del Sistema en dicha materia.

Artículo 67. A efecto de mantener la homogeneidad en los criterios utilizados para la construcción de indicadores de operación asociados a los beneficiarios del Sistema, la fuente primaria de información será la contenida en el Padrón y aquella contenida en el expediente clínico por beneficiario que para el efecto se integre y sólo en el caso de que el requerimiento lo amerite, se utilizarán fuentes alternativas de información.

El expediente clínico por beneficiario será integrado en los términos que determine la normatividad vigente aplicable.

Artículo 68. La Secretaría establecerá los criterios que sean necesarios para la definición de requisitos de información que deberán cumplir los establecimientos para la atención médica del Sistema.

Artículo 69. El Sistema Nacional de Información en Salud proveerá de manera oportuna la información relacionada con el uso de los servicios de consulta externa, de servicios de urgencias y de hospitalización para las especialidades básicas de medicina interna, cirugía general, gineco-obstetricia, pediatría y geriatría. Así mismo, se incluirá información sobre medicamentos e intervenciones cubiertas por el Fondo de Protección contra Gastos Catastróficos y los servicios complementarios a que se refiere el artículo 10 de este Reglamento.

Artículo 70. La terminología a emplear, las clasificaciones de enfermedades, procedimientos médicos y definiciones utilizadas en el Sistema Nacional de Información en Salud se regirán por lo establecido en las normas oficiales mexicanas que para el efecto se hayan emitido.

CAPÍTULO VII
DE LA EVALUACIÓN INTEGRAL DEL SISTEMA

Artículo 71. Corresponde a la Secretaría llevar a cabo los procedimientos de evaluación necesarios para la adecuada prestación de los servicios a que se refiere este Reglamento.

Artículo 72. Se entenderá por evaluación del Sistema al estudio con bases científicas, diseñado específicamente para medir y explicar en qué medida y con qué eficiencia se están alcanzando los objetivos y metas definidas en la operación del Sistema. Los resultados de la evaluación permitirán adecuar las estrategias de operación y la definición de las políticas relacionadas con el Sistema, debiendo contribuir con información para los procesos de transparencia y rendición de cuentas, debiendo la Comisión publicar, a través de los medios de comunicación electrónicos, los resultados obtenidos en la evaluación una vez que se cuenten con ellos.

Artículo reformado DOF 08-06-2011

Artículo 73. La evaluación del Sistema estará a cargo de la Secretaría y se caracterizará por ser:

I. Normativa, ya que establecerá métodos, criterios, procesos y acciones de evaluación homogéneos a nivel nacional;

II. Dinámica, ya que se adecuará a los cambios que la misma operación del Sistema requiera, y

III. Participativa, al involucrar a las autoridades de salud de los distintos órdenes de gobierno, a los prestadores de servicios en el nivel aplicativo y a la población en su conjunto.

Artículo 74. En la evaluación del Sistema deberán distinguirse las actividades de supervisión y seguimiento del mismo, dado que éstas tendrán por objetivo corregir o adecuar en el momento en que se verifican, las desviaciones de las acciones previamente planteadas. Estas actividades de supervisión y seguimiento quedarán bajo la responsabilidad de la Secretaría, a través de la Comisión, y los gobiernos de las entidades federativas, a través de los Regímenes Estatales, en los ámbitos federal y estatal, respectivamente.

Para efectos de transparencia, la Comisión publicará el desempeño anual de los Regímenes Estatales de acuerdo con las evaluaciones y metas del Sistema.

Párrafo adicionado DOF 08-06-2011

La Secretaría incluirá en el modelo a que se refiere el artículo 77 bis 6 de la Ley, los criterios generales que deben adoptar los Regímenes Estatales en materia de supervisión.

Párrafo adicionado DOF 17-12-2014

Artículo 75. El modelo de evaluación propio del Sistema contará con tres componentes:

I. Financiero, que comprenderá el monitoreo de las aportaciones destinadas al Sistema procedentes tanto del Gobierno Federal como de las entidades federativas y de las familias, el seguimiento de la administración del Fondo de Protección contra Gastos Catastróficos y la previsión presupuestal, así como la evaluación financiera y actuarial anual del Sistema, la cual deberá ser avalada mediante una auditoría externa y cuyo gasto asociado deberá sujetarse al límite que para tales efectos establezca la Secretaría de conformidad con la normatividad aplicable;

II. Gerencial, que tomará en consideración la identificación de las condiciones socioeconómicas de la población objetivo, la definición y el manejo de los recursos, los procesos de credencialización, la eliminación de barreras financieras y organizacionales para el acceso a los servicios, el abasto y el acceso a los medicamentos asociados a los servicios de salud a la persona, así como el trato que reciben los beneficiarios del Sistema en los establecimientos para la atención médica del Sistema.

Para efectos de lo dispuesto en esta fracción, se podrá contar con una estimación de riesgos, que considerará factores tales como ciclo económico; fenómenos de migración; evolución del costo de los tratamientos y medicamentos; los costos laborales, y en general cualquier otro factor que afecte la capacidad de los aportantes para cumplir con los objetivos del Sistema, y

Fracción reformada DOF 08-06-2011

III. De impacto en las condiciones de salud y seguridad financiera de las familias beneficiarias, que comprenderá la medición de los cambios en sus condiciones de salud, que deben esperarse una vez desplegadas las intervenciones que provea el Sistema, y los cambios relacionados con la protección contra gastos catastróficos por motivos de salud entre las familias beneficiarias.

Los Regímenes Estatales deberán entregar la información que les corresponda.

Párrafo adicionado DOF 08-06-2011

TÍTULO CUARTO
DEL FINANCIAMIENTO DEL SISTEMA

CAPÍTULO I
DE LAS APORTACIONES DE LOS GOBIERNOS FEDERAL Y DE LAS ENTIDADES FEDERATIVAS

SECCIÓN PRIMERA
GENERALIDADES

Artículo 76. Para efectos de este capítulo, se definen como aportaciones aquellas realizadas por el Gobierno Federal y los gobiernos de las entidades federativas a favor del Sistema a que hacen referencia los artículos 77 Bis 12, 77 Bis 13 y 77 Bis 20 de la Ley.

Artículo 77. Las erogaciones del Gobierno Federal relacionadas con el Sistema deberán estar específicamente identificadas en el Presupuesto de Egresos del ejercicio fiscal que corresponda.

Los porcentajes de los recursos del Sistema que serán transferidos a las entidades federativas por conceptos de cuota social y aportación solidaria bajo las modalidades establecidas en el artículo 77 Bis 15 de la Ley, se establecerán en los lineamientos que al efecto emitan la Secretaría y la Secretaría de Hacienda y Crédito Público en términos de dicho artículo.

La programación, presupuestación, ejercicio, control, supervisión y fiscalización de los recursos federales vinculados con el Sistema estará sujeta a lo establecido en los artículos 77 bis 5, inciso B) fracción VIII, 77 Bis 16, 77 Bis 31, incisos B) y C) y 77 Bis 32 de la Ley, en el presente Reglamento y a lo señalado en los diversos ordenamientos aplicables en la materia.

Artículo reformado DOF 17-12-2014

Artículo 78. Con objeto de determinar el monto anual correspondiente a la cuota social, la aportación solidaria federal y la aportación solidaria estatal, para financiar los servicios de salud a la persona cubiertos por el Sistema, el número de personas beneficiarias por entidad federativa se cuantificará anualmente por la Comisión a partir del Padrón vigente al término del año fiscal inmediato anterior, de la proyección de la población beneficiaria potencial, de la capacidad existente para la provisión de los servicios y de las metas de incorporación de personas al Sistema, con criterios de equidad en la distribución de la meta nacional, según se convenga con las entidades federativas en los anexos de los acuerdos de coordinación correspondientes y tomando en consideración la disponibilidad de recursos presupuestarios para el ejercicio fiscal correspondiente.

Artículo reformado DOF 08-06-2011

Artículo 79. Para efectos del artículo 78 de este Reglamento, la Secretaría proporcionará anualmente a la Comisión la información sobre las proyecciones de la población beneficiaria potencial por entidad federativa expresada en número de personas conforme a los criterios metodológicos correspondientes.

Artículo reformado DOF 08-06-2011

Artículo 80. Los recursos correspondientes a la cuota social y a la aportación solidaria federal se transferirán a las entidades federativas, de conformidad con el calendario presupuestario autorizado por la Secretaría de Hacienda y Crédito Público.

Para efectos del párrafo anterior, las entidades federativas y la Comisión establecerán una meta anual de afiliación distribuida mensualmente.

La Secretaría, a través de la Comisión, informará de manera inmediata al Régimen Estatal respecto de los recursos que hayan sido transferidos directamente a la entidad federativa correspondiente, por conducto de sus respectivas tesorerías, a fin de que dé seguimiento a dichos recursos.

En caso de que el Régimen Estatal no reciba de la tesorería estatal los recursos transferidos en numerario, ni sus rendimientos dentro del plazo que establece el inciso a) de la fracción III del inciso B) del artículo 77 bis 5 de la Ley, deberá hacerlo del conocimiento de la Secretaría.

Artículo reformado DOF 17-12-2014

Artículo 80 Bis. Los Servicios Estatales de Salud, por conducto del Régimen Estatal, entregarán a la Comisión, los recibos de los recursos entregados en especie en términos del artículo 77 Bis 15, segundo párrafo, fracción III de la Ley, en los cuales se detallarán la cantidad, importe, conceptos y demás información que determine la Comisión para tal efecto.

Artículo adicionado DOF 17-12-2014

Artículo 81. Para garantizar lo establecido en el artículo 77 Bis 15 de la Ley, el Gobierno Federal enviará al principio de cada trimestre los recursos por concepto de cuota social y mensualmente los recursos por concepto de aportación solidaria federal, correspondientes a la meta de afiliación convenida para ese periodo, de conformidad con lo establecido en el artículo 80 del presente Reglamento.

La Comisión realizará conciliaciones trimestrales, previo al envío de recursos subsecuentes, con cada entidad federativa para contrastar la congruencia del Padrón con los recursos enviados.

Párrafo reformado DOF 17-12-2014

Con base en los resultados de esta conciliación, la Comisión deberá efectuar ajustes en el monto de los recursos de cuota social y aportación solidaria federal a ser transferidos a la entidad federativa en el periodo subsecuente que corresponda.

La Secretaría, de conformidad con lo establecido por el tercer párrafo del artículo 77 Bis 12 de la Ley, deberá suspender, en el trimestre respectivo, la transferencia de los recursos federales correspondientes a la cuota social del Gobierno Federal, cuando las entidades federativas no hayan realizado las aportaciones solidarias a que se refiere la fracción I del artículo 77 Bis 13 de la Ley, durante el trimestre anterior.

Párrafo reformado DOF 17-12-2014

La Secretaría podrá suspender la transferencia a las entidades federativas de los recursos federales correspondientes a la aportación solidaria del Gobierno Federal, así como los correspondientes al Fondo de Protección contra Gastos Catastróficos y, en su caso, la previsión presupuestal, cuando las entidades federativas no entreguen la aportación solidaria a que se refiere la fracción I del artículo 77 Bis 13 de la Ley, o cuando dejen de informar en tiempo y forma sobre la administración y ejercicio de los recursos provenientes de las cuotas familiares.

Párrafo reformado DOF 17-12-2014

Artículo 82. Para efectos del artículo 77 bis 5, inciso B), fracción VIII de la Ley, la información que los Regímenes Estatales deben presentar a la Secretaría respecto al destino, manejo y comprobación del ejercicio de los recursos correspondientes se realizará en los términos previstos en los Lineamientos que al efecto emita la Comisión.

Con base en dicha información, la Secretaría informará al Congreso de la Unión y a la población en general, a través de su página electrónica, sobre el total del gasto federal y estatal en materia de protección social en salud.

A fin de mantener homogeneidad en la información a que se refiere este artículo, la Comisión establecerá en los Lineamientos antes señalados los criterios metodológicos que deberán seguir los Regímenes Estatales para la integración de dicha información.

La periodicidad de los informes será determinada por la Comisión, conforme a la obligación que ésta tiene de rendir cuentas en términos de las disposiciones aplicables.

Artículo reformado DOF 17-12-2014

SECCIÓN SEGUNDA
DE LAS APORTACIONES PARA LOS SERVICIOS DE SALUD A LA PERSONA

Artículo 83. El monto total de recursos federales correspondientes a la cuota social por persona beneficiaria a que hace referencia el artículo 77 Bis 12 de la Ley será determinado de forma anual conforme a lo establecido por dicho artículo y por el artículo 78 de este Reglamento.

Artículo reformado DOF 08-06-2011

Artículo 84. El monto correspondiente a la aportación solidaria estatal a que se refiere la fracción I del artículo 77 Bis 13 de la Ley, y mediante la cual se apoyará el financiamiento de los servicios de salud a la persona a que se refiere el artículo 7 de este Reglamento, se realizará por los gobiernos de las entidades federativas, con base en la legislación estatal correspondiente, debiendo guardar correspondencia con lo establecido en el artículo 77 de este ordenamiento. Lo anterior sin menoscabo de otras aportaciones que los gobiernos de las entidades federativas decidan efectuar como parte de su gasto en salud para el financiamiento de éstos u otros servicios de salud.

Artículo 85. La medición de la aportación solidaria estatal se llevará a cabo conforme a la metodología utilizada por la Secretaría para efectos del seguimiento del gasto en salud a través del Sistema Nacional de Información en Salud. Esta metodología será precisada en los criterios y lineamientos aplicables en la materia y deberá ser consistente con los sistemas internacionales de clasificación del gasto en salud, y garantizar la homologación conceptual y contable de las aportaciones en salud entre entidades federativas.

La Secretaría deberá publicar en el Diario Oficial de la Federación la metodología, los criterios y los lineamientos a que se hace referencia en el párrafo anterior.

Artículo 86. Los gobiernos de las entidades federativas promoverán la concordancia en los conceptos y calendarios de los presupuestos estatales con los federales para relacionar los compromisos de recursos con base en el número de personas beneficiarias y la calendarización presupuestal. Para tales efectos, los gobiernos de las entidades federativas enviarán a la Comisión información sobre el presupuesto estatal aprobado por el congreso estatal y la calendarización correspondiente.

Artículo reformado DOF 08-06-2011

Artículo 87. Para efectos de realizar la aportación solidaria por parte del Gobierno Federal mediante la distribución del Fondo de Aportaciones para los Servicios de Salud a la Persona a que hace referencia el artículo 77 Bis 13, fracción II, de la Ley, la fórmula a utilizar será la siguiente:

I. La Secretaría determinará anualmente el monto total de recursos federales disponibles para el Fondo, previa aprobación de la Secretaría de Hacienda y Crédito Público por lo que se refiere a la congruencia con los criterios generales de política económica y la disponibilidad de recursos para el ejercicio fiscal correspondiente, fijando como monto disponible la aportación solidaria federal promedio nacional por persona beneficiaria equivalente a una y media veces el monto de la cuota social, conforme lo establece la fracción II del artículo 77 Bis 13 de la Ley y con base en el artículo 78 de este Reglamento;

Fracción reformada DOF 08-06-2011

II. El monto total anual de recursos federales asociados al fondo será distribuido entre las entidades federativas conforme a cada uno de los componentes señalados en la siguiente ecuación:

$$ASF_t = FASP_t = FASP_t^P + FASP_t^N + FASP_t^E + FASP_t^D$$

En donde:

ASF_t = aportación solidaria federal total en el año a presupuestar t;

$FASP_t$ = Fondo de Aportaciones para los Servicios de Salud a la Persona en el año a presupuestar t;

$FASP_t^P = \alpha FASP_t$ = Componente de asignación por persona beneficiaria del Sistema en el año a presupuestar t;

$FASP_t^N = \beta FASP_t$ = Componente de asignación por necesidades de salud en el año a presupuestar t;

$FASP_t^E = \gamma FASP_t$ = Componente de asignación por esfuerzo estatal en el año a presupuestar t, y

$FASP_t^D = \varphi FASP_t$ = Componente de asignación por desempeño en el año a presupuestar t.

Ecuación de la fracción reformada DOF 08-06-2011

III. La aportación solidaria federal para cada entidad federativa se definirá como la suma de las asignaciones que le correspondan como resultado de la distribución entre las entidades federativas incorporadas al Sistema de cada uno de los componentes señalados en la fracción anterior;

IV. A partir del monto de recursos disponible para el componente de asignación por persona beneficiaria del Sistema en el año a presupuestar, la asignación correspondiente a cada entidad federativa será proporcional al número de personas beneficiarias en la entidad, conforme a la siguiente ecuación:

$$FASP_{i,t}^P = FASP_t^P \left[\frac{n_{i,t}}{\sum_{i=1}^{32} n_{i,t}} \right] \quad (2)$$

En donde:

$FASP_{i,t}^P$: Asignación por persona beneficiaria para la entidad *i* en el año a presupuestar *t*.

$FASP_t^P$: Componente de asignación por persona beneficiaria del Sistema en el año a presupuestar *t*.

$n_{i,t}$: Número de personas beneficiarias del Sistema en la entidad *i* estimadas para el año a presupuestar *t*.

$\sum_{i=1}^{32} n_{i,t}$: Total de **personas** beneficiarias del Sistema en las entidades federativas en el año a presupuestar *t*.

Fracción reformada DOF 08-06-2011

V. A partir del monto disponible para el componente de asignación por necesidades de salud en el año a presupuestar, la asignación correspondiente a cada entidad será proporcional a la población beneficiaria en la entidad ajustada por necesidades de salud, de conformidad con la siguiente ecuación:

$$FASP_{i,t}^{N} = FASP_{t}^{N}\left(\frac{N_{i,t}}{\sum_{i}^{n} N_{i,t}}\right) \quad (3)$$

En donde:

$FASP_{i,t}^{N}$ = asignación por necesidades de salud para la entidad i en el periodo a presupuestar t;

$N_{i,t}$ = población beneficiaria de la entidad i en el periodo a presupuestar t, ajustada por necesidades de salud;

$\sum_{i=1}^{n} N_{i,t}$ = total de población beneficiaria ajustada por necesidades de salud en las entidades federativas pertenecientes al Sistema, en el año a presupuestar t.

El ajuste por necesidades de salud de la población beneficiaria se efectuará con base en el conjunto de variables que se definan para medir las diferencias relativas entre entidades en las necesidades de salud de la población, identificando específicamente aquellas diferencias asociadas a la población infantil y a la población adulta. Lo anterior, conforme a la siguiente ecuación:

$$N_{i,t} = \theta m_{i,t}^{I} + (1-\theta) m_{i,t}^{A} \quad (4)$$

En donde:

Θ = proporción del ajuste por necesidades de salud vinculado a la población infantil, tal que $0 \leq \Theta \leq 1$;

$(1 - \Theta)$ = proporción del ajuste por necesidades de salud vinculado a la población adulta;

$m^{I}_{i,t}$ = población beneficiaria de la entidad i en el periodo a presupuestar t ajustada por el indicador de necesidades de salud asociadas a la población infantil;

$m^{A}_{i,t}$ = población beneficiaria de la entidad i en el periodo a presupuestar t ajustada por el indicador de necesidades de salud asociadas a la población adulta;

VI. A partir del monto disponible para el componente de asignación por esfuerzo estatal en el año a presupuestar, la entidad federativa recibirá una asignación proporcional a las aportaciones adicionales que ésta realice. Por aportación adicional se entenderá el monto de recursos erogados para el financiamiento, tanto de los servicios de salud a la persona para los beneficiarios, como de los servicios de salud a la comunidad, en adición a lo establecido en el artículo 77 Bis 13 fracción I de la Ley y hasta por un monto equivalente a dos veces la aportación solidaria estatal definida en la Ley. Lo anterior, conforme a la siguiente ecuación:

$$FASP_{i,t}^{E} = FASP_{t}^{E}\left[\frac{e_{i,t}}{\sum_{i=1}^{32} e_{i,t}}\right] \quad (5)$$

En donde:

$FASP_{i,t}^{E}$: Asignación por esfuerzo estatal para la entidad *i* en el año a presupuestar *t*.

$FASP_{t}^{E}$: Componente de asignación por esfuerzo estatal del Sistema en el año a presupuestar *t*.

$e_{i,t}$: Aportación adicional a considerar para la entidad i en el año a presupuestar t, tal que:

$$e_{i,t} = \min\left(e^{*}_{i,t-1}, 2E^{\min}_{1,t-1}\right) \text{ y}$$

$$e^{*}_{i,t-1} = \begin{cases} E_{i,t-1} - E^{\min}_{i,t-1}; E_{i,t-1} > E^{\min}_{i,t-1} \\ 0 \qquad ; \text{de otro modo} \end{cases}$$

$e^{*}_{i,t-1}$: Diferencia estrictamente positiva o 0 entre la aportación estatal observada y la de Ley por persona, para la entidad *i* en el año a presupuestar anterior, *t*-1.

$E_{i,t-1}$: Monto de recursos aportado, por persona, por la entidad i en el año fiscal inmediato anterior y que será considerado en el cálculo de la asignación en el año a presupuestar *t;* en este monto podrá considerarse el financiamiento tanto de los servicios de salud a la persona como de los servicios de salud a la comunidad;

$E^{\min}_{i,t-1}$: Monto total de la aportación solidaria estatal, por persona, definida conforme a la fracción I del artículo 77 Bis 13 de la Ley correspondiente a la entidad *i* en el año fiscal inmediato anterior y que será considerada en el cálculo de la asignación en el año a presupuestar *t;*

$\sum_{i=1}^{32} e_{i,t}$: Total de aportaciones adicionales de las entidades federativas pertenecientes al Sistema en el año a presupuestar *t;*

Fracción reformada DOF 08-06-2011

VII. A partir del monto disponible para el componente de asignación por desempeño en el año a presupuestar, la asignación correspondiente a cada entidad federativa será proporcional al desempeño de la entidad, conforme a la siguiente ecuación:

$$FASP_{i,t}^{D} = FASP_{t}^{D}\left(\frac{d_{i,t}}{\sum_{i}^{n} d_{i,t}}\right) \quad (6)$$

En donde:

$FASP_{i,t}^{D}$ = asignación por desempeño para la entidad i en el periodo a presupuestar t;

$d_{i,t}$ = desempeño de la entidad i observado en el año fiscal inmediato anterior y que será considerado para la asignación del periodo a presupuestar t;

$\sum_{i}^{n} d_{i,t}$ = total de desempeño de las entidades federativas pertenecientes al Sistema a considerar en la asignación del año a presupuestar t.

La variable de desempeño a utilizar será definida por la Secretaría tomando en cuenta el conjunto de variables necesario para medir de manera objetiva la cobertura efectiva de los servicios, considerando las dificultades intrínsecas, la disponibilidad de recursos y los logros asociados. Con base en la información disponible se deberá tomar en cuenta el grado de heterogeneidad en el desempeño observado al interior de la entidad;

VIII. La Secretaría, a través de la Comisión, determinará anualmente los parámetros a, b, g, f necesarios para definir la participación de cada uno de los componentes de asignación: por persona beneficiaria, por necesidades de salud, por esfuerzo estatal y por desempeño, respectivamente, como parte de la fórmula. Asimismo, definirá el valor del parámetro q para definir la participación de los componentes del ajuste de necesidades de salud en función de la población infantil y adulta, respectivamente, y

Fracción reformada DOF 08-06-2011, 17-12-2014

IX. La Secretaría dará a conocer anualmente, mediante publicación en el Diario Oficial de la Federación durante el primer semestre del año correspondiente y conforme a la aprobación del presupuesto federal, la información relativa al número de familias beneficiarias del Sistema desagregada por personas, la población no derechohabiente de la seguridad social ajustada por necesidades de salud, las aportaciones solidarias estatales y el desempeño por entidad federativa, el peso porcentual de cada uno de los componentes de la fórmula establecida en este artículo, así como la metodología bajo la cual se llevó a cabo el cálculo correspondiente para cada ejercicio presupuestal.

Fracción reformada DOF 08-06-2011

SECCIÓN TERCERA
DE LAS APORTACIONES PARA LOS SERVICIOS DE SALUD A LA COMUNIDAD

Artículo 88. Para efectos del establecimiento del Fondo de Aportaciones para los Servicios de Salud a la Comunidad a que se refiere el artículo 77 Bis 20 de la Ley, la Secretaría tomará en cuenta lo establecido en los artículos 4 y 5 del presente Reglamento.

Artículo 89. DEROGADO

Artículo derogado DOF 17-12-2014

Artículo 90. La programación y presupuestación de los recursos del Fondo de Aportaciones para los Servicios de Salud a la Comunidad al interior de las entidades federativas deberá considerar las prioridades establecidas en el Programa Sectorial de Salud en vigor, particularmente identificando los rezagos en salud y riesgos potenciales en salud. Estos recursos no podrán ser destinados a fines distintos a los establecidos para este Fondo.

Artículo 91. La determinación del monto anual de recursos para el Fondo de Aportaciones para los Servicios de Salud a la Comunidad se realizará conforme a lo siguiente:

I. El monto de recursos disponibles para el fondo será determinado por la Secretaría, previa aprobación de la Secretaría de Hacienda y Crédito Público por lo que se refiere a la congruencia con los criterios generales de política económica y la disponibilidad de recursos para el ejercicio fiscal respectivo, en correspondencia con los recursos necesarios para llevar a cabo las actividades definidas en el artículo 5 del presente Reglamento, y

Fracción reformada DOF 17-12-2014

II. El monto de recursos disponibles para el fondo se incrementará anualmente conforme a la disponibilidad de recursos para el ejercicio fiscal respectivo, previa aprobación en los términos de la fracción anterior y tomando en consideración el crecimiento esperado en la población nacional determinado por las proyecciones realizadas por la dependencia designada por el Poder Ejecutivo Federal como responsable de medir y estimar el crecimiento de la población.

Artículo 92. El monto total asignado para el Fondo de Aportaciones para los Servicios de Salud a la Comunidad durante el ejercicio fiscal t será igual al del año inmediato anterior más el incremento señalado en la fracción II del artículo 91 de este Reglamento, conforme a la siguiente ecuación:

$$FASC_t = FASC_{t-1} + FASC^{t-1} \qquad (1)$$

En donde:

$FASC_t$ = Fondo de Aportaciones para los Servicios de Salud a la Comunidad, determinado para el año a presupuestar t;

$FASC_{t-1}$ = Fondo de Aportaciones para los Servicios de Salud a la Comunidad, determinado para el año inmediato anterior a presupuestar, t-1;

$\Delta FASC_{t-1}$ = Incremento total en el monto de recursos autorizado para el Fondo de Aportaciones para los Servicios de Salud a la Comunidad según la fracción II del artículo 91 del presente Reglamento, adicional al monto total de recursos disponibles para el fondo en el año inmediato anterior.

Artículo 93. La distribución del Fondo de Aportaciones para los Servicios de Salud a la Comunidad entre las entidades federativas se determinará conforme al siguiente procedimiento:

I. Cada entidad federativa recibirá el monto que se le asignó como Fondo de Aportaciones para los Servicios de Salud a la Comunidad durante el ejercicio fiscal del año inmediato anterior, más la participación que le corresponde del incremento al que se refiere la fracción II del artículo 91 del presente Reglamento, con base en la participación de la población total de esa entidad federativa respecto a la población total de las entidades federativas incorporadas al Sistema, multiplicada por un factor de ajuste, conforme a la siguiente fórmula:

$$FASC_{i,t} = FASC_{i,t-1} + \left(\frac{n_{i,t}}{\sum_{i=1}^{n} n_{i,t}} \right) F_{i,t} * \Delta\ FASC_{t-1} \qquad (2)$$

En donde:

$FASC_{i,t}$ = Fondo de Aportaciones para los Servicios de Salud a la Comunidad que le corresponde a la entidad federativa i en el año a presupuestar t;

$FASC_{i,t-1}$ = Fondo de Aportaciones para los Servicios de Salud a la Comunidad asignado a la entidad federativa i en el año fiscal inmediato anterior, t-1;

$n_{i,t}$ = Población total de la entidad federativa i estimada para el año a presupuestar t;

$\sum_{i=1}^{n} n_{i,t}$ = Total de la población de las entidades federativas incorporadas al Sistema estimada para el año a presupuestar t;

$F_{i,t}$ = Factor de ajuste relativo correspondiente a la entidad federativa i en el año a presupuestar t, el cual se determina con base en un índice de riesgo sanitario estatal y un índice de eficiencia de los programas de salud pública;

$\Delta\ FASC_{t-1}$ = Incremento total en el monto de recursos autorizado para el Fondo de Aportaciones para los Servicios de Salud a la Comunidad según la fracción II del artículo 91 del presente Reglamento, adicional al monto total de recursos disponibles para el fondo en el año inmediato anterior.

II. La población total a considerar en la fórmula será aquella proyectada a mitad del año a presupuestar para cada entidad federativa, por la dependencia del Ejecutivo Federal competente responsable de medir y evaluar el crecimiento de la población;

III. La Secretaría definirá la metodología a utilizar para estimar el factor de ajuste relativo para la distribución del incremento autorizado en el Fondo de Aportaciones para los Servicios de Salud a la Comunidad entre las entidades federativas incorporadas al Sistema, y

Fracción reformada DOF 17-12-2014

IV. La Secretaría dará a conocer anualmente, conforme a la aprobación del presupuesto federal, la información utilizada así como la metodología bajo la cual se llevó a cabo el cálculo correspondiente para el ejercicio presupuestal.

Artículo 94. El financiamiento de las actividades y servicios considerados en el Fondo de Aportaciones para los Servicios de Salud a la Comunidad podrá ser complementado por otras erogaciones de las entidades federativas como parte de su gasto estatal en salud. Dichas erogaciones serán consideradas como parte del gasto estatal en salud de acuerdo a los lineamientos establecidos para tal efecto por la Secretaría, pero no podrán ser contabilizadas específicamente como parte de la aportación solidaria estatal a que se refiere el artículo 77 Bis 13 de la Ley.

CAPÍTULO II
DEL FONDO DE PROTECCIÓN CONTRA GASTOS CATASTRÓFICOS

Artículo 95. El Fondo de Protección contra Gastos Catastróficos al que se refieren los artículos 77 Bis 17 y 77 Bis 29 de la Ley, es un fondo sin límite de anualidad presupuestal que apoya el financiamiento del tratamiento de enfermedades de alto costo y medicamentos asociados que generan gastos catastróficos para los prestadores de servicios de salud del Sistema.

Para efectos del párrafo anterior, el financiamiento del tratamiento de enfermedades de alto costo de los que provocan gastos catastróficos y medicamentos asociados, estará dirigido a apoyar la atención integral principalmente de los beneficiarios del Sistema, en la cual deberán contemplarse de manera incluyente, las intervenciones de tipo preventivo, diagnóstico, terapéutico, paliativo y de rehabilitación, en términos de lo que establece el artículo 77 Bis 29 de la Ley, y demás disposiciones aplicables.

Artículo reformado DOF 08-06-2011

Artículo 96. El Fondo de Protección contra Gastos Catastróficos se administrará y operará por la Comisión con base en el fideicomiso que constituya el Ejecutivo Federal para tales efectos.

Artículo reformado DOF 17-12-2014

Artículo 97. El Gobierno Federal canalizará al Fondo de Protección contra Gastos Catastróficos el porcentaje de los recursos referidos en el artículo 77 Bis 17 de la Ley, a través del fideicomiso que al efecto constituya el Ejecutivo Federal. Durante el ejercicio fiscal deberán realizarse los ajustes y compensaciones necesarios de las aportaciones que correspondan tanto al Gobierno Federal como a las entidades federativas, en términos de la Ley, conforme lo determina el artículo 80 del presente Reglamento.

Párrafo reformado DOF 08-06-2011

Para efectos de lo anterior, el Gobierno Federal entregará a las entidades federativas el monto que por concepto de cuota social les corresponda de conformidad con la Ley, una vez descontado el monto de recursos equivalente al ocho por ciento de la suma de la cuota social, la aportación solidaria federal y la aportación solidaria estatal que le corresponda a cada una de las entidades federativas.

Artículo 98. La Secretaría, con cargo a su presupuesto aprobado y previa autorización de la Secretaría de Hacienda y Crédito Público, así como las entidades federativas podrán destinar recursos adicionales a los establecidos en la Ley, al Fondo de Protección contra Gastos Catastróficos. Asimismo, otras instituciones públicas y organizaciones no gubernamentales podrán aportar recursos al Fondo de Protección contra Gastos Catastróficos conforme a lo dispuesto en las reglas de operación del fideicomiso.

Las aportaciones adicionales a que se refiere este artículo, provenientes de las entidades federativas, serán consideradas para efectos de la fracción VI del artículo 87 del presente Reglamento.

Artículo 99. Las enfermedades cuyo tratamiento es de alto costo que generan gastos catastróficos para los prestadores de servicios del Sistema son aquellas que cumplen con lo establecido en el artículo 77 Bis 29 de la Ley. Para fines del presente capítulo dichas enfermedades se denominarán gastos catastróficos.

La definición de las enfermedades, los tratamientos, los medicamentos y los materiales asociados que generan gastos catastróficos será responsabilidad exclusiva del Consejo de Salubridad General, estará sujeta a revisión y actualización periódica y considerará los criterios señalados en el artículo 77 Bis 29 de la Ley, así como los siguientes criterios:

I. Efectividad y costo. Las intervenciones y los medicamentos propuestos para gastos catastróficos deben ser costo-efectivos;

II. Peso de la enfermedad. Este criterio mide las pérdidas de salud debidas tanto a mortalidad prematura como a discapacidad en sus diferentes grados. Para identificar el peso de la enfermedad asociada a los gastos catastróficos serán considerados los siguientes factores: la mortalidad por causas y por grupos de edad, la mortalidad hospitalaria del Sistema Nacional de Salud, las causas de egreso hospitalario, el número de casos registrados de la enfermedad y la discapacidad producida por la enfermedad;

III. Seguridad y eficacia. Todos los medicamentos e intervenciones propuestos para gastos catastróficos deben ser clínicamente probados. No se propondrán intervenciones o medicamentos en estudio o en proceso de investigación clínica;

IV. Aceptabilidad social. Para los gastos catastróficos se deben considerar el daño a la salud del beneficiario afectado, así como la repercusión social y familiar, especialmente cuando éstas afectan a grupos vulnerables. Los grupos vulnerables son los niños menores de cinco años, las mujeres en periodo de gestación o lactancia, los adultos mayores de sesenta y cuatro años y las personas con discapacidad;

V. Adherencia a normas éticas profesionales. Se considerarán los antecedentes éticos-médicos de las intervenciones propuestas para tratar enfermedades de alto costo que generan gastos catastróficos y no se incluirá ninguna intervención que se aparte de los códigos de ética de las profesiones de la salud, y

VI. Evolución de la enfermedad. En la definición de los gastos catastróficos, se deberán identificar las fases o etapas en que pueden encontrarse las enfermedades, así como los eventos que pueden producir altos costos en su atención.

Artículo 100. Los gastos catastróficos definidos por el Consejo de Salubridad General serán incluidos por la Secretaría a través de la Comisión, en la cobertura del Fondo de Protección contra Gastos Catastróficos en forma gradual. La secuencia y alcance de estos servicios responderá a criterios de disponibilidad de los recursos del citado fondo y aquellos que determine al efecto la Secretaría de acuerdo a la Ley.

Artículo reformado DOF 08-06-2011

Artículo 101. Para la operación del Sistema, los gastos catastróficos que estén cubiertos por el Fondo de Protección contra Gastos Catastróficos quedarán señalados específicamente por la Comisión en un listado independiente del listado de servicios esenciales de salud y con base en los gastos catastróficos definidos por el Consejo de Salubridad General. Dicho listado se presentará como Catálogo de intervenciones cubiertas por el Fondo de Protección contra Gastos Catastróficos y de cada una de ellas deberán señalarse sus efectos derivados, las intervenciones que serán cubiertas, así como los medicamentos y materiales asociados con dichas intervenciones.

La Secretaría, de conformidad con las Reglas de Operación del fideicomiso a que hace referencia el artículo 77 Bis 29 de la Ley, emitirá los lineamientos operativos para la administración y operación de los recursos del Fondo de Protección contra Gastos Catastróficos relacionados con la priorización del financiamiento de los gastos catastróficos señalados en el Catálogo de Intervenciones que refiere el párrafo anterior, incluyendo aquéllos relacionados con el fortalecimiento de la infraestructura médica de alta especialidad.

Párrafo adicionado DOF 08-06-2011

Artículo 102. Los medicamentos y materiales asociados a gastos catastróficos considerarán lo establecido en el Cuadro Básico de Insumos para el primer nivel de atención médica y el Catálogo de Insumos para el segundo y tercer nivel, establecidos conforme al artículo 28 de la Ley. Lo anterior de ninguna manera limitará la consideración de otros medicamentos o materiales que el Consejo de Salubridad General juzgue indispensables para la atención de algún gasto catastrófico.

Artículo 103. Para la mejor atención de los gastos catastróficos, los prestadores de servicios de atención médica deberán utilizar protocolos de atención médica y guías clínico-terapéuticas, sustentadas en medicina basada en evidencia científica y aprobadas por la Comisión, permitiendo homogeneizar criterios de atención para una mejor práctica médica, y en cuya elaboración participarán profesionales expertos en la materia. Los gastos y el alcance de las intervenciones que cubrirá el Fondo de Protección contra Gastos Catastróficos serán definidos con base en dichas guías clínico-terapéuticas y en los protocolos de atención médica.

Artículo reformado DOF 08-06-2011

Artículo 104. El Fondo de Protección contra Gastos Catastróficos cubrirá los gastos generados principalmente por los beneficiarios del Sistema, conforme a las tarifas que al respecto establezca la Comisión, en vinculación con los protocolos de atención médica y las guías clínico-terapéuticas señaladas en el artículo 103 de este Reglamento a los prestadores autorizados incorporados al Sistema, conforme a las Reglas de Operación del Fideicomiso.

Artículo 105. Con el fin de garantizar la operación, la Comisión podrá adoptar recomendaciones en relación con el desarrollo de acciones preventivas y otras disposiciones que fomenten la atención oportuna de los gastos catastróficos a que se refiere este Capítulo en sus etapas tempranas.

Artículo 106. Solamente aquellos establecimientos para la atención médica que cumplan con lo estipulado en el artículo 24 del presente Reglamento podrán ser consideradas para fungir como prestadores de los servicios cubiertos por el Fondo de Protección contra Gastos Catastróficos. Así mismo, cuando se trate de unidades vinculadas con el Plan Maestro de Infraestructura, se cumplirá con lo establecido en los artículos 31 a 39 del presente Reglamento.

CAPÍTULO III
DE LA PREVISIÓN PRESUPUESTAL

Denominación del Capítulo reformada DOF 17-12-2014

SECCIÓN PRIMERA
GENERALIDADES

Artículo 107. DEROGADO

Artículo derogado DOF 17-12-2014

Artículo 108. La previsión presupuestal se administrará y operará por la Comisión a través del fideicomiso que constituya el Ejecutivo Federal para tales efectos.

Artículo reformado DOF 17-12-2014

Artículo 109. Los recursos referidos en el artículo 77 Bis 18 de la Ley serán canalizados por el Gobierno Federal, de sus aportaciones al Sistema, al fideicomiso que al efecto constituya el Ejecutivo Federal. Durante el ejercicio fiscal deberán realizarse los ajustes y compensaciones necesarios de las aportaciones que correspondan tanto al Gobierno Federal como a las entidades federativas, conforme lo determina el artículo 80 del presente Reglamento.

Para efectos de lo anterior, el Gobierno Federal entregará a las entidades federativas el monto que por concepto de cuota social les corresponda de conformidad con la Ley, una vez descontado el monto de recursos equivalente al tres por ciento de la suma de la cuota social, la aportación solidaria federal y la aportación solidaria estatal que le corresponda a cada una de las entidades federativas.

Artículo 110. Los términos bajo los cuales los recursos sin ejercer al cierre del año fiscal, correspondientes a la previsión presupuestal destinada a la atención de las diferencias imprevistas serán transferidos anualmente al Fondo de Protección contra Gastos Catastróficos conforme al artículo 77 Bis 18 de la Ley, seguirán lo establecido en las reglas de operación del fideicomiso.

Artículo reformado DOF 17-12-2014

SECCIÓN SEGUNDA
NECESIDADES DE INFRAESTRUCTURA DE ATENCIÓN PRIMARIA Y ESPECIALIDADES BÁSICAS

Artículo 111. La definición de las necesidades de infraestructura para atención primaria y especialidades básicas preferentemente en las entidades federativas con áreas de mayor marginación social, incluirá todas las acciones de prevención, promoción y educación para la salud, diagnóstico, tratamiento y rehabilitación, conforme a lo establecido en los artículos 31 al 39 del presente Reglamento.

Artículo reformado DOF 17-12-2014

Artículo 112. La transferencia referida en el artículo 77 Bis 18 de la Ley para cubrir necesidades de infraestructura de atención primaria y especialidades básicas en las entidades federativas con mayor marginación social se aplicará siguiendo las reglas de operación del fideicomiso.

Para la identificación de las entidades federativas con mayor marginación social se aplicarán los criterios metodológicos que la Secretaría emita al respecto y publique en el Diario Oficial de la Federación. Dichos criterios considerarán la discrepancia entre las necesidades de salud y la capacidad instalada de atención en cada entidad federativa.

SECCIÓN TERCERA
DIFERENCIAS IMPREVISTAS EN LA DEMANDA DE SERVICIOS

Artículo 113. Las diferencias imprevistas en la demanda de servicios se relacionan con los gastos que rebasan la capacidad de respuesta financiera que un Régimen Estatal tiene para atender a los beneficiarios del Sistema bajo condiciones normales de operación.

La capacidad de respuesta financiera de un Régimen Estatal a que se refiere este artículo, está determinada por los recursos que le corresponden, conforme a lo establecido en la Ley, para la prestación de servicios esenciales del Sistema.

Artículo 114. Los servicios esenciales que estarán cubiertos bajo el concepto de diferencias imprevistas en la demanda de servicios serán aquellos que se brinden a los beneficiarios del Sistema en las unidades médicas incorporadas al Sistema. Los recursos que se transfieran a las entidades por este concepto no serán restituidos a la previsión presupuestal por ninguna otra fuente de ingresos.

Artículo 115. Para evitar la duplicidad en el pago de servicios brindados, los servicios cubiertos por el concepto de diferencias imprevistas en la demanda de servicios excluyen a los servicios que estén cubiertos por el Fondo de Protección contra Gastos Catastróficos o por los servicios de salud a la comunidad.

Artículo 116. La aplicación de los recursos referidos en el artículo 77 Bis 18 de la Ley para atender las diferencias imprevistas en la demanda de servicios seguirá lo dispuesto en las reglas de operación del fideicomiso, previa solicitud de la entidad federativa afectada y sujeto a la disponibilidad de recursos en la previsión presupuestal.

Artículo 117. DEROGADO

Artículo derogado DOF 17-12-2014

SECCIÓN CUARTA
COMPENSACIÓN ECONÓMICA POR ADEUDOS DERIVADOS DE LA PRESTACIÓN DE SERVICIOS

Denominación de la Sección reformada DOF 17-12-2014

Artículo 118. La compensación económica es un mecanismo de pago entre entidades federativas, por la prestación de servicios de salud brindados a los beneficiarios del Sistema fuera del área de circunscripción territorial en la que están afiliados dichos beneficiarios.

Asimismo, la compensación económica se puede dar como mecanismo de pago por la prestación de servicios de salud a algún beneficiario del Sistema atendido en un establecimiento de salud público de carácter federal.

Para los efectos del presente artículo, la Secretaría promoverá el desarrollo de sistemas de medición de costos que favorezcan la adecuada compensación económica entre entidades federativas.

Artículo reformado DOF 17-12-2014

Artículo 119. La compensación económica se llevará a cabo conforme a lo establecido en los acuerdos de coordinación para la ejecución del Sistema, los Lineamientos que para el efecto emita la Comisión, previa opinión de la Secretaría de Hacienda y Crédito Público y los convenios de colaboración para la prestación de servicios de salud que suscriban las entidades federativas, entre sí o con las instituciones públicas del Sistema Nacional de Salud.

Artículo reformado DOF 17-12-2014

Artículo 120. La Comisión establecerá un sistema electrónico que facilite y promueva la compensación económica entre los Regímenes Estatales, así como con los establecimientos para la atención médica públicos de carácter federal, en el cual se incluyan los montos a favor y adeudos de cada uno de los Regímenes Estatales y establecimientos para la atención médica públicos de carácter federal, así como los pagos realizados por los Regímenes Estatales.

Artículo reformado DOF 17-12-2014

Artículo 121. La Secretaría, por conducto de la Comisión, pagará al Régimen Estatal acreedor o al establecimiento de salud público de carácter federal que haya prestado el servicio, el monto equivalente al adeudo que no haya sido compensado o pagado por el Régimen Estatal deudor, con cargo a los recursos a transferirse a éste, previo cumplimiento de las condiciones establecidas en las disposiciones jurídicas a que se refiere el artículo 119 del presente Reglamento.

Artículo reformado DOF 17-12-2014

Artículo 121 Bis 1. La Comisión deberá informar al Régimen Estatal deudor, el monto de los recursos federales que le correspondían que fueron transferidos por concepto de compensación económica, a los Regímenes Estatales acreedores, a fin de que éste realice las afectaciones contables y presupuestarias correspondientes, que permitan sustentar dicha operación.

En virtud de lo anterior, el Régimen Estatal acreedor deberá entregar al Régimen Estatal deudor el comprobante de los recursos canalizados por concepto de compensación económica. Dicho comprobante incluirá el monto, los conceptos y demás información que determine la Comisión.

Artículo adicionado DOF 17-12-2014

Artículo 121 Bis 2. Los recursos que por concepto de compensación económica reciban los Regímenes Estatales acreedores, no se considerarán parte de los recursos federales que por concepto de cuota social y aportación solidaria federal le corresponden, y deberán destinarse a los fines del Sistema.

Artículo adicionado DOF 17-12-2014

CAPÍTULO IV
DE LAS CUOTAS FAMILIARES Y REGULADORAS

Artículo 122. Las familias contribuirán de manera solidaria al financiamiento del Sistema mediante el pago de las cuotas familiares establecidas en el artículo 77 Bis 21 de la Ley.

En virtud de lo establecido en el artículo 77 Bis 26 de la Ley, se establecerá un régimen no contributivo que se aplicará a las familias con insuficiente ingreso o la carencia de éste, conforme a lo que establece el artículo 127 de este Reglamento.

Artículo 123. En adición, y con independencia de la aportación realizada a través de la cuota familiar, los beneficiarios podrán ser sujetos del pago de cuotas reguladoras conforme a lo señalado en el artículo 77 Bis 28 de la Ley.

La cuota reguladora es la aportación cuyo objetivo es promover el uso razonado de los servicios y los insumos para la salud.

Artículo 124. La Comisión establecerá los niveles de cuotas familiares que serán utilizados por decil de la distribución del ingreso, conforme a lo establecido en el artículo 77 Bis 5, inciso A, fracción VI de la Ley.

Los criterios y la metodología utilizada para establecer los niveles de cuotas familiares serán definidos por la Comisión en los lineamientos correspondientes. Para lo anterior, se tomará en cuenta el nivel de ingreso familiar promedio que se estime a nivel nacional para cada decil de la distribución del ingreso. Para ello, se utilizará la información disponible de encuestas representativas a nivel nacional que contengan información de ingresos y gastos de los hogares generadas por las dependencias del Ejecutivo Federal responsables de ello.

Artículo 125. El monto que corresponderá pagar por concepto de cuota familiar a cada familia beneficiaria o en su caso, la determinación de su sujeción al régimen no contributivo, se determinará cada tres años a partir del instrumento de evaluación socioeconómica que para tales efectos establecerá la Comisión, de conformidad con el artículo 77 Bis 5, inciso A fracción IX de la Ley.

Artículo 126. Para efectos de lo anterior, y en cumplimiento de lo establecido en el artículo 77 Bis 25 de la Ley, el instrumento de evaluación socioeconómica deberá permitir lo siguiente:

I. Clasificar a las familias beneficiarias conforme a su nivel socioeconómico, para lo cual se utilizarán deciles de la distribución del ingreso, y

II. Determinar la capacidad de pago por familia beneficiaria a partir de su ingreso.

Artículo 127. Serán sujetos del régimen no contributivo aquellas familias ubicadas en los deciles I y II de la distribución de ingreso, conforme lo determine la Comisión en los lineamientos correspondientes.

La Secretaría, con cargo a su presupuesto aprobado y previa autorización de la Secretaría de Hacienda y Crédito Público, así como las entidades federativas u otros terceros solidarios podrán realizar aportaciones para cubrir la cuota familiar de las familias sujetas al régimen no contributivo. Estos recursos no podrán ser considerados como parte de la aportación solidaria estatal o federal, ni de la cuota social.

Adicionalmente, se podrán considerar sujetos de incorporación al régimen no contributivo aquellas familias que cumplan cualquiera de los siguientes supuestos:

I. Ser beneficiarias de los programas de combate a la pobreza extrema del Gobierno Federal, residentes en localidades rurales;

II. Ser residentes de localidades de muy alta marginación con menos de doscientos cincuenta habitantes, y

III. Otros supuestos que fije la Comisión.

La Comisión o los Regímenes Estatales, según su ámbito de competencia, deberán estar en capacidad de corroborar, mediante sustentos metodológicos, el cumplimiento de los supuestos señalados en las fracciones I a III anteriores. La verificación de pertenencia al padrón de beneficiarios de los programas de combate a la pobreza extrema del Gobierno Federal para las familias sujetas al régimen no contributivo se realizará anualmente.

Artículo 128. Las cuotas familiares que los beneficiarios del Sistema deben cubrir para ser incorporados, serán sufragadas de manera anticipada, anual y progresiva, pudiendo liquidarse de manera trimestral o anual.

Artículo reformado DOF 17-12-2014

Artículo 129. Las cuotas familiares serán recibidas por los Servicios Estatales de Salud, a través de los Regímenes Estatales y se destinarán a las necesidades de salud a la persona.

Artículo reformado DOF 17-12-2014

Artículo 130. Los Regímenes Estatales deberán informar trimestralmente a la Comisión del manejo, destino y comprobación del ejercicio de los recursos correspondientes de las cuotas familiares, de conformidad con los Lineamientos que para tal efecto expida ésta.

Artículo reformado DOF 17-12-2014

Artículo 131. Solamente el Consejo de Salubridad General podrá establecer las cuotas reguladoras señaladas en el artículo 77 Bis 28 de la Ley.

Artículo 132. Las cuotas reguladoras serán aplicables en todos los Regímenes Estatales.

Artículo 133. Los recursos recibidos por los Servicios Estatales de Salud, a través de los Regímenes Estatales, por concepto de cuotas reguladoras, una vez cubiertos los costos de su registro y proceso, se destinarán a las necesidades de salud a la persona. Asimismo, la Comisión determinará la forma en que los Regímenes Estatales deberán informar sobre el manejo, destino y comprobación del ejercicio de estas cuotas.

Artículo reformado DOF 17-12-2014

Artículo 134. Los Regímenes Estatales deberán incluir como parte de la información señalada en el artículo 130 de este Reglamento, los montos recaudados y el destino de los recursos provenientes de cuotas reguladoras.

Artículo 135. La Comisión será responsable de efectuar la revisión anual de las cuotas familiares con base en la información que para tales efectos proporcionen los Regímenes Estatales y considerando lo establecido en el artículo 77 Bis 5, inciso A, fracción VI de la Ley.

Artículo 136. El Consejo de Salubridad General dispondrá en los lineamientos que para el efecto emita la forma en que se realizará la revisión anual de las cuotas reguladoras, con base en la información que para tales efectos proporcione la Comisión, en los términos de lo establecido en el artículo 77 Bis 28 de la Ley.

Artículo 137. La prestación de servicios de salud no incluidos en los servicios cubiertos por el Sistema conforme a lo establecido en los artículos 4 al 11 de este Reglamento, se sujetará al pago de cuotas de recuperación conforme a lo establecido en el artículo 38 de la Ley. En este caso, los Regímenes Estatales deberán utilizar el instrumento establecido por la Comisión para evaluar la condición socioeconómica de los beneficiarios, y con base en ello podrán eximir, en su caso, a las familias beneficiarias del pago de la cuota correspondiente.

CAPÍTULO V
DE LA TRANSPARENCIA, CONTROL Y SUPERVISIÓN EN EL MANEJO DE LOS RECURSOS

Artículo 138. Para los efectos del artículo 77 Bis 31 de la Ley, los Regímenes Estatales, a través de sus áreas de atención al público, recibirán y evaluarán las propuestas que realicen los beneficiarios respecto de la aplicación de sus cuotas.

Artículo 139. La Comisión pondrá a disposición del público a través de su página electrónica, la información a que se refiere el artículo 77 Bis 31 de la Ley, así como la relativa a la evaluación de la satisfacción del usuario, con la finalidad de favorecer la rendición de cuentas a los ciudadanos, de manera que puedan valorar el desempeño del Sistema.

Artículo reformado DOF 08-06-2011, 17-12-2014

Artículo 140. El informe a que se refiere el artículo 77 Bis 31, último párrafo, de la Ley, será presentado al Congreso de la Unión por la Secretaría y deberá contener el universo, la cobertura, los servicios ofrecidos, así como información sobre el manejo financiero del Sistema. Dicho informe deberá presentarse en los meses de enero y julio de cada año.

Artículo 141. La Secretaría, por conducto de la Comisión, verificará el cumplimiento de las acciones que se provean en materia de protección social en salud, para lo cual podrá solicitar a las entidades federativas, por conducto de los Regímenes Estatales, la información, aclaración o corrección que corresponda, sin perjuicio de las acciones de control y fiscalización que correspondan a otras autoridades que resulten competentes.

Artículo adicionado DOF 17-12-2014

TRANSITORIOS

Primero. El presente Reglamento entrará en vigor al día siguiente al de su publicación en el Diario Oficial de la Federación.

Segundo. Para efectos de lo establecido en el artículo 21 de este Reglamento, los Regímenes Estatales suscribirán los convenios de gestión con los establecimientos para la atención médica acreditados que se incorporen como prestadores de servicios del Sistema, de manera gradual. Lo anterior, sin menoscabo de las asignaciones presupuestales que les correspondan para efectos de garantizar la prestación de los servicios.

Tercero. La Acreditación a que se refiere este Reglamento operará como antecedente previo a la certificación del establecimiento por el Consejo de Salubridad General.

Cuarto. Para efectos de lo establecido en el artículo 24 de este Reglamento se utilizarán los Criterios para la Certificación de Hospitales establecidos para tal efecto por el Consejo de Salubridad General, o cualquier otra disposición que aplique sobre esta materia.

Quinto. Para efectos de lo establecido en el artículo 26 del presente Reglamento, la Secretaría deberá emitir el Manual para la Acreditación de Capacidad, Seguridad y Calidad en un plazo que no excederá de noventa días naturales contados a partir de la entrada en vigor de este Reglamento.

Sexto. Los Regímenes Estatales, con el apoyo de la Secretaría, deberán realizar las acciones conducentes para que la totalidad de los directores médicos y administrativos de los establecimientos para la atención médica del Sistema cuenten con estudios de formación directiva, por lo menos a nivel de diplomado o equivalente.

Séptimo. Para los efectos de los artículos 32 y 34 del presente Reglamento, la Secretaría presentará a consideración del Consejo el Plan Maestro de Infraestructura en un plazo que no excederá de seis meses contados a partir de la entrada en vigor de este Reglamento, considerando un escenario de diez años en los aspectos relativos a la remodelación, equipamiento de alta tecnología y obra nueva en infraestructura básica.

Octavo. Para efectos de lo establecido en los artículos 49 y 51 del presente Reglamento, la Comisión deberá emitir los lineamientos y mecanismos relativos al padrón de beneficiarios en un plazo que no excederá de noventa días naturales contados a partir de la entrada en vigor de este Reglamento.

Noveno. Para efectos de lo establecido en los artículos 54 y 57 del presente Reglamento, la Comisión emitirá los lineamientos relativos al sistema de información sobre satisfacción de afiliados, en un plazo que no excederá de noventa días naturales contados a partir de la entrada en vigor de este Reglamento.

Décimo. Durante el periodo de transición, mediante el cual se ampliarán de manera gradual los servicios esenciales de salud, así como los servicios cubiertos por el Fondo de Protección contra Gastos Catastróficos, se aplicará la estructura de cuotas de recuperación vigente para todos aquellos servicios o intervenciones no cubiertos por el Sistema.

Décimo Primero. El Consejo de Salubridad General podrá contratar servicios especializados para el cotejo de padrones señalado en el artículo 52 de este Reglamento. El pago de dichos servicios deberá ser con cargo a los recursos del Sistema.

Décimo Segundo. La metodología a que se refiere el artículo 85 del presente Reglamento deberá publicarse en un plazo que no excederá de noventa días naturales contados a partir de la entrada en vigor de este Reglamento.

Décimo Tercero. En tanto se desarrollen las guías clínico-terapéuticas mencionadas en el artículo 103 del presente Reglamento, la determinación de los gastos catastróficos a cubrir seguirá los criterios que al efecto se especifiquen en las reglas de operación del fideicomiso.

El financiamiento del tratamiento de gastos catastróficos cubiertos por el Fondo de Protección contra Gastos Catastróficos será para los nuevos casos diagnosticados a partir de la entrada en vigor de la Ley. Para los casos diagnosticados en fecha previa a la entrada en vigor de la Ley, se aplicará el esquema de cuotas de recuperación conforme al nivel socioeconómico en que haya sido clasificado el beneficiario al momento de su afiliación al Sistema. En cualquiera de ambas situaciones la atención médica no podrá condicionarse, demorarse o negarse para el beneficiario por razones de financiamiento.

Décimo Cuarto. Para efectos de dar cumplimiento a lo establecido en los transitorios Décimo Segundo y Décimo Tercero de la Ley, así como en los artículos 76 a 140 de este Reglamento, y durante el proceso de transición mediante el cual se afiliará al Sistema de manera gradual la totalidad de población no derechohabientes de la seguridad social, se utilizará el siguiente mecanismo de asignación presupuestal:

I. Aquellas entidades federativas que no hayan firmado el acuerdo de coordinación de adhesión al Sistema a que se refiere el artículo 77 Bis 6 de la Ley, continuarán recibiendo los recursos del Fondo de Aportaciones para los Servicios de Salud conforme a lo establecido en la Ley de Coordinación Fiscal;

II. En el caso de las entidades federativas que se adhieran al Sistema mediante la firma del acuerdo de coordinación correspondiente, se establecerá en dicho acuerdo un esquema de transición presupuestal, sujetándose a los recursos autorizados expresamente para tal efecto en el Presupuesto de Egresos de la Federación del ejercicio fiscal correspondiente, conforme a lo siguiente:

I. La entidad federativa recibirá recursos de origen federal por los siguientes conceptos: asignación del Fondo de Aportaciones para los Servicios de Salud a la Comunidad; la cuota social y la aportación solidaria federal en correspondencia con el número de familias beneficiarias en dicho año y sus respectivas vigencias de derechos; y los recursos para garantizar la continuidad de la atención de las familias no derechohabientes de la seguridad social no incorporadas al Sistema;

II. La cuantificación de los recursos federales adicionales necesarios para hacer efectiva la aportación solidaria federal considerará -además de los recursos que del FASSA 2003 se destinaron a la prestación de servicios de salud a la persona para las familias beneficiarias- criterios de alineación programática a nivel federal. Para ello, se podrán contabilizar como parte de la aportación solidaria federal aquellos recursos de programas federales dirigidos a la población no derechohabiente de la seguridad social que se destinan a la prestación de servicios de salud a la persona para las familias beneficiarias;

III. Los recursos para financiar la atención de la población no derechohabiente de la seguridad social no incorporada aún al Sistema serán asignados con base en los recursos ejercidos en el año 2003 del Fondo de Aportaciones para los Servicios de Salud que se destinaron a la prestación de servicios de salud a la persona para la población a que se refiere esta fracción, descontando lo correspondiente al número de familias incorporadas y aquellas que se prevea incorporar al Sistema en el ejercicio fiscal correspondiente conforme al calendario establecido para tales efectos. Estos recursos serán actualizados anualmente por inflación e incremento salarial;

IV. El monto de recursos que se destine al Fondo de Aportaciones para los Servicios de Salud a la Comunidad en cada entidad federativa, deberá considerar como punto de partida al menos el monto asignado del Fondo de Aportaciones para los Servicios de Salud para la prestación de servicios de salud a la comunidad durante el ejercicio fiscal del 2003 o del año inmediato anterior al que se firme el Acuerdo de Coordinación, y

V. La suma de los conceptos señalados en las fracciones anteriores, sin considerar a la cuota social, deberá ser equivalente por lo menos al monto total de recursos del Fondo de Aportaciones para los Servicios de Salud autorizados en el año 2003.

Décimo Quinto. Para los efectos de los artículos 124, 125, 127 y 130 del presente Reglamento, la Comisión deberá emitir los lineamientos para establecer los niveles de cuotas familiares y para informar sobre el manejo y destino de las cuotas familiares, así como el instrumento para evaluar el nivel socioeconómico en un plazo que no excederá de noventa días naturales contados a partir de la entrada en vigor del mismo.

Décimo Sexto. La Secretaría realizará estudios piloto con el objetivo de apoyar al Consejo de Salubridad General en la definición de las reglas de carácter general a considerar para el establecimiento de las cuotas reguladoras a que se refiere el artículo 77 Bis 28 de la Ley.

Décimo Séptimo. Conforme a lo establecido en el Décimo Sexto transitorio de la Ley, las familias atendidas en el Programa IMSS-Oportunidades podrán incorporarse al Sistema, en tales supuestos la atención médica será prestada a través de los establecimientos para la atención médica de dicho Programa.

Los servicios brindados por el Programa corresponderán a los servicios esenciales de salud determinados por la Secretaría para el Sistema. Cada entidad federativa realizará, por conducto del Régimen Estatal correspondiente, directamente al Instituto Mexicano del Seguro Social, en los términos de la Ley, la compensación económica por los servicios prestados por el Programa en sus establecimientos para la atención médica acreditados, una vez descontada la asignación presupuestaria por familia correspondiente al apoyo que el Gobierno Federal otorga al Programa en cada entidad federativa.

Para efectos de la compensación mencionada en este artículo, la Comisión comunicará a cada Régimen Estatal el número de familias del Programa incorporadas al Sistema, así como el apoyo por familia otorgado al Programa por el Gobierno Federal. Al término de cada trimestre la Comisión verificará que las entidades federativas hayan cumplido con el pago completo y oportuno de las obligaciones derivadas de la aplicación de este artículo.

Décimo Octavo. Todas las disposiciones de carácter general que para efectos del Sistema de Protección Social en Salud, emitan las autoridades federales con base en la Ley y el presente Reglamento, deberán publicarse en el **Diario Oficial de la Federación** para su debida observancia.

Dado en la Residencia del Poder Ejecutivo Federal en la Ciudad de México, Distrito Federal, a los treinta días del mes de marzo de dos mil cuatro. **Vicente Fox Quesada**. Rúbrica. El Secretario de Salud, **Julio Frenk Mora**. Rúbrica. El Secretario de Hacienda y Crédito Público, **José Francisco Gil Díaz**. Rúbrica.

Reglamento de la Ley General de Salud en Materia de Prestación de Servicios de Atención Médica

Nuevo Reglamento publicado en el Diario Oficial de la Federación el 14 de mayo de 1986

TEXTO VIGENTE

Última reforma publicada DOF 17-07-2018

Al margen un sello con el Escudo Nacional, que dice: Estados Unidos Mexicanos. Presidencia de la República.

MIGUEL DE LA MADRID H., Presidente Constitucional de los Estados Unidos Mexicanos, en ejercicio de la facultad que confiere al Ejecutivo Federal a mi cargo la Fracción I del Artículo 89 de la Constitución Política de los Estados Unidos Mexicanos, y con fundamento en los Artículos 1o., 2o., 3o., Fracción I, 27 Fracción III, 32, 33, 45, 47,100, 313 a 350 y demás relativos de la Ley General de Salud y

CONSIDERANDO

Que el 3 de febrero de 1983, se publicó en el Diario Oficial de la Federación la adición al Artículo 4o., Constitucional, en cuyo párrafo tercero se dispuso que "Toda persona tiene derecho a la protección a la salud. La Ley definirá las bases y modalidades para el acceso a los servicios de salud y establecerá la concurrencia de la federación y las entidades federativas en materia de salubridad general, conforme a lo que dispone la Fracción XVI del artículo 73 de la Constitución";

Que la citada adición constitucional representa además de elevar a la máxima jerarquía el derecho social mencionado, la base conforme a la cual se llevarán a cabo los programas de gobierno en materia de salud, así como el fundamento de la legislación sanitaria mexicana;

Que el 26 de diciembre de 1983, el Congreso de la Unión aprobó la Ley General de Salud, reglamentaria del párrafo tercero del Artículo 4o. Constitucional, la cual fue publicada en el Diario Oficial de la Federación el 7 de febrero de 1984 y en vigor el 1o. de julio del mismo año;

Que las bases y modalidades para el acceso a los servicios de salud, así como la integración, objetivos y funciones del Sistema Nacional de Salud y la distribución de competencias, entre la Federación y las Entidades Federativas, han quedado definidas en cumplimiento al mandato Constitucional;

Que el Sistema Nacional de Salud es la instancia de enlace entre los sectores público, social y privado en la consecución del Derecho a la protección de la salud, a través de mecanismos de coordinación y concertación de acciones;

Que los servicios de salud son el conjunto de acciones realizadas en beneficio del individuo en la sociedad, que tiene como finalidad proteger promover y restaurar la salud;

Que la Ley General de Salud clasifica a los servicios de salud en tres tipos: De atención médica, de salud pública y de asistencia social; entendiéndose por atención médica el conjunto de servicios que se proporcionen al individuo con el fin de proteger, promover y restaurar su salud;

Que los servicios de atención médica representan un medio para la conservación y protección de la salud de las personas, involucrando actividades de prevención, curación y rehabilitación;

Que a la Secretaría de Salud corresponde el control de la prestación de servicios de atención médica, como materia de salubridad general, siendo necesario que esta dependencia cuente con los instrumentos legales y reglamentarios para realizar específicamente sus atribuciones, y

Que en ejercicio de la facultad que al Ejecutivo Federal confiere la Constitución Política de los Estados Unidos Mexicanos para proveer, en la esfera administrativa, a la exacta observancia de la Ley, he tenido a bien expedir el siguiente

REGLAMENTO DE LA LEY GENERAL DE SALUD EN MATERIA DE PRESTACIÓN DE SERVICIOS DE ATENCIÓN MÉDICA

CAPÍTULO I
DISPOSICIONES GENERALES

Artículo 1o. Este Reglamento es de aplicación en todo el territorio nacional y sus disposiciones son de orden público e interés social y tiene por objeto proveer, en la esfera administrativa, al cumplimiento de la Ley General de Salud, en lo que se refiere a la prestación de servicios de atención médica.

Artículo 2o. Cuando en este Reglamento se haga referencia a la "La Ley", o a "La Secretaría", se entenderá que se trata de la Ley General de Salud y de la Secretaría de Salud, respectivamente.

Artículo 3o. La aplicación de este Reglamento compete a la Secretaría y a los gobiernos de las entidades federativas, en los términos de la Ley General de Salud y de los acuerdos de coordinación que suscriban con dicha dependencia.

Artículo 4o. Corresponde a la Secretaría emitir las normas oficiales mexicanas a que se ajustará, en todo el territorio nacional, la prestación de los servicios de salud en materia de atención médica, las que se publicarán en el Diario Oficial de la Federación para su debida observancia.

Artículo reformado DOF 01-11-2013

Artículo 5o. Corresponde a la Secretaría realizar la evaluación de la prestación de los servicios a que se refiere este Reglamento.

Artículo 6o. La Secretaría fomentará, propiciará y desarrollará programas de estudio e investigación relacionados con la prestación de servicios de atención médica.

Artículo 7o. Para los efectos de este Reglamento se entiende por:

I. ATENCIÓN MÉDICA. El conjunto de servicios que se proporcionan al usuario con el fin de proteger, promover y restaurar su salud, así como brindarle los cuidados paliativos al paciente en situación terminal;

II. DEMANDANTE. Toda aquella persona que para sí o para otro, solicite la prestación de servicios de atención médica;

III. ESTABLECIMIENTO PARA LA ATENCIÓN MÉDICA. Todo aquél, público, social o privado, fijo o móvil, cualquiera que sea su denominación, que preste servicios de atención médica, ya sea ambulatoria o para internamiento de enfermos;

Fracción reformada DOF 17-07-2018

IV. PACIENTE AMBULATORIO. Todo aquel usuario de servicios de atención médica que no necesite hospitalización;

V. SERVICIO DE ATENCIÓN MÉDICA. El conjunto de recursos que intervienen sistemáticamente para la prevención, curación y cuidados paliativos de las enfermedades que afectan a los usuarios, así como de la rehabilitación de los mismos, y

VI. USUARIO. Toda aquella persona que requiera y obtenga la prestación de servicios de atención médica.

Artículo reformado DOF 01-11-2013

Artículo 8o. Las actividades de atención médica son:

I. PREVENTIVAS: Que incluyen las de promoción general y las de protección específica;

II. CURATIVAS: Que tienen por objeto efectuar un diagnóstico temprano de los problemas clínicos y establecer un tratamiento oportuno para resolución de los mismos; y

III. DE REHABILITACIÓN: Que incluyen acciones tendientes a limitar el daño y corregir la invalidez física o mental, y

Fracción reformada DOF 01-11-2013

IV. PALIATIVAS: Que incluyen el cuidado integral para preservar la calidad de vida del usuario, a través de la prevención, tratamiento y control del dolor, y otros síntomas físicos y emocionales, por parte de un equipo multidisciplinario.

Fracción adicionada DOF 01-11-2013

Artículo 9o. La atención médica deberá llevarse a efecto de conformidad con los principios científicos y éticos que orientan la práctica médica.

Artículo 10. Serán considerados establecimientos para la atención médica:

I. Aquellos en los que se desarrollan actividades preventivas, curativas, de rehabilitación y de cuidados paliativos dirigidas a mantener y reintegrar el estado de salud de las personas, así como a paliar los síntomas del padecimiento;

Fracción reformada DOF 01-11-2013

II. Aquellos en los que se presta atención odontológica;

III. Aquellos en los que se presta atención a la salud mental de las personas;

IV. Aquellos en los que se prestan servicios auxiliares de diagnóstico y tratamiento;

V. Las unidades móviles, ya sean aéreas, marítimas o terrestres, destinadas a las mismas finalidades y que se clasifican en:

A) Ambulancia de cuidados intensivos;

B) Ambulancia de urgencias;

C) Ambulancia de transporte, y

D) Otras que presten servicios de conformidad con lo que establezca la Secretaría.

Las unidades móviles se sujetarán a las normas oficiales mexicanas correspondientes, sin perjuicio del cumplimiento de las demás disposiciones aplicables, y

Párrafo reformado DOF 01-11-2013

VI. Los demás análogos a los anteriores que en lo sucesivo señalen como tales las disposiciones generales aplicables o los que, en su caso, determine la Secretaría.

Artículo 11. En todos los reclusorios y centros de readaptación social deberá existir un servicio de atención médico-quirúrgico, que permita resolver los problemas que se presenten.

En caso de que un interno deba ser transferido a una unidad médica con mayor poder de resolución, la custodia quedará a cargo de la autoridad competente.

Artículo 12. En los parques de diversión, ferias, circos, estadios deportivos, plazas taurinas, y en general, en cualquier tipo de evento, deberá existir una unidad fija o móvil de servicios médicos para atender las urgencias que se presenten, sin perjuicio de su posterior referencia a otros establecimientos para continuar con su atención.

La Secretaría dictará las normas oficiales mexicanas a que quedarán sujetos dichos servicios.

Párrafo reformado DOF 01-11-2013

Artículo 13. Para la organización y funcionamiento de los servicios de atención médica, la Secretaría tomando en cuenta, en su caso, la opinión de los prestadores de servicios públicos, sociales o privados, establecerá los criterios de distribución de universo de usuarios, de regionalización y de escalonamiento de los servicios, así como de universalización de cobertura.

Artículo 14. Los criterios de distribución del universo de usuarios y de cobertura deberán considerar, entre otros factores, la población abierta, la población que goza de la seguridad social, la capacidad instalada del sector salud, así como las normas oficiales mexicanas emitidas por la Secretaría.

Artículo reformado DOF 01-11-2013

Artículo 15. En lo referente a la regionalización de servicios médicos, se tomará en cuenta el diagnóstico de salud, la accesibilidad geográfica, otras unidades médicas instaladas y la aceptación de los usuarios, considerando los dictámenes técnicos de los órganos correspondientes de la Secretaría, con el fin de instalar unidades tendientes a la autosuficiencia regional, así como el desarrollo del municipio.

Artículo 16. La atención médica será otorgada conforme a un escalonamiento de los servicios de acuerdo a la clasificación del modelo que la Secretaría determine.

Artículo 17. Los establecimientos de carácter privado, en los términos del Artículo 44 de la Ley, prestarán los siguientes servicios:

I. Colaborar en la prestación de los servicios básicos de salud a que se refiere el Artículo 27 de la Ley, con especial énfasis en la educación para la salud, prevención y control de enfermedades transmisibles de atención prioritaria, planificación familiar y disponibilidad de insumos para la salud;

II. Proporcionar servicios de urgencias en los términos de la Ley y este Reglamento;

III. Hacer con oportunidad las notificaciones correspondientes de las enfermedades transmisibles a la autoridad sanitaria, en los términos señalados por la Ley;

IV. Proporcionar atención médica a la población en casos de desastre;

V. Colaborar en la formación y desarrollo de recursos humanos para la salud, y

VI. Desarrollar actividades de investigación, de acuerdo a los requisitos señalados por la Ley y dentro del marco de la ética profesional.

La proporción y términos para la prestación de estos servicios podrán fijarse en los instrumentos de concertación que al efecto suscriban la Secretaría y los establecimientos, tomando en cuenta el grado de complejidad y capacidad de resolución de cada uno de ellos. En todo caso la participación de los establecimientos privados, en los términos de este artículo, se basará en las normas oficiales mexicanas que al efecto emita la Secretaría.

Párrafo reformado DOF 01-11-2013

Artículo 18. Los establecimientos en los que se presten servicios de atención médica, deberán contar con un responsable, mismo que deberá tener título, certificado o diploma, que según el caso, haga constar los conocimientos respectivos en el área de que se trate.

Los documentos a que se refiere el párrafo anterior, deberán encontrarse registrados por las autoridades educativas competentes.

Artículo 19. Corresponde a los responsables a que hace mención el artículo anterior, llevar a cabo las siguientes funciones:

I. Establecer y vigilar el desarrollo de procedimientos para asegurar la oportuna y eficiente prestación de los servicios que el establecimiento ofrezca, así como para el cabal cumplimiento de la Ley y las demás disposiciones aplicables;

II. Vigilar que dentro de los mismos, se apliquen las medidas de seguridad e higiene para la protección de la salud del personal expuesto por su ocupación;

III. Atender en forma directa las reclamaciones que se formulen por irregularidades en la prestación de los servicios, ya sea las originadas por el personal del establecimiento o por profesionales, técnicos o auxiliares independientes, que en él presten sus servicios, sin perjuicio de la responsabilidad profesional en que se incurra;

IV. Informar, en los términos que determine la Secretaría, a las autoridades sanitarias competentes, de las enfermedades de notificación obligatoria, así como adoptar las medidas necesarias para la vigilancia epidemiológica, tomando en cuenta lo dispuesto en la Ley, y

V. Notificar al Ministerio Público y, en su caso, a las demás autoridades competentes, los casos en que se les requieran servicios de atención médica para personas con lesiones u otros signos que presumiblemente se encuentren vinculadas a la comisión de hechos ilícitos.

Artículo 20. El responsable debe dar a conocer al público, a través de un rótulo en el sitio donde presta sus servicios, el horario de su asistencia, así como el horario de funcionamiento del establecimiento.

Artículo 21. En los establecimientos donde se proporcionen servicios de atención médica, deberá contarse, de acuerdo a las normas oficiales mexicanas correspondientes, con personal suficiente e idóneo.

Artículo reformado DOF 01-11-2013

Artículo 22. No podrá ser contratado por los establecimientos de atención médica, ni por los profesionales que en forma independiente presten sus servicios, personal de las disciplinas para la salud que no esté debidamente autorizado por las autoridades educativas competentes.

Artículo 23. Quienes ejerzan actividades profesionales, técnicas y auxiliares de las disciplinas para la salud en forma independiente, deberán poner a la vista del público su título profesional, certificados, diplomas y en general, los documentos correspondientes, que lo acrediten como tal.

Artículo 24. Los responsables de los establecimientos donde se presten servicios de atención médica, están obligados a llevar un archivo actualizado en el que conste la documentación de los profesionales, técnicos y auxiliares de las disciplinas para la salud que presten sus servicios en forma subordinada, misma que deberá ser exhibida a las autoridades sanitarias cuando así lo soliciten.

Artículo 25. El personal que preste sus servicios en los establecimientos para la atención médica en los términos que al efecto se establezcan por la Secretaría, podrá portar en lugar visible, gafete de identificación, en el que conste el nombre del establecimiento, su nombre, fotografía, así como el puesto que desempeña y el horario en que asiste, dicho documento, en todo caso deberá encontrarse firmado por el responsable del establecimiento.

Artículo 26. Los establecimientos que presten servicios de atención médica, contarán para ello con los recursos físicos, tecnológicos y humanos que señale este Reglamento y las normas oficiales mexicanas que al efecto emita la Secretaría.

Artículo reformado DOF 01-11-2013

Artículo 27. Se sancionará conforme a la legislación aplicable a quienes no posean título profesional, legalmente expedido y registrado en los términos de Ley, se hagan llamar o anunciar añadiendo a su nombre propio, la palabra doctor, médico cirujano, o cualquier otra palabra, signo o conjunto de términos que hagan suponer que se dedican como profesionistas al ejercicio de las disciplinas para la salud.

Artículo 28. La Secretaría emitirá las normas oficiales mexicanas a que se sujetará en su caso, la actividad del personal no profesional autorizado por las dependencias competentes, relacionadas con la prestación de servicios de atención médica, para lo cual se observarán en lo conducente, las disposiciones de este Reglamento.

Artículo reformado DOF 01-11-2013

Artículo 29. Todo profesional de la salud, estará obligado a proporcionar al usuario y, en su caso, a sus familiares, tutor o representante legal, información completa sobre el diagnóstico, pronóstico y tratamiento correspondientes.

Artículo 30. El responsable del establecimiento estará obligado a proporcionar al usuario, familiar, tutor o representante legal, cuando lo soliciten, el resumen clínico sobre el diagnóstico, evolución, tratamiento y pronóstico del padecimiento que ameritó el internamiento.

Artículo 30 Bis. En caso de urgencia médica y cuando no sea posible obtener la autorización por incapacidad del usuario y en ausencia de los padres, tutores o quienes ejerzan la patria potestad, los responsables de su guarda o custodia y, a falta de estos, la persona de su confianza, mayor de edad o el juez competente, de conformidad con las disposiciones aplicables, la decisión de proporcionar la información a las personas que la soliciten con posterioridad al ingreso del usuario, será tomada por los médicos autorizados del hospital de que se trate, previa comprobación de la relación de parentesco o representación correspondiente.

Artículo adicionado DOF 01-11-2013

Artículo 31. Los profesionales, técnicos y auxiliares de las disciplinas de la salud, deberán participar en el desarrollo y promoción de programas de educación para la salud.

Artículo 32. Los establecimientos para el internamiento de enfermos, estarán obligados a conservar los expedientes clínicos de los usuarios, por periodo mínimo de cinco años.

Artículo 33. En todos los establecimientos de atención médica, a excepción de los laboratorios y gabinetes, podrán ser aplicadas las vacunas que ordene la Ley y las que, en su caso, señalen los reglamentos, las normas oficiales mexicanas y las que determine la Secretaría.

Párrafo reformado DOF 01-11-2013

En caso necesario, se deberá transferir al paciente a alguna institución oficial para su aplicación.

En ningún caso podrá cobrarse por las vacunas e insumos que para su aplicación, sean proporcionados gratuitamente.

Artículo 34. Todo aquel profesional, técnico o auxiliar de las disciplinas para la salud que vacune a un usuario, deberá realizar las anotaciones correspondientes en la Cartilla Nacional de Vacunación y remitir el cupón a quien corresponda.

Artículo 35. Cuando en un establecimiento para la atención médica se presente algún demandante de servicios que padezca alguna enfermedad infecto-contagiosa será motivo de notificación obligatoria, deberá referirlo de inmediato al servicio correspondiente, a fin de que dicha persona tenga el mínimo contacto con los usuarios.

Artículo 36. El personal que preste sus servicios en algún establecimiento de atención médica, en ningún caso podrá desempeñar sus labores si padece alguna de las enfermedades infecto-contagiosas, motivo de notificación obligatoria.

Artículo 37. En toda la papelería y documentación de los establecimientos a que se refiere este ordenamiento, se deberá indicar:

I. El tipo de establecimiento de que se trate;

II. El nombre del establecimiento y en su caso, el nombre de la institución a la que pertenezca;

III. En su caso, la razón o denominación social;

IV. En su caso, el número de la licencia sanitaria, y

Fracción reformada DOF 01-11-2013

V. Los demás datos que señalen las normas oficiales mexicanas aplicables.

Fracción reformada DOF 01-11-2013

Artículo 38. Las dependencias y entidades del sector público que presten servicios de atención médica, se ajustarán a los Cuadros Básicos de Insumos del Sector Salud, elaborados por el Consejo de Salubridad en General.

La Secretaría promoverá la adopción de los Cuadros Básicos de Insumos entre los sectores social y privado.

Artículo 39. La Secretaría de Economía, oyendo la opinión de la Secretaría, asegurará la adecuada distribución y comercialización, y fijará los precios máximos de venta al público de los medicamentos e insumos.

Artículo reformado DOF 01-11-2013

Artículo 40. La determinación de las cuotas de recuperación de servicios públicos de salud a la población en general, deberá ajustarse a los criterios y procedimientos previstos al efecto por la Ley.

Artículo 41. La Secretaría de Economía, tomando en cuenta la opinión de la Secretaría, establecerá las tarifas a que estarán sujetos los servicios de atención médica de carácter social y privado, con excepción del servicio personal independiente, las cuales estarán de acuerdo con el grado de complejidad y poder de resolución de los mismos.

Artículo reformado DOF 01-11-2013

Artículo 42. Tanto las cuotas de recuperación que se determinen, como las tarifas autorizadas por la Secretaría de Economía, deberán fijarse en lugar visible al público dentro de los establecimientos.

Artículo reformado DOF 01-11-2013

Artículo 43. Los responsables de los establecimientos para la atención médica, vigilarán que se elaboren las estadísticas de la salud que señale la Secretaría; asimismo, tendrán la obligación de proporcionar a dicha dependencia y a las autoridades sanitarias correspondientes, la información de cualquier tipo que requiera, en las formas o cuestionarios y con la periodicidad que aquélla determine.

Artículo 44. En los establecimientos a que se refiere este ordenamiento queda estrictamente prohibido:

I. A los responsables de las droguerías, farmacias, boticas y en general de los establecimientos destinados al proceso de medicamentos, la prestación de servicios de atención médica, cuando no tengan la documentación que los acredite como profesionales de la medicina;

II. Al personal que preste sus servicios en establecimientos destinados al proceso de prótesis, órtesis y ayudas funcionales, otorgar servicios de atención médica, y

III. Al personal del establecimiento, celebrar contratos con el usuario, salvo los que se relacionan con las obligaciones económicas del mismo, respecto a la institución.

Artículo 45. Las visitas a los establecimientos serán reguladas por disposiciones internas que deberán señalar limitaciones relacionadas con cualquier tipo de riesgo para la salud y evitar interferencias con las actividades de la unidad.

CAPÍTULO II
DE LOS DERECHOS Y OBLIGACIONES DE LOS USUARIOS Y PARTICIPACIÓN DE LA COMUNIDAD

Artículo 46. Las autoridades sanitarias competentes y las propias instituciones de salud, establecerán procedimientos de orientación y asesoría a los demandantes y usuarios sobre el uso de los servicios que requieran.

Artículo 47. Las dependencias y entidades del sector salud y los gobiernos de las entidades federativas, promoverán y apoyarán la formación de grupos, asociaciones y demás instituciones que tengan por objeto participar organizadamente en los programas de mejoramiento de la salud individual y colectiva, así como en los de prevención de enfermedades, accidentes, rehabilitación y cuidados paliativos.

Artículo reformado DOF 01-11-2013

Artículo 48. Los usuarios tendrán derecho a obtener prestaciones de salud oportunas y de calidad idónea y a recibir atención profesional y éticamente responsable, así como trato respetuoso y digno de los profesionales, técnicos y auxiliares.

Artículo 49. El usuario deberá sujetarse a las disposiciones de la institución prestadora de servicios de atención médica en relación al uso y conservación del mobiliario, equipos médicos y materiales que se pongan a su disposición.

Artículo 50. Toda persona podrá solicitar a la autoridad sanitaria correspondiente, el internamiento de enfermos cuando éstos se encuentren impedidos de solicitar auxilio por sí mismos.

Artículo 51. Las autoridades sanitarias competentes y las propias instituciones de salud, señalarán los procedimientos para que los usuarios de los servicios de atención médica, presenten sus quejas, reclamaciones y sugerencias, respecto de la prestación de los mismos y en relación a la falta de probidad, en su caso, de los servidores públicos o privados.

Artículo 52. Ante cualquier irregularidad en la prestación de servicios de atención médica, conforme a lo que establece la Ley y el presente Reglamento, toda persona podrá comunicarla a la Secretaría o las demás autoridades sanitarias competentes.

Artículo 53. Para poder dar curso a la acción mencionada en el artículo anterior, será necesario el señalamiento de la irregularidad, nombre y domicilio del establecimiento en que se presuma la comisión, o del profesional, técnico o auxiliar a quien se le impute, así como el nombre y domicilio del denunciante.

Artículo 54. Las autoridades sanitarias correspondientes, efectuarán las diligencias que crean necesarias para comprobar la información de la denuncia, cuidando que por este hecho, no se generen perjuicios al denunciante.

Artículo 55. Comprobada la infracción, la Secretaría, o en su caso, las demás autoridades sanitarias competentes, dictarán las medidas necesarias para subsanar las deficiencias encontradas en la prestación de los servicios médicos, independientemente de las sanciones que pudieran corresponder por los mismos hechos.

CAPÍTULO III
DISPOSICIONES PARA LA PRESTACIÓN DE SERVICIOS DE CONSULTORIOS

Artículo 56. Para los efectos de este reglamento, se entiende por consultorio a todo establecimiento público, social o privado, independiente o ligado a un servicio hospitalario, que tenga como fin prestar atención médica a pacientes ambulatorios.

Artículo 57. Los establecimientos en los que se presten servicios para el control y reducción de peso a pacientes ambulatorios, cualquiera que sea su denominación o régimen jurídico, se considerarán, para efectos de este Reglamento como consultorios.

Artículo 58. Las actividades de los consultorios quedarán restringidas al desarrollo de procedimientos de atención médica, que no requieran la hospitalización del usuario.

Artículo 59. Los consultorios deberán contar con las siguientes áreas:

I. De recepción o sala de espera, en la que no existan objetos o instalaciones que pongan en peligro la vida o la salud de los usuarios;

II. La destinada a la entrevista con el paciente;

III. La destinada a la exploración física del paciente;

IV. Area de control administrativo;

V. Instalaciones sanitarias adecuadas, y

VI. Las demás que fijen las normas oficiales mexicanas.

Fracción reformada DOF 01-11-2013

Artículo 60. Los consultorios deberán contar con el equipo, mobiliario e instrumental señalados en las normas oficiales mexicanas que emita la Secretaría, en materia de establecimientos que brindan servicios de atención médica a pacientes ambulatorios.

El responsable del consultorio al presentar los avisos correspondientes, deberá señalar las actividades que se realizarán en el mismo.

Artículo reformado DOF 01-11-2013, 17-07-2018

Artículo 61. Los consultorios que se encuentren dentro de un hospital, que sean utilizados para el servicio del mismo, no requerirán licencia sanitaria individual y quedarán amparados con la licencia de dicho establecimiento.

Artículo 62. En los consultorios se deberá llevar un registro diario de pacientes en la forma que al efecto señalen las normas oficiales mexicanas.

Artículo reformado DOF 01-11-2013

Artículo 63. Los consultorios deberán contar con un botiquín de urgencia con los insumos que establezcan las normas oficiales mexicanas que emita la Secretaría.

Artículo reformado DOF 01-11-2013

Artículo 64. Las recetas expedidas a Usuarios deberán contener lo siguiente:

I. El nombre del profesional de la salud o, en su caso, el del pasante responsable de la prescripción;

II. El nombre de la institución que les hubiere expedido el título profesional, la profesión o pasantía de que se trate;

III. El número de la cédula profesional o de autorización provisional para ejercer como pasante, otorgada por la autoridad educativa competente;

IV. El domicilio del Establecimiento para la Atención Médica;

V. La fecha de su expedición, y

VI. La firma autógrafa o, en caso de contar con medios tecnológicos, firma digital o electrónica de quien la expide.

Asimismo, las recetas a que se refiere este artículo deberán ajustarse a las demás especificaciones que se determinen en las disposiciones jurídicas aplicables.

Artículo reformado DOF 17-07-2018

Artículo 65. Las recetas expedidas por especialistas de la medicina, además de lo mencionado en el artículo anterior, deberán contener el número de registro de especialidad, emitido por la autoridad competente.

Artículo 66. Para el funcionamiento de todo consultorio especializado se requerirá en cada caso, de por lo menos, un profesional de la salud con especialidad en el área de que se trate.

Tratándose de consultorios dedicados a actividades profesionales, a que se refiere el artículo 79 de la Ley, distintas de la medicina y sus especialidades, se requerirá al menos de un profesional de la salud con formación específica, en el área correspondiente.

Párrafo adicionado DOF 17-07-2018

Artículo 67. DEROGADO

Artículo derogado DOF 17-07-2018

Artículo 68. Los consultorios, incluyendo los odontológicos, que utilicen fuentes de radiación, deberán ajustarse a lo dispuesto por el Capítulo IX de este Reglamento y las normas oficiales mexicanas que al efecto se emitan.

Artículo reformado DOF 01-11-2013

CAPÍTULO IV
DISPOSICIONES PARA LA PRESTACIÓN DE SERVICIOS DE HOSPITALES

Artículo 69. Para los efectos de este Reglamento, se entiende por hospital, todo establecimiento público, social o privado, cualquiera que sea su denominación y que tenga como finalidad la atención de usuarios que se internen para su diagnóstico, tratamiento o rehabilitación.

Puede también tratar pacientes ambulatorios y efectuar actividades de formación y desarrollo de personal para la salud y de investigación.

Artículo reformado DOF 01-11-2013

Artículo 70. Los hospitales se clasificarán atendiendo a su grado de complejidad y poder de resolución en:

I. HOSPITAL GENERAL: Es el establecimiento de segundo o tercer nivel para la atención de pacientes, en las cuatro especialidades básicas de la medicina: Cirugía General, Gíneco-Obstetricia, Medicina Interna, Pediatría y otras especialidades complementarias y de apoyo derivadas de las mismas, que prestan servicios de urgencias, consulta externa y hospitalización.

El área de hospitalización contará en los hospitales generales con camas de Cirugía General, Gíneco-Obstetricia, Medicina Interna y Pediatría, donde se dará atención de las diferentes especialidades de rama.

Además deberá realizar, a favor de los usuarios, actividades de prevención, curación, rehabilitación y de cuidados paliativos, así como de formación y desarrollo de personal para la salud y de investigación científica;

Párrafo reformado DOF 01-11-2013

II. HOSPITAL DE ESPECIALIDADES: Es el establecimiento de segundo y tercer nivel para la atención de pacientes, de una o varias especialidades médicas, quirúrgicas o médico-quirúrgicas que presta servicios de urgencias, consulta externa, hospitalización y que deberá realizar, a favor de los usuarios, actividades de prevención, curación, rehabilitación y de cuidados paliativos, así como de formación y desarrollo de personal para la salud, y de investigación científica, y

Fracción reformada DOF 01-11-2013

III. INSTITUTO: Es el establecimiento de tercer nivel, destinado principalmente a la investigación científica, la formación y el desarrollo de personal para la salud. Podrá prestar servicios de urgencias, consulta externa, de hospitalización y de cuidados paliativos, a personas que tengan una enfermedad específica, afección de un sistema o enfermedades que afecten a un grupo de edad.

Fracción reformada DOF 01-11-2013

Artículo 71. Los establecimientos públicos, sociales y privados que brinden servicios de atención médica para el internamiento de enfermos, están obligados a prestar atención inmediata a todo usuario, en caso de urgencia que ocurra en la cercanía de los mismos.

Artículo 72. Se entiende por urgencia, todo problema médico-quirúrgico agudo, que ponga en peligro la vida, un órgano o una función y que requiera atención inmediata.

Artículo 73. El responsable del servicio de urgencias del establecimiento, está obligado a tomar las medidas necesarias que aseguren la valoración médica del usuario y el tratamiento completo de la urgencia o la estabilización de sus condiciones generales para que pueda ser transferido.

Artículo 74. Cuando los recursos del establecimiento no permitan la resolución definitiva del problema se deberá transferir al usuario a otra institución del sector, que asegure su tratamiento y que estará obligada a recibirlo.

Artículo 75. El traslado se llevará a cabo con recursos propios de la unidad que hace el envío, bajo la responsabilidad de su encargado y conforme a las normas respectivas.

De no contarse con los medios de transporte adecuados, se utilizarán los de la institución receptora.

Artículo 76. El ingreso de usuarios a los hospitales será voluntario, cuando este sea solicitado por escrito por el propio usuario y exista previamente indicación al respecto por parte del médico tratante. A este respecto se aplicará lo dispuesto por el artículo 80 de este Reglamento para el otorgamiento del consentimiento informado.

Artículo reformado DOF 01-11-2013

Artículo 77. Será involuntario el ingreso a los hospitales, cuando por encontrarse el usuario impedido para solicitarlo por sí mismo, por incapacidad transitoria o permanente, sea solicitado por un familiar, tutor, representante legal u otra persona que en caso de urgencia solicite el servicio y siempre que exista previamente indicación al respecto por parte del médico tratante. A este respecto se aplicará lo dispuesto por el artículo 81 de este Reglamento para el otorgamiento del consentimiento informado.

Artículo reformado DOF 01-11-2013

Artículo 78. Se considera obligatorio el ingreso a los hospitales, cuando sea ordenado por la autoridad sanitaria para evitar riesgos y daños para la salud de la comunidad.

Artículo 79. En caso de egreso voluntario, aún en contra de la recomendación médica, el usuario, en su caso, un familiar, el tutor o su representante legal, deberán firmar un documento en que se expresen claramente las razones que motivan el egreso, mismo que igualmente deberá ser suscrito por lo menos por dos testigos idóneos, de los cuales uno será designado por el hospital y otro por el usuario o la persona que en representación emita el documento.

En todo caso, el documento a que se refiere el párrafo anterior relevará de la responsabilidad al establecimiento y se emitirá por duplicado, quedando un ejemplar en poder del mismo y otro se proporcionará al usuario.

Artículo 80. En todo hospital y siempre que el estado del usuario lo permita, deberá recabarse a su ingreso su autorización escrita y firmada para practicarle, con fines de diagnóstico terapéuticos, los procedimientos médico-quirúrgicos necesarios para llegar a un diagnóstico o para atender el padecimiento de que se trate, debiendo informarle claramente el tipo de documento que se le presenta para su firma.

Párrafo reformado DOF 01-11-2013

Una vez que el usuario cuente con un diagnóstico, se expresará de manera clara y precisa el tipo de padecimiento de que se trate y sus posibles tratamientos, riesgos y secuelas.

Párrafo adicionado DOF 01-11-2013

Esta autorización inicial no excluye la necesidad de recabar después la correspondiente a cada procedimiento que entrañe un alto riesgo para el paciente.

Artículo 81. En caso de urgencia o cuando el paciente se encuentre en estado de incapacidad transitoria o permanente, el documento a que se refiere el artículo anterior, será suscrito por el familiar más cercano en vínculo que le acompañe, o en su caso, por su tutor o representante legal, una vez informado del carácter de la autorización.

Cuando no sea posible obtener la autorización por incapacidad del paciente y ausencia de las personas a que se refiere el párrafo que antecede, los médicos autorizados del hospital de que se trate, previa valoración del caso y con el acuerdo de por lo menos dos de ellos, llevarán a cabo el procedimiento terapéutico que el caso requiera, dejando constancia por escrito, en el expediente clínico.

Artículo 82. El documento en el que conste la autorización a que se refieren los Artículos 80 y 81 de este Reglamento, deberá contener:

I. Nombre de la institución a la que pertenezca el hospital;

II. Nombre, razón o denominación social del hospital;

III. Título del documento;

IV. Lugar y fecha;

V. Nombre y firma de la persona que otorgue la autorización;

Fracción reformada DOF 01-11-2013

VI. Nombre y firma de los testigos, y

Fracción reformada DOF 01-11-2013

VII. Procedimiento o tratamiento a aplicar y explicación del mismo.

Fracción adicionada DOF 01-11-2013

El documento deberá ser impreso, redactado en forma clara, sin abreviaturas, enmendaduras o tachaduras.

Artículo 83. En caso de que deba realizarse alguna amputación, mutilación o extirpación orgánica que produzca modificación física permanente en el paciente o en la condición fisiológica o mental del mismo, el documento a que se refiere el artículo anterior deberá ser suscrito además, por dos testigos idóneos designados por el interesado o por la persona que lo suscriba.

Estas autorizaciones se ajustarán a los modelos que señalen las normas oficiales mexicanas.

Párrafo reformado DOF 01-11-2013

Artículo 84. Toda medida diagnóstica, preventiva, terapéutica, rehabilitatoria o paliativa que tenga carácter experimental se sujetará a lo que se establece en los artículos 100, 101, 102 y 103 de la Ley y las demás disposiciones aplicables.

Artículo reformado DOF 01-11-2013

Artículo 85. El establecimiento que retenga o pretenda retener a cualquier usuario o cadáver para garantizar el pago de la atención médica prestada, o cualquier otra obligación, se hará acreedor a las sanciones previstas por este Reglamento y demás disposiciones aplicables, sin perjuicio de las penas a que se hagan acreedores de conformidad con lo establecido en la legislación penal.

Artículo 86. En los hospitales donde sean internados enfermos en calidad de detenidos, el hospital sólo se hará responsable de la atención médica, quedando a cargo de la autoridad correspondiente a la responsabilidad de su custodia.

Artículo 87. Los servicios de urgencia de cualquier hospital, deberán contar con los recursos suficientes e idóneos de acuerdo a las normas oficiales mexicanas que emita la Secretaría, asimismo, dicho servicio deberá funcionar las 24 horas del día durante todo el año, contando para ello en forma permanente con médico de guardia responsable del mismo.

Artículo reformado DOF 01-11-2013

Artículo 88. En todo hospital, de acuerdo a su grado de complejidad y poder de resolución, se integrarán las comisiones y comités señalados por la Ley, los Reglamentos y las normas oficiales mexicanas que emita la Secretaría.

Los directores o titulares de los establecimientos para la prestación de servicios de atención médica en los que de conformidad con las disposiciones generales expedidas por la Secretaría deban constituirse un (sic) Comité Hospitalario de Bioética, deberán registrar dicho Comité ante la Comisión Nacional de Bioética, en los términos que establezcan las disposiciones jurídicas aplicables.

Artículo reformado DOF 01-11-2013

Artículo 89. En todo hospital deberá contarse con un responsable para el manejo de estupefacientes y substancias psicotrópicas de uso clínico, mismo que será el encargado de vigilar que se cumplan las disposiciones legales y reglamentarias respecto a dichos insumos.

Las actividades de dichos responsables se ajustarán a los procedimientos que señalen las normas oficiales mexicanas.

Párrafo reformado DOF 01-11-2013

Artículo 90. Es obligación del responsable del Hospital, tener un registro actualizado de identificación de los médicos que en él presten sus servicios, mismo que deberá llevarse de conformidad con lo que señalen las normas oficiales mexicanas.

Artículo reformado DOF 01-11-2013

Artículo 90 Bis 1. El certificado de nacimiento será expedido por única vez a todo nacido vivo en territorio nacional, una vez comprobado el hecho, en forma gratuita y obligatoria.

El certificado de nacimiento podrá ser expedido por un médico con cédula profesional o por la persona autorizada para ello por los gobiernos de las entidades federativas.

La Secretaría, mediante publicación que se realice en el Diario Oficial de la Federación, dará a conocer los modelos que se utilizarán como formatos para la expedición de los certificados de nacimiento.

Artículo adicionado DOF 24-01-2014

Artículo 90 Bis 2. Para la expedición del certificado de nacimiento es indispensable se corrobore, en términos de las disposiciones jurídicas aplicables, el vínculo madre-hijo, y la identidad de la madre.

La Secretaría, de conformidad con la norma oficial mexicana que para tal efecto emita, determinará la forma mediante la cual, según las circunstancias que acompañen al nacimiento, se corroborará por la persona que expida el certificado de nacimiento el vínculo madre-hijo y la identidad de la madre.

Artículo adicionado DOF 24-01-2014

Artículo 90 Bis 3. La Secretaría a efecto de establecer los mecanismos que garanticen la expedición del certificado de nacimiento, se coordinará con las dependencias y entidades de la Administración Pública Federal que correspondan, así como con las autoridades competentes de las entidades federativas.

Artículo adicionado DOF 24-01-2014

Artículo 90 Bis 4. La regulación técnica que complemente las disposiciones de este Capítulo para fijar las características y especificaciones técnicas de los certificados de nacimiento, defunción y muerte fetal, así como los criterios y procedimientos para la expedición de éstos, se establecerán en la norma oficial mexicana que emita la Secretaría.

Artículo adicionado DOF 24-01-2014

Artículo 91. Los certificados de defunción y muerte fetal serán expedidos, una vez comprobado el fallecimiento y determinadas sus causas, por:

I. El médico con título legalmente expedido, que haya asistido al fallecimiento, atendido la última enfermedad, o haya llevado a efecto el control prenatal;

II. A falta de éste, por cualquier otro médico con título legalmente expedido, que haya conocido el caso y siempre que no se sospeche que el deceso se encuentre vinculado a la comisión de hechos ilícitos, y

III. Las demás personas autorizadas por la autoridad sanitaria competente.

Los certificados a que se refiere este artículo, se extenderán en los modelos aprobados por la Secretaría y de conformidad con las normas oficiales mexicanas que la misma emita.

Párrafo reformado DOF 01-11-2013

Artículo 92. En el caso de muerte violenta o presuntamente vinculada a la comisión de hechos ilícitos, deberá darse aviso al Ministerio Público y se observarán las disposiciones legales y reglamentarias correspondientes.

Artículo 93. Únicamente se podrán practicar necropsias en los establecimientos debidamente autorizados, de conformidad con lo señalado en la legislación aplicable, sus reglamentos y las normas oficiales mexicanas que se emitan.

Artículo reformado DOF 01-11-2013

Artículo 94. La Secretaría emitirá las normas oficiales mexicanas a que se sujetarán las actividades que se desarrollen en unidades de cirugía de corta estancia.

Artículo reformado DOF 01-11-2013

Artículo 95. Los hospitales deberán contar con una dotación de medicamentos para su operatividad, las veinticuatro horas del día durante todo el año.

CAPÍTULO IV BIS
DISPOSICIONES PARA LA PRESTACIÓN DE SERVICIOS DE CIRUGÍA ESTÉTICA O COSMÉTICA

Capítulo adicionado DOF 04-12-2009

Artículo 95 Bis 1. Para los efectos de este Reglamento, se entiende por cirugía estética o cosmética, al procedimiento quirúrgico que se realiza para cambiar o corregir el contorno o forma de diferentes zonas o regiones de la cara y del cuerpo, con el propósito de modificar la apariencia física de las personas con fines estéticos.

Artículo adicionado DOF 04-12-2009

Artículo 95 Bis 2. Cualquier cirugía estética o cosmética deberá efectuarse en establecimientos o unidades médicas que cuenten con licencia sanitaria vigente en términos de lo establecido en el artículo 198, fracción V de la Ley.

Artículo adicionado DOF 04-12-2009

Artículo 95 Bis 3. Los establecimientos para la atención médica que realicen cirugías estéticas o cosméticas, deberán contar con los recursos, áreas y equipamiento que señalen las normas oficiales mexicanas que al respecto emita la Secretaría.

Artículo adicionado DOF 04-12-2009

Artículo 95 Bis 4. Únicamente podrán realizar procedimientos de cirugía estética o cosmética, los médicos con título profesional y cédula de especialidad, otorgada por una autoridad competente, en una rama quirúrgica de la medicina, en términos de los artículos 78 y 81 de la Ley. Los médicos en formación podrán realizar dichos procedimientos, acompañados y supervisados por un especialista en la materia.

Artículo adicionado DOF 04-12-2009

CAPÍTULO V
DISPOSICIONES PARA LA PRESTACIÓN DE SERVICIOS DE ATENCIÓN MATERNO-INFANTIL

Artículo 96. Para los efectos de este reglamento se entiende por:

I. HOSPITAL GINECO-OBSTETRICO: Todo establecimiento médico especializado que tenga como fin la atención de las enfermedades del aparato genital femenino, del embarazo, el parto y el puerperio, y

II. HOSPITAL PEDIATRICO: Todo establecimiento médico especializado que tenga como fin primordial la atención médica a menores de 18 años.

Artículo 97. Sólo podrán ser responsables de un hospital gineco-obstétrico, los médicos especializados en gineco-obstetricia, con un mínimo de 5 años en el ejercicio de la especialidad.

Artículo 98. El personal responsable de los servicios de cuna y similares de un hospital gineco-obstétrico, estará obligado a fomentar la lactancia materna. Sólo estarán facultados para indicar fórmulas artificiales para la alimentación de recién nacidos, los médicos que atiendan a éstos durante su estancia en el hospital.

Artículo 99. Los responsables de un hospital gineco-obstétrico tendrán la obligación de tomar las medidas necesarias para disminuir la morbimortalidad materno infantil, acatando las recomendaciones que para el efecto dicten los comités nacionales respectivos.

Artículo 100. Los reclusorios para mujeres, deberán contar con las instalaciones necesarias para la atención del embarazo, parto y puerperio, así como de recién nacidos y establecer las medidas de protección tanto para la madre como para su hijo, de acuerdo con las normas oficiales mexicanas que al efecto se emitan.

Artículo reformado DOF 01-11-2013

Artículo 101. Los orfanatorios y casas de cuna deberán contar con las instalaciones y el personal especializado necesario para la atención médica de los niños internados.

Artículo 102. Para los efectos de este Reglamento, se consideran personal no profesional autorizado para la prestación de servicios de atención médica, aquellas personas que reciban la capacitación correspondiente y cuenten con la autorización expedida por la Secretaría que los habilite a ejercer como tales, misma que deberá refrendarse cada dos años.

En todo caso, para la expedición de la autorización a que se refiere el párrafo anterior se tomarán en cuenta las necesidades de la colectividad y el auxilio requerido.

Artículo 103. El personal no profesional autorizado para la prestación de servicios de atención médica a que se refiere el artículo anterior, podrá prestar servicios de obstetricia y planificación familiar, además de otros que la Secretaría considere conveniente autorizar y que resulten de utilidad para la población.

Artículo 104. Las actividades de los auxiliares para la salud en obstetricia se sujetarán a lo que establece la Ley, este Reglamento y las normas oficiales mexicanas que al efecto emita la Secretaría y serán ejercidas bajo el control y vigilancia de la propia dependencia del Ejecutivo Federal.

Artículo reformado DOF 01-11-2013

Artículo 105. Para inscribirse en los cursos de capacitación para técnicos y auxiliares, deberán reunirse los siguientes requisitos.

I. Ser mayor de edad;

II. Saber leer y escribir;

III. Tener reconocimiento de sus actividades sobre la materia de que se trate, y

IV. Los demás que señale la Secretaría.

Artículo 106. La comprobación del requisito señalado en la fracción III del Artículo anterior se hará mediante la investigación que practique la Secretaría o por las pruebas que aporte el interesado.

Artículo 107. El personal no profesional autorizado para la prestación de servicios de salud en obstetricia, para inscribirse en los cursos de actualización de conocimientos en la materia, deberán contar con la autorización a que se refiere el artículo 102 del presente Reglamento.

Artículo 108. Los planes y programas de los cursos de capacitación y actualización, a que se hace referencia (sic) el artículo 105 del presente Reglamento, estarán a cargo de la Secretaría y serán impartidos por la propia dependencia del Ejecutivo Federal o por las instituciones autorizadas por ella para ese efecto.

Artículo reformado DOF 01-11-2013

Artículo 109. La Secretaría realizará periódicamente la supervisión de los servicios que presten y las actividades que realicen el personal a que se refiere el artículo 102 del presente Reglamento.

Artículo reformado DOF 01-11-2013

Artículo 110. El personal no profesional autorizado para la prestación de servicios en materia de obstetricia podrá:

I. Atender los embarazos, partos y puerperios normales que ocurran en su comunidad, dando aviso a la Secretaría;

II. Prescribir los medicamentos que en esos casos se requieran de acuerdo a las normas oficiales mexicanas que para dicho fin emita la Secretaría, y

Fracción reformada DOF 01-11-2013

III. Realizar las demás actividades que determine la Secretaría.

Artículo 111. No podrá, en ningún caso, el personal no profesional autorizado en la prestación de servicios de obstetricia:

I. Atender los embarazos, partos o puerperios patológicos, salvo cuando la falta de atención en forma inmediata o la transferencia de la paciente a la unidad de atención médica más cercana, hagan peligrar la vida de la madre o del producto. En este caso deberán dar aviso a la Secretaría;

II. Realizar intervenciones quirúrgicas;

III. Prescribir distintos medicamentos de los expresamente autorizados;

IV. Provocar abortos, y

V. Las demás actividades que determine la Secretaría.

Artículo 112. El personal no profesional a que se refiere el artículo 102 tendrá las siguientes obligaciones:

I. Enviar al establecimiento de atención médica más cercana, los casos de embarazos patológicos o en los que se presuma la posibilidad de partos o puerperios patológicos;

II. Comunicar de inmediato a la Secretaría los casos de partos o puerperios patológicos, solicitando la prestación de servicios por parte de profesionales de la medicina con ejercicio legalmente autorizado;

III. Dar la información que solicite la Secretaría y facilidades en la supervisión de las actividades que realicen;

IV. Asistir a las reuniones de información a las que sean citados por la Secretaría;

V. Acudir a los cursos de actualización de conocimientos que imparta la Secretaría o las instituciones autorizadas por la misma para dicho fin;

VI. Rendir trimestralmente a la Secretaría información sobre las actividades efectuadas y sus resultados;

VII. Dar a aviso a la Secretaría de los casos de cualquier enfermedad transmisible de los que tenga conocimiento o sospecha fundada;

VIII. Dar a aviso a la Secretaría de sus cambios de residencia;

IX. Las demás obligaciones que establezca la Ley, este Reglamento y demás disposiciones aplicables.

Artículo 113. La Secretaría, en las entidades federativas, llevará un registro estatal de los permisos y refrendo que expida al personal no profesional autorizado para la prestación de servicios de atención médica en obstetricia.

Artículo 114. Será sancionado el personal no profesional autorizado de salud en obstetricia que incurra en las siguientes infracciones:

I. Omitir el refrendo de la autorización;

II. No acudir a los curso de actualización de conocimiento en la materia;

III. Omitir el auxilio a que este obligado, y

IV. En general por actos u omisiones que impliquen el incumplimiento de las obligaciones derivadas de la Ley y sus disposiciones reglamentarias.

Artículo 115. Sólo podrán ser responsables de un hospital pediátrico los médicos especializados en pediatría con mínimo de cinco años en el ejercicio de la especialidad tendrán la obligación de tomar las medidas necesarias para disminuir la morbimortalidad perinatal, infantil, preescolar y escolar, acatando las recomendaciones que para el efecto dicten los comités nacionales respectivos.

CAPÍTULO V BIS
DISPOSICIONES PARA LA ATENCIÓN DE URGENCIAS OBSTÉTRICAS

Capítulo adicionado DOF 19-12-2016

Artículo 115 Bis. El presente Capítulo tiene por objeto regular la atención médica que se debe brindar a las mujeres que presenten una Urgencia Obstétrica, solicitada de manera directa o a través de la Referencia que realice una Unidad Médica Receptora, en las Unidades Hospitalarias, independientemente de su derechohabiencia o afiliación a cualquier esquema de aseguramiento.

Artículo adicionado DOF 19-12-2016

Artículo 115 Bis 1. Para efectos del presente Capítulo, además de las definiciones previstas en este Reglamento, se entenderá por:

I. Atención de la Urgencia Obstétrica: Los servicios de atención médica que deben brindarse a la mujer que presente una Urgencia Obstétrica, por el personal médico de las Unidades Hospitalarias. Dichos servicios deberán prestarse de manera inmediata, continua y de calidad, las veinticuatro horas del día, todos los días del año;

II. Contrarreferencia: El procedimiento técnico administrativo, a través del cual la Unidad Hospitalaria que haya brindado la Atención de la Urgencia Obstétrica, envía a la paciente a un establecimiento de la institución de salud a la cual se encuentra afiliada, informando a dicho establecimiento las acciones realizadas, así como el diagnóstico, pronóstico y el tratamiento que se debe seguir, a fin de garantizar la continuidad e integralidad de la atención médica a la paciente;

III. Referencia: El procedimiento técnico administrativo que permite la vinculación entre las instituciones de salud o entre establecimientos para la atención médica de una misma institución de salud, a fin de garantizar la continuidad e integralidad de la Atención de la Urgencia Obstétrica, mediante el envío de la paciente a una Unidad Hospitalaria de la misma u otra institución de salud, de acuerdo con los criterios y procedimientos que para tal efecto establezca la Secretaría;

IV. Unidades Hospitalarias: Los establecimientos para la atención médica de las instituciones de salud, que cuentan con la capacidad, recursos e infraestructura necesarios para la Atención de las Urgencias Obstétricas;

V. Unidad Médica Receptora: El establecimiento para la atención médica de cualquier institución de salud, al que acude una mujer que presenta una Urgencia Obstétrica, y

VI. Urgencia Obstétrica: La complicación médica o quirúrgica que se presenta durante la gestación, parto o el puerperio, que condiciona un riesgo inminente de morbilidad o mortalidad materna y perinatal y que requiere una acción inmediata por parte del personal de salud.

Artículo adicionado DOF 19-12-2016

Artículo 115 Bis 2. Son entidades nosológicas que pueden generar una Urgencia Obstétrica, las siguientes:

I. En cualquier momento del embarazo o el puerperio:

a) Hígado graso agudo del embarazo;

b) Trombosis venosa profunda en puérpera;

c) Hipertiroidismo con crisis hipertiroidea, y

d) Embarazo y cardiopatía II, III y IV, conforme a la Clasificación Funcional de la Insuficiencia Cardiaca de la Asociación del Corazón de Nueva York;

II. Durante la primera mitad del embarazo:

a) Aborto séptico, y

b) Embarazo ectópico;

III. Durante la segunda mitad del embarazo, con o sin trabajo de parto:

a) Preeclampsia severa complicada con Síndrome de Hellp o insuficiencia renal aguda;

b) Eclampsia;

c) Placenta previa total con o sin sangrado activo, cualquiera que sea la edad gestacional, y

d) Corioamnionitis;

IV. Complicaciones posteriores al evento obstétrico o quirúrgico:

a) Sepsis puerperal, variedades clínicas de la deciduomiometritis o pelviperitonitis;

b) Inversión uterina que requiera reducción quirúrgica;

c) Hemorragia intraabdominal posquirúrgica de cesárea o histerectomía;

d) Trombosis venosa profunda de miembros pélvicos;

e) Tromboembolia pulmonar, y

f) Embolia de líquido amniótico, y

V. Las demás que determine la Secretaría.

Artículo adicionado DOF 19-12-2016

Artículo 115 Bis 3. Las instituciones de salud deberán capacitar a su personal médico y administrativo sobre la atención prioritaria que debe brindarse en sus establecimientos para la atención médica a las pacientes que presenten una Urgencia Obstétrica y, en su caso, sobre la Referencia a una Unidad Hospitalaria, conforme a lo previsto en el presente Capítulo.

Artículo adicionado DOF 19-12-2016

Artículo 115 Bis 4. Las instituciones de salud deberán emitir procedimientos estandarizados que prevean mecanismos ágiles de ingreso, Referencia y Contrarreferencia de las pacientes que presenten una Urgencia Obstétrica, con base en los lineamientos que para tal efecto emita la Secretaría, a fin de garantizar la calidad de la Atención de la Urgencia Obstétrica.

Artículo adicionado DOF 19-12-2016

Artículo 115 Bis 5. Corresponde a la Secretaría:

I. Elaborar, actualizar y difundir el listado de las Unidades Hospitalarias, con base en la información que le proporcionen las instituciones de salud que brinden servicios de Atención de las Urgencias Obstétricas;

II. Definir los criterios y el procedimiento a que se sujetará la integración y actualización del listado de Unidades Hospitalarias a que se refiere la fracción anterior;

III. Emitir los lineamientos para el establecimiento de procedimientos estandarizados que prevean mecanismos ágiles de ingreso, Referencia y Contrarreferencia de las pacientes que presenten una Urgencia Obstétrica a que se refiere el artículo 115 Bis 4 de este Reglamento;

IV. Impulsar la celebración de instrumentos jurídicos, mediante los cuales las instituciones de salud, determinen los montos que éstas deberán pagarse derivado de la prestación de los servicios médicos que se hayan causado por la Atención de las Urgencias Obstétricas brindados a las pacientes que son derechohabientes de otra institución de salud, así como los mecanismos de pago correspondientes;

V. Dar seguimiento y evaluar las acciones para la Atención de las Urgencias Obstétricas que realicen las instituciones públicas que integran el Sistema Nacional de Salud;

VI. Determinar otras entidades nosológicas a las previstas en el artículo 115 Bis 2 del presente Reglamento, que deban considerarse como una causa de Urgencia Obstétrica, y

VII. Las demás que sean necesarias para el cumplimiento del presente Capítulo.

Artículo adicionado DOF 19-12-2016

CAPÍTULO VI
DISPOSICIONES PARA LA PRESTACIÓN DE SERVICIOS PLANIFICACIÓN FAMILIAR

Artículo 116. Corresponde a la Secretaría dictar las normas oficiales mexicanas para la prestación de los servicios básicos de salud en la materia de planificación familiar.

Artículo reformado DOF 01-11-2013

Artículo 117. La Secretaría proporcionará la asesoría y apoyo técnico que se requiera en las instituciones de los sectores público y social, así como en los establecimientos privados, para la adecuada prestación de los servicios básicos de salud en materia de planificación familiar.

Artículo 118. Será obligación de las instituciones de los sectores público, social y privado proporcionar de manera gratuita dentro de sus instalaciones, los servicios en los que se incluya información, orientación y motivación respecto a la planificación familiar, de acuerdo a las normas oficiales mexicanas que emita la Secretaría.

Artículo reformado DOF 01-11-2013

Artículo 119. Para la realización de salpingoclasias y vasectomías, será indispensable obtener la autorización expresa y por escrito de los solicitantes, previa información a los mismos sobre el carácter de la intervención y sus consecuencias.

Artículo 120. Dichas intervenciones deberán llevarse a efecto de conformidad con las normas oficiales mexicanas correspondientes.

Artículo reformado DOF 01-11-2013

CAPÍTULO VII
DISPOSICIONES PARA LA PRESTACIÓN DE SERVICIOS DE SALUD MENTAL

Artículo 121. Para los efectos de este Reglamento, se entiende por prestación de servicios de salud mental, toda acción destinada a la prevención de enfermedades mentales, así como el tratamiento y la rehabilitación de personas que las padezcan.

Artículo 122. La prevención de las enfermedades mentales quedará a cargo de la Secretaría y los gobiernos de las entidades federativas, en coordinación con las autoridades competentes en cada materia.

Artículo reformado DOF 01-11-2013

Artículo 123. Para la promoción de la salud mental, la Secretaría, las instituciones de salud y los gobiernos de las entidades federativas, en coordinación con las autoridades competentes en cada materia, fomentarán y apoyarán:

Párrafo reformado DOF 01-11-2013

I. El desarrollo de actividades educativas, socio-culturales y recreativas que contribuyan a la salud mental;

II. La realización de programas para la prevención del uso de sustancias psicotrópicas, estupefacientes, inhalantes y otras que puedan causar alteraciones mentales o dependencia, y

III. Las demás acciones que directa o indirectamente contribuyan al fomento de la salud mental de la población.

Artículo 124. Las acciones mencionadas en los artículos anteriores, serán dirigidas a la población en general con especial énfasis en la infantil y juvenil.

Artículo 125. Para la prestación de atención ambulatoria, los profesionales de la salud mental, se ajustarán a los artículos aplicables del Capítulo III de este Reglamento.

Artículo 126. Todo aquel establecimiento que albergue pacientes con padecimientos mentales, deberá contar con los recursos físicos y humanos necesarios para la adecuada protección, seguridad y atención de los usuarios, acorde a las normas oficiales mexicanas que emita la Secretaría.

Artículo reformado DOF 01-11-2013

Artículo 127. Las unidades psiquiátricas que se encuentren ubicadas en reclusorios o centros de readaptación social, además de la reglamentación interna, se ajustarán a la norma oficial mexicana de prestación de servicios que en materia de salud mental emita la Secretaría.

Artículo reformado DOF 01-11-2013

Artículo 128. En los hospitales psiquiátricos, el responsable deberá ser médico cirujano, con especialidad en psiquiatría, con un mínimo de 5 años de experiencia en la especialidad.

Asimismo, los jefes de servicio de urgencias, consulta externa y hospitalización deberán ser médicos cirujanos, con especialidad en psiquiatría, debidamente registrados ante las autoridades educativas competentes.

Artículo 129. Todo el personal que preste sus servicios en cualquier establecimiento de salud mental, deberá estar capacitado para prestarlos adecuadamente en los términos de las disposiciones legales y reglamentarias correspondientes.

Artículo 130. El responsable de cualquier establecimiento de esta naturaleza, estará obligado a desarrollar cursos de actualización para el personal de la unidad, de conformidad con lo que señalen las normas oficiales mexicanas que emita la Secretaría.

Artículo reformado DOF 01-11-2013

Artículo 131. Durante el internamiento, el usuario recibirá estímulos por medio de actividades recreativas y socio-culturales.

Artículo 132. La Secretaría asesorará a las instituciones públicas, sociales y privadas que se dediquen al cuidado y rehabilitación del enfermo mental.

Artículo 133. La información personal que el enfermo mental proporcione al médico psiquiatra o al personal especializado en salud mental, durante su tratamiento, será manejada con discreción, confidencialidad y será utilizada únicamente con fines científicos o terapéuticos. Sólo podrá ser dada a conocer a terceros, mediante orden de la autoridad judicial o sanitaria.

Artículo 134. Los expedientes clínicos sólo serán manejados por personal autorizado.

CAPÍTULO VIII
DISPOSICIONES PARA LA PRESTACIÓN DE SERVICIOS DE REHABILITACIÓN

Artículo 135. Para los efectos de este Reglamento, se entiende por:

I. INVALIDEZ: La limitación en la capacidad de una persona para realizar, por sí misma, actividades necesarias para su desempeño físico, mental, social, ocupacional y económico, como consecuencia de una insuficiencia somática, psicológica o social;

II. REHABILITACIÓN: El conjunto de medida encaminadas a mejorar la capacidad de una persona para realizar por sí misma, actividades necesarias para su desempeño físico, mental, social, ocupacional y económico, por medio de órtesis, prótesis, ayudas funcionales, cirugía reconstructiva o cualquier otro procedimiento que le permitan integrarse a la sociedad;

III. INSTITUTO DE REHABILITACIÓN: El establecimiento médico que desempeña principalmente funciones, de investigación científica y docencia en materia de rehabilitación de inválidos;

IV. CENTRO DE REHABILITACIÓN: El establecimiento médico que presta servicios de diagnóstico, tratamiento y adiestramiento ocupacional a inválidos;

V. UNIDAD DE REHABILITACIÓN: La unidad que formando parte o no de un hospital, preste servicios de diagnóstico y tratamiento a inválidos, así como recuperación de deficiencias e incapacidades;

VI. CONSULTORIO DE REHABILITACIÓN: El establecimiento que presta fundamentalmente servicios de diagnóstico y proporcione tratamientos que no requieran equipo, personal e instalaciones especiales de acuerdo con lo previsto por este Reglamento;

VII. CENTRO DE REHABILITACIÓN OCUPACIONAL: El establecimiento que proporciona fundamentalmente adiestramiento para el trabajo o empleo a inválidos en proceso de rehabilitación o rehabilitados, y

VIII. DEROGADA

Fracción derogada DOF 04-12-2009

Artículo 136. Las disposiciones previstas en este Reglamento, serán aplicables a toda institución para la rehabilitación de personas con discapacidad, aun cuando se denomine, ostente o constituya bajo otra modalidad, debiendo sujetarse a las normas oficiales mexicanas que emita la Secretaría.

Artículo reformado DOF 01-11-2013

Artículo 137. En las guarderías, jardines de niños, escuelas, institutos y en general, en aquellos establecimientos, cualquiera que sea su denominación o régimen jurídico en que se lleven a cabo actividades de educación especial o rehabilitación de personas con discapacidad, se estará a lo que señalen al efecto, las normas oficiales mexicanas que emita la Secretaría.

Artículo reformado DOF 01-11-2013

Artículo 138. Las guarderías, jardines de niños y escuelas de educación básica, promoverá actividades de detección de invalidez y los casos sospechosos, los harán del conocimiento de los padres o tutores para su adecuada atención.

CAPÍTULO VIII BIS
DISPOSICIONES PARA LA PRESTACIÓN DE SERVICIOS DE CUIDADOS PALIATIVOS

Capítulo adicionado DOF 01-11-2013

Artículo 138 Bis. El presente Capítulo tiene por objeto establecer los procedimientos generales para la prestación de cuidados paliativos adecuados a los usuarios de cualquier edad que cursan una enfermedad en estado terminal.

Artículo adicionado DOF 01-11-2013

Artículo 138 Bis 1. Los objetivos de los cuidados paliativos son:

I. Proporcionar bienestar y una calidad de vida digna hasta el momento de su muerte;

II. Prevenir posibles acciones y conductas que tengan como consecuencia el abandono u obstinación terapéutica, así como la aplicación de medios extraordinarios, respetando en todo momento la dignidad de la persona;

III. Proporcionar alivio del dolor y otros síntomas severos asociados a las enfermedades en estado terminal;

IV. Establecer los protocolos de tratamiento que se proporcionen a los enfermos en situación terminal a través de cuidados paliativos, a fin de que no se interfiera con el proceso natural de la muerte;

V. Proporcionar al enfermo en situación terminal, los apoyos físicos, psicológicos, sociales y espirituales que se requieran, a fin de brindarle la mejor calidad de vida posible, y

VI. Dar apoyo a la familia o a la persona de su confianza para ayudarla a sobrellevar la enfermedad del paciente y, en su caso, el duelo.

Artículo adicionado DOF 01-11-2013

Artículo 138 Bis 2. Para los efectos de este Capítulo, además de las definiciones previstas en el artículo 166 Bis 1 de la Ley, se entiende por:

I. DIRECTRICES ANTICIPADAS: El documento a que se refiere el artículo 166 Bis 4 de la Ley;

II. DOLOR: Es la experiencia sensorial de sufrimiento físico y emocional, de intensidad variable, que puede presentarse acompañada de daño real o potencial de tejido del paciente;

III. EQUIPO MULTIDISCIPLINARIO: Personal profesional, técnico y auxiliar de diversas disciplinas del área de la salud, que intervienen en la atención médica integral del enfermo en situación terminal;

IV. MÉDICO TRATANTE: El profesional de la salud responsable de la atención y seguimiento del plan de cuidados paliativos;

V. TRATAMIENTO CURATIVO: Todas las medidas sustentadas en la evidencia científica y principios éticos encaminadas a ofrecer posibilidades de curación de una enfermedad, y

VI. PLAN DE CUIDADOS PALIATIVOS: El conjunto de acciones indicadas, programadas y organizadas por el médico tratante, complementadas y supervisadas por el equipo multidisciplinario, las cuales deben proporcionarse en función del padecimiento específico del enfermo, otorgando de manera completa y permanente la posibilidad del control de los síntomas asociados a su padecimiento. Puede incluir la participación de familiares y personal voluntario.

Artículo adicionado DOF 01-11-2013

Artículo 138 Bis 3. La Secretaría emitirá la norma oficial mexicana que prevea, entre otros aspectos, los criterios para la atención de enfermos en situación terminal a través de cuidados paliativos que deben cumplir las instituciones y establecimientos de atención médica del Sistema Nacional de Salud que proporcionen estos servicios.

Artículo adicionado DOF 01-11-2013

Artículo 138 Bis 4. La Secretaría proporcionará la asesoría y apoyo técnico que se requiera en las instituciones y establecimientos de atención médica, de los sectores público, social y privado para la prestación de los servicios de cuidados paliativos.

Artículo adicionado DOF 01-11-2013

Artículo 138 Bis 5. Los prestadores de servicios de atención médica de los sectores público, social y privado que proporcionen cuidados paliativos, deberán brindar gratuitamente dentro del establecimiento, información, orientación y motivación sobre los cuidados paliativos, de acuerdo con la normativa aplicable.

Artículo adicionado DOF 01-11-2013

SECCIÓN PRIMERA
DE LOS DERECHOS DE LOS ENFERMOS EN SITUACIÓN TERMINAL

Sección adicionada DOF 01-11-2013

Artículo 138 Bis 6. El paciente tiene derecho a que se le informe de manera oportuna, comprensible y suficiente acerca de que el tratamiento curativo ya no está ofreciendo resultados positivos tanto para su pronóstico como para su calidad de vida, informándole y, en caso de que este así lo autorice, al tutor, representante legal, a la familia o persona de su confianza, el diagnóstico de una enfermedad en estado terminal, así como las opciones de cuidados paliativos disponibles. En caso de dudas, el paciente puede solicitar información adicional y explicaciones, mismas que deberán serle proporcionadas en la forma antes descrita. Asimismo, puede solicitar una segunda opinión.

Artículo adicionado DOF 01-11-2013

Artículo 138 Bis 7. Además de los derechos que establece el artículo 166 Bis 3 de la Ley, los pacientes enfermos en situación terminal tienen los siguientes:

I. Recibir atención ambulatoria y hospitalaria;

II. A que se le proporcionen servicios de orientación y asesoramiento a él, a su familia o persona de su confianza, así como seguimiento respecto de su estado de salud;

III. A que se respete su voluntad expresada en el documento de directrices anticipadas, y

IV. Los demás que señalen las disposiciones aplicables.

Artículo adicionado DOF 01-11-2013

Artículo 138 Bis 8. Las directrices anticipadas podrán ser revocadas en cualquier momento únicamente por la persona que las suscribió.

Cuando por el avance de la medicina surgieran tratamientos curativos nuevos o en fase de experimentación que pudieran aplicarse al enfermo en situación terminal, se le informará de ese hecho, a efecto de que pueda ratificar por escrito su voluntad de no recibir cuidados paliativos o de revocarla por escrito para someterse a dichos tratamientos.

Si el estado de salud del enfermo en situación terminal le impide estar consciente o en pleno uso de sus facultades mentales, la decisión a que se refiere el párrafo anterior podrá tomarla su familiar, tutor, representante legal o persona de su confianza.

Artículo adicionado DOF 01-11-2013

Artículo 138 Bis 9. Sin menoscabo de lo previsto en el artículo 166 Bis 8 de la Ley, a los menores de edad se les proporcionará la información completa y veraz que por su edad, madurez y circunstancias especiales, requieran acerca de su enfermedad en situación terminal y los cuidados paliativos correspondientes.

Artículo adicionado DOF 01-11-2013

Artículo 138 Bis 10. A partir de que se diagnostique con certeza la situación terminal de la enfermedad por el médico tratante, se proporcionarán los cuidados paliativos, con base en el plan de cuidados paliativos establecido por dicho médico. No se podrá proporcionar estos cuidados si no se cuenta con dicho plan.

Artículo adicionado DOF 01-11-2013

Artículo 138 Bis 11. La prestación de servicios de atención ambulatoria en materia de cuidados paliativos se ajustará, en lo general, a lo dispuesto por el Capítulo III de este Reglamento, así como en lo previsto en el presente Capítulo.

Artículo adicionado DOF 01-11-2013

SECCIÓN SEGUNDA
DE LAS FACULTADES Y OBLIGACIONES DE LAS INSTITUCIONES DE SALUD

Sección adicionada DOF 01-11-2013

Artículo 138 Bis 12. Las instituciones del Sistema Nacional de Salud promoverán que la capacitación y actualización de los profesionales, técnicos y auxiliares de la salud en materia de cuidados paliativos se realice por lo menos una vez al año.

Para efectos de fomentar la creación de áreas especializadas que dispone la Ley en la fracción V del artículo 166 Bis 13, las instituciones del Sistema Nacional de Salud, de acuerdo con el grado de complejidad, capacidad resolutiva, disponibilidad de recursos financieros, organización y funcionamiento, contarán con la infraestructura, personal idóneo y recursos materiales y tecnológicos adecuados para la atención médica de cuidados paliativos, de conformidad con la norma oficial mexicana que para este efecto emita la Secretaría.

Las instituciones y establecimientos de atención médica que proporcionen cuidados paliativos deberán contar con el abasto suficiente de fármacos e insumos para el manejo del dolor del enfermo en situación terminal.

Artículo adicionado DOF 01-11-2013

Artículo 138 Bis 13. Los médicos tratantes en cuidados paliativos en las instituciones y establecimientos de segundo y tercer nivel y equivalentes del sector social y privado, tendrán las siguientes obligaciones:

I. Proporcionar información al enfermo en situación terminal, sobre los resultados esperados y posibles consecuencias de la enfermedad o el tratamiento, respetando en todo momento su dignidad;

II. Prescribir el plan de cuidados paliativos, atendiendo a las características y necesidades específicas de cada enfermo en situación terminal;

III. Cumplir con las directrices anticipadas;

IV. Conducirse de conformidad con lo señalado en la Ley, el presente Reglamento y demás disposiciones aplicables;

V. Participar en la elaboración y aplicación de planes y protocolos de tratamiento de cuidados paliativos, así como en la evaluación de la eficacia de los mismos;

VI. Brindar apoyo psicológico a los familiares o la persona de su confianza para afrontar la enfermedad del paciente y, en su caso, sobrellevar el duelo;

VII. Capacitar, auxiliar y supervisar al paciente para fomentar el autocuidado de su salud, así como a su familia o responsable de su cuidado, preservando la dignidad de la persona enferma y favoreciendo su autoestima y autonomía;

VIII. Prescribir los fármacos que requiera la condición del enfermo en situación terminal sujeto al plan y protocolo de tratamiento de cuidados paliativos, y

IX. Las demás que señalen las disposiciones aplicables.

Artículo adicionado DOF 01-11-2013

Artículo 138 Bis 14. Es responsabilidad del médico tratante y del equipo multidisciplinario identificar, valorar y atender en forma oportuna, el dolor y síntomas asociados que el usuario refiera, sin importar las distintas localizaciones o grados de intensidad de los mismos, indicar el tratamiento adecuado a cada síntoma según las mejores evidencias médicas, con apego a los principios científicos y éticos que orientan la práctica médica, sin incurrir en ningún momento en acciones o conductas consideradas como obstinación terapéutica ni que tengan como finalidad terminar con la vida del paciente.

Artículo adicionado DOF 01-11-2013

Artículo 138 Bis 15. El plan de cuidados paliativos deberá considerar aquellas acciones que se deban llevar a cabo en el domicilio del enfermo en situación terminal, por parte de los familiares, cuidadores o personal voluntario, tomando en cuenta los siguientes criterios:

I. Deberán ser indicados por el médico tratante, de acuerdo con las características específicas y condición del usuario. Este hecho deberá ser registrado en el expediente clínico del enfermo en situación terminal;

II. Se deberá involucrar al equipo multidisciplinario de la institución o establecimiento de atención médica que proporciona los cuidados paliativos;

III. El equipo multidisciplinario brindará la capacitación que corresponda en los distintos ámbitos de competencia profesional, a los familiares, cuidadores o personal voluntario, que tendrá a su cargo la atención y cuidados básicos domiciliarios del enfermo en situación terminal;

IV. El equipo multidisciplinario supervisará el cumplimiento de las acciones y cuidados básicos domiciliarios indicados por el médico tratante, dentro del plan de cuidados paliativos. Los hallazgos deberán ser reportados al médico tratante y registrados en el expediente clínico del enfermo en situación terminal, y

V. Los demás que determinen las disposiciones aplicables.

Artículo adicionado DOF 01-11-2013

Artículo 138 Bis 16. Para el caso de que los cuidados paliativos se lleven a cabo en el domicilio del enfermo en situación terminal y se requiera asistencia telefónica, la Secretaría deberá:

I. Ser expedita, atenta, respetuosa y suficiente para satisfacer las necesidades de información de la persona que llama;

II. Documentar y anexar el reporte de la llamada al expediente clínico del enfermo en situación terminal, y

III. Satisfacer los demás requisitos que al efecto se establezcan.

Artículo adicionado DOF 01-11-2013

Artículo 138 Bis 17. Todo aquel establecimiento que preste servicios de cuidados paliativos a enfermos en situación terminal deberá contar con los recursos físicos, humanos y materiales necesarios para la protección, seguridad y atención con calidad de los usuarios, de conformidad con las normas oficiales mexicanas que emita la Secretaría.

Artículo adicionado DOF 01-11-2013

Artículo 138 Bis 18. Para efectos de obtener la autorización a que se refieren los artículos 80 y 81 del presente Reglamento, y demás disposiciones jurídicas aplicables, se le deberá explicar al usuario el motivo por el cual se da fin al tratamiento curativo y se sugiere la aplicación de los cuidados paliativos.

Artículo adicionado DOF 01-11-2013

Artículo 138 Bis 19. El equipo multidisciplinario estará integrado, al menos, por:

I. Médico tratante;

II. Enfermera;

III. Fisioterapeuta;

IV. Trabajador Social o su equivalente;

V. Psicólogo;

VI. Algólogo o Anestesiólogo;

VII. Nutriólogo, y

VIII. Los demás profesionales, técnicos y auxiliares que requiera cada caso en particular.

Artículo adicionado DOF 01-11-2013

Artículo 138 Bis 20. La información personal que se proporcione al médico tratante o al equipo multidisciplinario en cuidados paliativos por el enfermo en situación terminal, será utilizada con confidencialidad y empleada únicamente con fines científicos o terapéuticos en los términos que disponga la norma oficial mexicana que al efecto expida la Secretaría y demás disposiciones aplicables.

Artículo adicionado DOF 01-11-2013

Artículo 138 Bis 21. Los comités de bioética de las instituciones de salud, tratándose de cuidados paliativos, deberán:

I. Avalar el plan de cuidados paliativos, a solicitud del médico tratante, en aquellos casos que sean difíciles o complicados por la naturaleza de la enfermedad en situación terminal o las circunstancias en que esta se desarrolle, cuidando que durante el análisis del plan se proporcionen los medicamentos necesarios para mitigar el dolor, salvo que estos pongan en riesgo su vida;

II. Proponer políticas y protocolos para el buen funcionamiento del equipo tratante multidisciplinario en cuidados paliativos, y

III. Lo que le establezcan las demás disposiciones jurídicas aplicables.

Artículo adicionado DOF 01-11-2013

SECCIÓN TERCERA
DE LAS DIRECTRICES ANTICIPADAS

Sección adicionada DOF 01-11-2013

Artículo 138 Bis 22. Las instituciones del Sistema Nacional de Salud deberán observar la voluntad expresada en las directrices anticipadas. Cuando no se ejecute de manera exacta la voluntad expresada en las directrices anticipadas, se estará a las sanciones que establezcan las leyes aplicables.

Se exceptúa de lo previsto en el párrafo anterior aquellas disposiciones que sean contrarias al orden jurídico mexicano, particularmente por lo que hace al tipo penal equivalente a la eutanasia y al suicidio asistido. La ejecución de esas disposiciones por el personal médico, técnico y auxiliar de la salud no los exime de las responsabilidades de cualquier tipo que pudieran contraer.

Artículo adicionado DOF 01-11-2013

Artículo 138 Bis 23. Las directrices anticipadas podrán ser suscritas por cualquier persona mayor de edad en pleno uso de sus facultades mentales, independientemente del momento en que se diagnostique como enfermo en situación terminal.

Artículo adicionado DOF 01-11-2013

Artículo 138 Bis 24. El documento de directrices anticipadas deberá contar con las siguientes formalidades y requisitos:

I. Realizarse por escrito, con el nombre, firma o huella digital del suscriptor y de dos testigos;

II. Constar que la voluntad se ha manifestado de manera personal, libre e inequívoca;

III. La manifestación, expresa o no, respecto a la disposición de órganos susceptibles de ser donados;

IV. La indicación de recibir o no cualquier tratamiento, en caso de padecer una enfermedad en situación terminal, y

V. En su caso, el nombramiento de uno o varios representantes para corroborar la ejecución de la voluntad del enfermo en situación terminal.

La aceptación de la representación a que se refiere el párrafo anterior, deberá realizarse en el mismo acto en que se suscriban las directrices anticipadas y deberá constar en el mismo documento.

Artículo adicionado DOF 01-11-2013

Artículo 138 Bis 25. Serán nulas las directrices anticipadas que establezcan el pedimento para asistir o provocar intencionalmente la muerte, particularmente, por lo que hace a la eutanasia y el suicidio asistido. Asimismo, se considerarán nulas las directrices, cuando contravenga lo establecido en la Ley, el presente Reglamento y demás disposiciones jurídicas aplicables.

Artículo adicionado DOF 01-11-2013

Artículo 138 Bis 26. Son obligaciones de los representantes, a que se refiere el artículo 138 Bis 24 de este Reglamento:

I. Corroborar la ejecución de la voluntad del enfermo en situación terminal, en los términos establecidos por este en las directrices anticipadas;

II. Revisar los cambios y modificaciones que se realicen en las directrices anticipadas con posterioridad a la aceptación de la representación, y

III. Las demás que le señalen las disposiciones jurídicas aplicables.

Artículo adicionado DOF 01-11-2013

Artículo 138 Bis 27. En caso de que el enfermo en situación terminal decida revocar o modificar las directrices anticipadas, deberá cumplir con las mismas formalidades y requisitos que se exigieron para su suscripción.

Artículo adicionado DOF 01-11-2013

CAPÍTULO IX
DISPOSICIONES PARA LA PRESTACIÓN DE LOS SERVICIOS AUXILIARES DE DIAGNÓSTICO Y TRATAMIENTO

SECCIÓN PRIMERA

Artículo 139. Para efectos de este Reglamento se consideran servicios auxiliar de diagnóstico y tratamiento, a todo establecimiento público, social o privado, independiente o ligado a algún servicio de atención médica, que tenga como fin coadyuvar en el estudio, resolución y tratamiento de los problemas clínicos.

Artículo 140. Los servicios auxiliares de diagnóstico y tratamiento serán:
I. Laboratorios de:
a) Patología clínica, y
b) Anatomía patológica, histopatología y citología exfoliativa.
II. Gabinetes de:
a) Radiología y tomografía axial computarizada;
b) Medicina nuclear;
c) Ultrasonografía, y,
d) Radioterapia.

Artículo 141. Los requisitos de organización, funcionamiento e ingeniería sanitaria de los servicios auxiliares de diagnóstico y tratamiento, serán determinados por las normas oficiales mexicanas que emita la Secretaría.

Artículo reformado DOF 01-11-2013

Artículo 142. Los servicios auxiliares de diagnóstico y tratamiento llevarán un registro de sus actividades conforme lo señale la norma oficial mexicana respectiva.

Artículo reformado DOF 01-11-2013

Artículo 143. Los establecimientos que presten servicios de auxiliares de diagnóstico y tratamiento, deberán contar con un responsable en los términos que señala el presente Reglamento, pudiendo asumir, en su caso, hasta dos responsivas.

Artículo 144. Las obligaciones de los responsables a que se refiere el artículo anterior, además de las que se mencionan en el capítulo de Disposiciones Generales de este Reglamento serán:

I. Notificar por escrito a la Secretaría de los casos de enfermedades transmisibles, con diagnóstico cierto o probable, además de cualquier sospecha de intoxicación por agentes químicos, físicos o bacteriológicos;

II. Llevar a cabo los sistemas de control tanto interno como externo que determine la Secretaría;

III. Vigilar que los resultados de los estudios sean firmados por el personal autorizado y de manera autógrafa;

IV. Vigilar que las muestras de los productos biológicos, el material y el equipo contaminado o potencialmente contaminado, sean esterilizados y descontaminados antes de ser desechados o reutilizados, según las normas oficiales mexicanas que al respecto señale la Secretaría;

Fracción reformada DOF 01-11-2013

V. Vigilar y mantener el buen funcionamiento de la recepción y toma de muestras que el laboratorio o gabinete tenga establecida fuera del local;

VI. Mantener actualizada la documentación del personal del laboratorio o gabinete a que se refiere el Artículo 24 de este Reglamento;

VII. Comunicar por escrito a la Secretaría los exámenes que van a ser realizados por otros laboratorios o gabinetes, anexando las correspondientes cartas convenio, así como informar cuando éstas dejen de tener validez;

VIII. Comunicar a la Secretaría el horario de su asistencia al establecimiento, que no podrá ser menor de tres horas diarias, así como cualquier cambio en el mismo;

IX. Vigilar el cumplimiento de los convenios en lo referente a la ejecución de los estudios que su laboratorio o gabinete realice, y

X. Comunicar por escrito a la Secretaría la fecha de cesación de sus funciones como responsable, ya sea con carácter temporal que exceda de quince días o con carácter definitivo; en este último caso, devolver la autorización de responsable a las autoridades sanitarias, en un plazo no mayor de quince días, para su cancelación.

Artículo 145. Los servicios auxiliares de diagnóstico y tratamiento deberán contar con la correspondiente licencia sanitaria, la que deberá conservarse en buen estado y en lugar visible dentro del establecimiento.

Artículo 146. Los establecimientos deberán designarse con la denominación que se exprese en su licencia sanitaria, además, tendrán a la vista del público un rótulo de cuando menos veinte por treinta centímetros, en el que conste el nombre del responsable, la institución que le expidió el título, diploma o constancia, los números de registro del mismo y el horario en que asiste.

Artículo 147. El personal que labora en los establecimientos a que se refiere este capítulo, deberá portar gafetes de identificación, en los que conste el nombre del establecimiento, el nombre, domicilio y fotografía del empleado, así como el puesto que desempeña y el horario en que asiste.

SECCIÓN SEGUNDA
DE LOS LABORATORIOS

Artículo 148. Serán considerados laboratorios, los establecimientos que presten servicios de:

I. Patología clínica, y

II. Anatomía patológica, histopatología y citología exfoliativa.

Artículo 149. Los laboratorios de patología clínica deberán contar con las siguientes áreas:

I. Sala de espera;

II. Recepción y toma de muestras;

III. Laboratorio;

IV. Administración, y

V. Instalaciones sanitarias.

Artículo 150. Los laboratorios de patología clínica deberán estar en posibilidad, de acuerdo a su poder de resolución, de efectuar las pruebas que señale la norma oficial mexicana que emita la Secretaría.

Artículo reformado DOF 01-11-2013

Artículo 151. Para las pruebas que se envíen a otros laboratorios para su proceso, deberán concertarse convenios suscritos por los responsables de los laboratorios involucrados, los cuales deberán ser autorizados por la Secretaría y tendrán una vigencia de 2 años.

Artículo 152. Los servicios para la recepción y toma de muestras no podrán funcionar en forma independiente, por lo tanto, el responsable y la licencia sanitaria de dichos servicios, serán los mismos del laboratorio propietario y deberán contar para su funcionamiento, con el personal autorizado por la Secretaría de conformidad con la norma oficial mexicana que la misma emita.

Artículo reformado DOF 01-11-2013

Artículo 153. Se entiende por recepción y toma de muestras el servicio que sólo realiza esta función, para después trasladarlas a un laboratorio autorizado.

Artículo 154. Los servicios a que se refiere el artículo anterior deberán contar con los medios necesarios para la toma, conservación y transporte de las muestras.

Artículo 155. Las muestras para los estudios de laboratorio deberán ser procesadas dentro del tiempo que garantice la exactitud de los resultados.

Artículo 156. Los exámenes prenupciales solamente podrán ser realizados por laboratorios de patología clínica autorizados por la Secretaría para este fin y los resultados deberán ser firmados exclusivamente por el responsable.

Artículo 157. Los laboratorios de patología clínica podrán incluir los otros servicios auxiliares de diagnóstico y tratamiento, los cuales, en cada caso, deberán ajustarse a las normas oficiales mexicanas de la Secretaría.

Artículo reformado DOF 01-11-2013

Artículo 158. Los laboratorios deberán emplear reactivos y medios de cultivo de la más alta calidad, de acuerdo con la norma oficial mexicana que emita la Secretaría.

Artículo reformado DOF 01-11-2013

Artículo 159. Los laboratorios de patología clínica que manejen isótopos radioactivos, estarán obligados a observar las medidas de seguridad y protección que determine la Secretaría, la que además vigilará el cumplimiento de las disposiciones vigentes.

Artículo 160. Los laboratorios que manejen isótopos radioactivos, deberán obtener previamente autorización de la Secretaría y de la Comisión Nacional de Seguridad Nuclear y Salvaguardias, para el almacenamiento, transporte y manejo de substancias radioactivas.

Artículo 161. Las pruebas de diagnóstico que requieran material radioactivo deberán ser efectuadas por personal especializado en Medicina Nuclear o por personal técnico adiestrado que actúe bajo la responsabilidad del mismo.

Artículo 162. Los tratamientos médicos con isótopos radioactivos que se realicen en el laboratorio, serán practicados exclusivamente por médicos especialistas, bajo su propia responsabilidad. Cuando los radioisótopos sean requeridos para tratamiento en el curso de intervenciones quirúrgicas, se deberán tomar las medidas de seguridad que la Secretaría señale al respecto a través de la norma oficial mexicana respectiva.

Artículo reformado DOF 01-11-2013

Artículo 163. Podrán ser responsables de un laboratorio de patología clínica:

I. Los químicos farmaco-biólogos, químicos bacteriólogos, parasitólogos o biólogos, con título expedido y registrado por la autoridad educativa competente;

II. Los médicos cirujanos que cuenten con certificados de especialidad en cualquiera de las áreas de laboratorio clínico, expedido por el consejo correspondiente o bien, presentar constancia de grado universitario de maestría o doctorado en las áreas de laboratorio de patología clínica, expedida por una institución educativa competente, y

III. Los demás que determine la Secretaría.

Artículo 164. Los servicios auxiliares de diagnóstico y tratamiento anexos a un laboratorio de patología clínica, podrán funcionar con una licencia sanitaria única, que comprenda las diversas actividades, siempre que pertenezcan al mismo propietario.

Artículo 165. Los laboratorios de patología clínica o servicios para la recepción y toma de muestras anexos a consultorios médicos, aun cuando sólo den servicio a los pacientes de dichos consultorios, deberán contar para su funcionamiento con licencia sanitaria, tanto para el laboratorio o servicio para recepción y toma de muestras, como para el consultorio.

Artículo 166. Los laboratorios deberán contar con los medios necesarios para conservar y almacenar las muestras, reactivos y medios de cultivo en las condiciones óptimas que marquen las normas oficiales mexicanas respectivas.

Artículo reformado DOF 01-11-2013

Artículo 167. Los laboratorios que tengan anexo banco de sangre, servicios de transfusión o laboratorios de medicina nuclear, deberán cumplir con las especificaciones del presente Reglamento y las normas oficiales mexicanas que emita la Secretaría.

Artículo reformado DOF 01-11-2013

Artículo 168. Los laboratorios de anatomía patológica, histopatología y citología exfoliativa deberán contar con las siguientes áreas:

I. Toma de muestras;

II. Sala de necropsias en unidades hospitalarias;

III. Estudio y descripción;

IV. Fotografía y microfotografía;

V. Laboratorio;

VI. Conservación y almacenamiento de órganos, tejidos y cadáveres en las unidades hospitalarias únicamente;

VII. Archivo de protocolo y laminillas;

VIII. Administración, y

IX. Instalaciones sanitarias.

Artículo 169. Los laboratorios de anatomía patológica, histopatología y citología exfoliativa deberán de acuerdo a su poder de resolución, estar en posibilidad de practicar los estudios que señale la norma oficial mexicana.

Artículo reformado DOF 01-11-2013

Artículo 170. Podrán ser responsables de un laboratorio de anatomía patológica, histopatología y citología y exfoliativa:

I. Los médicos cirujanos anatomopatólogos con título expedido y registrado por la autoridad educativa competente, o presentar constancia de grado de una institución reconocida por la Secretaría;

II. En los casos de laboratorios de citología exfoliativa, los médicos cirujanos que cuenten con certificado de la especialidad expedida por el consejo correspondiente o por una institución educativa competente, y

III. Los demás que determine la Secretaría.

Artículo 171. Los establecimientos que presten servicios de anatomía patológica, histopatología y citología exfoliativa podrán ser parte de una unidad hospitalaria o funcionar en forma independiente.

Artículo 172. La organización y funcionamiento de los laboratorios de anatomía patológica, histopatología y citología exfoliativa, será determinada por la norma oficial mexicana, emitida por la Secretaría.

Artículo reformado DOF 01-11-2013

SECCIÓN TERCERA
DE LOS GABINETES

Artículo 173. Serán considerados Gabinetes, los establecimientos que presten servicios de:

I. Radiología y Tomografía Axial Computarizada;

II. Medicina Nuclear;

III. Ultrasonografía; y

IV. Radioterapia;

Artículo 174. Se entiende por Gabinete de Radio-diagnóstico al establecimiento que utilice equipos y aparatos de Rayos X con fines de diagnóstico.

Artículo 175. Para los efectos de este reglamento se entenderá por:

I. SEGURIDAD RADIOLÓGICA: El conjunto de medidas preventivas destinadas a mantener las dosis de radiaciones producidas por aparatos de rayos X tipo diagnóstico, a los niveles más bajos que señalen las normas oficiales mexicanas respectivas;

Fracción reformada DOF 01-11-2013

II. RESPONSABLE EN SEGURIDAD RADIOLÓGICA: Al profesional encargado de vigilar y supervisar que los equipos de rayos X tipo diagnóstico funcionen de acuerdo a las normas oficiales mexicanas respectivas, así como de asesorar al Técnico Radiólogo en el empleo adecuado de los mismos;

Fracción reformada DOF 01-11-2013

III. MÉDICO RADIÓLOGO: Al profesional que utilice directamente el equipo de rayos X tipo diagnóstico y que será responsable que se garanticen las dosis mínimas al paciente y al personal ocupacionalmente expuesto, de acuerdo a las normas oficiales mexicanas respectivas;

Fracción reformada DOF 01-11-2013

IV. TÉCNICO RADIÓLOGO: La persona que bajo la supervisión del responsable de seguridad radiológica, o del Médico Radiólogo, opere los aparatos y equipos de Rayos X tipo diagnóstico;

V. PERSONAL OCUPACIONALMENTE EXPUESTO: La persona que trabaja en las instalaciones de Rayos X tipo diagnóstico;

VI. PACIENTE: La persona expuesta a las radiaciones producidas por un equipo de Rayos X con fines diagnósticos;

VII. PUBLICO: Toda persona que puede estar expuesta a las radiaciones de equipos de Rayos X tipo diagnóstico, por encontrarse en las inmediaciones de una instalación en el momento de funcionar dichos equipos;

VIII. DOSIS MÁXIMA PERMISIBLE: Es la mayor cantidad de radiaciones, que se permite, reciba una persona de acuerdo a las normas oficiales mexicanas, y

Fracción reformada DOF 01-11-2013

IX. REM: La unidad de medición de radiaciones recibidas. Para efectos de rayos X equivale a 1 rad o 1 roentgen.

Artículo 176. Tanto en los establecimientos, como las unidades móviles que utilicen fuentes de radiación con fines de diagnóstico y tratamiento, deberán tener un responsable y sujetarse a las normas oficiales mexicanas que emita la Secretaría y, en su caso, la Comisión Nacional de Seguridad Nuclear y Salvaguardias.

Artículo reformado DOF 01-11-2013

Artículo 177. Para ser responsable de Seguridad Radiológica se deberán cumplir los siguientes requisitos:

I. Ser medico Cirujano con título legalmente expedido y registrado ante las autoridades educativas competentes;

II. Tener certificado de la especialidad;

III. Contar con autorización de la Secretaría, y

IV. Los demás que determine la Secretaría.

Artículo 178. Son obligaciones del responsable en seguridad radiológica:

I. Asesorar al personal que labora en el establecimiento en la aplicación de las normas oficiales mexicanas de seguridad y radiológica;

Fracción reformada DOF 01-11-2013

II. Vigilar que se cumplan las normas oficiales mexicanas que emitan la Secretaría y la Comisión Nacional de Seguridad Nuclear y Salvaguardias;

Fracción reformada DOF 01-11-2013

III. Capacitar al personal en los métodos de seguridad radiológica e informarle sobre los riesgos que implica su trabajo;

IV. Llevar el registro de los diferentes niveles de radiación a los que se encuentre expuesto el personal que trabaje con equipos de Rayos X tipo diagnóstico, así como de los niveles de radiación en las áreas vecinas;

V. Investigar los casos de exposición excesiva o anormal y tomar inmediatamente medidas necesarias para evitar su repetición, así como dar aviso a la Secretaría;

VI. Informar al personal ocupacionalmente expuesto acerca de la dosis que ha recibido en el desempeño de sus labores, y

VII. Las demás análogas que determine la Secretaría.

Artículo 179. Las dosis máximas permisibles se ajustarán a lo dispuesto en las normas oficiales mexicanas respectivas.

Artículo reformado DOF 01-11-2013

Artículo 180. El personal ocupacionalmente expuesto estará obligado a comunicar al responsable de seguridad radiológica, las dosis de radiaciones recibidas en el desempeño de actividades similares en otros establecimientos; en este caso, el responsable deberá someterlo a un control continuo de dosis individual y a los exámenes que señalen las normas oficiales mexicanas respectivas.

Artículo reformado DOF 01-11-2013

Artículo 181. El personal ocupacionalmente expuesto deberá ser sometido a exámenes médicos antes de ser empleado y periódicamente durante el tiempo en que preste sus servicios, de acuerdo a las normas oficiales mexicanas que emita la Secretaría.

Artículo reformado DOF 01-11-2013

Artículo 182. En ningún establecimiento en que se presten servicios de radiodiagnóstico podrá emplearse a personas menores de 18 años.

Artículo 183. Sólo bajo prescripción médica se expondrá a un ser humano a las radiaciones producidas por un aparato de Rayos X tipo diagnóstico.

Artículo 184. Sólo se aplicarán encuestas de salud pública que impliquen el uso de Rayos X, cuando no exista otro método de diagnóstico menos agresivo que garantice plenamente la detección de las enfermedades.

Artículo 185. Los fluoroscopios solamente podrán ser operados por médicos radiólogos.

Artículo 186. Queda estrictamente prohibido el uso de equipos portátiles de fluoroscopía y los llamados fluoroscopios de mano y de cabeza.

Artículo 187. Durante la radiación, sólo permanecerán en la sala de Rayos X, el paciente y el personal necesario para la ejecución del estudio de que se trate.

Artículo 188. Los accesos a las salas de Rayos X, deberán mantenerse cerrados durante la radiación.

Artículo 189. En los establecimientos donde se presten servicios de radiodiagnóstico deberá contarse con anuncios visibles al público que indiquen la presencia de radiaciones.

Artículo 190. La sala de rayos X deberá contar con el blindaje que señalen las normas oficiales mexicanas que emita la Secretaría y, en su caso, la Comisión Nacional de Seguridad Nuclear y Salvaguardias.

Artículo reformado DOF 01-11-2013

Artículo 191. Se entiende como gabinetes de medicina nuclear, aquellos establecimientos que utilizan fuentes de radiación abierta para uso tanto in vivo como in vitro, con fines de diagnóstico y tratamiento.

Artículo 192. Los establecimientos de medicina nuclear, deberán sujetarse a lo dispuesto por la Ley, este Reglamento y las normas oficiales mexicanas que emita la Secretaría, y la Comisión Nacional de Seguridad Nuclear y Salvaguardias.

Artículo reformado DOF 01-11-2013

Artículo 193. Para ser responsable de un gabinete de medicina nuclear se deberán cumplir los siguientes requisitos:

I. Ser médico cirujano con título legalmente expedido y registrado ante las autoridades educativas competentes;

II. Tener certificado de especialidad;

III. Contar con autorización de la Secretaría y la Comisión Nacional de Seguridad Nuclear y Salvaguardias, y

IV. Los demás que determine la Secretaría.

Artículo 194. Los gabinetes de medicina nuclear deberán contar con un responsable en seguridad radiológica, cuyas obligaciones serán las señaladas en el Artículo 178 de este Reglamento.

Artículo 195. El personal técnico que opere el equipo y los aparatos de medicina nuclear, deberá acreditar su capacidad ante la Secretaría.

Artículo 196. Los establecimientos de medicina nuclear, así como el personal que labore en ellos deberá cumplir con las disposiciones de Seguridad Radiológica, mencionadas en este Reglamento y demás disposiciones aplicables.

Artículo 197. Los establecimientos de medicina nuclear, deberán observar las normas oficiales mexicanas que emitan la Secretaría y la Comisión Nacional de Seguridad Nuclear y Salvaguardias en lo referente a contaminación, eliminación de residuos y control de los materiales radioactivos.

Artículo reformado DOF 01-11-2013

Artículo 198. Los establecimientos de Medicina Nuclear, de preferencia deberán estar dentro de una Unidad Hospitalaria y contará con las siguientes áreas:

I. Sala de espera;

II. Consultorios;

III. Laboratorio;

IV. Sala de terapia;

V. Administración, y

VI. Instalaciones sanitarias.

Artículo 199. Los gabinetes de medicina nuclear almacenarán sus materiales y reactivos en la forma que se especifique en los instructivos correspondientes.

Artículo 200. Las pruebas diagnóstica deberán ser efectuadas por médicos cirujanos especializados en medicina nuclear o personal técnico adiestrado que actúe bajo la responsabilidad de un médico especializado en medicina nuclear.

Artículo 201. Los tratamientos médicos con material radiactivo serán realizados bajo la responsabilidad del médico especialista en medicina nuclear; cuando los radioisótopos sean requeridos por tratamiento en el curso de intervenciones quirúrgicas, se deberán tomar las medidas de seguridad que la Secretaría señale al respecto.

Artículo 202. Se entiende por gabinete de ultrasonografía el establecimiento que utiliza aparatos y equipos de ultrasonografía con fines de diagnóstico.

Artículo 203. La aplicación de los procedimientos de ultrasonografía deberán sujetarse a las normas oficiales mexicanas que emita la Secretaría.

Artículo reformado DOF 01-11-2013

Artículo 204. El responsable de un gabinete de ultrasonografía deberá cumplir con los siguientes requisitos:

I. Ser médico cirujano con título registrado ante las autoridades educativas competentes;

II. Tener certificado de la especialidad;

III. Contar con autorización de la Secretaria, y

IV. Los demás que determine la Secretaría.

Artículo 205. La sala de ultrasonografía, deberá estar aislada y protegida de cualquier otro servicio, particularmente de los que emplean fuentes de radiación.

Artículo 206. El personal técnico que opere el equipo y aparatos de ultrasonografía desarrollará sus actividades bajo la supervisión del responsable.

Artículo 207. Se entiende por gabinete de radioterapia, el establecimiento que utiliza fuentes de radiación ionizante con fines terapéuticos.

Artículo 208. Se entiende por radiaciones ionizantes las emitidas por bombas de cobalto, de cesio, aceleradores lineales, betatrones y los tubos de Rayos X.

Artículo 209. Los establecimientos de radioterapia deberán sujetarse a lo dispuesto por la Ley, este Reglamento y las normas oficiales mexicanas que emita la Secretaría, y en su caso, la Comisión Nacional de Seguridad Nuclear y Salvaguardias.

Artículo reformado DOF 01-11-2013

Artículo 210. Los gabinetes de radioterapia, deberán contar con un responsable en seguridad radiológica, cuyas obligaciones serán las señaladas en el artículo 176 de este Reglamento.

Artículo 211. El responsable de un gabinete de radioterapia deberá cumplir con los siguientes requisitos:

I. Ser médico cirujano con título registrado ante las autoridades educativas competentes;

II. Tener certificado de la especialidad;

III. Contar con autorización de la Secretaría y la Comisión Nacional de Seguridad Nuclear y Salvaguardias, y

IV. Los demás que determine la Secretaría.

Artículo 212. El personal técnico que opere el equipo y los aparatos de radioterapia, deberá acreditar su capacidad ante la Secretaría.

Artículo 213. Los establecimientos de radioterapia, así como el personal que labore en ellos deberán cumplir con las disposiciones de Seguridad Radiológica, que al efecto emitan la Secretaría y la Comisión Nacional de Seguridad Nuclear y Salvaguardias.

Artículo 214. Los establecimientos de radioterapia deberán observar las normas oficiales mexicanas que emitan la Secretaría y la Comisión Nacional de Seguridad Nuclear y Salvaguardias en lo referente a contaminación, eliminación de residuos y control de los materiales radioactivos.

Artículo reformado DOF 01-11-2013

Artículo 215. Los establecimientos de radioterapia de preferencia deberán estar dentro de una unidad hospitalaria y contarán con las siguientes áreas:

I. Sala de espera;

II. Consultorios;

III. Sala de terapia;

IV. Administración, e

V. Instalaciones Sanitarias.

CAPÍTULO IX BIS
DE LA ATENCIÓN MÉDICA A VÍCTIMAS

Capítulo adicionado DOF 24-03-2014

Artículo 215 Bis 1. El presente Capítulo tiene por objeto regular la prestación de los servicios de Atención Médica, incluyendo la atención de Emergencias Médicas, odontológicas, quirúrgicas y hospitalarias, en términos de lo dispuesto por la Ley, la Ley General de Víctimas y demás disposiciones aplicables.

Artículo adicionado DOF 24-03-2014

Artículo 215 Bis 2. Para efectos del presente Capítulo, además de las definiciones contenidas en los demás artículos de este Reglamento, se entenderá por:

I. Emergencia Médica: A la urgencia médica, en términos de lo dispuesto por el artículo 72 de este Reglamento, que presenta una persona, como consecuencia de la comisión de un delito o de la violación a sus derechos humanos, y

II. Víctima: La persona física que se encuentre en los supuestos del artículo 4, párrafos primero y segundo, de la Ley General de Víctimas.

Artículo adicionado DOF 24-03-2014

Artículo 215 Bis 3. Las Víctimas que hayan sufrido lesiones, enfermedades y traumas emocionales provenientes de la comisión de un delito o de la violación a sus derechos humanos, tienen el derecho de que se les restituya su salud física y mental. Para tal efecto, los Establecimientos para la Atención Médica del sector público, se encuentran obligados a brindarles servicios de Atención Médica, incluyendo la atención de Emergencias Médicas, en términos de la Ley, la Ley General de Víctimas, el presente Reglamento, las disposiciones que emita cada institución pública que preste servicios de Atención Médica y demás instrumentos jurídicos aplicables.

Artículo adicionado DOF 24-03-2014

Artículo 215 Bis 4. Los Establecimientos para la Atención Médica del sector público que brinden servicios de Atención Médica a Víctimas, incluyendo la atención de Emergencias Médicas, odontológicas, quirúrgicas y hospitalarias, deberán, conforme al modelo de atención integral en salud a que se refiere el artículo 32 de la Ley General de Víctimas, establecer los mecanismos que correspondan para garantizar la atención a aquellas Víctimas que no sean derechohabientes o beneficiarios de la institución a la que pertenezca el Establecimiento para la Atención Médica en la que brinde la Atención Médica, así como para la referencia a otros Establecimientos para la Atención Médica, cuando los servicios especializados que requiere la Víctima no puedan ser brindados por el Establecimiento en el cual se le prestan los servicios.

La Atención Médica que se brinde en términos del párrafo anterior, deberá tomar en cuenta las principales afectaciones y consecuencias del hecho victimizante, respetando siempre los principios generales para la protección de Víctimas establecidos en las disposiciones aplicables y, en particular, el enfoque diferencial para las mujeres, niños, niñas, adolescentes, personas con discapacidad, adultos mayores y población indígena.

Artículo adicionado DOF 24-03-2014

Artículo 215 Bis 5. El responsable del Establecimiento para la Atención Médica que brinde servicios a una Víctima, deberá supervisar que se valore su estado de salud general, a efecto de determinar las lesiones y demás afecciones causadas por la comisión del delito o la violación de sus derechos humanos.

Tratándose de Emergencia Médica, el responsable del servicio de urgencias del Establecimiento para la Atención Médica está obligado a tomar las medidas necesarias que aseguren, una vez realizada la valoración médica de la Víctima, el tratamiento completo de la Emergencia Médica o, la estabilización de sus condiciones físicas generales para que pueda ser referida a otro Establecimiento para la Atención Médica, cuando así proceda.

Artículo adicionado DOF 24-03-2014

Artículo 215 Bis 6. En caso de Emergencia Médica, los Establecimientos para la Atención Médica del sector público estarán obligados a brindar a la Víctima los servicios a que se refiere el artículo 30 de la Ley General de Víctimas, con independencia de su capacidad socioeconómica o nacionalidad y sin que puedan condicionar su prestación a la presentación de la denuncia o querella, según corresponda, sin perjuicio de que con posterioridad se les reconozca tal carácter en términos de las disposiciones aplicables.

Artículo adicionado DOF 24-03-2014

Artículo 215 Bis 7. Para la Atención Médica y el seguimiento del estado de salud de la Víctima, el responsable del Establecimiento para la Atención Médica y el médico tratante, deberán tomar en consideración lo siguiente:

I. Realizar la referencia a un Hospital de mayor resolución, en el que se puedan brindar los servicios de especialidad que requiera la Víctima hasta el final de su tratamiento.

El traslado se llevará a cabo con recursos propios del Establecimiento que hace el envío. De no contarse con los medios de transporte adecuados, se utilizarán los del Establecimiento para la Atención Médica receptor.

Para efectos de lo dispuesto en el párrafo primero de esta fracción, el final del tratamiento será determinado por el médico tratante a través del alta médica, la cual deberá estar fundada en un conjunto de valoraciones del estado de salud del Usuario y, en su caso, apoyada por los estudios de laboratorio y de gabinete, incluyendo los de imagen, que correspondan;

II. La cita médica que solicite la Víctima deberá ser otorgada en un periodo no mayor a ocho días. Para el caso de que se trate de una Emergencia Médica, la Víctima deberá ser atendida de inmediato;

III. Realizar a la Víctima los estudios de laboratorio y de gabinete, incluyendo los de imagen, que se requieran para establecer un diagnóstico adecuado y dar el seguimiento oportuno a la evolución de su estado de salud, y

IV. Para el caso de servicios odontológicos reconstructivos, la Víctima deberá recibir todos los servicios que requiera por los daños causados como consecuencia del delito o la violación de sus derechos humanos.

Artículo adicionado DOF 24-03-2014

CAPÍTULO X
DE LAS AUTORIZACIONES Y REVOCACIÓN DE LAS MISMAS

Artículo 216. La autorización sanitaria es el acto administrativo mediante el cual la autoridad competente, permite a una persona o entidad pública, social o privada, la realización de actividades relacionadas con la salud humana en los casos y con los requisitos y modalidades que determine este Reglamento y las disposiciones que del mismo emanen.

Las autorizaciones sanitarias tendrán el carácter de licencias, permisos, registros o tarjetas de control sanitario.

Artículo 217. Las autorizaciones sanitarias serán otorgadas por la Secretaría y por los gobiernos de las entidades federativas, en el ámbito de sus respectivas competencias, en los términos de este Reglamento y demás disposiciones aplicables.

Artículo reformado DOF 01-11-2013

Artículo 218. Las autoridades sanitarias competentes expedirán las autorizaciones respectivas, cuando el solicitante hubiere satisfecho los requisitos que señalen las normas oficiales mexicanas aplicables y cubierto, en su caso, los derechos que establezca la legislación fiscal, de conformidad con lo expuesto por el artículo 371 de la Ley.

Artículo reformado DOF 01-11-2013

Artículo 219. Las autorizaciones sanitarias podrán prorrogarse de conformidad con los términos que al efecto fije este Reglamento.

La solicitud deberá presentarse a las autoridades sanitarias con 30 días naturales de antelación al vencimiento de la autorización.

Sólo procederá la prórroga cuando se sigan cumpliendo los requisitos que señale la Ley, este Reglamento y demás disposiciones aplicables y previo pago de los derechos correspondientes.

En el caso de las licencias sanitarias, la solicitud de revalidación deberá presentarse dentro de los 30 días anteriores al vencimiento.

Artículo 220. Requieren de licencia sanitaria:

I. Los establecimientos a que se refiere este Reglamento, con las excepciones que en el mismo se establecen;

II. Las unidades móviles a que se refiere este ordenamiento, y

III. Los demás que señale este Reglamento.

Cuando los establecimientos a que se refiere la fracción I cambien de ubicación, requerirán nueva licencia sanitaria.

Artículo 221. Dichas licencias tendrán vigencia de dos años, contados a partir de la fecha de su expedición y deberán ser exhibidas en un lugar visible del establecimiento o vehículo.

Artículo 222. Para obtener la licencia sanitaria deberá presentarse ante la Secretaría, solicitud escrita y por triplicado, en la que deberá indicarse:

I. Nombre y domicilio del establecimiento de que se trate y en su caso, nombre y domicilio del propietario;

II. El nombre del representante legalmente constituido en caso de tratarse de persona moral;

III. Nombre y domicilio del profesional responsable y el número de Cédula Profesional;

IV. Organización interna;

V. Recursos humanos, materiales y financieros con los que cuente;

VI. Actividades que pretenda desarrollar;

VII. Reglamento interior del establecimiento, salvo el caso de los consultorios, y

VIII. Los demás datos que señale la Secretaría, de acuerdo a la norma oficial mexicana respectiva.

Fracción reformada DOF 01-11-2013

A la solicitud deberá adjuntarse la documentación comprobatoria de la información que se suministre, así como plano y memoria descriptiva del local que ocupe y de cada una de las secciones que lo integran, con especificaciones respecto al tamaño, iluminación, instalaciones y servicios sanitarios.

Artículo 223. Para obtener la licencia sanitaria de las unidades móviles a que se refiere este Reglamento, deberá presentarse solicitud escrita en la forma y términos a que se refiere el artículo anterior, en la que deberá indicarse:

I. Los datos del vehículo;

II. El establecimiento a que prestará el servicio, y

III. Los demás que fije la Secretaría de acuerdo a la norma oficial mexicana respectiva.

Fracción reformada DOF 01-11-2013

A la solicitud, deberá acompañarse la documentación comprobatoria de la información que se suministre.

Artículo 224. Requiere de permiso;

I. La construcción, ampliación, remodelación, rehabilitación, acondicionamiento y equipamiento de los establecimientos dedicados a la prestación de servicios de atención médica, en cualquiera de sus modalidades;

II. Los responsables de los establecimientos a que se refiere este Reglamento;

III. Los responsables de la operación y funcionamiento de equipos de rayos X y sus auxiliares técnicos;

IV. La posesión, transporte y utilización de fuentes de radiación y materiales radiactivos, así como la eliminación, desmantelamiento de los mismos y la disposición de sus desechos;

V. Los responsables del control de estupefacientes y substancias psicotrópicas de los establecimientos a que se refiere este Reglamento;

VI. La subrogación de servicios de atención médica por parte de establecimientos sociales y privados, y

VII. Las demás actividades que se establezcan en este ordenamiento.

Los permisos a que se refiere este artículo, sólo podrán ser expedidos por la Secretaría, con excepción del caso previsto en la fracción III, el que estará sujeto a lo dispuesto en el Artículo 125 de la Ley.

Se otorgarán por tiempo indeterminado, los permisos a que se refieren las fracciones II y V de este artículo y con validez de dos años en los demás casos.

Artículo 225. Para obtener los permisos a que se refiere el artículo anterior, además de cumplir con las obligaciones que establece la Ley y el presente Reglamento, se estará a lo previsto por las normas oficiales mexicanas correspondientes.

Artículo reformado DOF 01-11-2013

Artículo 226. Los responsables de los establecimientos objeto de este Reglamento, en los que se pretenda cambiar las condiciones que hubieren sido exigidas para el otorgamiento de la licencia sanitaria, deberán dar aviso a la autoridad sanitaria, en un plazo de por lo menos 30 días, previos a la fecha en que se pretenda realizar el cambio.

Artículo 227. Cuando por decisión propia, en el establecimiento se vaya a suspender temporal o definitivamente la prestación de sus servicios, el titular de la autorización, deberá dar aviso de ello a la Secretaría por lo menos con 30 días de anticipación; si la suspensión es definitiva, la autoridad sanitaria procederá a la revocación de la autorización respectiva. En el caso de suspensión temporal, deberá darse aviso de inmediato de la reanudación de labores.

Artículo 228. El personal que preste sus servicios en cualquier establecimiento para la atención médica, cuyas actividades pudieran propagar alguna de las enfermedades transmisibles a que se refiere el artículo 134 de la Ley, deberá contar con tarjeta de control sanitario expedida por la autoridad sanitaria competente, conforme a las normas oficiales mexicanas que al efecto dicte la Secretaría.

Artículo reformado DOF 01-11-2013

Artículo 229. Las autorizaciones a que se refiere este Reglamento podrán ser revisadas por la autoridad sanitaria competente, cuando ésta lo estime oportuno.

Artículo 230. Los derechos a que se refiere este Reglamento, se regirán por lo que disponga la legislación fiscal y los convenios de coordinación que celebren en la materia, el Ejecutivo Federal y los gobiernos de las entidades federativas.

Artículo reformado DOF 01-11-2013

Artículo 231. La revocación de las autorizaciones a que se refiere este capítulo se ajustará a lo señalado por la Ley.

Artículo 232. La Secretaría dispondrá de un plazo de sesenta días hábiles para resolver sobre la solicitud de autorizaciones, contado a partir de la fecha de presentación de la solicitud, o desde la fecha en la que se le proporcionen las aclaraciones o informaciones adicionales que expresamente se requieran al solicitante. Si la resolución no se dictare dentro del plazo señalado, la licencia o permiso solicitados se considerarán negados.

CAPÍTULO XI
DE LA VIGILANCIA DE LA PRESTACIÓN DE LOS SERVICIOS DE ATENCIÓN MÉDICA

Artículo 233. Corresponde a la Secretaría y a los gobiernos de las entidades federativas, en el ámbito de sus respectivas competencias, la vigilancia del cumplimiento de este Reglamento y demás disposiciones que se emitan con base en el mismo, de conformidad con lo dispuesto en el Título Décimo Séptimo de la Ley.

Párrafo reformado DOF 01-11-2013

Las autoridades municipales, participarán en dicha vigilancia en la medida que así lo determinen los convenios que celebren con los gobiernos de su respectiva entidad federativa y por lo que dispongan los ordenamientos locales.

Artículo 234. Las demás dependencias y entidades públicas coadyuvarán a la vigilancia del cumplimiento de las normas oficiales mexicanas en materia sanitaria y cuando encontraren irregularidades que a su juicio constituyan violaciones a las mismas, lo harán del conocimiento de las autoridades sanitarias competentes.

Artículo reformado DOF 01-11-2013

Artículo 235. El acto u omisión contrario a los preceptos de este Reglamento y a las disposiciones que de él emanen, podrá ser objeto de orientación y educación de los infractores independientemente de que se apliquen, si procedieren, las medidas de seguridad y las sanciones correspondientes.

CAPÍTULO XII
DE LAS MEDIDAS DE SEGURIDAD Y SANCIONES

Artículo 236. Se consideran medidas de seguridad, aquellas disposiciones de inmediata ejecución que dicte la autoridad sanitaria competente, de conformidad con los preceptos de este Reglamento y demás disposiciones aplicables, para proteger la salud de la población. Las medidas de seguridad se aplicarán sin perjuicio de las sanciones que en su caso correspondieren.

Artículo 237. Son competentes para ordenar o ejecutar medidas de seguridad, la Secretaría y los gobiernos de las entidades federativas, en el ámbito de sus respectivas competencias.

Párrafo reformado DOF 01-11-2013

La participación de los municipios estará determinada por los convenios que celebren con los gobiernos de las respectivas entidades federativas y por lo que dispongan los ordenamientos locales.

Artículo 238. La autoridad sanitaria podrá con motivo de la aplicación del presente Reglamento, ordenar las siguientes medidas de seguridad sanitaria:

I. El aislamiento;

II. La cuarentena;

III. La observación personal;

IV. La vacunación de personas y animales;

V. La destrucción o control de insectos u otra fauna transmisora y nociva;

VI. La suspensión de trabajos o servicios;

VII. El aseguramiento y destrucción de objetos, productos o substancias;

VIII. La desocupación o desalojo de casas, edificios, establecimientos y en general, de cualquier predio;

IX. La prohibición de actos de uso, y,

X. Las demás de índole sanitaria que determinen las autoridades competentes que puedan evitar que se causen, o continúen causando riesgos o daños a la salud.

Artículo 239. Para la aplicación de las medidas de seguridad, se deberá estar a lo dispuesto en la Ley y este Reglamento, atendiendo siempre a la protección de la salud de las personas.

Artículo 240. Las autoridades sanitarias competentes podrán imponer las siguientes sanciones administrativas:

I. Multa;

II. Clausura temporal o definitiva, parcial o total, y

III. Arresto hasta por 36 horas.

Artículo 241. Las autoridades sanitarias competentes, al aplicar las sanciones establecidas en este Reglamento, observarán las reglas señaladas en los artículos 416 y 418 de la Ley.

Artículo 242. Se sancionará con multa equivalente hasta de veinte veces el salario mínimo general diario, vigente en la zona de que se trate, la violación de las disposiciones contenidas en los artículos 12, 18, 19, fracción IV, 23, 24, 25, 29, 30, 30 Bis, 32, 36, 45, 63, 90, 91 y 92 de este Reglamento.

Artículo reformado DOF 01-11-2013

Artículo 242 Bis. Se sancionará con multa de trescientas a quinientas veces el salario mínimo general diario vigente en la zona económica de que se trate, la violación de las disposiciones contenidas en el Capítulo VIII BIS de este Reglamento, cuando dicha violación no le corresponda otra sanción conforme a la Ley.

Artículo adicionado DOF 01-11-2013

Artículo 243. Se sancionará con multa equivalente de diez hasta cien veces el salario mínimo general diario, vigente en la zona económica de que se trate, la violación de las disposiciones contenidas en los artículos 114, 126, 129, 220 y 224 de este Reglamento.

Artículo 244. Se sancionará con multa de cien a quinientas veces el salario mínimo general diario, vigente en la zona económica de que se trate, al responsable de cualquier establecimiento en que se presten servicios de atención médica, en donde se pretenda retener o se retenga al usuario o cadáver, para garantizar al pago de servicios recibidos en dicho establecimiento, dicha sanción podrá duplicarse en caso de reincidencia.

Artículo 245. Se sancionará con multa de doscientas a quinientas veces el salario mínimo general diario, vigente en la zona económica de que se trate, al responsable de cualquier establecimiento que preste servicios de atención medica, en el que se carezca de personal suficiente e idóneo o equipo, material o local adecuados de acuerdo a los servicios que presten.

En caso de reincidencia o de no corregirse las deficiencias, se procederá a la clausura temporal, la cual será definitiva si al reanudarse el servicio continúa la violación.

Artículo 246. Se sancionará con multa hasta de quinientas veces el salario mínimo general diario, vigente en la zona económica de que se trate, al responsable de cualquier establecimiento en el que se realicen estudios de diagnóstico o tratamiento mediante equipos de rayos X, rayos X dentales, tomografía axial computarizada, resonancia nuclear magnética, emisiones de positrones, rayo láser y cualquier otro tipo de radiación ionizante que no se ajuste a las normas oficiales mexicanas que dicte la Secretaría y en su caso la Comisión Nacional de seguridad Nuclear y Salvaguardias, tanto para el público usuario como para su personal.

Párrafo reformado DOF 01-11-2013

En caso de reincidencia, se procederá a la clausura definitiva del establecimiento.

Artículo 247. Al responsable de cualquier establecimiento que preste servicios de atención médica, en el que sin autorización por escrito del usuario sus familiares o representante legal, se realicen intervenciones quirúrgicas que pongan en peligro la vida o la integridad física del usuario, se sancionará con multa de doscientas a quinientas veces el salario mínimo general diario vigente en la zona económica de que se trate, a menos que se demuestre la imperiosa necesidad de practicarla para evitar un perjuicio mayor.

Artículo 248. Se sancionará con multa de cien a quinientas veces el salario mínimo general diario, vigente en la zona económica de que se trate, al médico psiquiatra o cualquier integrante del personal especializado en salud mental que proporcione con fines diversos a los científicos o terapéuticos y sin que exista orden escrita de la autoridad judicial o sanitaria, la información contenida en el expediente clínico de algún paciente.

Artículo 249. Se procederá a la clausura definitiva de cualquier establecimiento de atención médica, en el que se emplee como medida terapéutica, cualquier procedimiento proscrito por la legislación sanitaria que atente contra la integridad física del paciente.

Artículo 250. Las infracciones al presente Reglamento no previstas en este capítulo serán sancionadas con multa hasta por quinientas veces el salario mínimo general diario, vigente en la zona económica de que se trate, atendiendo las reglas de calificación que se establecen en el artículo 418 de la Ley.

Artículo 251. En caso de reincidencia, se duplicará el monto de la multa que corresponda. Para los efectos de este capítulo se entiende por reincidencia, que el infractor cometa la misma violación a las disposiciones de este Reglamento, dos o más veces dentro del período de un año, contado a partir de la fecha en que se le hubiere notificado la sanción inmediata anterior.

Artículo 252. La aplicación de las multas será sin perjuicio de que la autoridad sanitaria dicte las medidas de seguridad hasta en tanto se subsanen las irregularidades.

Artículo 253. Procederá la clausura temporal o definitiva, parcial o total, según la gravedad de la infracción y las características de la actividad o establecimiento, en los siguientes casos:

I. Cuando los establecimientos carezcan de la correspondiente licencia sanitaria;

II. Cuando el peligro para la salud de las personas se origine por la violación reiterada de los preceptos de este Reglamento y de las disposiciones que de él emanen, constituyendo rebeldía a cumplir los requerimientos y disposiciones de la autoridad sanitaria;

III. Cuando después de la reapertura de un establecimiento, por motivo de suspensión de trabajos o actividades, o clausura temporal, las actividades que en él se realicen sigan constituyendo un peligro para la salud;

IV. Cuando por la peligrosidad de las actividades que se realicen o por la naturaleza del establecimiento de que se trate, sea necesario proteger la salud de la población;

V. Cuando en el establecimiento se vendan o suministren estupefacientes o substancias psicotrópicas sin cumplir los requisitos que señalen la Ley y sus disposiciones reglamentarias, y

VI. Cuando se compruebe que las actividades que se realicen en un establecimiento, violen las disposiciones sanitarias, constituyendo un peligro para la salud.

Artículo 254. En los casos de clausura definitiva quedarán sin efecto las autorizaciones que en su caso, se hubieren otorgado al establecimiento de que se trate.

Artículo 255. Serán clausurados definitivamente, los establecimientos en los que se niegue la prestación de un servicio médico en caso de notoria urgencia, poniendo en peligro la vida o la integridad física de una persona.

Artículo 256. Cuando se ordene la clausura de un establecimiento para internamiento de enfermos, sea ésta temporal o definitiva, parcial o total, se podrán ordenar, además como medidas de seguridad:

I. La no admisión de nuevos usuarios;

II. La transferencia inmediata de los usuarios no graves, a otras instituciones de salud similares o equivalentes en sus servicios y equipo médico, a juicio de la autoridad sanitaria, previa opinión del usuario o del familiar responsable, y

III. La continuación de la atención de los usuarios que por gravedad de su padecimiento no puedan ser referidos de inmediato, hasta que puedan ser transferidos a otro establecimiento, para que se continúe el tratamiento.

Los gastos de transferencia de los usuarios correrán a cargo del propietario del establecimiento en que se haya cometido la infracción.

Artículo 257. Se sancionará con arresto hasta por treinta y seis horas:

I. A la persona que interfiera o se oponga al ejercicio de las funciones de la autoridad sanitaria; y,

II. A la persona que en rebeldía se niegue a cumplir los requerimientos y disposiciones de la autoridad sanitaria.

Sólo procederá esta sanción, si previamente se dictó cualquiera otra de las sanciones a que se refiere este capítulo.

Impuesto el arresto, se comunicará la resolución a la autoridad correspondiente para que la ejecute.

Artículo 258. Para la aplicación de medidas de seguridad y sanciones, se observará lo dispuesto por el Capítulo III del Título Décimo Octavo de la Ley.

Artículo 259. Contra actos y resoluciones de las autoridades sanitarias, que con motivo de la aplicación de este Reglamento, de fin a una instancia o resuelva algún expediente, los interesados podrán interponer el recurso de inconformidad, mismo que se tramitará de acuerdo a lo dispuesto en el Capítulo IV del Título Décimo Octavo de la Ley.

TRANSITORIOS

Artículo Primero. Este Reglamento entrará en vigor al día siguiente de su publicación en el Diario Oficial de la Federación.

Artículo Segundo. Los actos y procedimientos administrativos relacionados con la materia de este Reglamento que se hubieran iniciado bajo la vigencia de los Reglamentos mencionados en el Artículo Tercero Transitorio, se tramitarán y resolverán conforme a las disposiciones de los mismos.

Artículo Tercero. Se abrogan las siguientes disposiciones jurídicas: Reglamento para Hospitales, Maternidades y centros materno-infantiles en el Distrito y Zonas Federales publicado en el Diario Oficial de la Federación el diecisiete de noviembre de mil novecientos cincuenta y uno; Reglamento para Hospitales Generales Dependientes de la Secretaría de Salubridad y Asistencia publicado en el Diario Oficial de la Federación el catorce de diciembre de mil novecientos cincuenta y cuatro; Reglamento de Laboratorios de Análisis Clínicos publicado en el Diario Oficial de la Federación el veinte de marzo de mil novecientos sesenta y cuatro; Reglamento de la Prestación de los Servicios para la Atención Médica, cuya aplicación corresponde a la Secretaría de Salubridad y Asistencia publicado en el Diario Oficial de la Federación el doce de noviembre de mil novecientos setenta y cuatro; Reglamento de Prevención de Invalidez y Rehabilitación de Inválidos publicado en el Diario Oficial de la Federación el seis de febrero de mil novecientos setenta y seis; Reglamento de Parteros Empíricos capacitados, publicado en el Diario Oficial de la Federación el veinticinco de octubre de mil novecientos setenta y seis; Reglamento de Seguridad Radiológica para el uso de Equipos de Rayos X Tipo Diagnóstico, publicado en el Diario Oficial de la Federación el veinticinco de abril de mil novecientos setenta y ocho; Reglamento para la expedición y uso de Tarjeta de Control Sanitario, publicado en el Diario Oficial de la Federación el primero de febrero de mil novecientos ochenta.

Dado en la Residencia del Poder Ejecutivo Federal en la Ciudad de México, Distrito Federal a los veintinueve días del mes de abril de mil novecientos ochenta y seis. **Miguel de la Madrid H.** Rúbrica. El Secretario de Salud, **Guillermo Soberón Acevedo**. Rúbrica. El Jefe del Departamento del Distrito Federal, **Ramón Aguirre Velázquez**. Rúbrica.

tirant
PRIME

Inteligencia jurídica
en expansión

Trabajamos para
mejorar el día a día
del **operador jurídico**

Adéntrese en el universo
de **soluciones jurídicas**

atencion.tolmex@tirantonline.com.mx

prime.tirant.com/mx/